Mittelstandsmanagement

Holger Reinemann

Mittelstandsmanagement

Einführung in Theorie und Praxis

2., vollständig überarbeitete und erweiterte Auflage

 Springer Gabler

Holger Reinemann
FB Wirtschaftswissenschaften
Hochschule Koblenz
Koblenz, Deutschland

ISBN 978-3-658-25354-7   ISBN 978-3-658-25355-4 (eBook)
https://doi.org/10.1007/978-3-658-25355-4

Die Deutsche Nationalbibliothek verzeichnet diese Publikation in der Deutschen Nationalbibliografie; detaillierte bibliografische Daten sind im Internet über http://dnb.d-nb.de abrufbar.

Springer Gabler
© Springer Fachmedien Wiesbaden GmbH, ein Teil von Springer Nature 2019
Teile des Werks sind als 1. Auflage ursprünglich erschienen bei Schäffer-Poeschel, 2011, unter dem Titel: Mittelstandsmanagement: Einführung in Theorie und Praxis.
Springer Gabler ist ein Imprint der eingetragenen Gesellschaft Springer Fachmedien Wiesbaden GmbH und ist ein Teil von Springer Nature.
Die Anschrift der Gesellschaft ist: Abraham-Lincoln-Str. 46, 65189 Wiesbaden, Germany

Vorwort

Das vorliegende Lehrbuch beschäftigt sich mit einem der wohl am stärksten florierenden Feldern der betriebswirtschaftlichen Forschung und Lehre. Die Auseinandersetzung mit mittelständischen Unternehmen ist seit mehreren Jahren in einem erheblichen Wachstum begriffen. Neben der Etablierung verschiedener Professuren und Institute hat sich in den vergangenen Jahren – gerade mit der Einführung der Bachelor- und Masterstudiengänge – ein breites Feld spezialisierter Studiengänge herausgebildet.

Das Buch reflektiert mehrjährige Lehrerfahrung an Hochschulen und folgt zwei wesentlichen Leitlinien:

- Das vorliegende Werk orientiert sich an einem qualitativen Verständnis des Mittelstandsbegriffs. Insofern werden Erkenntnisse über kleine und mittlere Unternehmen (KMU) und Familienunternehmen miteinander verbunden. Nicht gefolgt wird dem Ansatz einer quantitativen Orientierung, die sich eher in einem Small Business Management wiederfindet.
- Die Inhalte werden anhand eines Lebenszykluskonzeptes präsentiert. Damit grenzt sich das Buch von einer klassischen Einführung in die Betriebswirtschaftslehre ab, die eher einer Funktionsorientierung folgt.

Diese Leitlinien sind mit Vor- und Nachteilen verbunden. Insgesamt erscheint es aber auf diesem Weg am ehesten möglich, Studierenden die Besonderheiten einer Unternehmensgruppe näherzubringen, die besondere Herausforderungen im Lebenszyklus zu meistern hat. Naturgemäß kann ein einführendes Lehrbuch nicht die gesamte Breite des Forschungsfeldes abdecken, und die Auswahl der Themen bleibt trotz des angewandten Lebenszykluskonzepts subjektiv.

Eine weitere Besonderheit ist das didaktische Konzept des Lehrbuchs. Im Wesentlichen ist jedes Kapitel gleich aufgebaut: Nach einer kurzen Einführung in die inhaltliche Thematik wird die Bedeutung des Phänomens für den Mittelstand beleuchtet. Nachfolgend werden die Instrumente zur Bewältigung dieser Herausforderungen diskutiert. Zur Verdeutlichung der

Situation in mittelständischen Unternehmen werden immer wieder Beispiele eingeflochten. Über den Lebenszyklus wird die Entwicklung des fiktiven Unternehmens NanoXcoating verfolgt, das von der Gründung bis zur Krise mit Fallstudien für den Unterricht verbunden ist.

Für die zweite Auflage wurden alle Kapitel überarbeitet und insbesondere ein Kapitel zu Theorien und Modellen ergänzt. Die Literaturintegration wurde erheblich verstärkt, um dem Leser Anknüpfungspunkte für den tieferen Einstieg in die angesprochenen Themen zu bieten.

Inhaltsverzeichnis

Mittelständische Unternehmen – Miniaturausgabe der Konzerne?

Der „German Mittelstand" (vgl. BMWi 2012, German Mittelstand: Motor der deutschen Wirtschaft, Berlin) bildet spätestens seit der Wirtschafts- und Finanzkrise nicht mehr nur das Rückgrat der deutschen Volkswirtschaft, sondern wird zum Markenkern des deutschen Geschäftsmodells erhoben. Trotz der politischen und gesellschaftlichen Bedeutung mittelständischer Unternehmen bleibt die Reflexion der Charakteristika und spezifischen Herausforderungen dieses Unternehmenstyps nach wie vor eine Randerscheinung in der ökonomischen Lehre und Forschung. Lange Zeit orientierte sich die Betriebswirtschaftslehre mit ihren Inhalten und Fragestellungen am Vorbild der Großunternehmen. Eine Bearbeitung der für mittelständische Unternehmen typischen Herausforderungen unterblieb fast gänzlich.

In den letzten zwei Jahrzehnten hat sich dieses Bild verändert. Mehr und mehr wurde anerkannt, dass mittelständische Unternehmen nicht als bloße Miniaturausgabe von Großkonzernen betrachtet werden dürfen, denen das Handwerkszeug sowie die komplexen Modelle der klassischen Betriebswirtschaftslehre nahegebracht werden müssen. Es setzte sich die Einsicht durch, dass für das Management mittelständischer Unternehmen ein besonderes betriebswirtschaftliches Instrumentarium sinnvoll ist, das auf die spezifischen Bedürfnisse und Herausforderungen dieser Unternehmen Rücksicht nimmt.

Mittlerweile hat sich die Betriebswirtschaftslehre des Mittelstands zu einer eigenständigen Disziplin mit einer eigenen Verästelung in Spezialdisziplinen entwickelt. Insofern spiegelt sich eine ähnliche Entwicklung wider, wie wir sie in den vergangenen Jahrzehnten auch bei anderen Disziplinen der Betriebswirtschaftslehre beobachten konnten. Eine starke Präsenz in Lehre und Forschung haben mittlerweile die Bereiche der Gründungsforschung und -lehre sowie der Betriebswirtschaftslehre von KMU. Im letzten Jahrzehnt hat sich zudem auch die Beschäftigung mit den Besonderheiten von Familienunternehmen zu einer eigenen Disziplin ausgebildet.

Um dem Phänomen des Mittelstands näherzukommen, ist es zunächst notwendig, die wesentlichen Begriffe in diesem Themenfeld voneinander abzugrenzen. Wie in der Wissenschaft

© Springer Fachmedien Wiesbaden GmbH, ein Teil von Springer Nature 2019
H. Reinemann, *Mittelstandsmanagement*,
https://doi.org/10.1007/978-3-658-25355-4_1

üblich, haben wir es mit sehr unterschiedlichen Begriffsinhalten zu tun, die zu einem einheitlichen Verständnis geführt werden müssen, um eine gemeinsame Sprache zu finden. Dies ist Gegenstand des ersten Kapitels dieses Lehrbuchs.

Wenn Sie dieses Kapitel durchgearbeitet haben,

- können Sie die Begriffe „kleine und mittlere Unternehmen (KMU)" und „Familienunternehmen" differenziert erläutern und unterscheiden,
- kennen Sie die verschiedenen Definitionskriterien der kleinen und mittleren Unternehmen,
- können Sie die Zugehörigkeit einzelner Unternehmen zur Gruppe der KMU anhand geeigneter Definitionskriterien beurteilen und
- die Rolle des Mittelstandes in der Volkswirtschaft einschätzen und erläutern.

1.1 Abgrenzung von Mittelstand und Familienunternehmen

Im einleitenden Kapitel werden zunächst die grundlegenden Begriffe der Betriebswirt-schaftslehre des Mittelstands erläutert. Wesentlich ist hierbei die Unterscheidung zwischen **quantitativen und qualitativen Kriterien** der Definition mittelständischer Unternehmen. Anknüpfend an die definitorischen Grundlagen wird ein Überblick über die **volkswirtschaftliche Bedeutung** des Mittelstands in der Bundesrepublik Deutschland und die Rolle von selbstständigen Unternehmern gegeben.

Aus betriebswirtschaftlicher Sicht ist mit dem Mittelstandsbegriff ein Segment aus der Gesamtheit der Unternehmen angesprochen, das sich durch bestimmte **Definitionsmerk-male** auszeichnet. In der Mittelstandsforschung hat es sich durchgesetzt, zwischen quantitativen und qualitativen Kriterien zu unterscheiden. Während die quantitativen Kriterien die **Größenperspektive** beinhalten und an empirisch leicht messbaren Kriterien ansetzen, sind aus qualitativer Sicht Merkmale des Mittelstandes angesprochen, die **ökonomische, gesellschaftliche und psychologische Merkmale** einschließen (vgl. Reinemann 2002).

▶ Die quantitativ orientierte Sichtweise spiegelt sich im Begriff der kleinen und mittleren Unternehmen (KMU) wider, während die qualitative Sichtweise im weiteren Begriff des Mittelstands seinen Niederschlag findet, eine Differenzierung, die im Folgenden näher erläutert wird.

1.1.1 Quantitative Kriterien

Für die quantitative Beschreibung dessen, was unter KMU zu verstehen ist, können di-verse Indikatoren herangezogen werden. Inzwischen ist es üblich, die **Anzahl der Be-schäftigten** und den **Umsatz** als Größenindikatoren zu verwenden. Diese Kriterien haben

Tab. 1.1 KMU-Definition des IfM Bonn. (Quelle: IfM Bonn, www.ifm-bonn.org)

Unternehmensgröße	Zahl der Beschäftigten	und	Umsatz EUR/Jahr
Kleinst	Bis 9		Bis 2 Millionen
Klein	Bis 49		Bis 10 Millionen
Mittel	Bis 499		Bis 50 Millionen
(KMU) zusammen	Unter 500		Bis 50 Millionen

Tab. 1.2 KMU-Definition der Europäischen Kommission. (Quelle: IfM Bonn, www.ifm-bonn.org)

Unternehmensgröße	Zahl der Beschäftigten	und	Umsatz EUR/p.a.	oder	Bilanzsumme EUR
Kleinst	Bis 9		Bis 2 Millionen		Bis 2 Millionen
Klein	Bis 49		Bis 10 Millionen		Bis 10 Millionen
Mittel	Bis 249		Bis 50 Millionen		Bis 43 Millionen

den Vorteil, in der Regel statistisch verfügbar und verarbeitbar zu sein. In Deutschland hat sich die Definition des Instituts für Mittelstandsforschung Bonn (IfM Bonn) durchgesetzt, das folgende Abgrenzungskriterien verwendet (siehe Tab. 1.1):

Um wirtschaftsbereichsspezifische Besonderheiten zu berücksichtigen, kann nach dem Kriterium **Umsatz pro Jahr** weiter differenziert werden. Diese Unterscheidung trägt der Tatsache Rechnung, dass jede Branche ökonomische Besonderheiten aufweist, die sich in Kapital- und Arbeitsintensität, in Produktionstechnologien und Ähnlichem ausdrücken.

Diese für Deutschland allgemein anerkannte Definition findet allerdings international keine Anwendung. Die Europäische Kommission hat bereits 1995 eine einheitliche Definition für **Small and Medium Sized Enterprises (SME)** geschaffen (geändert mit der Empfehlung 2003/361/EG), die zum einen als weiteres Kriterium die Bilanzsumme verwendet und zum anderen bei der Mitarbeiterzahl niedrigere Größengrenzen ansetzt (siehe Tab. 1.2).

Von besonderer Bedeutung ist dieser definitorische Ansatz, wenn es um die **Mittelstandsförderung** geht. Da die nationalen Förderprogramme für den Mittelstand von der Europäischen Kommission notifiziert werden müssen, kommen hier die Definitionskriterien der EU zum Tragen. In der wissenschaftlichen Auseinandersetzung im deutschen Sprachraum ist aber nach wie vor die Definition des IfM Bonn gebräuchlich, die auch Grundlage dieses Lehrbuchs ist.

Für den geneigten Beobachter tragen zwei wesentliche **Probleme** zur Verwirrung bei:

• Erstens bleibt es in der Realität nicht bei diesen zwei genannten quantitativen Definitionsansätzen. Die Kreditanstalt für Wiederaufbau (KfW) als Förderbank des Bundes definiert bspw. Unternehmen mit einer Größe von bis zu EUR 500 Mio. Umsatz pro Jahr als mittelständisch. Im Handelsgesetzbuch (HGB) werden wiederum andere Grenzen für die Publizitätspflichten nach § 267 verwendet. Je nach Ziel und Zweck werden also unterschiedliche Definitionsansätze verwendet. Wichtig ist in jedem Fall, auch bei empirischen Daten, die jeweils verwendete Definition zu prüfen.

• Zweitens ist selbst bei einer restriktiven Definition – wie sie bspw. die Europäische Kommission vertritt – ein sehr heterogenes Feld von Unternehmen angesprochen. Wir betrachten beim KMU-Begriff nicht nur den freiberuflichen Steuerberater oder den Gastronomiebetrieb mit wenigen Angestellten, sondern auch den international tätigen Maschinenbauer mit 249 Mitarbeitern. Naturgemäß sind die Anforderungen an die betriebswirtschaftliche Führung dieser Unternehmen sehr unterschiedlich.

1.1.2 Qualitative Merkmale mittelständischer Unternehmen

Der häufig verwendete KMU-Begriff und sein international verwendetes Pendant SME für Small and Medium-Sized Enterprises greifen allerdings zu kurz, da sie wesentlich auf quantitativ fassbare Begriffe rekurrieren (vgl. Grichnik 2003, S. 78). Im Gegensatz zum **KMU-Begriff** sind **mittelständische Unternehmen** qualitativ definiert und unterliegen keinen Größengrenzen. Wenn aber ein solcher, wie oben genannter grenzenloser Mittelstandsbegriff verwendet wird, müssen qualitative Differenzierungsmerkmale herausgearbeitet werden, die eine Unterscheidung von Großunternehmen zulassen (vgl. Reinemann und Ludwig 2015).

Diskussionsaufgabe

Nehmen Sie sich anhand einer Unternehmensbroschüre, einer Internetseite oder eines Imagefilms ein konkretes (aus Ihrer Sicht als solches erkennbares) mittelständisches Unternehmen vor. Diskutieren Sie anhand der vorliegenden Informationen über die Kultur des Unternehmens die folgenden Fragen:

• Welche Merkmale der Unternehmenskultur werden in diesem Beispiel hervorgehoben?
• Können diese Merkmale von Großunternehmen und Mittelstand erfüllt werden, oder sind diese Besonderheiten des Mittelstandes?

In den Selbstdarstellungen von Unternehmen, ob sie nun einer Broschüre oder einem Imagefilm entstammen, werden immer wieder ähnliche Stichworte aufgenommen: Sie können von Innovationskraft, Tradition oder auch allgemein von einer mittelständischen Unternehmenskultur lesen. Aber können Großunternehmen etwa nicht innovativ sein? Hat ein Großunternehmen wie Siemens nicht auch eine lange Tradition mit besonderen Werten? Bei genauerem Hinsehen bleiben nicht viele qualitative Merkmale übrig, die ein mittelständisches Unternehmen von einem Großunternehmen unterscheiden.

Ganz wesentlich sind mittelständische Unternehmen durch die Einheit von **Eigentum und Leitung** geprägt, d. h., der Eigentümer oder ein Mitglied der Eigentümerfamilie managt sein Unternehmen (vgl. BMWi 2007). Dies beschreibt eine Konstellation, in der Eigentümerunternehmer strategische und operative Entscheidungen unmittelbar treffen. In Großunternehmen hingegen ist in der Regel eine Trennung der Organe in Vorstand (Leitung), Aufsichtsrat (Kontrolle) und Hauptversammlung (Eigentum und Risiko) gegeben.

Entscheidungen werden durch den Vorstand autonom getroffen und die Vertreter der Anteilseigner erst ex post informiert.

Neben der Einheit von Eigentum und Leitung können ergänzende Merkmale herangezogen werden, mit deren Hilfe die qualitativen Besonderheiten des Mittelstandes zum Ausdruck gebracht werden sollen (vgl. Reinemann 2002):

- Einheit von Leitung, Entscheidung und Verantwortung,
- Einheit von Eigentum, Risiko und Kontrolle,
- flache Hierarchie und Konsens zwischen Leitung und Personal,
- persönliche Beziehung zum Unternehmensumfeld,
- Konzernunabhängigkeit.

Mittelständische Unternehmer sind grundsätzlich bestrebt, durch die **Einheit von Leitung, Entscheidung und Verantwortung** die alleinige Entscheidungsmacht im Unternehmen zu erhalten. Diese Tendenz lässt sich an einer Reihe von Beispielen der Unternehmensführung illustrieren. Ein prominenter Bereich ist die Auswahl von Finanzierungsinstrumenten, die erheblich davon beeinflusst wird, inwiefern (externe) Kapitalgeber eine Einflussnahme auf Entscheidungen aus den vertraglichen Bedingungen ableiten können (vgl. Börner 2006, S. 298; Schmidt 1995, S. 57). Abstrahiert vom besonderen Beispiel der Unternehmensfinanzierung kann festgehalten werden, dass Eigentümerunternehmer nicht bereit sind, die Verfügungsgewalt über strategische Ressourcen des Unternehmens abzugeben (vgl. Colli 2013, S. 586).

Zugleich trägt der Unternehmer die **Verantwortung** und damit die unmittelbaren **Handlungskonsequenzen** seiner Entscheidungen. Während der angestellte Manager nur den Verlust seines Arbeitsplatzes riskiert, können Fehlentscheidungen eines Unternehmers sein gesamtes Privatvermögen betreffen, denn sehr häufig sind eigentümergeführte Unternehmen in Personengesellschaften verfasst, was grundsätzlich zu einer persönlichen Haftung führt (vgl. Wolter und Hauser 2001).

Im ergänzenden Kriterium der **Einheit von Eigentum, Risiko und Kontrolle** wird der Fokus auf die Kontrollstrukturen in Unternehmen erweitert. Um sicherzustellen, dass Manager im Interesse des Eigentümers handeln, ist der Aktionär in einem Großunternehmen gezwungen, Systeme zu installieren, die seine Interessen schützen. Dies kann auf Basis vertraglicher Gestaltung erfolgen, um eine Interessensangleichung durch geeignete Ergebnisbeteiligung des Managers vorzusehen. Eine zweite Möglichkeit ist die Einführung von Kontrollsystemen, die es dem Eigentümer ermöglichen sollen, Anstrengungen und Ergebnisse der Arbeit des Managements zu kontrollieren. In mittelständischen Unternehmen sind solche Strukturen typischerweise nicht vorhanden, da die Eigentümer als Risikoträger zugleich die Kontrolle im Unternehmen ausüben (vgl. Reinemann und Ludwig 2015).

Die innere Struktur mittelständischer Unternehmen ist geprägt von **flachen Hierarchien** und einer **engen Beziehung zwischen Personal und Leitung**. Unter dem Begriff der flachen Hierarchien wird in erster Linie eine geringe Leitungstiefe verstanden, bei der die oberste Leitungsstelle durch wenige Instanzen mit den ausführenden Stellen verbunden ist (vgl. Vahs 2015). Flache Hierarchien ergeben sich durch die relativ geringe Anzahl von Stellen in kleinen und mittleren Unternehmen automatisch. Auch größeren, eigentümerge-führten Unternehmen wird unterstellt, dass ceteris paribus die Unternehmensleitung be-strebt ist, eine starke Kontrollbeziehung bis in die operativen Einheiten aufrechtzuerhalten. Daher wird die Tendenz zur Überorganisation in mittelständischen Unternehmen geringer sein als in Großunternehmen. Wir finden eher informale, personenorientierte Strukturen (vgl. Richbell et al. 2006) und einen hohen Grad der Zentralisierung (vgl. Colli 2013).

Eine positive Konsequenz dieser Organisationsstruktur ist der **enge Kontakt zwischen Unternehmensleitung und Mitarbeitern**, was zu einer besseren Einbeziehung der Inte-ressen der Beschäftigten auf der operativen Ebene führt (vgl. KfW 2010, S. 109 ff.). Zudem bestehen für Mitarbeiter bessere Möglichkeiten in Unternehmensentscheidungen einge-bunden zu sein, da der direkte Kontakt zu den entscheidenden Hierarchieebenen leichter zu knüpfen ist als in Großunternehmen.

Nicht zuletzt drückt sich die Organisationsstruktur in einer wohlgemeinten patriarcha-lischen Unternehmenskultur aus, in der Unternehmer ein ausgeprägtes Verantwortungs-gefühl für ihre Beschäftigten entwickeln. Eine nicht unwesentliche Folge dieser engen Verbindung von Unternehmer und Mitarbeitern ist die höhere Arbeitsplatzsicherheit im Kontext von konjunkturellen Schwankungen oder Unternehmenskrisen (vgl. Bassanini et al. 2013).

Eine über die Unternehmensgrenzen hinausgehende Besonderheit mittelständischer Unternehmen ist ihre **persönliche Beziehung zum Umfeld**. Die Eigentümer mittelständi-scher Unternehmen sind in persönliche Netzwerke der jeweiligen Region integriert und zeigen sich verantwortlich für das Wohlergehen ihres unmittelbaren Umfeldes. Für dieses Phänomen hat sich der Begriff der Corporate Social Responsibility (CSR) durchgesetzt (vgl. Bassen et al. 2005).

Ein weiterer Aspekt der regionalen Einbindung sind die **Wertschöpfungsbeziehungen** mittelständischer Unternehmen. Vielfach entstehen leistungsfähige Netzwerke, die sich regional und entlang einer Wertschöpfungskette bilden (sog. regionale Cluster). Besonders innerhalb eines Clusters beruhen die Beziehungen zwischen den mittelständischen Unter-nehmen auf informellen und persönlichen Kontakten. Über diese Beziehungen wächst Vertrauen, das in langfristig orientierten Organisationen leichter zu etablieren ist (vgl. Colli 2013, S. 590). Vorteile, die sich aus der Zusammenarbeit in regionalen Netzwerken für die beteiligten Unternehmen ergeben, stützen sich auf die Annahme, dass sich gemein-same Ressourcen bei existierender geografischer Nähe einfacher mobilisieren lassen (vgl. Davenport 2005). Das herrschende Hausbankprinzip ist ein weiterer Ausdruck der engen regionalen Beziehungen. In Deutschland sind Bankbeziehungen mittelständischer Unter-nehmen zumeist regional verortet sowie eng und auf Dauer angelegt.

Definitorisch bildet sich die Eigenständigkeit der mittelständischen Unternehmen im Begriff der **Konzernunabhängigkeit** ab, mit dem ausgeschlossen wird, dass ein anderes Unternehmen mit mehr als 25 % am Stammkapital eines mittelständischen Unternehmens beteiligt ist. Dieses Kriterium wird auch von der Europäischen Kommission als eine wesentliche Voraussetzung für die Einordnung zu kleinen und mittleren Unternehmen verwendet (Empfehlung 2003/361/EG). Bei einer höheren nominellen Beteiligung sind aus dieser Sicht eine Sperrminorität und damit ein Einfluss auf strategische Entscheidungen gegeben.

Tatsächlich ist eine **exakte Zuordnung** zum Mittelstand unter Berücksichtigung der genannten Kriterien schwierig, da in der Praxis Grenzfälle – z. B. das Vorhandensein zusätzlicher angestellter Mitgeschäftsführer oder von Fremdmanagern geleitete Unternehmen in Familienbesitz – auftreten (vgl. Wolter und Hauser 2001, S. 32).

Entscheidend für eine Zugehörigkeit zum Mittelstand ist jedoch, dass der Eigentümer die Entscheidungen im Unternehmen in der Hand behält. Dies ist der Fall, wenn er bzw. seine Familie oder eine überschaubare Anzahl von Partnern, die ebenfalls in die Geschäftsführung involviert sind, die strategische und operative Kontrolle über das Unternehmen innehaben (vgl. BMWi 2007).

Spannungsfeld der Begriffe Familienunternehmen und Mittelstand

Zwei Begriffe, die an dieser Stelle Verwendung finden und immer wieder zu Verwirrungen führen, sind die Bezeichnungen Mittelstand und Familienunternehmen. Es stellt sich daher die Frage, worin die Differenzierung dieser Begrifflichkeiten liegt. Letztlich kann in der Literatur keine endgültige Lösung dieser Fragestellung herbeigeführt werden. Familienunternehmen werden mitunter sehr weit definiert, und es finden sich unter diesem Begriff teilweise börsennotierte Konzerne wieder, die sich durch ein großes Aktienpaket in Familienhand auszeichnen (z. B. BMW AG oder VW AG).

Zur definitorischen Klarstellung des Begriffs Familienunternehmen wurden verschiedene Ansätze entwickelt (vgl. Klein 2010, S. 12 ff.). Nach der Einbeziehung der Eigentümerfamilie existieren weite und enge Definitionsansätze. Definitionen von Familienunternehmen im weiteren Sinn rekurrieren auf den Einfluss der Familie in strategischen Fragen über maßgebliche Stimmrechte, während bei Definitionen im engeren Sinn eine Einbindung der Familie in die operative Geschäftsführung vorausgesetzt wird (vgl. Astrachan und Shanker 2003; Welge und Witt 2013). Komplexere Ansätze wie beispielsweise die F-PEC Skala betrachten den Begriff Familienunternehmen mehrdimensional. Dieser beinhaltet die Begriffe Power, Experience und Culture. Unter Macht wird der Einfluss der Familie über Eigenkapitalanteile, Aufsichtsorgane und Management zusammengefasst. Die Erfahrung stellt auf den Erkenntniszuwachs im Laufe der beteiligten Familiengenerationen ab. Die Kulturdimension schließlich betrifft die Überlappung des Wertesystems von Familie und Unternehmen (vgl. Klein et al. 2005). Die Komplexität dieses Ansatzes zeigt, dass solche Faktoren nicht über amtliche Statistiken erfasst werden können. Vielmehr ist es empirisch notwendig, einen solchen Ansatz in komplexen Variablen abzubilden. Letztlich entsteht ein Kontinuum verschiedener Unternehmensformen, die als Familienunternehmen oder Nicht-Familienunternehmen klassifiziert werden können (vgl. Becker 2015, S. 780).

Familienunternehmen verfolgen neben der ökonomischen Zielsetzung auch eine dynastische (vgl. Krol 2009, S. 27). Sie tauchen daher in unterschiedlicher Prägung auf. Nach dem jeweils herrschenden Verwandtschaftsgrad werden die Typen „Alleinherrscher", „Geschwistergesellschaft", „Vetternkonsortium" und „dynastische Familie" unterschieden. Während das Familienunternehmen im Typus des Alleinherrschers nur durch die Kernfamilie gebildet wird, kommt in der Geschwistergesellschaft die Großfamilie in den Blick. Sie besteht aus den Geschwistern und ihren Kernfamilien. Im Vetternkonsortium kann sich das Eigentum auf bis zu 500 Gesellschafter verteilen, sodass sich starke Zersplitterungstendenzen zeigen. Die dynastische Familie beschreibt die höchste Zersplitterung der Familie und eine deutliche Distanz zum Unternehmen bei den Kleinstanteilseignern (vgl. Hack und Meyer 2010, S. 50 ff.)

Das IfM Bonn operationalisiert die Kriterien einer engen Definition und sieht die Voraussetzungen für ein Familienunternehmen als gegeben an, wenn „bis zu zwei natürliche Personen oder ihre Familienangehörigen mindestens 50 % der Anteile eines Unternehmens halten und diese natürlichen Personen der Geschäftsführung angehören" (IfM Bonn 2018).

Dass eine solche Definition die Realität in den meisten Familienunternehmen widerspiegelt, zeigen die Ergebnisse empirischer Untersuchungen. Bei mehr als 80 % der deutschen Unternehmen in Familienbesitz sind die Eigentümer an der Leitung beteiligt (vgl. Waschbusch und Knoll 2011, S. 645 f.). Wird eine solche enge Definition von Familienunternehmen zugrunde gelegt, verschwinden die Unterschiede zwischen den Begriffen und man kann bei mittelständischen Unternehmen auch von Familienunternehmen sprechen (vgl. BMWi 2007) bzw. von kleinen und mittleren Familienunternehmen als prägendem Unternehmenstypus in Deutschland (vgl. Welge und Witt 2013, S. 187 f.).

Letztlich bleibt an dieser Stelle ungeklärt, inwiefern für den **qualitativen Mittelstandsbegriff** Größengrenzen relevant sein sollen. Es stellt sich die Frage, ob der Mittelstandscharakter auch bei einem Unternehmen mit einer Größenordnung von vielen 1000 Mitarbeitern gegeben sein kann. Becker und Ulrich (2009, S. 5) schlagen bspw. für fremdgeführte Familienunternehmen eine Größengrenze von 3000 Mitarbeitern und EUR 600 Mio. Jahresumsatz für die Zuordnung zum Mittelstand vor. Ab dieser Größengrenze sei der enge Familienbezug nicht mehr gegeben. Eine solche quantitative Größenordnung ist allerdings eher pragmatisch und fußt auf keiner theoretisch-konzeptionellen Herleitung.

Allerdings sind empirische Ergebnisse der Mittelstandsforschung immer vor dem Hintergrund der verwendeten Definition zu interpretieren. So können Untersuchungen, die bspw. **differierende Größenmerkmale** verwenden, auch zu unterschiedlichen Ergebnissen kommen. Ähnlich ist dies für qualitative Merkmale des Mittelstands festzuhalten. Viele Untersuchungen verwenden eine rein quantitativ orientierte Mittelstandsdefinition und können daher nicht zur Argumentation bezogen auf eigentümergeführte Unternehmen herangezogen werden. Eine breite Diskussion zu den Auswirkungen von Definitionskriterien auf die Ergebnisse von empirischen Untersuchungen findet sich bspw. in der Literatur zu Familienunternehmen (vgl. Chua et al. 2012). Hier wurde vielfach gezeigt, dass unterschiedliche Definitionskriterien zu teilweise konträren Ergebnissen führen können (siehe bspw. Schmid et al. 2015, S. 297 f.).

1.2 Das Zusammenspiel quantitativer und qualitativer Faktoren

Um die Erfüllung quantitativer und qualitativer Kriterien zu erfassen, werden beide Dimensionen in einer **Matrix** kombiniert (vgl. Reinemann 1999). In **quantitativer Hinsicht** wird die Einordnung nach der Unternehmensgröße in Umsatz und Beschäftigten gemessen. In der **qualitativen Dimension** sind die Erfüllung der Kriterien Einheit von Eigentum und Leitung, Konzernunabhängigkeit sowie die ergänzenden Kriterien zu prüfen. Insgesamt ergeben sich aus dieser Systematisierung vier Typen wirtschaftlicher Aktivität (siehe Abb. 1.1).

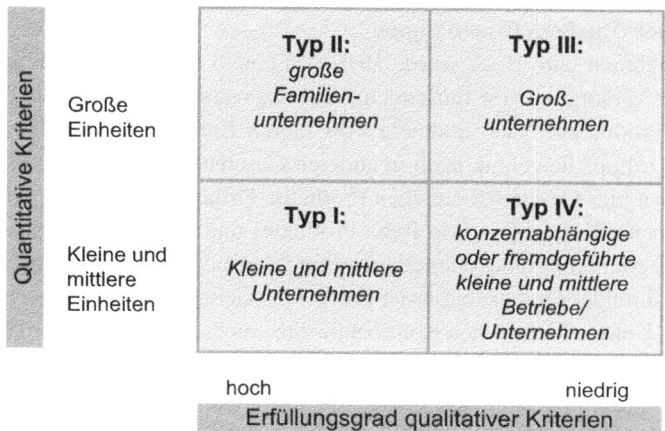

Abb. 1.1 Typisierung von Einheiten wirtschaftlicher Aktivität. (Quelle: Reinemann 1999)

Die Gruppe der mittelständischen Unternehmen im engeren Sinn (**KMU**) wird von jenen Unternehmen gebildet, die sowohl die quantitativen als auch die qualitativen Kriterien erfüllen (**Typ I**).

Praxisbeispiel: Neemann OHG

Ein typischer Vertreter von Typ I ist die Neemann OHG aus Leer. Das Unternehmen ist dem industriellen Mittelstand zuzuordnen und wird bereits in der dritten Generation von zwei Familien geführt. Das Unternehmen ist spezialisierter Hersteller von Folien für verschiedene industrielle Anwender. Aktuell wird das Unternehmen von zwei Generationen geführt. Die Verbundenheit mit dem Unternehmen drückt sich unter anderem in der Rechtsform – OHG – aus. Derzeit beschäftigt das Unternehmen 175 Mitarbeiter.

Große Familienunternehmen fallen aufgrund ihres Jahresumsatzes und/oder der Beschäftigtenzahl aus der engen Mittelstandsdefinition heraus, obwohl sie sich dem wirtschaftlichen Mittelstand zugehörig fühlen (**Typ II**). Hier handelt es sich um die nicht unbeträchtliche Zahl großer Familienunternehmen, die auf ihren angestammten Märkten häufig eine herausragende Position einnehmen. Viele der beispielsweise von Simon (1996, 2011) untersuchten „Hidden Champions" fallen unter diese Kategorie. Die Betriebswirtschaftslehre deutscher Provenienz thematisiert diesen Unternehmenstypus der großen Familienunternehmen erst in der letzten Dekade verstärkt. In der angloamerikanischen Managementliteratur wird diesem Bereich traditionell ein wesentlich breiterer Raum gewährt. Die beiden Unternehmenstypen I und II werden unter dem Mittelstandsbegriff im weiteren Sinn subsumiert.

Praxisbeispiel: Otto Bock Firmengruppe

Das Unternehmen Otto Bock wurde 1919 von einem Orthopädietechniker gegründet. Ziel war die Versorgung von Tausenden Weltkriegsversehrten mit Prothesen und orthopädischen Produkten. Nach nunmehr 100 Jahren Entwicklung ist das Unternehmen neben der Orthopädietechnik auch in anderen Geschäftsbereichen der Medizintechnik tätig. Mit den vier Geschäftsbereichen Prothetik, Orthetik, Human Mobility (manuelle und elektrische Rollstühle sowie Reha-Produkte) und MedicalCare ist das Unternehmen auf die Sicherung und Wiederherstellung der menschlichen Mobilität fokussiert. Geschäftsführender Gesellschafter ist Prof. Hans Georg Näder. Im Geschäftsjahr 2016 erzielte das Unternehmen einen Konzernumsatz von ca. EUR 884,5 Mio. Die Mitarbeiterzahl liegt bei über 7000. Das Unternehmen ist insbesondere in der Region, aber auch darüber hinaus vielfältig sozial engagiert. Wesentliche Ansatzpunkte sind dabei die Förderung des Behindertensports und der Wissenschaft.

Große Publikumsgesellschaften sind eindeutig nicht dem Mittelstand zuzurechnen, da sie keinem der genannten Kriterien genügen (**Typ III**).

Praxisbeispiel: Thyssen Krupp AG

Die Thyssen Krupp AG war ursprünglich ein mittelständisches Unternehmen. Die Gründungsgesellschaften Thyssen und Krupp wurden von Unternehmerpersönlichkeiten gegründet und lange Jahre als Familienunternehmen geführt. Mittlerweile handelt es sich jedoch um einen börsennotierten, diversifizierten Konzern mit fast 157.000 Mitarbeitern und einem Jahresumsatz von mehr als EUR 42 Mrd. (2017). Das Unternehmen wird von einem (ständig wechselnden) Vorstand geführt und verfügt über eine breit gestreute Anlegerschaft, wobei der größte Aktionär die Alfried Krupp von Bohlen und Hallbach-Stiftung mit etwas mehr ca. 21 % ist.

Konzernabhängige oder fremdgeführte kleine und mittlere Betriebe/Unternehmen erfüllen die quantitativen, aber nicht die qualitativen Kriterien (**Typ IV**). Aus Sicht der Mittelstandsforschung sind sie zugleich der problematischste Unternehmenstyp, da bspw. Tochtergesellschaften von Großunternehmen, wenn sie als rechtlich selbstständige Unternehmen in Form einer GmbH geführt werden, in amtlichen Statistiken als mittelständische Unternehmen geführt werden können.

Praxisbeispiel: Saturn Electro-Handelsgesellschaft

Die Ceconomy-Tochter Saturn ist im Einzelhandel mit Haushalts- und Unterhaltungselektronik tätig. An verschiedenen Standorten werden rechtlich selbstständige Kapitalgesellschaften betrieben. Die Gesellschaften werden in den Konzernabschluss der Metro AG einbezogen. Das für mittelständische Unternehmen geltende qualitative Merkmal der Einheit von Eigentum und Leitung wird von diesen Tochtergesellschaften nicht erfüllt. Insofern sind sie als abhängige Unternehmen zu betrachten.

Festzuhalten bleibt an dieser Stelle, dass keinesfalls von einem einheitlichen Begriffsver-ständnis des Mittelstands in der deutschsprachigen Literatur gesprochen werden kann. Nach wie vor existiert eine große **Vielfalt von Begrifflichkeiten,** die nicht immer überein-zubringen sind. Berthold (2010, S. 17) bspw. bezeichnet nur solche Unternehmen als Fa-milienunternehmen, die eine Mindestgröße von EUR 50 Mio. Umsatz p.a. überschreiten. Damit wären nur jene Unternehmen angesprochen, die hier als große Familienunterneh-men bezeichnet werden. Gerade über die Sinnhaftigkeit des Kriteriums Umsatz lässt sich trefflich streiten, da diese Größe erheblich von Branchenspezifika beeinflusst wird. So existieren bspw. Großhandelsunternehmen mit unter zehn Beschäftigten, die einen Um-satz erwirtschaften, der weit über EUR 50 Mio. p.a. liegt.

In der Praxis scheint sich die begriffliche Unschärfe auf die Unternehmen zu übertra-gen, denn Welter et al. (2015) stellen empirisch fest, dass es einem großen Teil der Unter-nehmenslandschaft schwer fällt, sich dem Mittelstand „korrekt" zuzuordnen. Unter Be-rücksichtigung der quantitativen Merkmale der Mittelstandsdefinition und unter Kontrolle der Identität von Eigentum und Leitung kommen die Autoren auf Basis einer Hochrech-nung zu dem Ergebnis, dass sich über zwei Fünftel der Unternehmen nicht dem Mittel-stand zugehörig fühlen, obwohl dies definitorisch zutrifft. Fast sechs Prozent aller Unter-nehmen sehen sich als mittelständisch an, obwohl sie die Definitionskriterien nicht erfüllen. Umso wichtiger ist es, in der Forschung eine eindeutige Definition zu verwenden, die eine transparente Interpretation von Ergebnissen zulässt. Abschließend sollen daher noch einmal drei Begriffe festgehalten werden:

▶ Kleine und mittlere Unternehmen genügen sowohl den quantitativen als auch qualita-tiven Anforderungen der Definition mittelständischer Unternehmen. Große Familienunter-nehmen überschreiten die je nach Definition (EU- oder deutsches Verständnis) vorgegebe-nen quantitativen Grenzen, erfüllen aber zumindest in großen Teilen die qualitativen Kriterien. Unter Mittelstand werden nicht nur kleine und mittlere Unternehmen, sondern auch große Familienunternehmen verstanden.

Diskussionsaufgabe

Folgende Informationen stehen Ihnen über die fiktive Medic Software GmbH zur Ver-fügung: Die Medic Software GmbH wurde im Jahr 1998 gegründet. Das Unternehmen ist Spezialist für medizinische Software. Das Management besteht aus dem Informati-ker Klaus Meier (Sprecher der Geschäftsführung und Chefentwickler) sowie Dieter Albrecht (Kaufmännischer Geschäftsführer).

Das Unternehmen hat zur Finanzierung der Gesellschafter mehrere externe Investo-ren in den Gesellschafterkreis aufgenommen. Das Stammkapital ist wie folgt verteilt (Tab. 1.3):

Die Medic Software GmbH konnte im Jahr 2009 ca. EUR 45 Mio. umsetzen und beschäftigt 600 Mitarbeiter.

Diskutieren Sie, inwiefern dieses Unternehmen als mittelständisch bezeichnet wer-den kann! Welchem Unternehmenstyp ist diese Gesellschaft zuzuordnen?

Tab. 1.3 Verteilung des
Stammkapitals der Medic
Software GmbH

Gesellschafter	% des Stammkapitals
Klaus Meier	40,5 %
Dieter Albrecht	15,0 %
Walter Engel (Business Angel)	10,0 %
Mediventure	19,5 %
Regionale Beteiligungsgesellschaft	15,0 %

1.3   Strukturelle Merkmale des Mittelstands

Eine wesentliche Strömung in der Forschung zu Mittelstand und Familienunternehmen
widmet sich dem Ziel, die Besonderheiten dieser Unternehmen in der Unternehmensführung zu identifizieren (vgl. Sharma 2004; Kraus et al. 2011; Pfohl 2013). **Deskriptive
Analysen** der Unternehmensführung in der betriebswirtschaftlichen Mittelstandsforschung steuern häufig auf ein **Defizitmodell** zu (vgl. Behrends und Martin 2005, S. 161 ff.)
und unterstellen diesen Unternehmen eine mangelnde Professionalität im Einsatz betriebswirtschaftlicher Instrumente. Um den dennoch beobachtbaren Erfolg dieser Unter-
nehmenskategorie zu verstehen, ist eine differenziertere Analyse der Handlungsmuster
mittelständischer Unternehmen vonnöten. Ausgangspunkt bildet das Kernkriterium der
Einheit von Eigentum und Leitung, um darauf aufbauend einen Blick auf die strukturellen
Besonderheiten der Unternehmensführung im Mittelstand zu werfen.

1.3.1   Mittelständische Unternehmen als Eigentümerunternehmen

Mit der grundsätzlichen Differenzierung von fremdgeführten und **eigentümergeführten
Unternehmen** wird deutlich, dass der Unternehmerperson im Mittelstand eine zentrale
Rolle zukommt. Ökonomisch gesehen füllt der **Unternehmer** verschiedene Rollen aus
(vgl. Fueglistaller et al. 2016, S. 65 ff.; siehe auch Tab. 1.4). Der Unternehmer als **Risikoträger** ist bereit, für Ressourcen bzw. Produkte einen Preis zu bezahlen, um es für einen
ungewissen Preis weiterzugeben. Die Unsicherheit über die Rückflüsse entsteht aus der
Ungewissheit bei der Vorhersage menschlichen Verhaltens. In dieser Situation ist ein eigenes Urteil vonnöten, welches dem Unternehmer letztlich den Gewinn beschert. In jüngster
Vergangenheit liefert die Insolvenz des Unternehmens Schlecker ein prägnantes Beispiel
für unternehmerisches Risiko.

Die Hauptaufgabe des Unternehmers als **Arbitrageur** besteht in der Aufdeckung von
Preisunterschieden, die er spekulativ ausnutzen kann. Gewinn ist also die Belohnung für
die Entdeckung von Marktchancen, die einen befristeten Monopolertrag zulassen.

In Schumpeter'scher Tradition wird der Unternehmer hingegen als **Innovator** verstanden, der über die kreative Kombination von Produktionsfaktoren neue Produkte, Verfahren
oder Organisationsformen kreiert. Diese Innovationen bringen die Märkte immer wieder
in Ungleichgewichte.

Tab. 1.4 Inhalte der Unternehmerfunktionen. (Quelle: Freiling und Großmann 2015, S. 622)

Unternehmerfunktion/ Kriterien	Innovation	Risikomanagement	Interne Koordination	Arbitrage
Rolle der Funktion in der organisationalen Entwicklung	Gründung und Erneuerung des Systems	Systemabsicherung	Nutzung der Systeminfrastruktur (intern)	Nutzung der Systeminfrastruktur (extern)
Primärer Charakter der Funktion	Explorativ	Primär explorativ	Exploitativ	Exploitativ
Zentrale Inhalte	- Produktinnovationen - Prozessinnovationen - Organisationsinnovationen - Marketinginnovationen - Beschaffungsinnovationen - Geschäftsmodellinnovationen	- Erkennung von Risiken - Bewertung von Risiken - Verteilung von Risiken - Verlagerung von Risiken	- Effizienter Betrieb des Wertschöpfungssystems - Ressourcenallokation - Lernen und Wissenstransfer - Motivation/„Sensemaking"	Aufbau/proaktive Schaffung von Geschäftsgelegenheiten Identifikation vorhandener Geschäftsgelegenheiten Zielführende Abschlüsse Aufbau marktrelevanter Werte

Eine weitere Rolle des Unternehmers besteht in der **Koordination** knapper Ressourcen. Er ist die Person, die Besitzer verschiedenster Ressourcen davon überzeugt, einen Teil zur neuen Unternehmung beizusteuern. Auch diese Aufgabe verlangt ein gutes Urteilsvermögen und einen ausreichenden Erfahrungsschatz in der Geschäftswelt.

Die kurz erläuterten Ansätze zur Unternehmerperson stehen nicht in einem Gegensatz zueinander, sondern können durchaus komplementäre Erklärungsbeiträge liefern. Dies gilt im Übrigen auch für Konzeptionen aus angrenzenden Wissenschaftsgebieten der Soziologie oder Psychologie.

In mittelständischen Unternehmen besteht insofern eine **hohe Abhängigkeit von der Unternehmerperson**, die besonders im Nachfolgefall sichtbar wird (vgl. Freund 2000). Das Wissen und die Kompetenzen müssen übertragen und das Unternehmen auf die neue Führungspersönlichkeit eingestellt werden.

Praxisbeispiel: Antje von Dewitz – Ökonomie und Ökologie sind kein Widerspruch

Im Jahr 2009 hat Antje von Dewitz die Geschäftsführung des Outdoorausstatters VAUDE von ihrem Vater Albrecht von Dewitz übernommen, der das Familienunternehmen im Jahr 1974 gegründet hat. Von Beginn an hat sie dem Unternehmen einen konsequenten Umbau auf nachhaltiges Wirtschaften verordnet. Diesen Schritt hat sie nicht unternommen, weil es Mode ist, sondern weil es ihrer Überzeugung entspricht. VAUDE sollte im Jahr 2015 Europas nachhaltigstes Outdoorunternehmen sein. Jede Entscheidung im Unternehmen muss den höchsten Standards im Umwelt-und Sozialbereich genügen.

Der Erfolg gibt ihr Recht: Das Unternehmen mit 500 Mitarbeitern und einem Umsatz von ca. EUR 100 Millionen weist stetige Wachstumsraten auf. Die Unternehmerin Antje von Dewitz ist für ihr Wirken bereits in jungen Jahren mit einer Vielzahl von Preisen ausgezeichnet worden. Dieses Beispiel zeigt, wie stark das Handeln eines Familienunternehmens von den Überzeugungen der Unternehmerin geprägt werden kann. Quelle: Handelsblatt, 13. Januar 2017, S. 20

1.3.2 Strukturelle Merkmale der Unternehmensführung im Mittelstand

Die Orientierung an einer zentralen Unternehmerperson hat Auswirkungen auf die gesamte Unternehmensführung, die mittelständische Unternehmen grundsätzlich von Großunternehmen abgrenzt. Aus diesen Überlegungen entsteht ein erweiterter Merkmalskatalog, für den sich national (vgl. Pfohl 2013) und international (vgl. Gibb 2000) Entsprechungen finden lassen (siehe Tab. 1.5).

Während in KMU zumeist **Eigentümerunternehmer** mit technischer Ausbildung zu finden sind, werden Großunternehmen zumeist von betriebswirtschaftlich ausgebildeten **Managern** geleitet. Die Unternehmensleitung in Großunternehmen kann sich auf strategische Fragestellungen konzentrieren; die Führung in KMU ist hingegen in das operative Betriebsgeschehen integriert.

Tab. 1.5 Merkmale der Unternehmensführung in KMU im Vergleich zu Großunternehmen. (Quelle: Pfohl 2013)

KMU	Großunternehmen
Eigentümer-Unternehmen	Manager
Technisch orientierte Ausbildung	Gutes technisches Wissen in Fachabteilungen und Stäben verfügbar
Unmittelbare Teilnahme am Betriebsgeschehen	Ferne zum Betriebsgeschehen
Mangelnde Unternehmensführungskenntnisse	Fundierte Unternehmensführungskenntnisse
Unzureichendes Informationswesen zur Nutzung vorhandener Flexibilitätsvorteile	Ausgebautes formalisiertes Informationswesen
Kaum Planung	Umfangreiche Planung
Patriarchalische Führung	Führung nach Management-by-Prinzipien
Kaum Gruppenentscheidungen	Häufig Gruppenentscheidungen
Durch Funktionshäufung überlastet; wenn Arbeitsteilung dann personenbezogen	Hochgradig sachbezogene Arbeitsteilung
Große Bedeutung von Improvisation und Intuition	Geringe Bedeutung von Improvisation und Intuition
Führungspotenzial nicht austauschbar	Führungspotenzial austauschbar
Geringe Ausgleichsmöglichkeiten bei Fehlentscheidungen	Gute Ausgleichsmöglichkeiten bei Fehlentscheidungen

Dies hat eine direkte Konsequenz in der geringeren Ausstattung von kleinen Unternehmen mit Unternehmensführungskenntnissen. Die personellen Kapazitäten führen darüber hinaus zu deutlich ausgeprägteren Informationssystemen in Großunternehmen, die in formalisierte Planungs- und Controllingsystemen münden. Aufgrund der Prägung durch eine Unternehmerpersönlichkeit werden mittelständische Unternehmen eher in einem patriarchalischen Stil geführt. Während in Großunternehmen viele Personen in Gruppenentscheidungen eingebunden werden, trägt im Mittelstand der Unternehmer die alleinige Entscheidungsverantwortung.

Diese Konzentration auf eine Person hat zumeist auch eine Überlastung an der Unternehmensspitze zur Konsequenz. Damit fußen Entscheidungen zumeist nicht auf langwierigen Informations- und Analyseprozessen, sondern eher auf Intuition und Improvisation.

Diese Art der Führung bedingt eine hohe Abhängigkeit der Unternehmen von der Führungs-persönlichkeit. Sie ist nicht austauschbar, und bei einem Ausfall des Unternehmers geraten die Betriebe häufig in eine Schieflage; eine Situation, die bei einer ungeplanten Nachfolgesituation durch Krankheit oder Tod nicht ungewöhnlich ist. Ferner sind die Ausgleichsmöglichkeiten bei Fehlentscheidungen der Führung in KMU deutlich geringer als in Großunternehmen, da eine geringere Diversifikation des Leistungsprogramms und zumeist eine niedrigere Kapitalausstattung gegeben sind.

Diese Unterscheidungsmerkmale mögen zunächst einmal holzschnittartig und klischeehaft erscheinen, und natürlich können sie nicht die gesamte Heterogenität des Mittelstandes widerspiegeln. So werden junge, stark wachsende Softwareunternehmen in den seltensten Fällen nach einem patriarchalischen Modell geführt. Allerdings ist der Mittelstand in seiner Gesamtheit immer noch durch eine eher traditionelle Struktur geprägt, die sich in die oben genannten Merkmale einordnen lässt.

Auch für große Familienunternehmen kann ein solches Bild der Unternehmensführung nicht zutreffen. Bei Betrachtung der TOP-500-Liste der Familienunternehmen in Deutschland wird klar, dass diese in ihrer Führungsstruktur den Großunternehmen in den meisten Merkmalen sehr ähnlich sind. Allerdings bleibt auch in großen Familienunternehmen ein Teil der Unterschiede gegenüber Großunternehmen erhalten. So finden wir dort weiterhin eine hohe Bedeutung von Intuition und Improvisation, einen eher patriarchalisch orientierten Führungsstil sowie die fehlende Ersetzbarkeit des Führungspotenzials. Dies gilt zugleich auch als ein wesentlicher Teil des Erfolgsrezepts von Familienunternehmen.

1.4 Die volkswirtschaftliche Bedeutung des Mittelstands

Aus volkswirtschaftlicher Sicht stellt sich zunächst einmal die Frage, welche besondere Bedeutung die Unternehmensgruppe des Mittelstandes haben kann und soll. Denn nur ein signifikanter volkswirtschaftlicher Beitrag dieser Unternehmensgruppe kann bspw. die Förderung aus Sicht des Staates rechtfertigen.

Aus quantitativer Sicht zeigen die Daten der **amtlichen Statistik** die überragende Bedeutung der KMU. Zur Messung werden die Kriterien des Anteils der KMU an allen Unternehmen, der Umsatzbeitrag und die Anteile an der Beschäftigung herangezogen.

Für **Deutschland** weist das IfM Bonn nach, dass 99,6 % aller **Unternehmen** den KMU zugerechnet werden können (siehe Abb. 1.2). Diese Unternehmen stehen für einen Anteil von 35,0 % an allen umsatzsteuerpflichtigen Umsätzen und bieten 58,5 % aller **Arbeitsplätze**. Hinzu kommt die überdurchschnittliche **Ausbildungsleistung** der KMU, die sich im Anteil von 81,8 % aller Ausbildungsplätze zeigt. Zugleich offenbaren die Relationen dieser Kennzahlen, dass die kleinen und mittleren Unternehmen eher in den arbeitsintensiven Branchen wie bspw. Dienstleistung tätig sind, während die Großunternehmen kapitalintensiv wirtschaften und daher einen Großteil der Umsätze und der Wertschöpfung in Deutschland repräsentieren.

Abb. 1.2 Volkswirtschaftliche Bedeutung der KMU in Deutschland. (Quelle: IfM Bonn, www.ifm-bonn.org)

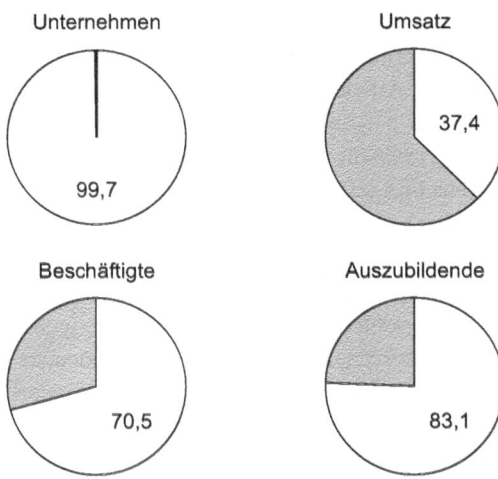

Ähnliche Größenordnungen lassen sich für die gesamte **Europäische Union** konstatieren: Von insgesamt 21 Mio. **Unternehmen** sind nur ca. 100.000 nicht den kleinen und mittleren Unternehmen zuzuordnen (siehe Tab. 1.6). Dies entspricht einem Anteil von 99,8 %. Hingewiesen sei an dieser Stelle noch einmal darauf, dass die EU eine restriktivere Definition verwendet, als dies in Deutschland üblich ist. Damit ist die Europäische Staatengemeinschaft insgesamt noch stärker durch Kleinstunternehmen geprägt als die Bundesrepublik Deutschland. Insgesamt liegt die durchschnittliche Zahl der Beschäftigten in Deutschland mit 7,6 Mitarbeitern deutlich über dem Wert von 4,1 für die EU-28.

Aus qualitativer Sicht geht der Begriff des Mittelstandes über den KMU-Begriff hinaus und bezieht damit auch Unternehmen in die Überlegungen ein, die Größengrenzen überschreiten, aber dennoch durch eine Eigentümerfamilie geprägt sind. Die **Stiftung Familienunternehmen** hat in den vergangenen Jahren mehrere empirische Untersuchungen in Auftrag gegeben, die sich der quantitativen Bedeutung dieser Unternehmen widmen. Aus der Liste der **TOP-500-Familienunternehmen** lässt sich entnehmen, welche Unternehmen mit Weltruf dieser Unternehmensgruppe zugeordnet werden können (siehe Abb. 1.3). Allerdings ist zu diesem Ranking einschränkend zu vermerken, dass die Stiftung Familienunternehmen eine weite Definition des Begriffs verwendet. Sie orientiert sich am Eigentum und schließt Unternehmen ein, bei denen ein oder mehrere Familienstämme einen bedeutenden Anteil am Eigenkapital halten.

Diese empirischen Ergebnisse sind jedoch mit einem inhärenten Problem behaftet. Sie betrachten als Kriterium für die Zugehörigkeit zu Mittelstand und Familienunternehmen nur eine Dimension. Während sich das IfM Bonn bei seinen Erhebungen auf quantitative Merkmale von Umsatz und Beschäftigung stützt, betrachtet die Stiftung Familienunternehmen das Kriterium des Eigentums. Die **Problematik dieser Erfassung** von Mittelstand und Familienunternehmen soll an zwei Beispielen illustriert werden.

Tab. 1.6 Volkswirtschaftliche Bedeutung der KMU in der EU. (Quelle: European Commission 2018)

	Micro SMEs	Small SMEs	Medium-sized SMEs	All SMEs	Large enterprises	All enterprises
Enterprises						
Number	22,830,944	1,420,693	231,857	24,483,496	46,547	24,530,050
%	93,1 %	5,8 %	0,9 %	99,8 %	0,2 %	100,0 %
Value added						
Value in EUR(trillion)	1,525.6	1,292.1	1,343.0	4,160.7	3,167.9	7,328.1
%	20,8 %	17,6 %	18,3 %	56,8 %	43,2 %	100,0 %
Employment						
Number in 000	41,980,528	28,582,254	24,201,840	94,764,624	47,933,208	142,697,824
%	29,4 %	20,0 %	17,0 %	66,4 %	33,6 %	100,0 %

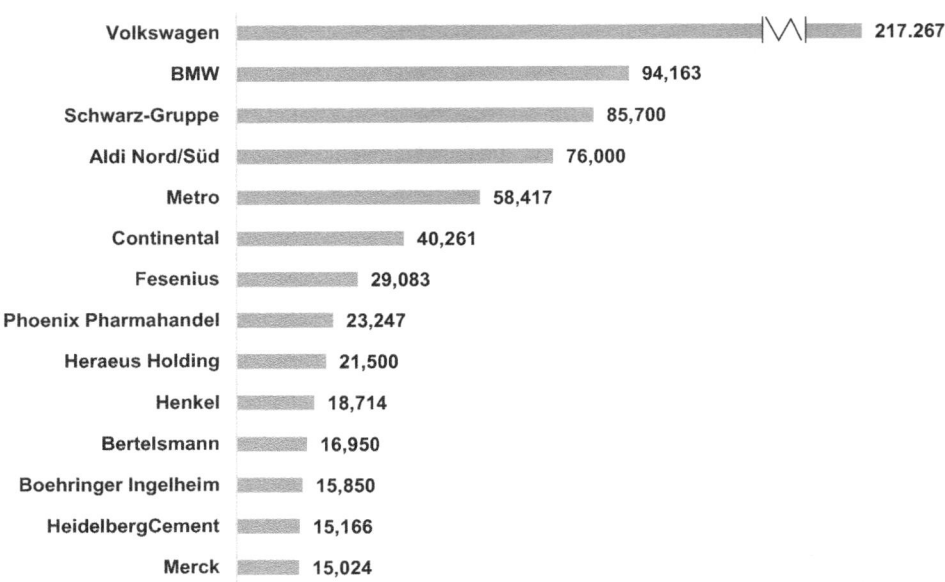

Abb. 1.3 Umsatz der größten Familienunternehmen Deutschlands 2016. (Quelle: Stiftung Familienunternehmen 2017)

Söllner (2014) hat eine Untersuchung vorgelegt, in der er die **Konzernabhängigkeit** kleiner und mittlerer Unternehmen mithilfe des Unternehmensregisters prüft. In seinen Ergebnissen weist er nach, dass insgesamt 7 % aller KMU von einem anderen Unternehmen auf Basis von Beteiligungen kontrolliert werden, wobei hier die EU-Definition inklusive der Betrachtung der Konzernabhängigkeit Anwendung findet. Dieser Wert mag zunächst einmal gering erscheinen, allerdings entspricht dieser Prozentsatz ca. 160.000 Unternehmen mit fast 4 Mio. Beschäftigten. Besonders ausgeprägt ist der Anteil der abhängigen KMU in der Gruppe der mittelgroßen Unternehmen (50–249 Arbeitnehmer) mit 47 %. Es ist zu vermuten, dass dieser Anteil bei Berücksichtigung des Schwellenwerts von 499 Beschäftigten der Definition des IfM Bonn noch deutlich darüber liegen würde.

Berlemann und Jahn (2014) haben sich insbesondere dem Kriterium der **Einheit von Eigentum und Leitung** gewidmet und eine „Mittelstandsquote" auf Kreisebene für Deutschland geschätzt. Auf Basis der Datenbank des Informationsdienstleisters Creditreform selektieren die Autoren alle Unternehmen, die als Personengesellschaften mit Inhaberführung verfasst sind, und alle Kapitalgesellschaften, bei denen ein Geschäftsführer von maximal vieren auch Anteile an dem betreffenden Unternehmen besitzt. Unter Berücksichtigung der Umsatzgrenze von EUR 50 Mio. ergibt sich eine Mittelstandsquote von 81,64 % für Deutschland. Bemerkenswert ist auch die regionale Schwankungsbreite, die Werte zwischen 58,26 % und 91,09 % ausweist.

Auch wenn diese beiden Untersuchungen jeweils nur eine Facette des Problems der Erfassung des Mittelstands unter Berücksichtigung quantitativer und qualitativer Merkmale aufgreifen, so ist es bisher doch nicht gelungen, eine umfassende empirische Erhebung der tatsächlichen Bedeutung des deutschen Mittelstands vorzulegen.

Für den Mittelstand werden trotz dieser statistischen Probleme besondere Beiträge zu den volkswirtschaftlichen Zielen Beschäftigung, Wachstum, Strukturwandel sowie Innovation erwartet und empirisch gemessen (vgl. De 2005, S. 23 ff.). Insbesondere die **Beschäftigungsdynamik** von KMU war immer wieder Gegenstand wissenschaftlicher Diskussionen (vgl. May-Strobl und Haunschild 2013). Die sog. Mittelstandshypothese besagt, dass KMU im Verhältnis zur bereits bestehenden Beschäftigung einen relativ höheren Beitrag zur Schaffung neuer sozialversicherungspflichtiger Arbeitsplätze leisten als Großunternehmen.

Der Beitrag zu **Strukturwandel** und **Innovation** ergibt sich aus der Tatsache, dass gerade neu gegründete Klein- und Kleinstunternehmen die Träger von Innovationen in Hightechbranchen sind. Damit ersetzen sie Unternehmen aus alten Branchen, die vom Markt durch Liquidationen oder gar Insolvenzen verschwinden. KMU tragen damit wesentlich zum Fluktuationsgeschehen in der Unternehmenslandschaft bei.

Darüber hinaus werden mittelständischen Unternehmen wesentliche Aufgaben im **Wettbewerb** zugeschrieben. Denn je mehr Unternehmen in einem Markt agieren, desto geringer ist die Marktmacht der einzelnen Anbieter und umso größer wird die Gefahr von Marktanteilsverlusten. Dieser Wettbewerbsdruck fördert bei allen Marktteilnehmern den Zwang zu Innovationen (vgl. RWI 2007, S. 10).

Wiederholungsfragen

1. Erläutern Sie das in Deutschland vorherrschende quantitative Verständnis mittelständischer Unternehmen!
2. Die EU und das IfM Bonn definieren den Mittelstand in quantitativer Hinsicht unterschiedlich. Warum sind diese Unterschiede aus Sicht von Unternehmen nicht nur eine akademische Frage?
3. Welches sind die qualitativen Kriterien für die Definition mittelständischer Unternehmen?
4. Was versteht man unter einer flachen Hierarchie?
5. Wodurch unterscheiden sich Großunternehmen von großen Familienunternehmen?
6. Wodurch unterscheiden sich die Begriffe „Familienunternehmen" und „Mittelstand"?
7. Finden Sie Beispiele für die unterschiedlichen Unternehmenstypen in Ihrer Region! Welche Kriterien können Sie zweifelsfrei beurteilen und welche nicht?
8. An welchen Kriterien wird die volkswirtschaftliche Bedeutung des Mittelstands typischerweise festgemacht?
9. Welche Rollen füllt der Unternehmer in der Marktwirtschaft aus?
10. Worin liegt der Unterschied in der Unternehmensstruktur zwischen Deutschland und den meisten übrigen Ländern der Europäischen Union?
11. Aus welchen Gründen ist die statistische Erfassung des Mittelstands problematisch?

Literatur

Astrachan, J. H.; Shanker, M. C. (2003): Family Businesses' Contribution to the U.S. Economy: A Closer Look, in: Family Business Review, 16(3), 211–219.

Bassanini, A.; Breda, T.; Caroli, E.; Rebérioux, A. (2013): Working in family firms: Paid less but more secure? Evidence from French matched employer-employee data, in: ILR Review, 66(2), 433–466.

Bassen, A.; Jastram, S.; Meyer, K. (2005): Corporate Social Responsibility. Eine Begriffserläuterung, in: Zeitschrift für Wirtschafts- und Unternehmensethik, 6/2005, 231–236.

Becker, F. G. (2015): Familienfremdes Top-Management in Mittelstand, in: Becker, W. und Ulrich, P. (Hrsg.). BWL im Mittelstand, Stuttgart, 775–795.

Becker, W.; Ulrich, P. (2009): Mittelstand, KMU und Familienunternehmen in der Betriebswirtschaftslehre, in: WiSt, 28(1), 2–7.

Behrends, T.; Martin, A. (2005): Betriebsgrößenbedingte Unterschiede in der Personalarbeit von Unternehmen, in: Schulte, R. (Hrsg.), Ergebnisse der Mittelstandsforschung, Band 2, Münster, 151–183.

Berlemann, M.; Jahn, V. (2014): Ist der deutsche Mittelstand tatsächlich ein Innovationsmotor?, in: ifo Schnelldienst, 67(17), 22–28.

Berthold, F. (2010): Familienunternehmen im Spannungsfeld zwischen Wachstum und Finanzierung, Schriften zu Familienunternehmen, Band 4, Lohmar.

BMWi (2007): Der Mittelstand in der Bundesrepublik Deutschland: Eine volkswirtschaftliche Bestandsaufnahme, Dokumentation Nr. 561, Berlin.

BMWi (2012): German Mittelstand: Motor der deutschen Wirtschaft, Berlin.

Börner, C. (2006): Finanzierung, in: Pfohl, H.-C. (Hrsg.), Betriebswirtschaftslehre der Mittel- und Kleinbetriebe, Berlin, 297–329.

Chua, J. H.; Chrisman, J. J.; Steier, L.; Rau, S. (2012): Sources of heterogeneity in family firms – An introduction, in: Entrepreneurship Theory and Practice, 36(6), 1103–1113.

Colli, A. (2013): Family firms between risks and opportunities: a literature review, in: Socio-Economic Review, 11(3), 577–599.

Davenport, S. (2005): Exploring the role of proximity in SME knowledge-acquisition, in: Research Policy, 34(5), 683–701.

De, D. (2005): Entrepreneurship – Gründung und Wachstum von kleinen und mittleren Unternehmen, München.

European Commission (2018); Annual Report on European SMEs 2017/2018, Brüssel.

Freiling, J.; Großmann, S. (2015): Unternehmertum in Mittelstands- und Familienunternehmen, in: Becker, W.; Ulrich, P. (Hrsg.): BWL im Mittelstand: Grundlagen-Besonderheiten-Entwicklungen, Stuttgart, S. 53 – 69

Freund, W. (2000): Familieninterne Unternehmensnachfolge: Erfolgs-und Risikofaktoren, Wiesbaden.

Fueglistaller, U.; Müller, Chr.; Volery, Th. (2016): Entrepreneurship, 4. Aufl., Wiesbaden

Gibb, A. A. (2000): SME Policy, Academic Research and the Growth of Ignorance, Mythical Concepts, Myths, Assumptions, Rituals and Confusions', in: International Small Business Journal, 18(3), 13–35.

Grichnik, D. (2003): Finanzierungsverhalten mittelständischer Unternehmen im internationalen Vergleich, in: Kienbaum, J., Börner, Ch. J. (Hrsg.): Neue Finanzierungswege für den Mittelstand, Wiesbaden, 75–112.

Hack, A.; Meyer, J. (2010): Gründe für eine spezielle Governance von Familienunternehmen, in: Koeberle-Schmid, A. et al. (Hrsg.): Family Business Governance, Berlin, S. 50 – 67.

IfM Bonn (2018): URL: www.ifm-bonn.org

KfW (2010): Mittelstandsmonitor, Frankfurt a. M.

Klein, S.; Astrachan, J.; Smyrnios, K. (2005): The F-PEC Scale of Family Influence: Construction, Validation, and Further Implication for Theory, in: Entrepreneurship Theory and Practice, 29(3), 321–339.

Klein, S. (2010): Familienunternehmen, 3. Auflage, Wiesbaden.

Kraus, S., Filser, M., Götzen, T., Harms, R. (2011), Familienunternehmen: Zum State-of-the-Art der betriebswirtschaftlichen Forschung, in: Betriebswirtschaftliche Forschung und Praxis, Vol. 63, Issue 6, S. 587–605.

Krol, F. (2009): Wertorientierte Unternehmensführung im Mittelstand, Hamburg.

May-Strobl, E.; Haunschild, L. (2013): Der nachhaltige Beschäftigungsbeitrag von KMU – Eine sektorale Analyse unter besonderer Berücksichtigung der FuE- und wissensintensiven Wirtschaftszweige, in: Institut für Mittelstandsforschung Bonn (Hrsg.): IfM-Materialien Nr. 206, Bonn.

Pfohl, H.-Ch. (2013): Abgrenzung der Klein- und Mittelbetriebe von Großbetrieben, in: Pfohl, H.-Ch. (Hrsg.): Betriebswirtschaftslehre der Mittel- und Kleinbetriebe, Berlin, 1–21.

Reinemann, H. (1999): Was ist Mittelstand? Zur Definition kleiner und mittlerer Unternehmen, in: WiSt, 28(12), 661 – 662

Reinemann, H. (2002): Weiterbildung in mittelständischen Unternehmen, Münster.

Reinemann, H.; Ludwig, D. (2015): Die qualitative Dimension des Mittelstandsbegriffs, in: Becker, W.; Ulrich, P. (Hrsg.): BWL im Mittelstand: Grundlagen – Besonderheiten – Entwicklungen, Stuttgart, 38–52

Richbell, S.; Watts, H.; Wardle, P. (2006): Owner Managers and business planning in the small firm, in: International Small Business Journal, 24(5), 496–515.

RWI (2007): Der Beitrag des Mittelstands zur Entwicklung der Beschäftigung in Deutschland, Essen.

Schmid, T.; Ampenberger, M.; Kaserer, C.; Achleitner, A. K. (2015): Family firm heterogeneity and corporate policy: Evidence from diversification decisions, in: Corporate Governance: An International Review, 23(3), 285–302.

Schmidt, A. G. (1995): Der Einfluss der Unternehmensgröße auf die Rentabilität von Industrieunternehmen, Wiesbaden.

Sharma, P. (2004): An Overview of the Field of Family Business Studies: Current Status and Directions for the Future, in: Family Business Review, 17(1), 1–36.

Simon, H. (1996): Die heimlichen Gewinner : die Erfolgsstrategien unbekannter Weltmarktführer, 5. Auflage, Frankfurt.

Simon, H. (2011): Hidden Champions – Aufbruch nach Globalia: Die Erfolgsstrategien unbekannter Weltmarktführer, Frankfurt.

Söllner, R. (2014): Die wirtschaftliche Bedeutung kleiner und mittlerer Unternehmen in Deutschland, in: Wirtschaft und Statistik, 1, 40–52.

Stiftung Familienunternehmen (2017): Die volkswirtschaftliche Bedeutung der Familienunternehmen, München.

Vahs, D. (2015): Organisation – Einführung in die Organisationstheorie und -praxis, 9. Auflage, Stuttgart.

Waschbusch, G.: Knoll, J. (2011): Unternehmensführung in Familienunternehmen durch ein familienfremdes Management – Fluch oder Segen?, in: Betriebswirtschaftliche Forschung und Praxis, Issue 6, 641–655.

Welge, M.; Witt, P. (2013): Corporate Governance in kleinen und mittleren Unternehmen, in: Welge, M.; Witt, P. (Hrsg.), Corporate Governance in mittelständischen Unternehmen, ZfB Special-Issue 2/2013, 185–205.

Welter, F.; May-Strobl, E.; Holz, M.; Pahnke, A.; Schlepphorst, S.; Wolter, H. J.; Kranzusch, P. (2015): Mittelstand zwischen Fakten und Gefühl (No. 234). IfM-Materialien, Bonn.

Wolter, H.-J.; Hauser, H.-E. (2001): Die Bedeutung des Eigentümerunternehmens in Deutschland – Eine Auseinandersetzung mit der qualitativen und quantitativen Definition des Mittelstands, in: Institut für Mittelstandsforschung Bonn (Hrsg.): Jahrbuch zur Mittelstandsforschung 1/2001, Schriften zur Mittelstandsforschung Nr. 90 NF, Wiesbaden, 25–77.

Mittelstand in der Betriebswirtschaftslehre – Theorien und Modelle

Implizit war die vorangegangene Kennzeichnung des Mittelstands anhand von definitorischen Merkmalen bereits von theoretischen Bezügen geprägt, ohne dass diese weiter ausgeführt wurden. Dieses Defizit soll in diesem Abschnitt anhand von Theorien und Modellen beseitigt werden, die auf die quantitative und qualitative Dimension des Mittelstandsbegriffs Bezug nehmen.

Unternehmenstheorien sollen Fragen nach Zweck und Existenz, Größe, strukturellem Aufbau und Marktverhalten von Unternehmen beantworten. Damit ist die Unternehmenstheorie ein zentraler Baustein der ökonomischen Theorie, auf deren Modelle sowohl in der Betriebs- als auch der Volkswirtschaftslehre zurückgegriffen wird (vgl. Stütz 2011, S. 217). Theorien und Modelle stellen eine Vereinfachung der Realität dar und sollen bei der Erfassung und der gedanklichen Durchdringung von realen Phänomenen helfen, indem wichtige Dinge hervorgehoben werden, unwichtige Aspekte hingegen ausgeblendet bleiben (vgl. Fritsch 2016, S. 40).

Historisch betrachtet existiert keine einheitliche Unternehmenstheorie, sondern es wurden verschiedene Teiltheorien für unterschiedliche Analysezwecke entwickelt. Hierbei ist keine Konvergenz zu erkennen, sondern eine fortschreitende Ausdifferenzierung der vorhandenen Zweige sowie die Entwicklung neuer Teilgebiete (vgl. Stütz 2011, S. 217). Bezogen auf den Mittelstand als Teilgruppe der Unternehmen lässt sich dieser Zustand ebenfalls konstatieren. In der Literatur findet sich keine einheitliche Theorie des Mittelstands! Daher sollen die folgenden Abschn. 2.1.1 und Abschn. 2.2.2 einen eher lexikalisch orientierten Einblick in diese Vielfalt ermöglichen.

© Springer Fachmedien Wiesbaden GmbH, ein Teil von Springer Nature 2019
H. Reinemann, *Mittelstandsmanagement*,
https://doi.org/10.1007/978-3-658-25355-4_2

Lernziele
Wenn Sie dieses Kapitel durchgearbeitet haben, können Sie

- den Einfluss der Unternehmensgröße auf die Wettbewerbsposition von KMU kennzeichnen,
- die wesentlichen Theorien, die den Einfluss von Eigentümerunternehmern und -familien auf deren Unternehmen erklären,
- die historische Entwicklung des Mittelstands im deutschen Entrepreneurship Ecosystem erläutern,
- die Domänen des Entrepreneurship Ecosystems und ihre Ausprägung in Deutschland beschreiben,
- die unterschiedlichen Lebenszykluskonzepte erläutern,
- die Evolution von Organisationen und die hiermit zusammenhängenden Herausforderungen im Zeitablauf verstehen,
- Unternehmen den Lebenszyklusphasen zuordnen und damit zusammenhängende Herausforderungen formulieren,
- die Herausforderungen im Lebenszyklus mittelständischer Unternehmen beschreiben.

2.1   Mittelstand aus statischer Perspektive – Erklärungsansätze für die Besonderheiten mittelständischer Unternehmen

Im ersten Schritt wird eine statische Perspektive eingenommen, um die Besonderheiten mittelständischer Unternehmen erklären zu können. Es werden wesentliche Theorien diskutiert, die sich mit den besonderen Merkmalen des Mittelstands auseinandersetzen. Handlungsleitend ist auch in diesem Abschnitt die Differenzierung in quantitative (Unternehmensgröße) und qualitative (insbesondere Eigentümerführung) Merkmale.

2.1.1   Quantitative Merkmale – Theorien der Betriebsgröße

Die optimale Betriebs- oder Unternehmensgröße wurde bereits von den Klassikern der Ökonomie diskutiert (bspw. Adam Smith). Im Zuge der industriellen Revolution entstanden in den sich entwickelnden Volkswirtschaften immer größere Produktionsstätten, die sich durch starke Arbeitsteilung und Massenproduktion auszeichneten. Auf Grundlage dieser Beobachtungen wurde ein fortwährender Trend zu größeren Unternehmenseinheiten unterstellt. Das Phänomen sinkender Stückkosten bei steigender Produktionsmenge wird häufig als **Gesetz der Massenproduktion** bezeichnet (vgl. Schmidt 1995, S. 14). Die Kostenvorteile von Großbetrieben lassen sich aus einer Produktionsfunktion herleiten, die durch Nichtlinearhomogenität gekennzeichnet ist und zu einer degressiv verlaufenden langfristigen Kostenkurve führt.

Im Schrifttum wird dieses Phänomen klassischerweise als Größendegression bzw. Economies of Scale bezeichnet. Dieser Begriff ist ein komplexer Oberbegriff für eine Reihe von Einzelphänomenen, die bereits Schmalenbach (1956, S. 112) in Größen- und Beschäftigungsdegression sowie Auflagendegression differenzierte. Im Folgenden werden die Economies of Scale und der Erfahrungskurveneffekt als besonders häufig diskutierte Effekte herausgegriffen, die sich allerdings nicht trennscharf voneinander abgrenzen lassen.

2.1.1.1 Economies of Scale

In vereinfachter Darstellung liegen **Economies of Scale** vor, wenn die langfristigen Durchschnittskosten je produzierter Einheit bei steigender Ausbringungsmenge fallen (vertiefend Piekenbrock und Henning 2013, S. 140 ff.). Die Durchschnittskosten sind in diesem Zusammenhang definiert als die gesamten Kosten dividiert durch die Ausbringungsmenge.

Drei Faktoren sind wesentlich für **Skaleneffekte** verantwortlich (vgl. Oehlrich 2016, S. 19):

- In jedem Unternehmen entstehen Kosten, die von der Ausbringungsmenge unabhängig sind. Es wird eine allgemeine Infrastruktur wie Buchhaltung, Unternehmensleitung, Marketing etc. benötigt. In einem bestimmten Intervall der Ausbringungsmenge bleiben diese Kosten konstant, sodass die Durchschnittskosten bei steigendem Output sinken (Fixkostendegression).
- Durch Arbeitsteilung und Spezialisierung können weitere Skaleneffekte erzielt werden. Dieser Zusammenhang wurde bereits von Adam Smith am Beispiel der Stecknadelproduktion dokumentiert, indem er zeigte, dass die Zerlegung der Tätigkeit in Teilaufgaben zu einer wesentlichen Steigerung des Outputs führt.
- Höhere Kapazitäten und eine dadurch erzielte höhere Ausbringung stehen mit dem Einsatz spezialisierter Maschinen, einer höheren Anzahl von Produktionsstätten und einem engmaschigeren Distributionsnetz in Verbindung. Dieser Vorteil kann nur von Unternehmen genutzt werden, die entsprechend hohe Stückzahlen auf dem Markt absetzen können. Kleineren Unternehmen bleibt dieser Vorteil verwehrt.

Neben den positiven Wirkungen können aber auch negative Skaleneffekte auftreten (**Diseconomies of Scale**), da es ab einem gewissen Output im Unternehmen zu Ineffizienzen kommen kann. Ein wesentliches Beispiel für dieses Phänomen sind Managementkosten, die in großen Unternehmen durch die Koordination von Hierarchieebenen entstehen (vgl. Oehlrich 2016, S. 20). Insgesamt wird ein U-förmiger Zusammenhang zwischen Ausbringungsmenge und Durchschnittskosten postuliert (siehe Abb. 2.1).

In enger Verbindung mit den Skaleneffekten stehen die sogenannten **Unteilbarkeiten**. Im Produktionsprozess können bestimmte Ressourcen nur ganzzahlig integriert werden. Die Produktionsmöglichkeiten sind in diesen Fällen nur in großen Sprüngen variierbar. Ein häufig genanntes Beispiel hierfür sind Kraftwerke, deren Kosten bis zur Erreichung der Kapazitätsgrenze nur in geringem Maß steigen. Die Investitionen in ein neues Kraftwerk sind hingegen immens. Unteilbarkeiten sind allerdings auch in einem kleineren Maßstab denkbar, wenn bspw. Mindestabnahme- oder Mindesteinsatzmengen vorliegen.

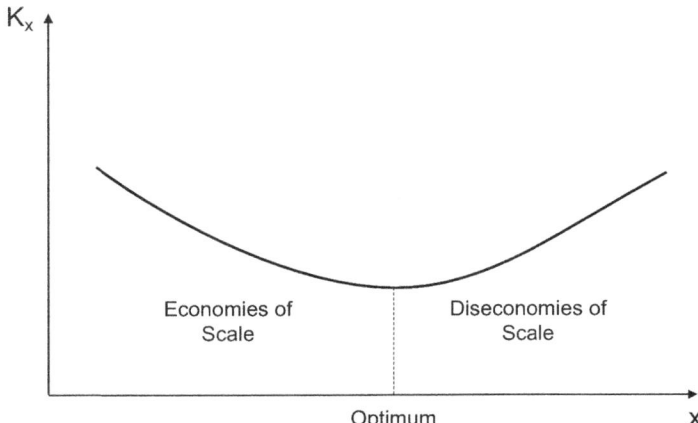

Abb. 2.1 Durchschnittskosten und Skaleneffekte bei Einproduktunternehmen. (Quelle: siehe bspw. Oehlrich 2016, S. 18)

Auch sogenannte Potenzialfaktoren sind nicht stetig variierbar, sondern nur ganzzahlig veränderbar. Dies trifft bspw. auf in der Produktion eingesetzte Maschinen oder auch Mitarbeiter zu (vgl. Stütz 2011, S. 235 ff.). Die Unteilbarkeiten lassen wiederum **sprungfixe bzw. intervallfixe Kosten** auftreten. Dies bedeutet, dass die Kosten innerhalb einer bestimmten Produktionsmenge (Outputintervall) unverändert bleiben, bei Über- bzw. Unterschreitung einer Intervallgrenze jedoch sprunghafte Veränderungen erfahren.

Zu weiteren Größendegressionseffekten führt die Berücksichtigung von Rüstaufwand und Losgrößen im Effekt der **Auflagendegression** (vgl. Stütz 2011, S. 235 ff.). Ein Rüstvorgang in der Produktion hängt nicht von der Anzahl der herzustellenden Stücke ab. Aus diesem Grund führt die Produktion großer Lose zu einem Sinken der auflagenfixen Kosten je Stück und damit zu weiteren Größendegressionseffekten.

Eine weitere größenbezogene Kostenkomponente sind die **Anlaufkosten,** die auf noch nicht optimal laufende Produktionsteilprozesse sowie eine erhöhte Ausschussquote zurückgeführt werden können. Demgegenüber werden in der Literatur allerdings erhöhte Kosten für Lagerung und Kapitalbindung diskutiert, die mit zunehmender Losgröße ansteigen. Dem stehen wiederum positive Mengenrabatte bei höheren Bestellmengen gegenüber, die zu einem Sinken der Kosten führen können. Insgesamt lässt sich aus diesen Überlegungen ein Modell der optimalen Losgröße entwickeln.

Zusammenfassend steht letztendlich die Erkenntnis, dass produktions- und kostentheoretisch eine Reihe von Argumenten existiert, die für eine Kostendegression durch die Fertigung großer Mengen sprechen. Die Konsequenzen dieser Zusammenhänge für das Management mittelständischer Unternehmen sind vielfältig. So können mittelständische Unternehmen bspw. im Wettbewerb mit großen Unternehmen selten in einen Kostenwettbewerb treten, wodurch Qualitätsmerkmale von Produkten und damit die Differenzierung an Bedeutung gewinnen. Aber auch im Einsatz von Produktionsfaktoren sind spezifische

Herausforderungen zu meistern. Die Organisation kleiner und mittlerer Unternehmen kann Spezialisierungsvorteile nicht in dem Ausmaß nutzen, wie es in großen Unternehmen möglich ist. Daher existieren Organisationsformen, die an einer geringeren Ausdifferenzierung orientiert sind. Zudem lässt sich der Einsatz hoch spezialisierter Arbeitskräfte in mittelständischen Unternehmen seltener realisieren, weshalb der Einsatz von Mitarbeitern mit vielfach verwendbaren Qualifikationen sinnvoll ist.

2.1.1.2 Erfahrungskurveneffekt

Ein weiterer ökonomischer Effekt, der unmittelbar mit der Unternehmensgröße zusammenhängt, ist der sogenannte **Erfahrungskurveneffekt**. Der Zusammenhang basiert auf der Beobachtung, dass die wiederholte Ausführung von menschlichen Tätigkeiten die Kosten senkt. Der daraus entstehende Erfahrungskurveneffekt führt bei einer Verdopplung der kumulierten Ausbringungsmenge zu einem Rückgang der realen Stückkosten um ca. 20–30 % (Abb. 2.2). Empirisch konnte dieser Effekt in unterschiedlicher Höhe, aber einem eindeutigen kostensenkenden Zusammenhang nachgewiesen werden (vgl. Oehlrich 2016, S. 22). Die Abgrenzung zur Größendegression ist allerdings nicht ganz trivial, da sich der Erfahrungskurveneffekt auch als Größendegression über die Zeit interpretieren lässt (vgl. Schmidt 1995, S. 19).

Der Zusammenhang der Erfahrungskurve wird auf folgende Ursachen zurückgeführt:

- Produktivitätsverbesserungen werden durch ein größeres Verhältnis von Ausbringungsmenge und Faktoreinsätzen erzielt.
- Steigende Managementerfahrung führt dazu, dass die Unternehmensleitung in der Lage ist, Kostenreduktionspotenziale leichter zu erkennen.
- Aufgrund von Markterfahrungen werden Produktmodifikationen durchgeführt, die zu sinkenden Kosten führen.
- Eine Erhöhung der Effizienz der Produktionsfaktoren kann durch den Ersatz von fehleranfälliger menschlicher Arbeitskraft durch Maschinen erzielt werden.

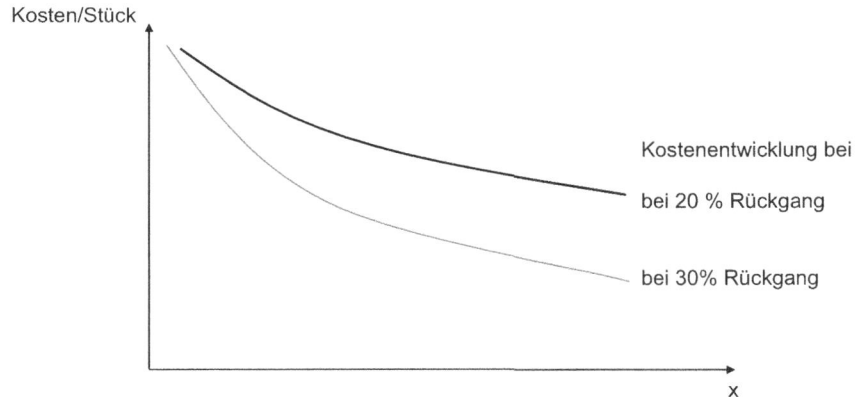

Abb. 2.2 Die Erfahrungskurve. (Quelle: siehe bspw. Müller-Stewens 2016, S. 257)

Aus der Erfahrungskurve werden bestimmte strategische Implikationen abgeleitet: Um die kostensenkenden Effekte der Erfahrungskurve zu nutzen, erscheint es aus Sicht eines Unternehmens notwendig, die Produktionsmenge konsequent zu erhöhen. Je eher es einem Unternehmen gelingt, seinen Marktanteil zu vergrößern, desto eher wird diese Verdopplung ermöglicht, und das Unternehmen erzielt einen Kostenvorteil gegenüber der Konkurrenz. Je häufiger dies gelingt, desto größer wird der **Vorsprung gegenüber den Wettbewerbern** (vgl. Müller-Stewens und Lechner 2016, S. 258 f.).

Allerdings wurde die Ableitung von Managementregeln aus diesem Effekt vielfach kritisiert. Zum einen ist die Erfassung des Erfahrungskurveneffekts mit erheblichen **Messproblemen** verbunden. Häufig muss auf Preisdaten zurückgegriffen werden, die allerdings nicht als vollwertiger Ersatz für Kostendaten angesehen werden können. Preisreduktionen können bspw. auch durch den Wettbewerb oder technischen Fortschritt induziert sein und nicht in Zusammenhang mit Kostendegression stehen. Zum anderen unterscheiden sich die Erfahrungskurveneffekte bei unterschiedlichen Produkten deutlich. Während bei einigen Produkten Erfahrungsraten von bis zu 60 % ermittelt wurden, waren sie bei anderen nicht feststellbar. Zudem sind die mit der Erfahrungskurve verbundenen Kostendegressionseffekte lediglich ein Potenzial, das vom Unternehmen durch geeignete Maßnahmen realisiert werden muss (vgl. Müller-Stewens und Lechner 2016, S. 258).

Die **Konsequenzen** des Erfahrungskurveneffektes für die Führung mittelständischer Unternehmen sind mannigfaltig. So kann bspw. bei einer handwerklichen Einzelproduktion nur in geringerem Ausmaß eine Verdopplung der Ausbringungsmenge erzielt werden. Aus diesem Grund fokussieren sich solche eher kleinen Unternehmen auf **Marktnischen**, die durch hoch spezialisierte Bedarfe gekennzeichnet sind, in denen die Erzielung von Erfahrungskurveneffekten von geringerer Relevanz ist. Dennoch können auch mittelständische Unternehmen Erfahrungskurveneffekte erzielen, wenn sie seit Generationen bestehen und das entstandene **Know-how in Prozessen** zur Senkung von Kosten nutzen (vgl. Schmidt 1995, S. 19). Darüber hinaus besteht die Möglichkeit, den geografischen Markt zu erweitern. Dieses Phänomen ist bei der Expansion geheimer Weltmarktführer zu beobachten, die ihre Ausbringungsmenge durch Internationalisierung erhöhen.

2.1.2 Qualitative Merkmale – Theorien des Familienunternehmens

Die im Kontext des Mittelstands diskutierten theoretischen Ansätze beziehen sich nicht nur auf die Unternehmensgröße. Gerade in der letzten Dekade ist eine Rückbesinnung auf die qualitativen Merkmale der mittelständischen Unternehmen zu beobachten. Beeinflusst von der Forschung zu Familienunternehmen gerät der Einfluss des Eigentümers bzw. der Eigentümerfamilie auf die Führung von Unternehmen wieder stärker in den Blick. Dies lässt sich sowohl in theoretischen als auch empirischen Beiträgen beobachten.

Die verwendeten Ansätze sind vielfältig und entstammen nicht nur der Ökonomie, sondern auch angrenzenden Wissenschaftsgebieten wie Soziologie und Psychologie (zum Überblick siehe Nordqvist et al. 2015; Melin et al. 2013). Die folgenden Ausführungen fokussieren sich auf ökonomische Theorien, die sich mit der Frage auseinandersetzen, wie Akteure in Familienunternehmen im Vergleich zu anderen Unternehmen agieren, um ökonomische Prozesse zu organisieren (vgl. Shukla et al. 2013). Hierzu werden unter anderem die **Agency-Theorie**, die **Stewardship-Theorie** und **ressourcenbasierte Ansätze** herangezogen. Als weitere prominente theoretische Strömung wird der Ansatz des **Socioemotional Wealth** thematisiert, der in den vergangenen Jahren zunehmende Aufmerksamkeit in der Forschung erlangt hat.

Betont sei an dieser Stelle noch einmal, dass die in diesem Lehrbuch verwendete Mittelstandsdefinition in Bezug auf das Kernkriterium „Einheit von Eigentum und Leitung" mit einer engen Definition des Familienunternehmens übereinstimmt. Im Fokus der Betrachtungen stehen dementsprechend eigentümergeführte Unternehmen. Die Forschung zu Familienunternehmen ist hingegen von einer breiten Vielfalt von Definitionsansätzen geprägt. So werden vielfach auch Unternehmen in die Forschung als Untersuchungsobjekte einbezogen, die durch einen Familieneinfluss über Eigentumsanteile gekennzeichnet sind, wobei die Führung durch Familienmitglieder nicht als Voraussetzung formuliert wird.

2.1.2.1 Principal-Agent-Theorie

Die **Principal-Agent-Theorie** ist eine der am prominentesten vertretenen Theorien in den Sozialwissenschaften. Sie wird in der Wirtschaftswissenschaft, aber bspw. auch in den Politik- und Rechtswissenschaften angewendet. Im Zentrum dieser Theorie stehen die wirtschaftlichen Folgen einer Delegation von Entscheidungskompetenzen durch einen Auftraggeber (Principal) auf einen Beauftragten (Agent), der wiederum seinen Entscheidungs- und Handlungsspielraum auch opportunistisch gegen den Principal ausüben kann (vgl. Meinhövel 2004, S. 470).

Der autonome Handlungsspielraum des Agenten mit Wirkung auf den Principal ist von grundlegender Bedeutung, da erst hierdurch die Interessen der Parteien aufeinandertreffen. Dass die unzureichende Erfüllung der Vertragspflichten durch den Agenten nicht sofort entdeckt und sanktioniert wird, liegt in der asymmetrischen Informationsverteilung zwischen Auftraggeber und Beauftragten begründet (vgl. Meinhövel 2004, S. 470).

So kann der Principal bzw. Eigentümer bereits im Vorfeld des Vertragsabschlusses über persönliche Eigenschaften getäuscht werden und sieht sich mit einem Auftragnehmer konfrontiert, der seinen Aufgaben nicht gerecht werden kann (**Hidden Characteristics**). Nicht zuletzt fällt es einem Principal schwer, zu beurteilen, ob die Handlungsergebnisse den Anstrengungen des Agenten oder unbekannten Störgrößen entspringen (**Hidden Action**). Die bei der Auftragserfüllung erlangten Informationsvorsprünge über die Wirkung der Störgröße und hiermit verbundene Chancen und Risiken werden als **Hidden Information** bezeichnet (vgl. Meinhövel 2004, S. 470). Die gemeinsame Folge einer Schlechterstellung des Principals wird allgemein unter dem Stichwort **Moral Hazard** zusammengefasst (vgl. Siebels und zu Knyphausen-Aufseß 2012, S. 285).

Unter **Agency Costs** werden die Kosten der Überwachung durch den Principal (**Monitoring Costs**), die Rechenschaftskosten des Agenten (**Bonding Costs**) sowie der sog. **Residual Loss** verstanden. Mit diesen Wohlfahrtsverlusten wird die Differenz zwischen den

Erträgen des Principals bei optimaler Auftragserfüllung und den tatsächlichen Ergebnissen gemessen, soweit ein optimaler Überwachungs- und Rechenschaftsaufwand betrieben wurde (vgl. Jensen und Meckling 1976).

Die Principal-Agent-Theorie wird bei einer Vielzahl ökonomischer Fragestellungen angewendet. Das Spektrum reicht bspw. von der abhängigen Beschäftigung von Arbeitnehmern über die Beauftragung von Freiberuflern, die Beziehung von Bürgern und Staat, die monopolistische Preisbildung bis zum Handeln von Vorständen in Großunternehmen (vgl. Meinhövel 2004, S. 470).

Die Konstellation eines Familienunternehmens sollte die klassischen Agency-Konflikte zwischen Eigentümer (Principal) und Geschäftsführung (Agent) tendenziell entschärfen (Anderson und Reeb 2003), da die Trennung von Eigentum und Leitung bei einer engen Definition ausgeschlossen ist. Eine Beauftragung eines angestellten Managers zur Führung des Unternehmens findet dementsprechend nicht statt. Daher sollten Familienunternehmen weniger auf ausgeprägte Kontrollmechanismen angewiesen sein (vgl. Hiebl 2012, S. 186).

Aus Sicht der Agency-Theorie weisen Familienunternehmen allerdings ein anderes, inhärentes Problem auf (Gerner et al. 2019): Innerhalb einer Eigentümer(-familie) können sog. Principal-Principal-Konflikte neu entstehen, wenn sich mehrere Eigentümer bzw. Eigentümergruppen gegenüberstehen (vgl. Gómez-Mejía et al. 2001). Ein weiterer, in diesem Zusammenhang häufig diskutierter Aspekt ist die Wirkung des **Altruismus**. Dieser entsteht, wenn Akteure selbstlos handeln, ohne eine (monetäre) Belohnung dafür zu erwarten. In Familienunternehmen kann der Altruismus positiv wirken, wenn hierdurch sowohl die Familienbande gestärkt werden, als auch ein Kollektivgedanke entsteht. Dies kann bei reziprokem Handeln und symmetrischem Altruismus zu einer Reduktion von Agency-Kosten führen.

Allerdings gibt es auch eine dunkle Seite des Altruismus: So können Eigentümer ihre beschäftigten Kinder bzw. potenziellen Nachfolger bevorteilen und damit wirtschaftlichen Schaden erzeugen. Dies tritt vor allem auf, wenn Familienmitglieder nicht aufgrund von Qualifikation und Erfahrung, sondern wegen der vorhandenen Familienverhältnisse beschäftigt werden. Auch die (kritische) Beurteilung der Leistungen eines Familienmitglieds wird von den verwandtschaftlichen Beziehungen (negativ) beeinflusst, da durch negative Sanktionen der Familienfrieden gefährdet sein könnte (vgl. Siebels und zu Knyphausen-Aufseß 2012, S. 285).

Insgesamt kann der aktuelle Stand der Forschung in der Weise zusammengefasst werden, dass auch in Familienunternehmen unter den Annahmen von asymmetrischem Altruismus und opportunistischem Verhalten Agency-Kosten entstehen können. Allerdings sind diese unter Annahme einer weiten Definition von Familienunternehmen virulenter als bei einer engen Definition, die in diesem Lehrbuch Anwendung findet. Erst die Trennung von Führungs- und Kontrollfunktionen unter den Familienmitgliedern lässt die Agency-Kosten verstärkt auftreten (vgl. Siebels und zu Knyphausen-Aufseß 2012, S. 285). Auch das Alter des Unternehmens bzw. die Anzahl der involvierten Generationen hat einen wesentlichen Einfluss auf Agency-Probleme. Es liegen empirische Befunde vor, die vor allem nach dem ersten Generationswechsel durch Unterschiede in Motivation und Qualifikation der nachfolgenden Generation negative Wirkungen auf die Performance des Unternehmens zeigen (vgl. Sraer und Thesmar 2007).

2.1.2.2 Behavioral Agency – Stewardship

Die Stewardship-Theorie kann als ein nicht gegensätzlicher, sondern komplementärer Ansatz zur Agency-Theorie verstanden werden (vgl. Gerner et al. 2019). Der wesentliche Unterschied liegt hierbei in der Annahme über das **Menschenbild** (vgl. Davis et al. 1997). Der Stewardship-Theorie liegt das Bild eines intrinsisch motivierten Managers zugrunde, der größeren Nutzen in der Erfüllung der Unternehmensziele als in der Erfüllung der eigenen Ziele sieht (vgl. Hiebl 2012, S. 186). Man spricht in diesem Zusammenhang auch vom „self-actualizing man" (Stewardship), im Vergleich zum „self-serving man" (Agency) (vgl. Märk et al. 2010, S. 35).

Eigentümer und Manager verfolgen aus dieser Perspektive das gleiche Interesse, und es treten Aspekte wie **Selbstverwirklichung** und **Organisational Commitment** in den Vordergrund. Tangiert sind auch strukturelle Charakteristika wie Managementphilosophie, Vertrauen und Kultur oder Macht und Verantwortung (vgl. Märk et al. 2010, S. 35).

Durch die Ausrichtung des Managementhandelns an den Interessen der Eigentümer werden die Zielkonflikte entschärft, und die Informationsasymmetrie als ein Hauptcharakteristikum der Principal-Agent-Theorie wird aufgegeben. In der Konsequenz besteht auch keine Notwendigkeit zur Implementierung von speziellen Überwachungs- und Anreizsystemen (vgl. Velte 2010, S. 286). Die wesentlichen Unterschiede zwischen den Theorien und ihre Auswirkungen auf die Unternehmensführung sind in Tab. 2.1 zusammengefasst.

Tab. 2.1 Unterschiede zwischen Principal-Agent- und Stewardship-Theorie. (Quelle: in Anlehnung an Velte 2010, S. 287)

Kriterium	Principal-Agent-Theorie	Stewardship-Theorie
Motive der Unternehmensleitung	Überwiegend finanziell (materialistisch, extremistisch)	Überwiegend nichtfinanziell (idealistisch, intrinsisch)
Messbarkeit der Motive	Unmittelbar quantifizierbar	Nur mittelbar quantifizierbar
Hauptziel der Unternehmensleitung	Primär Erhöhung des persönlichen Einkommens, aber auch Minimierung des Arbeitsleids	Erhöhung von Reputation, Vertrauen, Verantwortung und des Engagements
Verhältnis der Managementziele zu den Interessen der Eigentümer	Zielkonflikt	Zielkonformität
Form der Zusammenarbeit	Methodologischer Individualismus	Kollektivgedanke („Teamorientierung")
Philosophie der Verwaltungsorgane	Kontrollorientiert, abgrenzend	Beratungsorientiert, integrierend
Ausgestaltung der Corporate Governance	Institutionelle Überwachungsmaßnahmen (z. B. Aufsichtsrat) im Vordergrund	Vertrauensbildende Maßnahmen gegenüber den Stakeholdern im Vordergrund
Machtausübung	Institutionalisiert (offizielle Legitimation, basiert auf normativen Vorgaben)	Personalisiert (Expertise, Charakter, soziale Integrationsfähigkeit)
Werte und Berufsethik	Geringe Bedeutung	Hohe Bedeutung
Zeithorizont	Kurzfristig	Langfristig

Nach weitverbreiteter Ansicht folgen Eigentümerunternehmen eher einem an der Stewardship-Theorie orientierten Modell, als dies in managergeführten Unternehmen der Fall ist (Reinemann und Ludwig 2015). Dieses Verhalten manifestiert sich über die **Kontinuität des Unternehmens** und seiner Mission, die **kollektive Orientierung** am Wohl der Mitarbeiter und die enge Verbindung zu **Stakeholdern**, insbesondere die langfristigen Kundenbeziehungen (vgl. Miller et al. 2008).

Empirisch ist allerdings festzuhalten, dass Familienunternehmen nicht grundsätzlich und in jeder Hinsicht als Stewards agieren. Die Agency-Theorie und die Stewardship-Theorie bilden zwei Pole ab, zwischen denen sich die Verhaltensweisen bewegen. In Familienunternehmen geht proorganisatorisches mit eigennützigem Verhalten einher (vgl. Märk et al. 2010, S. 35). Neckebrouck et al. (2018) argumentieren bspw. auf Basis eines Datensatzes mit belgischen Unternehmen, dass Familienunternehmen durch höhere Investitionen, geringere Gewinnausschüttungen und höhere Risikotoleranz in finanzieller Hinsicht als Stewards handeln. Bezogen auf die Vergütung, die Weiterbildung und die Fluktuation der Mitarbeiter agieren sie hingegen als schlechtere organisationale Stewards.

2.1.2.3 Resource-Based View

Der ressourcenbasierte Ansatz kann seit den 1990er-Jahren als die dominante theoretische Perspektive des strategischen Managements angesehen werden (vgl. Duschek und Sydow 2002, S. 426). Als weitere einflussreiche Strömung der Forschung zu Familienunternehmen setzt sich diese Theorie mit einzigartigen Ressourcen auseinander, die in Familienunternehmen entstehen können (vgl. Habbershon und Williams 1999; Sirmon und Hitt 2003).

Der Resource-Based View (RBV) postuliert, dass Ressourcen heterogen über Unternehmen verteilt sind und dass Unternehmen durch die Akkumulation von sog. **VRIN-Ressourcen** einen dauerhaften Wettbewerbsvorteil generieren können (vgl. Shukla et al. 2013, S. 108). Diese strategischen Ressourcen müssen „knapp sein, da ansonsten kein Konkurrenzvorteil auf der Grundlage dieser Ressourcen möglich ist, und zudem nicht substituierbar sein, d. h. es dürfen keine Ressourcen existieren, die eine vergleichbare Performance erbringen könnten. Überdies dürfen derartige Ressourcen nicht imitierbar sein" (Duschek und Sydow 2002, S. 426). Im Vergleich zum dominierenden Paradigma der 1980er-Jahre wird der Blick von den unternehmensexternen Wettbewerbskräften (vgl. bspw. Porter 1992) auf die unternehmensinternen Ressourcen gelenkt (vgl. Duschek und Sydow 2002, S, 426). Wesentliche Ressourcen eines Unternehmens können den folgenden Kategorien zugeordnet werden (vgl. Hansson 2015, S. 257):

- **physisches Kapital**, bspw. finanzielles und physisches Vermögen,
- **Humankapital**, bspw. Know-how oder Erfahrung der Mitarbeiter,
- **organisationales Kapital**, bspw. Unternehmenskultur und Verfügungsrechte.

In der Forschung zu Familienunternehmen werden vor allem die Performance fördernden Ressourcen wie implizites Wissen, Sozialkapitel und langfristige Kapitalbereitstellung, aber auch hinderliche Faktoren wie Kapitalrestriktionen, Nepotismus und begrenztes Humankapital diskutiert (Gerner et al. 2019). Habbershon und Williams (1999) führen zudem den Begriff der „familiness" in die Forschung ein und argumentieren, dass Familienunternehmen durch die Interaktion von Familie, ihren Mitgliedern und dem Unternehmen über ein einzigartiges Bündel von Ressourcen verfügen, das in Wettbewerbsvorteile überführt werden kann. Die folgende Tab. 2.2 fasst die wesentlichen Ressourcen und ihre positiven wie negativen Effekte im Vergleich zu Nicht-Familienunternehmen zusammen.

In der empirischen Forschung zu besonderen Ressourcen in Familienunternehmen wird bspw. die strategische Bedeutung der besonderen Organisationskultur eigentümergeführter Unternehmen hervorgehoben (vgl. Zahra et al. 2004). Darüber hinaus wurde der Nutzen von Sozialbeziehungen innerhalb der Familie untersucht, die auf altruistischen Überlegungen basieren (vgl. Eddleston et al. 2008). Ferner kann das Familienunternehmen als (Kategorien-)Marke eine Ressource darstellen, die für Verlässlichkeit und langfristige Orientierung steht und damit indirekt positiv zur Performance eines Unternehmens beitragen kann (vgl. Craig et al. 2008).

2.1.2.4 Socioemotional Wealth

Eine sich zunehmend etablierende theoretische Perspektive des Familienunternehmens ist der sog. **Socioemotional-Wealth** (SEW)-Ansatz (vgl. Newbert und Craig 2017, S. 340). Hierbei handelt es sich um theoretische Überlegungen, die auf der Behavioral-Agency-Theorie aufbauen. Eine wesentliche Annahme dieses Ansatzes ist, dass die Entscheidungsprozesse in Familienunternehmen nicht nur durch ökonomische, sondern auch **affektive bzw. nichtökonomische Überlegungen** bestimmt werden (vgl. Gómez-Mejía et al. 2007; Chrisman et al. 2012). Während der ökonomische Nutzen in Familienunternehmen manifest, direkt beobachtbar und objektiv messbar ist, sind die affektiven Komponenten latent, nicht direkt messbar und basieren auf subjektiven Wahrnehmungen (vgl. Hauck et al. 2016). Es ist jedoch in einem hohen Maße die Betonung des nichtökonomischen Nutzens oder der sozioemotionalen Werte, die Familienunternehmen von fremdgeführten Unternehmen unterscheiden (vgl. Chrisman et al. 2012). Aus diesem Grund sind die Entscheidungen von Eigentümerunternehmern nicht nur durch die wahrscheinlichen ökonomischen Effekte geprägt, wie es die Principal-Agent-Theorie vorhersagen würde, sondern auch durch die denkbaren Auswirkungen auf den sozioemotionalen Reichtum (vgl. Newbert und Craig 2017, S. 340).

Als empirisch messbares Konstrukt wurde der FIBER Scale entwickelt, in dem die sozioemotionalen Werte verschiedenen Dimensionen zugeordnet werden (vgl. Hauck et al. 2016):

- F: Die **Erhaltung von Kontrolle und Einfluss** im Familienunternehmen kann höhere Priorität erlangen als finanzielle Überlegungen. Die Kontrolle kann nach diesem Ansatz entweder direkt über Managementpositionen oder indirekt über Kontrollgremien erreicht werden. Kontrollmechanismen können dabei formell, aber auch informell etabliert werden.

Tab. 2.2 Ressourcen und Eigenschaften von Familienunternehmen. (Quelle: in Anlehnung an Sirmon und Hitt 2003, S. 345)

Ressource	Definition	Positiv	Negativ	Nicht-Familienunternehmen
Humankapital	Erworbenes Wissen, Fähigkeiten und Fertigkeiten	Außerordentliches Commitment, vertraute Beziehungen und großes implizites firmenspezifisches Wissen	Hoch qualifizierte Manager können schlechter gewonnen und gehalten werden	Keine Wirkung der positiven Merkmale, aber geringere Limitationen
Sozialkapital	Ressourcen, die in Netzwerke eingebettet sind und auf Beziehungen basieren	Sozialkapital in der Familie gebunden, Entwicklung von Humankapital	Beschränkte Anzahl von Netzwerkpartnern, häufig aus Elite-Netzwerken ausgeschlossen	Netzwerke können ausgeprägter sein; opportunistische Nutzung der Netzwerke durch Manager möglich (Agency-Kosten)
Geduldiges Kapital	Langfristig investiertes Kapital ohne Kündigungsrisiko	Denken in Generationen, Orientierung an langfristiger Profitabilität, effektive Verwendung des Kapitals, glaubt kreativen und innovativen Strategien	Kein externes Kapital, beschränkt auf die Verfügbarkeit des Kapitals der Familie	Keine Wirkung von Vor- und Nachteilen
Überlebensfähigkeit	Gepoolte finanzielle Ressourcen der Familienmitglieder	Schutz des Unternehmens in Krisenzeiten, Sicherheitsnetz	Nicht in allen Familienunternehmen existent	Geringeres Commitment der Mitarbeiter und anderer Stakeholder
Governance-Strukturen und -Kosten	Kosten der Kontrolle bspw. durch Anreize, Überwachung und Berichte	Familienbeziehungen und Vertrauen reduzieren Governance-Kosten	Agency-Kosten durch asymmetrischen Altruismus und Familienkonflikte	Professionelles Management und Anlegerdiversifikation erhöhen häufig die Governance-Kosten

- I: Die **Identifikation der Familienmitglieder** mit dem Unternehmen ist eine Konsequenz der engen Verbindung zwischen Eigentümerfamilie und Unternehmen. Das Unternehmen kann dabei als Ausdruck der Erweiterung der Persönlichkeit angesehen werden. Die Identität kann in diesem Zusammenhang nicht nur den Familienkontext, sondern auch den weiteren sozialen Kontext des Unternehmens umfassen.
- B: Die **engen Sozialbeziehungen** rekurrieren auf die Beziehungen zu unterschiedlichen Stakeholdern. Dies schließt bspw. die Beschäftigten ein, die vielfach als Teil der Familie angesehen werden. Häufig sind Familienunternehmen eng in die lokale Gemeinschaft eingebettet und unterstützen Vereinigungen und kommunale Aktivitäten.
- E: Die **emotionale Bindung** bezieht sich auf die Rolle von Emotionen im Kontext des Familienunternehmens. Das Unternehmen wird zu einer Organisation, in der affektive Bedürfnisse wie Sicherheit, soziale Kohäsion oder emotionale Heimat befriedigt werden.
- R: Die **dynastische Zielsetzung** in Familienunternehmen betrifft die langfristige Vision der Eigentümerfamilie, den Erhalt von Eigentum und Leitung auch über Generationen hinweg zu sichern.

Nicht zu übersehen sind bei einem Blick auf die Dimensionen des FIBER-Scales die grundlegenden Übereinstimmungen mit den ergänzenden Kriterien des Mittelstands, wie sie in der verwendeten Definition zum Ausdruck kommen. Das im SEW-Ansatz entworfene Bild des Familienunternehmens kann dementsprechend als ein theoretisches Fundament für die Definition des deutschen Mittelstands genutzt werden. Wobei zu diesem Ansatz einschränkend anzumerken ist, dass die Qualifizierung als Theorie durchaus Kritik erfahren hat. Vielmehr können die genannten sozioemotionalen Werte als ein Rahmen angesehen werden, der den Entscheidungshorizont in Familienunternehmen a priori begrenzt.

Die zuvor kursorisch gekennzeichneten Dimensionen konnten auch weitgehend empirisch validiert werden und werden im Kontext der Forschung zu Familienunternehmen eingesetzt (vgl. Hauck et al. 2016), um diverse Phänomene in Familienunternehmen zu erklären. Es beginnt bei der Berufung in die Geschäftsführung, geht über die Verträge mit dem Topmanagement bis zu Fragen der strategischen Wahl (vgl. Newbert und Craig 2017, S. 340).

Gomez-Meja et al. (2007) konnten bspw. empirisch zeigen, dass die sozioemotionalen Werte des Erhalts der Kontrolle eine zentrale Rolle bei Entscheidungen in Familienunternehmen spielt. Wenn es zu einer Gefährdung dieses sozioemotionalen Wertes kommt, kann die Verlustaversion als primärer Referenzpunkt angesehen werden, der die Handlungen der Eigentümer beeinflusst. Eigentümer sind dann sogar bereit, ökonomische Risiken einzugehen, um nichtökonomische Werte zu schützen. Gerner et al. (2019) illustrieren diesen Zusammenhang an der betrieblichen Interessenvertretung in eigentümergeführten Unternehmen. Demnach verzichten mittelständische Unternehmer auf Produktivitätsvorteile, die mit der Einrichtung eines Betriebsrates potenziell verbunden sind, um die Kontrolle über das Unternehmen zu erhalten.

2.2   Mittelstand in dynamischer Perspektive – Entstehungsbedingungen und Entwicklungsmuster

Im zweiten Schritt wird eine dynamische Perspektive ergänzt und der Versuch unternommen, das Entstehen des Mittelstands sowie seine Entwicklungsdynamik zu erklären. Zunächst werden mithilfe des Entrepreneurship Ecosystem-Ansatzes die Entwicklungsbedingungen für den Mittelstand in Deutschland veranschaulicht. Darauf folgend stehen die Ansätze zur Erklärung der Entwicklung einzelner Unternehmen im Fokus der Ausführungen. In diesem Abschnitt wird auf das Lebenszyklusmodell zurückgegriffen, das zu den wohl bekanntesten und einflussreichsten Modellen der Betriebswirtschaftslehre gehört und auch als Grundlage für den weiteren Aufbau dieses Lehrbuchs dient.

2.2.1   Entrepreneurship Ecosystem als Wachstumsbedingung des German Mittelstand

Wenn man dem „German Mittelstand" als Kern des deutschen Geschäftsmodells eine Einzigartigkeit attestiert, dann folgt daraus unmittelbar die Frage, wie eine solch einzigartige Unternehmenslandschaft entstanden sein kann. Der Vergleich der volkswirtschaftlichen Bedeutung der KMU in der europäischen Union zeigte bereits eine deutlich höhere durchschnittliche Unternehmensgröße des deutschen Unternehmensbesatzes. Allerdings findet schon jenseits der Landesgrenzen bei unseren deutschsprachigen Nachbarn der Begriff des „Mittelstands" kaum noch Verwendung in Forschung und Praxis. Deutschland scheint jedoch eine besondere Insel zu sein, auf der eine einzigartige Population mittelständischer Unternehmen in einer kapitalmarktorientierten Weltwirtschaft prosperieren kann (vgl. Lehrer und Schmid 2015).

In der Biologie ist das Konzept der Einzigartigkeit einer Population eng mit dem Begriff der **endemischen Spezies** verknüpft, der in diesem Zusammenhang als Metapher dienen soll. Als endemisch wird eine Art bzw. Gattung bezeichnet, wenn sie nur in einer abgegrenzten geografischen Region vorkommt. Es gibt endemische Spezies, die sich grundlegend von anderen Arten unterscheiden; dies sind häufig Arten, die sich in isolierten Ökosystemen befinden und keinen Austausch mit anderen Habitaten kennen. Andere endemische Arten unterscheiden sich nur in Nuancen, die sie aber zu perfekt angepassten Nischenspezialisten werden lassen.

Die Entstehung solch endemischer Arten wird durch das **umgebende Ökosystem** wesentlich beeinflusst. Man möge sich an dieser Stelle nur die Artenvielfalt in Australien mit seinen einzigartigen Gattungen vorstellen. Aber auch in Europa und Deutschland kennen wir endemische Spezies, die in eng begrenzten geografischen Räumen vorkommen. Wie in biologischen Ökosystemen wird die Entwicklung eines Unternehmensbestands vom umgebenden Ökosystem geprägt. Die Handlungen und Entscheidungen einer Organisation wirken auf die Wohlfahrt des Ökosystems, und dessen Zustand beeinflusst das Wachstum eines jeden Unternehmens.

Abb. 2.3 Domänen des
Entrepreneurship Ecosystems.
(Quelle: in Anlehnung an
Fuerlinger et al. 2015, S. 7)

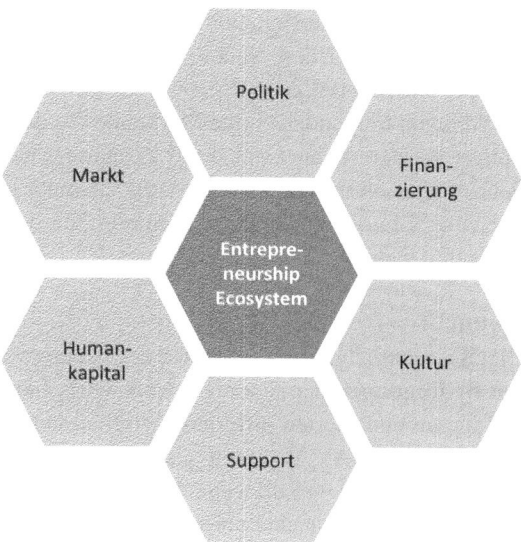

▶ Das unternehmerische Ökosystem wird als ein Bündel von Institutionen und Bedingungen beschrieben, das dem Ziel dient, Unternehmer und ihre geschäftlichen Interessen zu unterstützen (vgl. Vesga und Gonzalez 2012).

Jedes Ökosystem ist einzigartig und unnachahmlich. Das **Entrepreneurship Ecosystem** besteht aus einer Vielzahl von Elementen, die Isenberg (2011) zu sechs Domänen konsolidiert hat (siehe Abb. 2.3). Auch wenn dieses Modell zur Erklärung der aktuellen Unterschiede in der Gründungsaktivität verschiedener Regionen und Nationen entwickelt wurde, so kann es doch auch in einer Retrospektive die Entstehungsbedingungen des deutschen Mittelstands zumindest in Ansätzen erklären.

Die **Wurzeln** des deutschen Ökosystems reichen bis in das 18. und das frühe 19. Jahrhundert zurück. Die Armut in den agrarisch geprägten Regionen Deutschlands übte Anreize auf die Bevölkerung aus, sich auf protoindustrielle und handwerkliche Tätigkeiten zu verlegen. Aus diesem Saatbeet entwickelten sich **Netzwerke von hoch spezialisierten und sich gegenseitig unterstützenden Kleinbetrieben**. Verbände organisierten die Kooperation und verstärkten den entstehenden sozialen Ethos des mittelständischen Unternehmers. Es entstanden letztlich regionale Netzwerke, die durch die Fokussierung auf qualitativ hochwertige Produkte eine hohe Wettbewerbsfähigkeit erzielen konnten (vgl. Berghoff 2006, S. 268).

Mit der positiven Entwicklung der deutschen Volkswirtschaft seit der Wirtschafts- und Finanzkrise erhöhte sich auch das Interesse an den besonderen Bedingungen, unter denen der deutsche Mittelstand floriert. Hierbei existieren einige wenige international vergleichende Untersuchungen, die an den Besonderheiten des deutschen Ökosystems anknüpfen (siehe bspw. Braidford et al. 2014, S. 60 f.). Insgesamt wird der Bundesrepublik demnach ein **dynamisches Ökosystem** attestiert, das über einen politischen Fahrplan und einige sichtbare Erfolge verfügt (vgl. Fuerlinger et al. 2015). Der deutsche Mittelstand gilt als einer der wesentlichen Nutznießer der ökonomischen Entwicklung der letzten Dekade (Lehrer und Schmid 2015, S. 302).

Wenn im Folgenden einige Merkmale des deutschen Entrepreneurship Ecosystems diskutiert werden, dann kann diese Zusammenstellung keinesfalls vollständig sein (siehe auch Audretsch und Lehmann 2016). Vielmehr dient dieses Modell dazu, einen Eindruck über die Voraussetzungen zu vermitteln, die dem „German Mittelstand" zu seiner Blüte verholfen haben.

Kultur

Einen wesentlichen Einflussfaktor des Entrepreneurship Ecosystems bilden die **kulturellen Bedingungen** der jeweiligen Volkswirtschaft. Das grundlegende Verständnis von Einstellungen und Werten differiert zwischen Deutschland und anderen Ländern grundsätzlich (bspw. USA). Während amerikanische Bürger eher über eine individualistische Einstellung verfügen, die gegenüber staatlichen Eingriffen eher zurückhaltend ist, präferieren die Deutschen eher eine aktive Rolle des Staates (vgl. Fuerlinger et al. 2015, S. 11).

Bekannt sind darüber hinaus **deutsche Tugenden** wie Perfektion, Präzision und Pünktlichkeit. Ein ständiges Streben nach Verbesserungen treibt den deutschen Mittelstand an und spiegelt sich in der Tendenz zu inkrementellen Innovationen wider (vgl. Venohr 2010).

Als ambivalent wird allerdings der **soziale Status des Unternehmers** in Deutschland betrachtet. Neben der offensichtlichen Bewunderung für erfinderische Leistungen findet sich eine niedrige Toleranz für Risiko, Fehler und das Scheitern von Unternehmern. Dieser Zusammenhang zeigt sich zum einen in Krisenfällen an der Tendenz, an einem (gescheiterten) Unternehmen zu lange festzuhalten. Dies hängt unter anderem mit einem befürchteten negativen Spillover-Effekt auf das Image der Eigentümerfamilie zusammen (vgl. Block und Wagner 2013). Zum anderen besteht in der Gesellschaft und bei Stakeholdern (bspw. Banken) eine geringe Bereitschaft, einem Unternehmer eine zweite Chance zu gewähren.

Grundsätzlich wird in Deutschland auch der **Vermögens- und Einkommensverteilung** eine andere Aufmerksamkeit gewidmet als bspw. in angelsächsischen Ländern. Dies führt unter anderem zu dem Phänomen, dass Unternehmer(-familien) häufig bestrebt sind, den eigenen Reichtum möglichst nicht öffentlich wahrnehmbar zu zeigen.

Politik

Seine Blüte erreichte der deutsche Mittelstand in der **Nachkriegsära**. Die externen Bedingungen waren für kleine und mittlere Unternehmen höchst förderlich. Die ökonomische Wiederauferstehung durch Währungsreform und liberalisierte Märkte führte zu hohen Wachstumsraten. Viele Sektoren profitierten von Anbietermärkten, in denen der Wettbewerbsdruck niedrig war und die Margen hoch. Eine mittelstandsfreundliche **soziale Marktwirtschaft**, die eng mit dem Namen des Wirtschaftsministers Ludwig Erhard verknüpft ist, tat ihr Übriges (vgl. Berghoff 2006, S. 281).

Das Ökosystem des deutschen Mittelstands wird gerahmt und unterstützt von einem hohen Grad politischer Intervention und Regulierung, durch **tripartistischen Korporatismus**, ein stabiles Tarifvertragssystem und durch das duale Ausbildungssystem (vgl. Berghoff 2006, S. 267). Die Regulierungsdichte ist in Deutschland vergleichsweise hoch: Tarifrecht und betriebliche Mitbestimmung sind nur zwei Beispiele für Eingriffe des Staates in die Beziehungen zwischen Arbeitgebern und Arbeitnehmern. Aber auch die Gewährleistung von sozialer Sicherheit geht auf eine lange Geschichte zurück, die bis in das Kaiserreich zurückreicht.

Die Regulierungen zielen auf einen Ausgleich der Interessen von Arbeitnehmern und Arbeitgebern und werden insgesamt mit Begriffen wie **Stakeholder Capitalism** (vgl. Tylecote 2015, S. 360) oder **Coordinated Market Economy** (vgl. Hall 2015) belegt. Resultat sind bspw. niedrige Ausfalltage für Arbeitskämpfe im internationalen Vergleich. Dieses Modell ist zwar kein Rezept für einen schnellen Erfolg als Wirtschaftsmacht, aber dafür ein funktionierender, nachhaltiger Weg, der für eine solide Entwicklung steht (vgl. Hall und Soskice 2001).

Ein weiterer Einflussfaktor könnte der föderale Aufbau der Bundesrepublik Deutschland sein. Die bis in das Mittelalter hineinreichende Kleinstaaterei im Deutschen Reich hat sich mit den Bundesländern der BRD fortgesetzt und wurde mit der Wiedervereinigung auf ganz Deutschland übertragen. Während andere Länder in Europa (wie bspw. Frankreich) als mächtige Zentralstaaten organisiert sind, hat sich zwischen den Bundesländern ein Wettbewerb in der Wirtschaftspolitik und in der Ansiedlung von Unternehmen etabliert. In dieser dezentralen Struktur sind urbane Agglomerationsräume längst nicht so groß wie in anderen entwickelten Industrieländern (vgl. Audretsch und Lehmann 2016). Entstanden ist hieraus eine Vielzahl von **Mittel- und Oberzentren** mit einem vergleichsweise hohen Besatz an mittelständischen Unternehmen in der Fläche, die zum Teil eine herausragende Stellung in ihren Nischenmärkten erreicht haben. Spiegelbildlich finden sich dezentrale Strukturen auch in den Zusammenschlüssen von Unternehmen. Die in Deutschland seit Langem etablierten Industrie- und Handelskammern sowie die Handwerkskammern sind ein wesentliches Beispiel regionaler Verbandsstrukturen.

Finanzierung

In Deutschland dominiert das sogenannte **Hausbankprinzip**, mit einer diversifizierten Bankenlandschaft aus Sparkassen, Genossenschaftsbanken und Geschäftsbanken. Eine Konsequenz dieses Prinzips sind langfristige und auf Vertrauen ausgerichtete Finanzierungsbeziehungen zwischen mittelständischen Unternehmen und ihren Banken (vgl. Braidford et al. 2014, S. 61). Im Gegensatz zum angelsächsischen Trennbankensystem existiert in Deutschland ein Universalbankensystem, das den Banken alle Arten von Finanzgeschäften innerhalb der Regelungen des Kreditwesengesetzes erlaubt. Die Regulierungen richteten die Banken auf ein nachhaltiges Funktionieren und auf Stabilität aus (vgl. Vitols 1998). Nicht zuletzt diese Tatsache ist für die bis in das neue Jahrtausend typische Finanzierungsstruktur mittelständischer Unternehmen mit einem hohen Anteil langfristigen Fremdkapitals verantwortlich, die sich derzeit allerdings in einem grundlegenden Umbruch befindet.

Besonders prägend für die Finanzierungslandschaft sind **Sparkassen** und **Genossenschaftsbanken** (vgl. Berghoff 2006, S. 274), die neben ökonomischen Zielen auch das Wohl ihrer Mitglieder bzw. der Region im Blick haben (vgl. bspw. § 2 SpkG). Das besondere

Finanzierungsumfeld in Deutschland wird zusätzlich von einer Vielzahl **öffentlicher Förderbanken** geprägt. Die Kreditanstalt für Wiederaufbau (KfW) als Förderbank des Bundes und ihre Pendants in den Bundesländern tragen einen wesentlichen Teil zur Dominanz des Hausbankprinzips bei. Im Zusammenspiel zwischen Förderbank und regionaler Hausbank übernimmt Letztere die Kreditbewertung und refinanziert die Förderkredite über die Förderinstitute. Dabei tragen die Hausbanken nur einen Teil des Risikos. Damit ergänzen die Finanzintermediäre in Deutschland das geduldige Kapital der Gesellschafter (vgl. Colli 2013) durch weitere langfristige Finanzierungsinstrumente.

Support

Bereits mit der Gründung des Deutschen Reiches im 19. Jahrhundert setzte in Deutschland eine rasante Entwicklung der Infrastruktur ein. Durch die Zäsur des Zweiten Weltkriegs wurde ein großer Teil dieser Infrastruktur zerstört. Dies bot in der „Stunde Null" allerdings die Möglichkeit, eine moderne Infrastruktur aufzubauen, auf die wachsende, exportorientierte Industrieunternehmen angewiesen sind. Somit ist es in Deutschland gelungen, eine wettbewerbsfähige **Verkehrs-, Energie- und Kommunikationsinfrastruktur** zu etablieren.

Die staatlichen Ebenen in Deutschland waren bemüht, den Wiederaufbau durch die Bereitstellung von Gewerbeflächen und leistungsfähiger Beratungsinfrastruktur zu gewährleisten. Die Unterstützung geht allerdings über diese Maßnahmen hinaus. Audretsch und Lehmann (2016) betonen insbesondere die durchaus strategische **Standortpolitik**, die auf allen Ebenen der staatlichen Verwaltung betrieben wurde. Darüber hinaus werden die Institutionen der beruflichen und allgemeinen Bildung von allen Bundesländern zur Verfügung gestellt und bieten nicht nur den Nährboden für eine gut ausgebildete Arbeitnehmerschaft, sondern auch für technisch versierte Unternehmensgründer.

Humankapital

Bereits zu Beginn dieses Abschnitts wurde die frühe Entwicklung eines hoch qualifizierten Fachkräftestamms beschrieben. Aus mikroökonomischer Perspektive lebt das deutsche Ökosystem von einem gut ausgebildeten **System höherer Bildung** und dem **Berufsbildungssystem**. Hinzu kommen – wie bereits erwähnt – konsensuale Arbeitgeber-Arbeitnehmer-Beziehungen (vgl. Calvo 2015).

Als besonderes Asset des deutschen Ökosystems wird das duale System der Berufsausbildung gesehen (Audretsch und Lehmann 2016), das eine Zieltrias aus Förderung der ökonomischen Leistungsfähigkeit, der sozialen Integration und der individuellen Entwicklung verfolgt. Aus der Verzahnung von Theorie und Praxis hat sich eine Facharbeiterebene entwickelt, die ein spezifisches Potenzial für die Förderung der Innovationsbereitschaft in der Wirtschaft hat. Geprägt wird das duale Prinzip durch ein enges Zusammenwirken von Akteuren aus Staat und Wirtschaft. Formen der Zusammenarbeit reichen von kodifizierter Mitbestimmung über die Wahrung eines Konsensprinzips bis zu informellen Abstimmungen. Die Aufwendungen für die duale Berufsausbildung werden anteilig von Staat und Wirtschaft getragen. Die Berufsausbildung hat hierbei den

Charakter einer Investition im Rahmen einer betrieblichen Personalrekrutierungsstrategie (vgl. Euler 2013). Diese Investitionen amortisieren sich nur, wenn die Beschäftigungsverhältnisse auf Dauer angelegt sind. Hierin liegt ein wesentlicher Grund für die geringe Fluktuation in den mittelständischen Unternehmen.

Früh hat sich auch ein dezentrales System der tertiären Bildung entwickelt. Aus den Ingenieurschulen, die bereits in der Nachkriegszeit gegründet wurden, entstand eine Vielzahl von **(Fach-)Hochschulen**, die wesentlich zur Deckung des regionalen Fachkräftebedarfs in den Unternehmen beitragen (vgl. Audretsch und Lehmann 2016).

Als weiterer historischer Einflussfaktor sei an dieser Stelle erwähnt, dass nach dem Zweiten Weltkrieg ein erheblicher **Zufluss von geistigem Eigentum**, persönlichen Fähigkeiten und Sozialkapital aus der ehemaligen DDR in die entstehende Bundesrepublik erfolgte. Dies beförderte die Entwicklung des Unternehmensbestandes, obwohl die enteigneten Unternehmer aus dem östlichen Teil Deutschlands kaum Finanzmittel oder Anlagevermögen übertragen konnten (vgl. Berghoff 2006, S. 278 f.).

Märkte

Im europäischen Kontext gehört Deutschland zu den größten Absatzmärkten, was grundsätzlich das Entstehen einer soliden Unternehmensstruktur begünstigt, da der **Binnenmarkt** ein attraktives und gesichertes Volumen darstellt (vgl. Chandler 2004). Allerdings ist der deutsche Binnenmarkt verglichen mit den USA vergleichsweise klein. Mit der Konzentration deutscher Unternehmen auf B2B-Geschäfte mit hoch spezialisierten Produkten ergab sich bereits früh eine Notwendigkeit für Internationalisierung. In anderen Ländern, bspw. USA oder auch Großbritannien, ist eine hohe Binnenmarktfokussierung zu beobachten, die mit einer B2C-Orientierung verknüpft ist.

Einerseits wird diese **internationale Orientierung** von relativ hohen Preisen auf den lokalen Faktormärkten wie Energie und Arbeit begleitet. Andererseits üben die hohen Preise seit Langem einen hohen Effizienzdruck auf mittelständische Unternehmen aus. Hieraus resultieren ständige Verbesserungen, die vielfach in inkrementelle Innovationen münden.

Mittelständische Unternehmen sind häufig in **Lieferbeziehungen** mit größeren Konzernen eingebunden, die als Abnehmer auch innovativer Produkte zur Verfügung stehen. Durch solche langfristigen Lieferantenbeziehungen können neue Produkte leichter in den Markt eingeführt werden.

Diese in der gebotenen Kürze dargestellten Rahmenbedingungen des deutschen Ökosystems zeigen einige Schlaglichter auf, wie der mittelständische Unternehmensbesatz in Deutschland entstehen konnte. Insgesamt ist mit den besonderen Bedingungen des Ökosystems und den qualitativen Merkmalen des Mittelstands eine Wechselbeziehung entstanden, die Deutschland zu einem besonderen Nährboden gerade für industrielle Unternehmen auf mittlerem Technologieniveau werden ließ (vgl. Lehrer und Schmid 2015).

Diese endemische Spezies des Mittelstands, die sich dem deutschen Ökosystem perfekt angepasst hat, wurde gerade seit der Finanz- und Wirtschaftskrise 2008 und 2009 zu

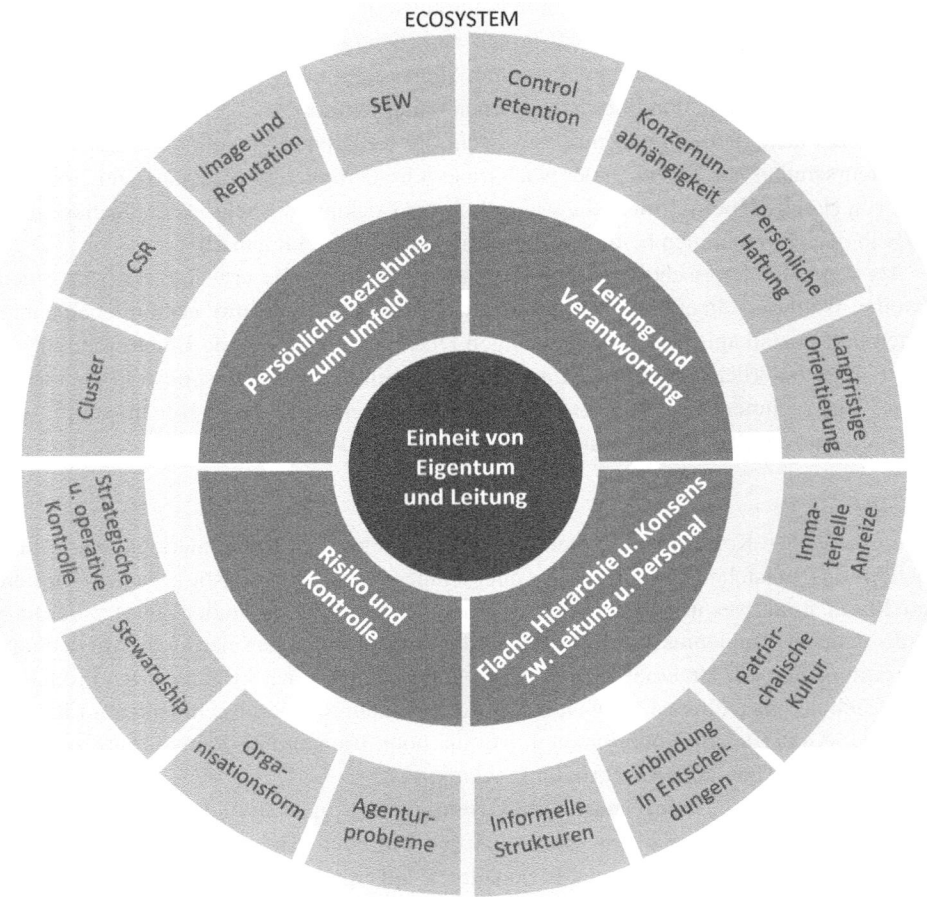

Abb. 2.4 Ökosystem und DNA des deutschen Mittelstands. (Quelle: eigene Darstellung)

einem internationalen Vorbild erhoben. Es mangelt nicht an Bestrebungen, diesen genetischen Code auf andere Länder zu übertragen (vgl. Abb. 2.4).

Allerdings unterstreicht Isenberg (2010, S. 43) selbst die Restriktionen dieses Ansatzes mit dem Hinweis auf das Silicon Valley: Multidimensionale Ursache-Wirkung-Beziehungen erschweren eine genaue Analyse und ermöglichen nur ansatzweise eine Erklärung für das Gedeihen eines Ökosystems. Der Export eines solchen Modells erscheint nahezu unmöglich, da durch komplexe Interaktionen auf Mikro-und Makroebene im Laufe von Jahrzehnten Systeme entstanden sind, die nicht übertragbar erscheinen (siehe Unger 2015, S. 26 ff.). Zugleich ist die aktuell beeindruckende Performanz des deutschen Mittelstands kein Garant für den Erfolg in der Zukunft.

2.2.2 Das Lebenszyklusmodell der Unternehmensentwicklung

Organisationen sind keine statischen sozialen Systeme, die sich in einer stabilen Umwelt bewegen. Vielmehr löst die Veränderung interner und externer Variablen Strukturveränderungen in Unternehmen aus. In diesem Abschnitt wird die dynamische Perspektive von Unternehmen vor dem Hintergrund des Wachstums der Organisation untersucht. Ausgehend von verschiedenen Lebenszyklusmodellen werden die Herausforderungen für mittelständische Unternehmen in der Unternehmensführung, aber auch in der Finanzierung abgeleitet.

Das **Lebenszyklusmodell** von Unternehmen basiert auf den Erkenntnissen grundlegender Modelle zur Entwicklung von Produkten, Technologien und Branchen. Aufbauend auf diesen Erkenntnissen wurde eine Systematik entwickelt, die das Werden und Vergehen von Unternehmen zumindest schematisch erklären kann. Das Lebenszykluskonzept dient zugleich als Grundlage für den weiteren Aufbau des Lehrbuchs.

2.2.2.1 Der Produktlebenszyklus

Der Produktlebenszyklus gehört zweifellos zu den bekanntesten und ältesten Modellen der Betriebswirtschaftslehre. Sowohl unter Praktikern als auch in Wissenschaft und Lehre ist wohl kaum ein anderes Konzept so verbreitet (vgl. Fischer 2001, S. 1).

▶ Man kann das Produktlebenszykluskonzept als ein dynamisches Marktreaktionsmodell begreifen, das den Absatz eines Produkts in einer idealtypischen Kurve von der Markteinführung bis zur Marktentnahme abbildet.

Der **Produktlebenszyklus** gehört zu den Instrumentarien der strategischen Marketingplanung. In diesem Modell wird davon ausgegangen, dass Produkte zunächst steigende, dann sinkende Grenzumsätze aufweisen und dass jedes Produkt bestimmte Phasen durchläuft, während es auf dem Markt vertrieben wird (vgl. Homburg 2016, S.123 ff.). Mithilfe dieses Ansatzes können Programm- oder Sortimentsanalysen durchgeführt werden. Ziel ist es, eine ausgewogene Mischung der Produkte entlang der Lebenszykluskurve zu erreichen. Neben reiferen Produkten, die auskömmliche Renditen versprechen, müssen zukunftsfähige Produktinnovationen vorhanden sein, die künftige Erfolge in sich bergen.

Die Abb. 2.5 veranschaulicht das Konzept des Produktlebenszyklus und zeigt die betriebswirtschaftlichen Erfolgsgrößen Umsatz, Gewinn und Cashflow in Abhängigkeit von der Lebenszyklusphase. Typisch ist eine **vierstufige Einteilung** der Lebenszyklusphasen. Während die **Einführungsphase** durch einen langsamen Anstieg des Umsatzes gekennzeichnet und mit hohen Investitionen in Forschung und Entwicklung sowie Marketing verbunden ist, zeigt sich in der **Wachstumsphase** ein überproportionales Umsatzwachstum, eine schnelle Marktdurchdringung und ein Sinken der Kosten für Produktion und Werbung. In der **Reifephase** erreicht der Umsatz sein Maximum, und eine weitere Marktdurchdringung ist gegen Ende dieser Phase nicht möglich. Häufig werden gegen Ende dieser Phase bspw. durch Marketingaufwendungen Anstrengungen unternommen, den Lebenszyklus des Produktes zu verlängern.

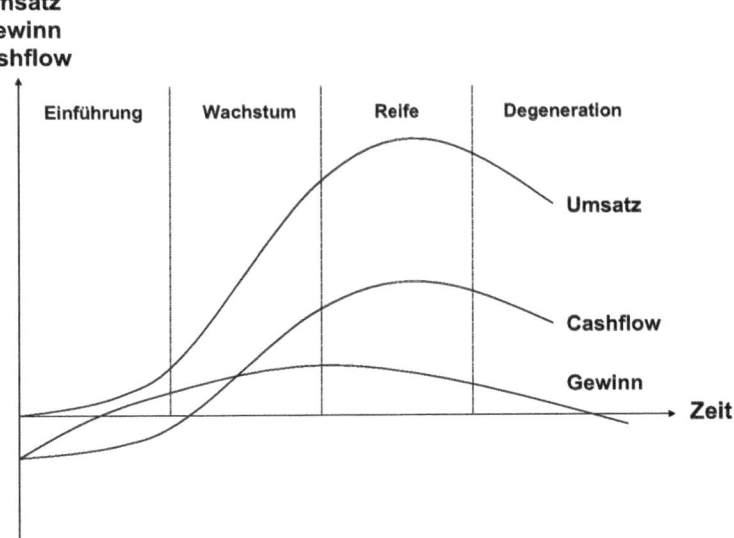

Abb. 2.5 Idealtypischer Verlauf des Produktlebenszyklus. (Quelle: Pfingsten 1998, S. 65)

Mit Eintreten in die **Phase des Niedergangs** sinken die Umsätze unter Umständen deutlich, und die korrespondierenden Aufwendungen werden ebenfalls zurückgefahren. Wenn die Gewinnzone verlassen wird und erstmalig Verluste auftreten, werden Entscheidungen über die Elimination des Produktes notwendig.

Praxisbeispiel: Apple iPod

Nach und nach verschwinden die verschiedenen Varianten des iPod von der Website des Unternehmens Apple. Das Ende dieser Produktkategorie wurde durch verschiedene Entwicklungen forciert. Zum einen ist der Bedarf gesunken, da Smartphones über einen integrierten Music Player verfügen. Zum anderen unterstützen sie keine Streamingdienste wie Spotify oder eben Apple Music. Abb. 2.6 zeigt den nahezu idealtypischen Verlauf der Lebenszykluskurve dieses Produkts.

Auch wenn die Verläufe von Lebenszykluskurven nicht identisch vonstattengehen, so lässt sich doch in der Regel der typische **S-förmige Verlauf** nachweisen. Je nach Art der Innovation kann es dabei zu schneller oder zu langsamer Marktdurchdringung kommen. Dies hängt unter anderem von spezifischen Eigenschaften ab, die in Adoptionsmodellen operationalisiert werden.

Aus den Erkenntnissen über die einzelnen Phasen lassen sich strategische Empfehlungen ableiten (vgl. Fischer 2001, S. 8 ff.; Homburg 2016, S. 123 ff.):

• In der **Einführungsphase** ist es wesentlich, die Marktnachfrage zu initiieren. Aus adoptionstheoretischer Sicht muss eine ausreichende Anzahl von Innovatoren gewonnen werden, die über ihre Multiplikatorwirkung einen Pull-Effekt in Gang setzen. Ein innovierendes

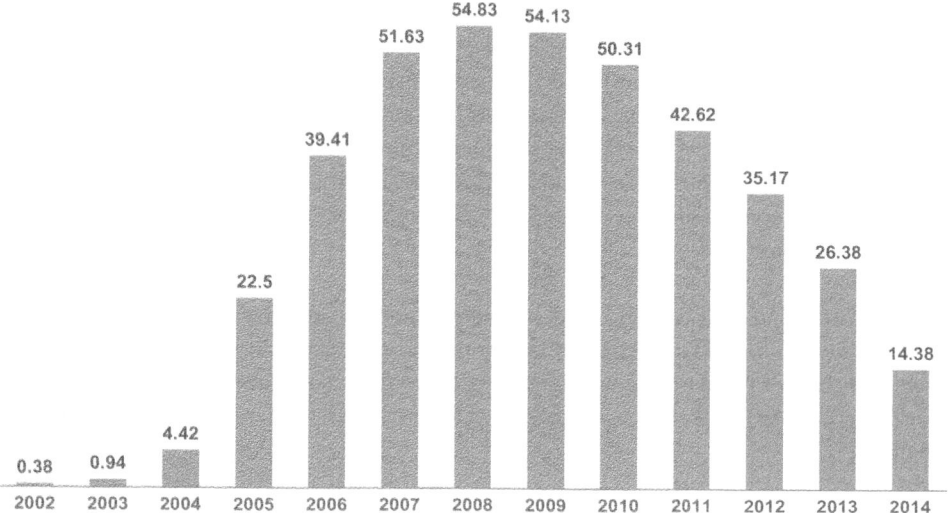

Abb. 2.6 Absatzzahlen des Apple iPod von 2002 bis 2014 in Mio. Stück. (Quelle: Apple n. d.)

Unternehmen kann in dieser Phase eine Monopolstellung aufbauen. Verbunden ist diese Phase mit hohen Investitionen in die Einführungswerbung. Daneben muss ein Netz von Distributoren aufgebaut werden. Zu den Kernproblemen gehört die Sicherstellung einer akzeptablen Produktqualität. Die hohen Investitionen bedingen einen negativen Stückdeckungsbeitrag des Produktes.

- In der **Wachstumsphase** wird das Produkt von den Nachfragern zunehmend akzeptiert und etabliert sich im Markt. Damit einhergehend verbessert sich die Margensituation. Um die gestiegene Nachfrage zu bedienen, müssen die Produktionskapazitäten ausgebaut werden. Die Marketingausgaben sind nach wie vor hoch, um hohe Erinnerungsraten und Botschaften über die Produktnutzung zu transportieren. Das Wachstum zieht zugleich Wettbewerber an, die das Produkt des Marktpioniers verbessern, ihm neue Funktionalitäten verleihen und den Markt ausdehnen. Um das Wachstum so lange wie möglich zu erhalten, können mehrere Strategien verfolgt werden. Erstens kann man die Produktqualität erhöhen, zweitens das Produktspektrum um neue Modelle und Eigenschaften ergänzen, drittens neue Marktsegmente erschließen und nicht zuletzt zusätzliche Distributionskanäle eröffnen.

- Mit Eintritt in die **Reifephase** verlangsamt sich das Wachstum. Dieses Stadium dauert gewöhnlich länger als die vorhergehenden Phasen, da viele Hersteller mit vielen Produkten auf dem Markt agieren. Die daraus resultierenden Überkapazitäten verschärfen den Wettbewerb. Die Unternehmen versuchen mit verschiedenen Maßnahmen, die Marktposition zu halten. Die daraus resultierenden Aufwendungen führen zu verschlechterten Margen.

- Die meisten Produkte geraten zu gegebener Zeit in eine **Degenerationsphase**. In dieser Phase kann der Absatzrückgang schnell, wie bei der Etablierung einer neuen Technologie (CD versus Schallplatte), oder langsam verlaufen. Bei Erkennen dieser Situation werden die Aufwendungen für Marketing und Weiterentwicklung reduziert oder ganz eingestellt. Absatzmöglichkeiten werden soweit möglich noch gesucht und Preisnachlässe bzw. Sonderverkäufe eingesetzt. Ein degenerierendes Produkt zu lange weiterzuführen, stellt ein Risiko dar, hohe materielle und immaterielle Verluste zu erleiden. Anstatt das Produkt vom Markt zu nehmen, kann es auch unverändert weitergeführt werden, in der Hoffnung, dass sich die Konkurrenten vom Markt zurückziehen. Daneben ist die Repositionierung des Angebotes eine Möglichkeit, in die Wachstumsphase zurückzukehren.

Zusammenfassend ist festzuhalten, dass Unternehmen, die am Markt bestehen wollen, ihr Produkt- und Dienstleistungsangebot immer wieder erneuern müssen. Der Lebenszyklus zeigt, dass jedes Produkt nur eine begrenzte Lebensdauer hat. Außerdem verdeutlicht das Konzept, dass die Risiken von Innovationen ebenso hoch sind wie die entsprechenden Chancen.

2.2.2.2 Der Technologielebenszyklus

In Analogie zum Produktlebenszyklusansatz wird das Konzept phasentypischer Entwicklungen auch bei Technologien angewendet. Die Übertragung geht dabei häufig so weit, dass eine Differenzierung der Begrifflichkeiten kaum mehr festzustellen ist. Vielmehr findet eine Ersetzung des Begriffs „Produkt" durch „Technologie" statt (vgl. Klaußner 2007, S. 113).

Auch in diesem Ansatz untergliedern sich die Lebenszyklusphasen in drei bis sechs aufeinanderfolgende Einzelphasen, die dem klassischen S-förmigen Kurvenverlauf folgen. Ein stringentes Durchlaufen der Phasen ist in der Konzeption des Technologielebenszyklus nicht erforderlich. Allein schon durch fehlende Wettbewerbsbedeutung oder Substitution durch eine andere, leistungsfähigere Technologie kann der Lebenszyklus beendet werden. Beispiele hierfür sind verschiedene Standards im Bereich der Unterhaltungsmedien (bspw. Videostandards).

Im Technologielebenszyklus wird davon ausgegangen, dass die Phase der **Einführung** einer neuen Technologie von einer **Entwicklungs- und Standardisierungsphase**, einer **Diffusionsphase** und schließlich einer **Reifephase** abgelöst wird (vgl. Hungenberg 2014, S. 121 f.). Die S-Kurve verdeutlicht grafisch die Entwicklung der Leistungsfähigkeit einer Technologie in Abhängigkeit vom kumulierten Entwicklungsaufwand (vgl. Abb. 2.7). Wesentliche Aussage ist, dass zu Beginn der Entwicklung einer Technologie eher geringe Leistungsfortschritte zu erwarten sind. Darauf folgt eine Phase mit überproportionalen Leistungssteigerungen. In der letzten Phase nähert sich die Technologie ihrer Leistungsgrenze, sodass kaum weitere Verbesserungen zu erzielen sind. Empirisch wurde allerdings beobachtet, dass sich im Einzelfall auch ein anderer Verlauf einstellt.

Je nachdem, in welcher Lebenszyklusphase sich eine Technologie befindet, lassen sich Aussagen über ihr Entwicklungspotenzial machen. Während bspw. mit der Nanotechnologie erhebliche Potenziale verbunden werden, kann der etablierte Ottomotor nahe seiner Leistungsgrenze verortet werden.

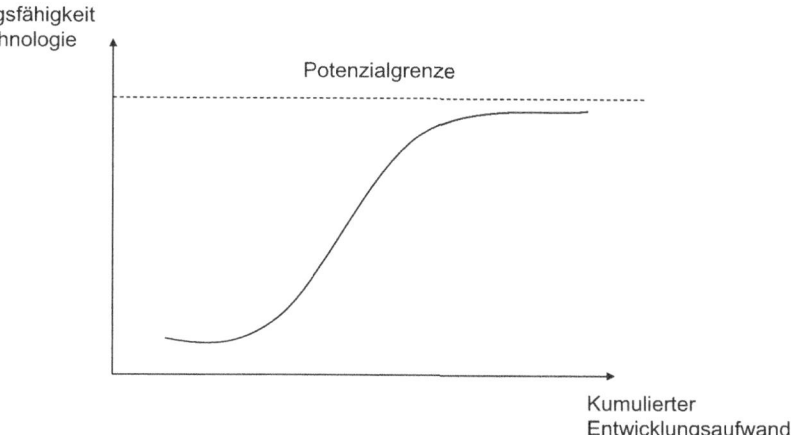

Abb. 2.7 Der Technologielebenszyklus. (Quelle: Hungenberg 2014, S. 121)

Praxisbeispiel: Das Moore'sche Gesetz ist am Ende

Jahrzehnte galt in der Chipindustrie eine simple Regel: Die Speicherkapazität von Chips verdoppelt sich jedes zweite Jahr. Diese Entwicklung war ein wesentlicher Eckpfeiler der Digitalisierung von Wirtschaft und Gesellschaft. Doch nun scheint sich diese Entwicklung dem Ende zu nähern. Die Chipindustrie denkt schon heute in schier unvorstellbaren Größen auf der Ebene von Nanometern. Mittlerweile geraten allerdings die weiteren Entwicklungsschritte an physikalische Grenzen, sodass neue Ansätze gefunden werden müssen, um die Kapazitäten zu erhöhen.

Quelle: Spiegel Online vom 26. März 2016

Unternehmen müssen dementsprechend beachten, zu welchem Zeitpunkt nur noch durch den Übergang auf eine neue Technologie erhebliche Leistungssteigerungen möglich werden. Hier taucht der Begriff der sogenannten **disruptiven Technologien** auf. Hierunter werden jene Technologien verstanden, die auf einer neuen Grundlage basieren und das Potenzial haben, die gegenwärtige Technologie abzulösen. Sie können die Kontinuität der technologischen Entwicklung in einer Branche durchbrechen.

2.2.2.3 Der Branchenlebenszyklus

Der Branchenlebenszyklus ist das angebotsseitige Äquivalent des Produktlebenszyklus (vgl. zum Folgenden Grant und Nippa 2006, S. 381 ff.). Verglichen mit dem Lebenszyklus eines einzelnen Produkts ist der Branchenlebenszyklus in der Regel von längerer Dauer. Verschiedene Anbieter stellen ein Spektrum ähnlicher Produkte in einer zeitlichen Folge der Produktweiterentwicklung her. Die Phaseneinteilung entspricht dem bereits mehrfach erwähnten vierstufigen Muster. Der Branchenlebenszyklus leitet sich von der nachfrageseitigen Betrachtung des Produktlebenszyklus und der wissensgetriebenen Sichtweise des Technologielebenszyklus her. Insofern ist er eine konsequente Weiterentwicklung der beiden zuvor genannten Konzepte.

- In der **Einführungsphase** sind erst wenige Produkte am Markt präsent und die Marktdurchdringung ist niedrig, da die Produkte der Branche relativ unbekannt und nur wenige Kunden am Markt aktiv sind. Die geringen Produktionsmengen, der Neuheitsgrad der Technologie und mangelnde Erfahrungen bedingen hohe Kosten und eine relativ niedrige Qualität der Produkte. Kunden dieser Produkte sind eher innovationsorientiert, risikotolerant und verfügen über ein hohes Einkommen.
- In der folgenden **Wachstumsphase** beschleunigt sich die Marktdurchdringung, da die Preise durch Skalen- und Lerneffekte sinken und die Produkttechnologie zunehmend standardisiert wird. Die neuen Produkte können sich in dieser Phase bis hin zu Massenmärkten verbreiten.
- Sobald sich die Sättigung des Marktes andeutet und Ersatzanschaffungen die Neuanschaffungen zunehmend ablösen, beginnt die **Reife- oder Sättigungsphase**.
- Die **Degenerations- oder Schrumpfungsphase** beginnt, wenn die Anbieter der bestehenden Branche durch überlegene Substitutionsprodukte bzw. Dienstleistungen ersetzt werden.

Auch für dieses Konzept ist festzuhalten, dass die Allgemeingültigkeit der Lebenszyklusmuster eingeschränkt ist. An verschiedenen Beispielen lässt sich darstellen, dass die Dauer der einzelnen Phasen erheblich variiert. Während die Einführungsphase der Eisenbahn über mehrere Jahrzehnte verlief, lässt sich für die Mobilfunkbranche eine erheblich kürzere Einführungszeit beobachten. Diese Erkenntnis gipfelt in der vielfach zitierten These von den verkürzten Lebenszyklen von Produkten und Branchen. Doch nicht nur die Dauer, sondern auch die Muster der evolutorischen Entwicklung von Branchen unterscheiden sich. Jene Branchen, die Existenzbedürfnisse der Menschen abdecken (z. B. Lebensmittel, Getränke oder Bekleidung), werden niemals in die Degeneration eintreten. Andere Branchen erfahren eine Revitalisierung ihres Lebenszyklus. Durch Technologiesprünge wie die des Farbfernsehens oder der LCD-Bildschirme konnte bspw. die Branche der Fernsehgerätehersteller immer wieder in eine Wachstumsphase eintreten. Auch können sich die Lebenszyklusstufen je nach regionalem Markt deutlich unterscheiden. Während die Stromversorgung sich in Deutschland in einer Sättigungsphase befindet, kann für die Emerging Markets eher ein deutliches Wachstum beobachtet werden. Die folgende Tabelle (vgl. Tab. 2.3) fasst die zentralen Charakteristika der Lebenszyklusphasen einer Branche zusammen.

Dieses Konzept lässt sich in der industrieökonomischen Perspektive mit den bekannten fünf Wettbewerbskräften von Michael Porter kombinieren (vgl. Müller-Stewens und Lechner 2016, S. 146). Die „Rivalität unter den Wettbewerbern" führt dann über den Konzentrationsgrad der Branche relativ schnell zu der Erkenntnis, dass es einen positiven Zusammenhang zwischen Marktanteil und Rentabilität gibt. Der Branchenlebenszyklus kann damit zentraler Ausgangspunkt wesentlicher Aussagen des strategischen Managements sein.

Tab. 2.3 Charakteristika der einzelnen Phasen des Branchenlebenszyklus. (Quelle: Grant und Nippa 2006, S. 389)

	Einführung	Wachstum	Reife	Degeneration
Nachfrage	Beschränkt auf früher Anwender: hohes Einkommen, Avantgarde	Rapide steigende Marktdurchdringung	Massenmarkt, Ersatzbeschaffungen, Wiederholungskäufe, Kunden werden informierter und preissensibler	Überalterung
Technologie	Konkurrierende Technologien, rasche, radikale Produktinnovationen	Standardisierung um dominante Technologie. Rasche Prozessinnovationen	Weitverbreitetes technologisches Wissen, Suche nach technologischen Verbesserungen	Nur noch geringe Produkt- oder Prozessinnovationen
Produkte	Geringe Qualität. Große Vielfalt an Funktionalitäten und Technologien. Häufige Konstruktions- oder Designwechsel	Verbesserungen von Design und Qualität. Auftauchen eines dominanten Designs	Trend zu Standardwaren. Versuch der Differenzierung durch Marken, Qualität oder Bündelung	Standardwaren bilden die Norm. Differenzierung schwierig und unrentabel
Fertigung und Distribution	Fertigung/Herstellung von geringen Stückzahlen. Hohe Qualitätsanforderungen. Spezielle Distributionswege	Kapazitätsengpässe, Massenproduktion Wettbewerb speziell im Marketing und Vertrieb (speziell Distributionskanäle)	Entstehung von Überkapazitäten. Qualifikationssenkungen in der Fertigung, Großserienfertigung. Distributoren übernehmen weniger Produktlinien	Chronische Überkapazitäten. „Wiederauftauchen" spezieller Distributionswege
Handel	Produzenten und Konsumenten vorwiegend in entwickelten Industrieländern	Export aus entwickelten Industrieländern in den Rest der Welt	Die Produktion wird zunächst in Schwellen-, dann in Entwicklungsländer verlagert	Exporte aus Ländern mit geringsten Lohnkosten, d. h. „Billiglohnländern"
Konkurrenz	Geringe Anzahl von (Vorreiter-) Unternehmen	Markteintritte, Fusionen und Marktaustritte	Marktkonsolidierung (Shakeout), zunehmender Preiswettbewerb	Preiskriege, Marktaustritte
Erfolgsfaktoren	Produktinnovation. Etablierung eines glaubwürdigen, positiven Images des Unternehmens und Produkts	Fertigungsgerechtes Design. Zugang zu Distributionskanälen. Aufbau eines starken Markennamens. Schnelle Produktentwicklung, Prozessinnovationen	Kosteneffizienz durch Kapitalintensität, Skaleneffizienz und geringe Vorproduktkosten. Hohe Qualität	Verringerung der Gemeinkosten, Käuferselektion. Signalisierung von Commitment. Rationalisierung von Kapazitäten

Praxisbeispiel: Branchen mit hoher und niedriger Konzentration

Das Konzept der Branchenkonzentration hat nebst seiner inhaltlichen Bedeutung für die Herleitung des Unternehmenslebenszyklus eine direkte strategische Konsequenz. In einer Volkswirtschaft existieren unterschiedliche Branchen in einem jeweils unterschiedlichen Entwicklungsstadium. Während in reifen oder degenerierenden Branchen wie etwa der Tabakverarbeitung der Wettbewerb vorwiegend zwischen Großunternehmen stattfindet und sich die verbliebenen Mittelständler einem erheblichen Konsolidierungsdruck ausgesetzt sehen, sind entstehende und wachsende Branchen die typischen „Spielfelder" junger und etablierter mittelständischer Unternehmen. Die noch geringe Konzentration bspw. in der Medizintechnik eröffnet immer wieder Marktnischen für mittelständische Unternehmen, die in solchen Feldern auch zu Marktführern werden können.

2.2.2.4 Der Unternehmenslebenszyklus

Auch für Unternehmen und ihre Entwicklung hat sich mehr und mehr eine dynamische Betrachtung durchgesetzt. In der Literatur werden unterschiedliche Grundtypen von Lebenszyklusmodellen unterschieden (vgl. Klein 2010, S. 275 ff.). Diese beschreiben letztendlich dasselbe Phänomen aus unterschiedlichen Perspektiven wie Krise, Strukturänderung oder Metamorphose.

Krisen- und Strukturänderungsmodelle des Unternehmenslebenszyklus thematisieren den Übergang von einer Lebenszyklusphase in die andere. Jeder Übergang von einer Phase in die nächste wird als ein potenzieller Krisenauslöser betrachtet. **Metamorphosemodelle** sind eher deskriptiv und beschreiben die Entwicklungsphasen, die ein Unternehmen im Laufe seines Lebens durchläuft. Aus der Perspektive von **Marktentwicklungsmodellen** wird der Unternehmenslebenszyklus als Addition von Produktlebenszyklen gesehen.

In grafischer Darstellung lassen sich in Abhängigkeit von der Zeit unterschiedliche Größen abbilden. In Betracht kommen bspw. die betriebswirtschaftlichen Größen Umsatz, Cashflow und Jahresüberschuss oder in Analogie zum Technologielebenszyklus die Leistungsfähigkeit einer Organisation (siehe Abb. 2.8).

Neue Unternehmen starten in der **Pionierphase** mit dem Ziel, innovative, verbesserte oder ähnliche Produkte und Dienstleistungen zu vermarkten. Die **Wachstumsphase** ist durch radikale Veränderungen in Bezug auf die Unternehmenspolitik, aber auch die operativen Prozesse gekennzeichnet. Die **Reifephase** erreicht ein Unternehmen, wenn die Umsätze und Ergebnisse stagnieren. In der **Wendephase** entscheidet sich, ob ein Unternehmen die Stagnation durch eine Regeneration überwinden kann, oder ob das Unternehmen dem Niedergang unterliegt (vgl. Höft 1992, S. 89).

Mit dem Fokus auf Familienunternehmen kann die Perspektive des Lebenszyklus von der Unternehmenssphäre auf die Familie und die Eigentümer erweitert werden. Parallel zu einer vierstufigen Unternehmensentwicklung lässt sich der Lebenszyklus des Unternehmers darstellen, der nach diesem Konzept zum Ende der Pionierphase eine Familie gründet. Mit Abschluss dieser Phase geht der Lebenszyklus des Eigners dem Ende entgegen (siehe Abb. 2.9). Die zweite Generation übernimmt gegen Ende der Wachstumsphase das Unternehmen.

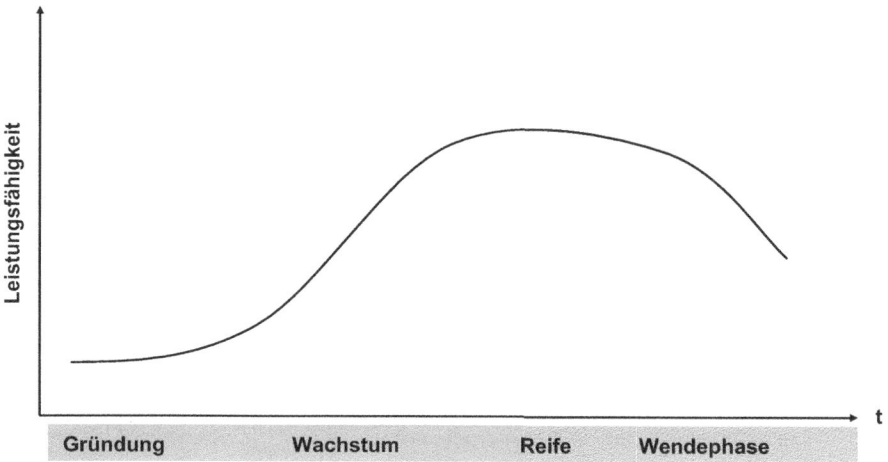

Abb. 2.8 Schematische Darstellung des Lebenszyklus eines Unternehmens. (Quelle: eigene Darstellung)

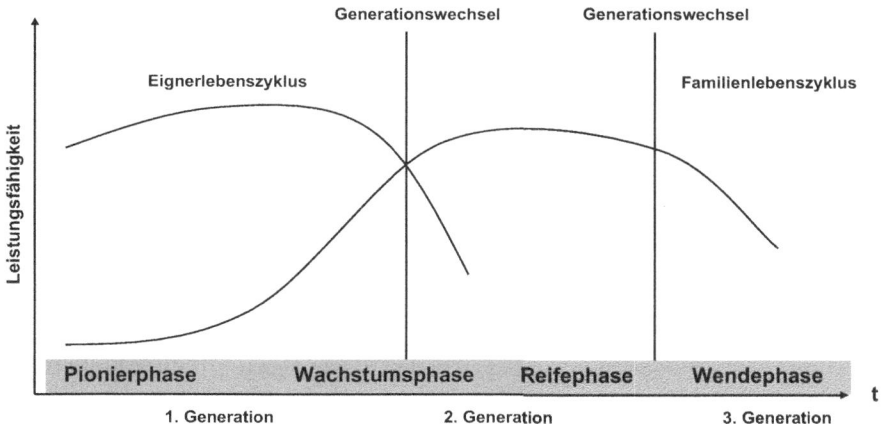

Abb. 2.9 Unternehmens-, Eigner- und Familienlebenszyklus nach Rosenbauer. (Quelle: Klein 2010, S. 276)

Unternehmen in unterschiedlichen Lebenszyklusphasen

Die Zuordnung von Unternehmen zu einer bestimmten Lebenszyklusphase fällt nicht immer leicht, da nur selten die notwendigen Informationen verfügbar sind. An dieser Stelle sollen einige eher unzweifelhafte Beispiele aufgeführt werden:

Praxisbeispiel: CureVac AG – ein Unternehmen in der Gründungsphase

Wie bei vielen biopharmazeutischen Unternehmen liegen auch CureVacs Wurzeln in der akademischen Forschung. Dr. Ingmar Hoerr, Mitgründer und Vorsitzender des Aufsichtsrates von CureVac, stieß in seiner biologischen Doktorarbeit Ende der 1990er-Jahre auf eine unerwartete Erkenntnis: Das als sehr instabil geltende Biomolekül RNA kann bei entsprechender Modulierung der biologischen Eigenschaften als Therapeutikum und Impfstoff direkt in das Gewebe verabreicht werden. Aus dieser Erkenntnis in Bezug auf die RNA ergaben sich grundlegend neue Dimensionen für Therapie und Immunisierung. Diese faszinierenden Möglichkeiten haben die drei Gründer Ingmar Hoerr, Steve Pascolo und Florian von der Mülbe im Jahr 2000 dazu veranlasst, auch in einem schwierigen Marktumfeld zunächst ohne Investoren CureVac zu gründen. Heute beschäftigt das bio-pharmazeutische Unternehmen etwa 400 Mitarbeiter und hat bisher rund 400 Millionen Euro Kapital eingeworben. Noch Anfang des Jahres hat das Unternehmen eine Finanzie-rung bei der Bill & Melinda Gates Stiftung eingeworben. Das Unternehmen ist ein Bei-spiel für eine lang andauernde Pionierphase, die durch die aufwendigen Forschungs- und Entwicklungsprozesse sowie die klinischen Studien begründet ist.

Quelle: www.curevac.de, Handelsblatt Online vom 13.02.2018

Praxisbeispiel: Dyson – ein Unternehmen in der Wachstumsphase

James Dyson ist passionierter Tüftler, britischer Schumpeter-Unternehmer par excel-lence, Selfmade-Millionär und wurde für seine Leistungen von der Queen zum Ritter geschlagen. „Ich will nicht nur Produkte entwickeln, die besser aussehen als andere, sie sollen auch besser sein", sagt er. Mit seinem Staubsauger revolutionierte er den Markt, weil sein Modell auf Beutel verzichtet. Und 2008 trat er mit einem Handtrockner an, der schneller, leiser und wirkungsvoller das Wasser von den Händen abzieht als alles, was vorher da war.

Die Erlöse erreichten im Jahr 2017 einen Wert von 3,5 Milliarden Pfund (rund vier Milliarden Euro), und das Ergebnis 801 Millionen Pfund. Obwohl James Dyson vor fast 30 Jahren seinen Staubsauger vorstellte, befindet sich sein Unternehmen mit jährlich zweistelligen Umsatzsteigerungen eindeutig in der Wachstumsphase. Mittlerweile ist der Sohn des Gründers in das Unternehmen eingestiegen, und es kann bereits in der Wachstumsphase zu einem ersten Generationswechsel kommen.

Quelle: Handelsblatt Online vom 29.05.2010 und vom 01.03.2018

Praxisbeispiel: Melitta Unternehmensgruppe Bentz KG – ein Unternehmen in der Reifephase

Vor hundert Jahren begann der Aufstieg des heute international tätigen Unternehmens mit einem zweckentfremdeten Löschpapier. Frau Melitta Bentz haben die Kaffeetrin-ker dieser Welt das Erlebnis des Filterkaffees zu verdanken. Über Experimente mit ei-nem Sieb aus einem Messingbecher gelangt sie zu der Lösung, ein Löschblatt einzule-gen und darüber den bitteren Kaffeesatz zu beseitigen. Heute ist die Melitta Unternehmensgruppe in 18 Ländern vertreten. Aus der Zentrale im westfälischen Min-den wird ein Unternehmen mit einem Jahresumsatz von EUR 1,5 Mrd. (2017) gesteu-ert. Im Jahr 2010 ist bereits die vierte Generation der Familie in die Unternehmensfüh-rung eingetreten. Als reifes Unternehmen in Marktsegmenten mit zum Teil nur noch

geringen Wachstumsraten sieht sich das Unternehmen immer wieder mit neuen Herausforderungen konfrontiert. So war es gerade im letzten Jahrzehnt die Einführung der
Kaffeepads, die dem klassischen Filterkaffee neue Konkurrenz eröffnete. Die Umsätze
mit der klassischen Filtertüte gehen zurück, während das Unternehmen mit neuen Produkten – wie etwa Kaffeevollautomaten – gegensteuert.
    Quelle: Handelsblatt Online vom 19.01.2010 und vom 04.07.2018

Praxisbeispiel: Buchhandlung Hugendubel – ein Unternehmen in der Wendephase
Der Strukturwandel durch digitale Geschäftsmodelle geht auch an traditionsreichen
Branchen nicht vorbei. Während in den 1980ern und 1990ern ein deutlicher Trend im
Buchhandelsgeschäft zu Megafilialen beobachtet werden konnte, trat Anfang des neuen
Jahrhunderts mit dem Onlineanbieter Amazon ein Unternehmen auf den Plan, das den
gesamten Buchhandel revolutionierte. Von diesen Entwicklungen wurden viele Buch-
handelsfilialisten getroffen.
    Als im Jahr 2014 der Partner „Weltbild" einen Insolvenzantrag stellte, sah es aus, als
wenn auch das Familienunternehmen Hugendubel mit einer Tradition von mehr als 100
Jahren dem Untergang geweiht sei. In einem Kraftakt ist es mittlerweile gelungen, das
Unternehmen mit einem Umsatz von geschätzten EUR 390 Mio. zu stabilisieren. Dies
ist allerdings nur durch eine radikale Veränderung des Geschäftsmodells gelungen. Die
Zeit der Buchkaufhäuser scheint vorbei. Stationäre Buchhändler sehen die Zukunft
eher in einer verstärkten Orientierung, die sie den Kunden in einem unübersichtlichen
Angebot bieten.
    Quelle: Handelsblatt vom 20.10.2016, S. 52

In der Reifephase kämpft die Organisation nach dieser Sichtweise mit den Problemen einer Unternehmung, die sich im Übergang befindet. Sinkende Margen und schwindende
Wettbewerbsvorteile führen zu einem erheblichen Handlungsbedarf. Verbunden ist diese
Phase üblicherweise mit einer Zersplitterung der Eigner in mehrere Familienzweige.
Wenn es nicht gelingt, neue Potenziale zu erschließen, lässt sich der Niedergang des Unternehmens kaum aufhalten. Die Erfahrungen zeigen, dass diese Herausforderung in vielen Fällen nicht gemeistert wird. So verwundert auch die weitverbreitete Redensart nicht,
wonach nur ein geringer Teil aller Familienunternehmen den Übergang in die dritte Generation bewältigt (vgl. Pfannenschwarz 2006, S. 77).
    Eine solche deterministische Sichtweise kann natürlich nur begrenzt die vielfältige
Realität in Familienunternehmen abbilden. Die Annahme, dass die Lebenszyklen von Eigner, Familie und Unternehmen in solcher Weise parallel stattfinden, wird in vielen Fällen
eine zu starke Vereinfachung der Tatsachen darstellen. Sinnvoll ist die dargestellte Sichtweise aber dennoch, da sie den Blick auf den Zusammenhang der Systeme Familie und
Unternehmen richtet (vgl. Klein 2010, S. 5). Die in diesem Buch verwendete Sichtweise
auf den Lebenszyklus folgt diesem Ansatz allerdings nicht. Vielmehr wird hier der Generationswechsel als ein mögliches Ereignis einer Wendephase aufgefasst, das sowohl zu
einer Erneuerung als auch zu Stagnation oder Niedergang führen kann.

Herausforderungen im Lebenszyklus

Die bisher beschriebenen Modelle der Unternehmenslebenszyklen können auch als sogenannte **Metamorphosemodelle** beschrieben werden, die die Entwicklung der Unternehmung von der Gründung bis zur Reife beschreiben. Eine weitere Perspektive wird in den
Krisen- bzw. Strukturänderungsmodellen eingenommen, die implizit auch schon mit
der Integration des Eigner- und Familienlebenszyklus angesprochen wurde. Der Fokus
dieser Modelle liegt auf dem Übergang von einer Phase in die nächste. Die zugrunde lie-
gende Überlegung ist, dass es mit dem Wachsen von Unternehmen zu phasentypischen
Problemen kommt, die zu überwinden sind, wenn ein Unternehmen erfolgreich in die
nächste Phase übergehen soll (vgl. Klein 2010, S. 275).

Die Entwicklung eines Unternehmens verläuft im Lebenszyklus nicht immer kontinuierlich und ohne Brüche. Bereits in frühen Unternehmensphasen können Krisensituationen im Unternehmen auftreten. Einer der bekanntesten Ansätze zur Erklärung der **Orga-
nisationsdynamik** stammt von Larry E. Greiner (vgl. Vahs 2015; ähnlich auch Scott und
Bruce 1987): Auf evolutionäre Wachstumsphasen folgen revolutionäre Krisen, die aus
Managementproblemen resultieren und Veränderungen auslösen (vgl. Abb. 2.10).

In diesem deterministischen Modell ist jede Phase sowohl das Ergebnis der vorangegangenen Phase als auch die Ursache für den folgenden Wachstumsabschnitt. Allerdings
ist es durchaus möglich, dass die einzelnen Phasen kürzer oder länger dauern oder dass

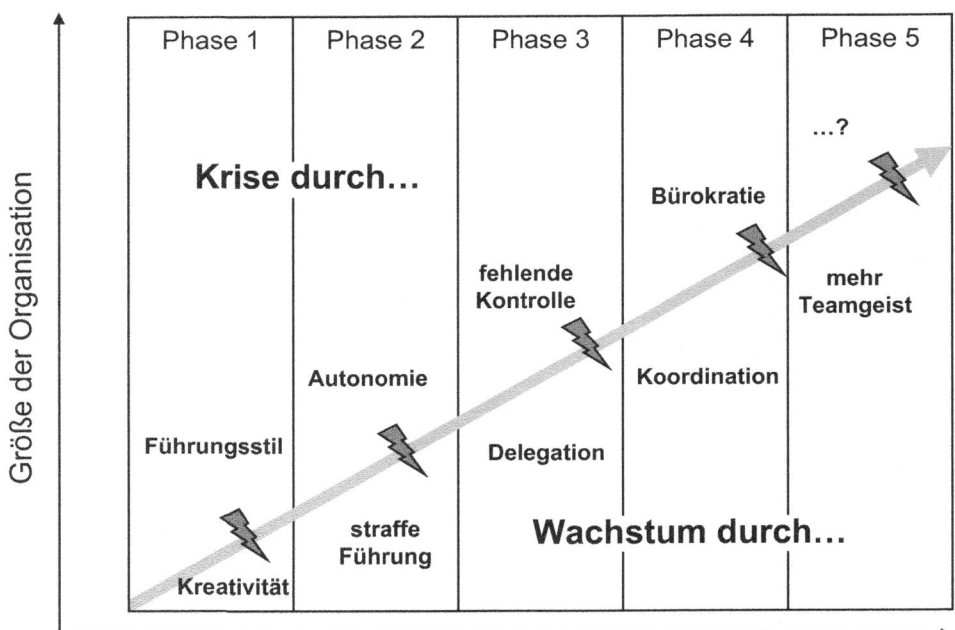

Abb. 2.10 Das Wachstumsmodell von Greiner. (Quelle: Vahs 2015, S. 305)

ganze Phasen übersprungen werden (vgl. Miller und Friesen 1984). An dieser Stelle besteht die Aufgabe des Unternehmers darin, durch geeignetes Managementhandeln die Virulenz der Krisen zu mildern und den Wachstumspfad beizubehalten.

Die jeweiligen Krisen – oder besser: Herausforderungen – in der Unternehmensentwicklung entspringen den besonderen Charakteristika mittelständischer Unternehmen in den jeweiligen Phasen der Unternehmensentwicklung. Zurückkommend auf die einfache Drei-Phasen-Einteilung kann auf die Vor- und Nachteile von mittelständischen Unternehmen in den jeweiligen Lebenszyklusphasen zurückgeschlossen werden (siehe Tab. 2.4).

Tab. 2.4 Vor- und Nachteile von mittelständischen Unternehmen in den Lebenszyklusphasen. (Quelle: Pümpin und Prange 1991)

Gründungsphase	
Vorteile	**Nachteile**
• Der Pionier als treibende und richtungsweisende Kraft • Innovative und kreativitätsförderliche Grundhaltung • Hohes Maß an Flexibilität • Hoher Arbeitseinsatz und starkes Commitment aller Beteiligten • Rasche Entscheidungsfindung und -umsetzung	• Fehlende Erfahrung aller Beteiligten • Geringe Eigenfinanzierung • Ungenügende Personalausstattung • Hohe Abhängigkeit von der Einzelperson des Pionierunternehmers • Ungenügende Risikodiversifikation • Unter Umständen zu starke Techniklastigkeit
Wachstumsphase	
Vorteile	**Nachteile**
• Rasante Nutzensteigerung für die Stakeholder des Unternehmens • Erzielung von Skaleneffekten • Hohe Motivation der Organisationsmitglieder • Unternehmerische Eigendynamik • Erste Routinisierung des Unternehmensgeschehens • Verbreiterung des Managements • Auseinandersetzung mit strategischen Fragen	• Komplexer werdende Managementaufgaben • Gefahr einer in Relation zu den Ressourcen zu starken Expansion • Gefahr der ungezügelten Diversifikation abseits des Kerngeschäfts
Reifephase	
Vorteile	**Nachteile**
• Existenz eines eingespielten Managementteams • Hoher Free Cash Flow • Weitere Skaleneffekte • Know-how und Erfahrung in den Märkten • Gute Verbindungen in Beschaffungs- und Absatzmärkte • Stabilität in Umsatz und Geschäftsergebnissen	• Mangelnde Flexibilität bei Umweltveränderungen • Innovationsbarrieren • Marktferne des Managements • Entstehende Risikoaversion • Geringe Freiräume für Mitarbeiter • Ressourcenverschwendung durch Konflikte und eingespielte Routinen

Betriebswirtschaftliche Handlungsfelder im Lebenszyklus mittelständischer Unternehmen

Unternehmen sehen sich auf der einen Seite aufgrund der spezifischen Charakteristika in den Lebenszyklusphasen und auf der anderen Seite durch Kontextfaktoren mit Herausforderungen konfrontiert. Dieser Begriff soll zum Ausdruck bringen, dass es sich um Handlungsfelder mit signifikanter Bedeutung für das Familienunternehmen, nicht regelmäßige bzw. operative Ereignisse und ein die weitere Entwicklung prägendes Entscheidungsfeld handelt (vgl. Mertens 2008, S. 75).

Mit den Herausforderungen in der Unternehmensführung in den jeweiligen Lebenszyklusphasen von Unternehmen korrespondieren **betriebswirtschaftliche Handlungsfelder**, die den weiteren Verlauf dieses Lehrbuchs bestimmen werden (vgl. Mertens 2008, S. 75 ff. und Abbildung 1.10).

Während in der **Gründungsphase** des Unternehmens der **Aufbau** einer vollkommen neuen wirtschaftlichen Einheit bewerkstelligt werden muss, sind in der **Wachstumsphase** eher **Organisation** und **Personal**, **Innovation**, **Internationalisierung** sowie die **strategische Orientierung** von essenzieller Bedeutung für mittelständische Unternehmen (s. Abb. 2.11). Diese Handlungsfelder ergeben sich einerseits aus der Notwendigkeit, die bereits erwähnten Skaleneffekte durch die Ausweitung des Absatzgebietes zu erreichen, und andererseits aus dem Produktlebenszyklus, der einen ständigen Innovationsdruck für Unternehmen auslöst.

Nach den stürmischen Wachstumsphasen eines Unternehmens folgt die **Phase der Reife**. Hier hat sich im Unternehmen eine Professionalisierung mit etablierten Strukturen und Prozessen durchgesetzt. Wesentliche Themen, mit denen sich Unternehmer nun auseinanderzusetzen haben, können in den folgenden drei Feldern zusammengefasst werden.

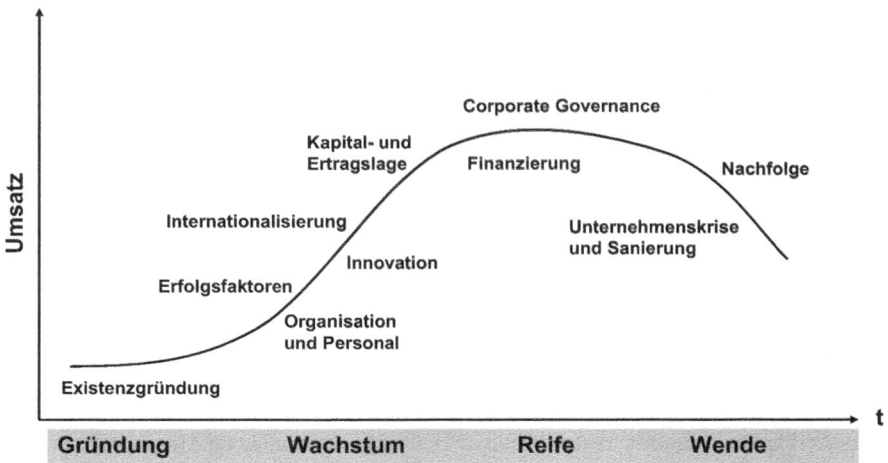

Abb. 2.11 Betriebswirtschaftliche Handlungsfelder im Lebenszyklus. (Quelle: eigene Darstellung)

Die **Finanzierung** ist in der Phase der Reife von erheblicher Bedeutung, da jetzt erstmals nahezu die gesamte Klaviatur der finanzwirtschaftlichen Instrumente genutzt werden kann. In den vergangenen Jahren haben erhebliche strukturelle Veränderungen in den Finanzmärkten stattgefunden, die in den Entscheidungen von Mittelständlern zu berücksichtigen sind.

Außerdem gewinnt die professionalisierte Steuerung des Unternehmens über die **Orientierung an betriebswirtschaftlichen Kennzahlen** an Bedeutung. An dieser Stelle weisen mittelständische Unternehmen wesentliche Unterschiede in Vermögens- und Kapitalstruktur auf, die in der Unternehmensführung ihren Niederschlag finden.

Letztlich ist es die **Corporate Governance**, als Ausgestaltung der Führungs- und Leitungsstrukturen, die in einem reifen Unternehmen auszugestalten ist.

In der **Wendephase** gabelt sich der Lebensweg mittelständischer Unternehmen in Revitalisierung oder Niedergang. Die aufkommende Regelung der **Nachfolgefrage** im Familienunternehmen und die Steuerung und **Überwindung von Krisen** sind Themenfelder, denen sich die abschließenden Kapitel dieses Lehrbuchs widmen.

Wiederholungsfragen

1. Welche Faktoren sind für Skaleneffekte in Unternehmen verantwortlich?
2. Was versteht man unter Diseconomies of Scale?
3. Kennzeichnen Sie Unteilbarkeiten und sprungfixe Kosten!
4. Auf welche Ursachen lässt sich der Erfahrungskurveneffekt zurückführen?
5. Welche ökonomischen Theorien beziehen sich auf die qualitativen Merkmale des Mittelstands?
6. Welche Folgen hat die asymmetrische Informationsverteilung aus dem Blickwinkel der Principal-Agent-Theorie?
7. Welche Agency-Kosten entstehen im Familienunternehmen?
8. Kennzeichnen Sie das Menschenbild der Stewardship-Theorie!
9. Handeln Eigentümer von Familienunternehmen immer als Stewards?
10. Was versteht man unter VRIN-Ressourcen?
11. Sind die Entscheidungsprozesse in Familienunternehmen nach dem sogenannten SEW-Ansatz nur durch ökonomische Überlegungen getrieben?
12. Nennen und erläutern Sie die sozioemotionalen Werte im Familienunternehmen!
13. Was versteht man unter dem Entrepreneurship Ecosystem?
14. Nennen Sie die Domänen des Entrepreneurship Ecosystems!
15. Welche besonderen Bedingungen sind aus Ihrer Sicht für das Entstehen des deutschen Mittelstands verantwortlich?
16. Aus welchen Konzepten wird der Unternehmenslebenszyklus abgeleitet?
17. Welche strategischen Empfehlungen lassen sich aus dem Produktlebenszyklus ableiten?
18. Was versteht man unter einer disruptiven Technologie?
19. Welche Einheiten werden in den Branchenlebenszyklen im Gegensatz zu den Produktlebenszyklen betrachtet?

20. Worin besteht der Zusammenhang zwischen Unternehmens- und Familienlebenszyklus?
21. Welche Vor- und Nachteile im Wettbewerb bestehen bei einem mittelständischen Unternehmen in der Wachstumsphase?
22. Welche Handlungsfelder bestimmen die Wachstumsphase eines mittelständischen Unternehmens?

Literatur

Anderson, R. C.; Reeb, D. M. (2003): Founding-Family Ownership and Firm Performance: Evidence from the S&P 500; in: The Journal of Finance, 58(3), 1301–1328.
Apple. (n.d.). Absatz von Apples iPod weltweit in den Geschäftsjahren 2002 bis 2014 (in Millionen Stück). In Statista – Das Statistik-Portal. Zugriff am 13. Januar 2019, von https://de.statista.com/statistik/daten/studie/203593/umfrage/absatz-von-apple-ipods-seit-dem-geschaeftsjahr-2002/
Audretsch, D. B., & Lehmann, E. (2016). The seven secrets of Germany: Economic resilience in an era of global turbulence. Oxford University Press.
Berghoff, H. (2006): The end of family business? The Mittelstand and German capitalism in transition, 1949–2000, in: Business History Review, 80(2), 263–295.
Block, J., Wagner, M. (2013): The effect of family ownership on different dimensions of corporate social responsibility: Evidence from large US firms, in: Business Strategy and the Environment, https://doi.org/10.1002/bse.1798.
Braidford, P.; Houston, M.; Allinson; Gordon; Stone, I. (2014): Research into Family Businesses. Department for Business, Innovation and Skills, BIS Research Paper No. 172, London.
Calvo, A. G. (2015): Can and Should the German Model be Exported to Other Countries? An Institutional Perspective, in: Unger, B. (Hrsg.): The German Model – Seen by its Neighbours, Düsseldorf
Chandler, A. D. (2004): Scale and scope. The dynamics of industrial capitalism. 1. paperback ed., 7. print. Cambridge, Mass.
Chrisman, J. J.; Chua, J. H.; Pearson, A.W.; Barnett, T. (2012): Family Involvement, Family Influence, and Family-Centered Non-Economic Goals in Small Firms, in: Entrepreneurship Theory and Practice, 36(2), 267–293.
Colli, A. (2013): Family firms between risks and opportunities: a literature review, in: Socio-Economic Review, 11(3), 577–599.
Craig, J. B.; Dibrell, C.; Davis, P. S. (2008): Leveraging family-based brand identity to enhance firm competitiveness and performance in family businesses, in: Journal of Small Business Management, 46(3), 351–371.
Davis, J. H.; Schoorman, F. D.; Donaldson, L. (1997): Toward a stewardship theory of management, in: Academy of Management review, 22(1), 20–47.
Duschek, S.; Sydow, J. (2002): Ressourcenorientierte Ansätze des strategischen Managements, in: WiSt-Wirtschaftswissenschaftliches Studium, 31(8), 426–431.
Eddleston, K. A.; Kellermanns, F. W.; Sarathy, R. (2008): Resource configuration in family firms: Linking resources, strategic planning and technological opportunities to performance, in: Journal of Management Studies, 45(1), 26–50.
Euler, D. (2013): Das duale System in Deutschland – Vorbild für einen Transfer ins Ausland, Gütersloh, Bertelsmann Stiftung.
Fischer, M. (2001): Produktlebenszyklus und Wettbewerbsdynamik, Wiesbaden.

Fritsch, M. (2016): Entrepreneurship Theorie, Empirie, Politik, Wiesbaden.

Fuerlinger, G.; Fandl, U.; Funke, T. (2015): The role of the state in the entrepreneurship ecosystem: insights from Germany; in: Triple Helix, 2(1), S. 1–26.

Gerner, D.; Reinemann, H.; Dutzi, A.; Ludwig, D. (2019): Voraussetzungen und Effekte betrieblicher Interessenvertretung in eigentümergeführten Unternehmen, in: ZfKE, H.2.

Gómez-Mejía, L. R.; Haynes, K. T.; Núñez-Nickel, M.; Jacobson, K. J.; Moyano-Fuentes, J. (2007): Socioemotional Wealth and Business Risks in Family-Controlled Firms: Evidence from Spanish Olive Oil Mills, in: Administrative Science Quarterly, 52 (1), 106–137.

Gómez-Mejía, L. R.; Núñez-Nickel, M.; Gutierrez, I. (2001): The Role of Family Ties in Agency Contracts, in: Academy of Management Journal, 44(1), 81–95.

Grant, R. M., Nippa, M. (2006): Strategisches Management, 5. Auflage, München.

Habbershon, T. G.; Williams, M. L. (1999): A Resource-Based Framework for Assessing the Strategic Advantages of Family Firms, in: Family Business Review, 12(1), 1–25.

Hall, P.A. (2015): The fate of the German Model, in: Unger, B. (Hrsg.): The German Model, Düsseldorf.

Hall, P.A.; Soskice, D. (2001): Varieties of Capitalism. The institutional foundations of comparative advantage, Oxford.

Hansson, P. (2015): Resource based theory and the family business, in: Nordqvist, M.; Melin, L.; Waldkirch, M.; Kumeto, G. (Hrsg.): Theoretical perspectives on family businesses, Cheltenham, 253–272.

Hauck, J.; Suess-Reyes, J.; Beck, S.; Prügl, R.; Frank, H. (2016): Measuring Socioemotional Wealth in Family-Owned and -Managed Firms: A Validation and Short Form of the FIBER Scale, in: Journal of Family Business Strategy, 7 (3), 133–148.

Hiebl, M. R. (2012): Familienunternehmen – Bedeutung, Ausprägungsformen und Besonderheiten, in: WiSt-Wirtschaftswissenschaftliches Studium, 41(4), 184–188.

Höft, U. (1992): Lebenszykluskonzepte: Grundlage für das strategische Marketing- und Technologiemanagement, Berlin.

Homburg, Chr. (2016): Grundlagen des Marketingmanagements, 5. Aufl., Wiesbaden.

Hungenberg, H. (2014): Strategisches Management in Unternehmen, 8. Auflage, Wiesbaden.

Isenberg, D. (2011). The entrepreneurship ecosystem strategy as a new paradigm for economic policy: Principles for cultivating entrepreneurship. Presentation at the Institute of International and European Affairs.

Isenberg, D. J. (2010): How to start an entrepreneurial revolution, in: Harvard business review, 88(6), 40–50.

Jensen, M. C.; Meckling, W. H. (1976): Theory of the Firm: Managerial Behavior, Agency Costs and Ownership Structure, in: Journal of Financial Economics, 3(4), 305–360.

Klaußner, A. (2007): Phasenangepasste Führung von Wachstumsunternehmen, FGF Entrepreneurship-Research Monographien Band 66, Lohmar.

Klein, S. (2010): Familienunternehmen, 3. Auflage, Wiesbaden.

Lehrer, M.; Schmid, S. (2015): Germany's industrial family firms: Prospering islands of social capital in a financialized world?, in: Competition & Change, 19(4), 301–316.

Märk, S.; Kraus, S.; Peters, M. (2010): Der Einfluss der Familie auf den Unternehmer: Eine qualitativ-empirische Untersuchung von Familienunternehmen auf Basis der Stewardship-Theorie, in: ZfKE–Zeitschrift für KMU und Entrepreneurship, 58(1), 31–59.

Melin, L.; Nordqvist, M.; Sharma, P. (2013): The SAGE Handbook of Family Business, London u. a.

Meinhövel, H. (2004): Grundlagen der Principal-Agent-Theorie, in: WiSt-Wirtschaftswissenschaftliches Studium, 33(8), 470–475.

Mertens, Ch. (2008): Herausforderungen für Familienunternehmen im Zeitverlauf, Lohmar.

Miller, D.; Friesen, P. H. (1984): A longitudinal study of the corporate life cycle, in: Management science, 30(10), 1161–1183.

Miller, D.; Le Breton-Miller, I.; Scholnick, B. (2008): Stewardship vs. stagnation: An empirical comparison of small family and non-family businesses, in: Journal of management studies, 45(1), 51–78.

Müller-Stevens, G.; Lechner, Ch. (2016): Strategisches Management – Wie strategische Initiativen zum Wandel führen, 5. Auflage, Stuttgart.

Neckebrouck, J.; Schulze, W.; Zellweger, T. (2018): Are family firms good employers?, in: Academy of Management Journal, 61(2), 553–585.

Newbert, S.; Craig, J. B. (2017): Moving beyond socioemotional wealth: Toward a normative theory of decision making in family business, in: Family Business Review, 30(4), 339–346.

Nordqvist, M.; Melin, L.; Waldkirch, M.; Kumeto, G. (2015): Theoretical perspectives on family businesses, Cheltenham und Northampton.

Oehlrich, M. (2016): Organisation: Organisationsgestaltung, Principal-Agent-Theorie und Wandel von Organisationen, München.

Pfannenschwarz, A. (2006): Nachfolge und Nicht-Nachfolge in Familienunternehmen, Heidelberg.

Pfingsten, F. (1998): Shareholder-Value im Lebenszyklus: Methoden einer marktwertorientierten Unternehmensführung, Wiesbaden.

Piekenbrock, D.; Henning, A. (2013): Einführung in die Volkswirtschaftslehre und Mikroökonomie, Wiesbaden.

Porter, M. E. (1992): Wettbewerbsstrategie. Methoden zur Analyse von Branchen und Konkurrenten, 7. Aufl., Frankfurt/M./New York.

Pümpin, C; Prange, J. (1991): Management der Unternehmensentwicklung : phasengerechte Führung und der Umgang mit Krisen, Frankfurt.

Reinemann, H.; Ludwig, D. (2015): Die qualitative Dimension des Mittelstandsbegriffs, in: Becker, W.; Ulrich, P. (Hrsg.): BWL im Mittelstand: Grundlagen – Besonderheiten – Entwicklungen, Stuttgart, 38–52

Schmalenbach, E. (1956): Kostenrechnung und Preispolitik, 7. Aufl., Köln und Opladen.

Schmidt, A. G. (1995): Der Einfluss der Unternehmensgröße auf die Rentabilität von Industrieunternehmen, Wiesbaden.

Scott, M.; Bruce, R. (1987): Five stages of growth in small business, in: Long range planning, 20(3), 45–52.

Shukla, P. P.; Carney, M.; Gedajlovic, E. (2013): Economic Theories of Family Firms, in: Melin, L.; Nordqvist, M.; Sharma, P. (Hrsg.): The SAGE Handbook of Family Business, London u. a., 100–118.

Siebels, J. F.; zu Knyphausen-Aufseß, D. (2012): A review of theory in family business research: The implications for corporate governance, in: International Journal of Management Reviews, 14(3), 280–304.

Sirmon, D. G.; Hitt, M. A. (2003): Managing Resources: Linking Unique Resources, Management, and Wealth Creation in Family Firms, in: Entrepreneurship Theory and Practice, 27(4), 339–358.

Sraer, D.; Thesmar, D. (2007): Performance and behavior of family firms: Evidence from the French stock market., in: Journal of the european economic Association, 5(4), 709–751.

Stütz, S. (2011): Kleine und mittlere Industrieunternehmen in der ökonomischen Theorie, Reihe Kleine und mittlere Unternehmen Bd. 22, Lohmar.

Tylecote, A. (2015): Janus Germany: Micro Model, Macro Beggar-thy-neighbour, in: Unger, B. (Hrsg.): The German Model, Düsseldorf.

Unger, B. (2015): Introduction and Summary, in: Unger, B. (Hrsg.): The German Model-Seen by Its Neighbours. SE Publishing, 1–40.

Vahs, D. (2015): Organisation, 9. Aufl., Stuttgart.

Velte, P. (2010): Stewardship-Theorie, in: Zeitschrift für Planung & Unternehmenssteuerung, 20(3), 285–293.

Venohr, B. (2010): The power of uncommon common sense management principles. The secret recipe of German Mittelstand companies – Lessons for large and small companies, Presentation on the 2nd global Drucker Forum, Vienna.

Vesga, R.; Gonzalez, A. Cristina (2012): The Emergence of an Entrepreneurial World. The Columbian Case, in: Esteban R. Brenes und Jerry Haar (Hrsg.): The future of entrepreneurship in Latin America, Houndmills, Basingstoke, Hampshire, 139–165.

Vitols, S. (1998): Are German banks different?, in: Small Business Economics 10 (2), 79–91.

Zahra, S. A.; Hayton, J. C.; Salvato, C. (2004): Entrepreneurship in Family vs. Non–Family Firms: A Resource–Based Analysis of the Effect of Organizational Culture, in: Entrepreneurship theory and Practice, 28(4), 363–381.

Gründungsphase – Unternehmen schaffen neue Märkte

3

Am Anfang des Lebenszyklus von Unternehmen steht die **Existenzgründung**. Ein gesundes Fluktuationsgeschehen im Unternehmensbesatz ist ein wesentlicher Träger des Strukturwandels in der Marktwirtschaft. In diesem Lebenszyklusabschnitt entstehen wesentliche Herausforderungen für die Unternehmerpersönlichkeit. Einerseits sind in dieser Phase des Unternehmensaufbaus die Weichen für die Zukunft in organisatorischer und strategischer Hinsicht zu stellen. Auf der anderen Seite müssen mit dem Businessplan externe Kapitalgeber von der Tragfähigkeit der Unternehmensidee überzeugt werden.

> **Lernziele**
> Wenn Sie dieses Kapitel durchgearbeitet haben, können Sie
>
> - die Bedeutung der Unternehmensgründung für die Volkswirtschaft erläutern,
> - wesentliche Herausforderungen im Gründungsprozess identifizieren sowie
> - selbstständig einen Businessplan mit entsprechender Kapitalbedarfsplanung aufbauen.

3.1 Bedeutung von Unternehmensgründungen für die Volkswirtschaft

Wie bereits in Kap. 1 hervorgehoben, werden von kleinen und mittleren Unternehmen wesentliche Beiträge zur Erfüllung **volkswirtschaftlicher Zielsetzungen** erwartet. Gerade zu Beginn des Lebenszyklus sollen die hohen Wachstumsraten in Umsatz und Beschäftigung zu gesamtwirtschaftlicher Prosperität beitragen (May-Strobl und Haunschild 2013).

© Springer Fachmedien Wiesbaden GmbH, ein Teil von Springer Nature 2019
H. Reinemann, *Mittelstandsmanagement*,
https://doi.org/10.1007/978-3-658-25355-4_3

▶ Die Unternehmensgründung wird hierbei verstanden als die Schaffung oder Übernahme eines gegenüber seiner Umwelt abgegrenzten, wirtschaftlich tätigen Systems. Formal dokumentiert wird diese Gründung durch eine Gewerbemeldung.

Empirisch lässt sich beobachten, dass diese **Dynamik im Gründungsbereich** tatsächlich beobachtbar ist, aber in den zurückliegenden Jahren deutlich abgenommen hat. In den vergangenen zehn Jahren ist die Zahl der Gründungen neuer Unternehmen (gemessen in Gewerbemeldungen) von einstmals ca. 470.000 auf nunmehr unter 300.000 gesunken (siehe Abb. 3.1).

Allerdings lässt die Zahl der Gründungen noch keine Bewertung der tatsächlichen Dynamik zu. Um diese zu messen, werden die dem gegenüber stehenden **Liquidationen** einbezogen. Angemerkt sei an dieser Stelle, dass Liquidationen keinesfalls mit **Insolvenzen** gleichgesetzt werden können. Es kann sich hierbei auch um **freiwillige Geschäftsaufgaben** handeln, denen eine Vielzahl von Motiven zugrunde liegen kann. Der Saldo aus den Größen Gründung und Liquidation zeigt als Residualgröße das tatsächliche Nettowachstum von Unternehmen an. In der vergangenen Dekade hat sich dieses Saldo überwiegend negativ entwickelt.

Auf den ersten Blick mag an der Entwicklung überraschend erscheinen, dass konjunkturelle Wachstumsphasen nicht von einer ähnlichen Dynamik bei den Gründungen begleitet werden. Ökonomisch betrachtet stellen Individuen allerdings einen Vergleich zwischen

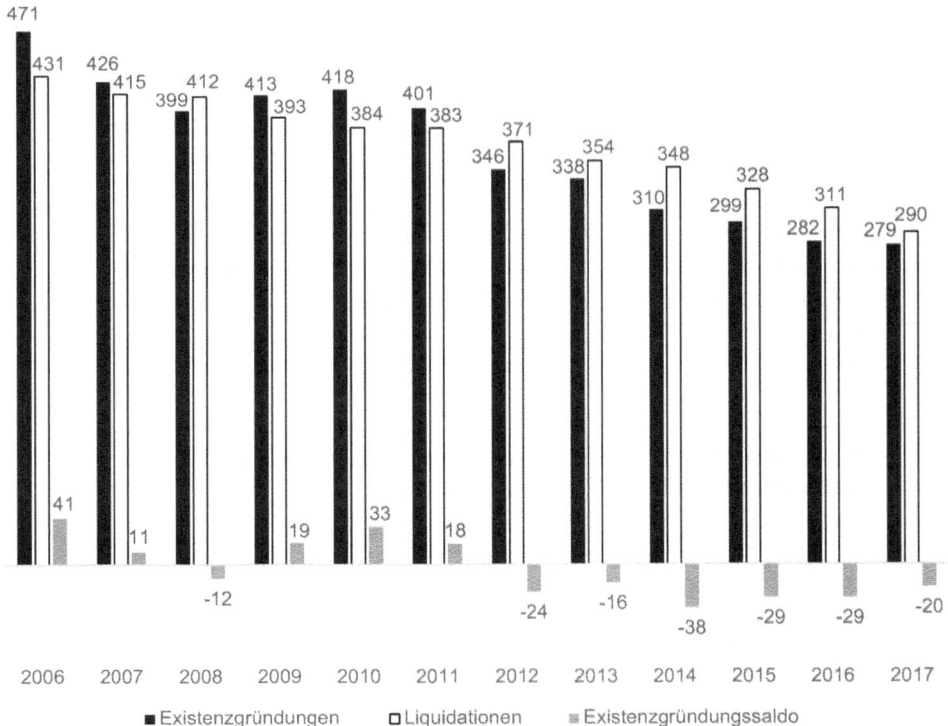

Abb. 3.1 Gründungen, Liquidationen und Existenzgründungssaldo in Deutschland in 1000. (Quelle: www.ifm.bonn.org)

möglichen Gewinnen und den damit verbundenen Risiken an (vgl. Parker 2018, S. 37 ff.; Fueglistaller et al. 2016, S. 69 ff.). Im Modell des **Occupational Choice** wird der Nettonutzen aus selbstständiger Tätigkeit mit dem Nettonutzen aus abhängiger Beschäftigung verglichen. Der Nettonutzen aus der selbstständigen Tätigkeit variiert mit den unternehmerischen Fähigkeiten, während der Nettonutzen aus abhängiger Beschäftigung davon unabhängig ist. Damit ist die Neigung zur Selbstständigkeit einer Volkswirtschaft abhängig von den unternehmerischen Fähigkeiten einer Gesellschaft sowie dem Vergleichslohn in abhängiger Beschäftigung (vgl. Fritsch 2016, S. 36 ff.). Da in der derzeitigen Arbeitsmarktsituation auch in einer abhängigen Beschäftigung hohe Einkommen erzielt werden können, erscheint die Perspektive der Unternehmensgründung wegen der damit verbundenen Risiken weniger attraktiv.

Ein positiver Nebeneffekt dieser zurückgehenden Gründungszahlen ist allerdings, dass der Anteil der **Opportunity-Gründungen** gegenüber den **Necessity-Gründungen** in den vergangenen Jahren stetig zugenommen hat. Von Opportunity-Gründungen spricht man, wenn das wesentliche Motiv der Selbstständigkeit im Ergreifen einer sich bietenden Chance liegt. Mit Necessity-Gründungen werden Gründungsvorhaben bezeichnet, die aus einer Notlage heraus erfolgen. Dies kann bspw. drohende oder tatsächliche Arbeitslosigkeit sein (vgl. Fritsch 2016, S. 10). Vergleichende Untersuchungen, wie etwa der regelmäßig erhobene Global Entrepreneurship Monitor, dokumentieren derzeit den höchsten Wert für Chancengründer seit dem Beginn der Erhebung dieser Daten. Deutschland hat sich damit auf den vierten Platz der innovationsgetriebenen Volkswirtschaften vorgeschoben (vgl. Abb. 3.2).

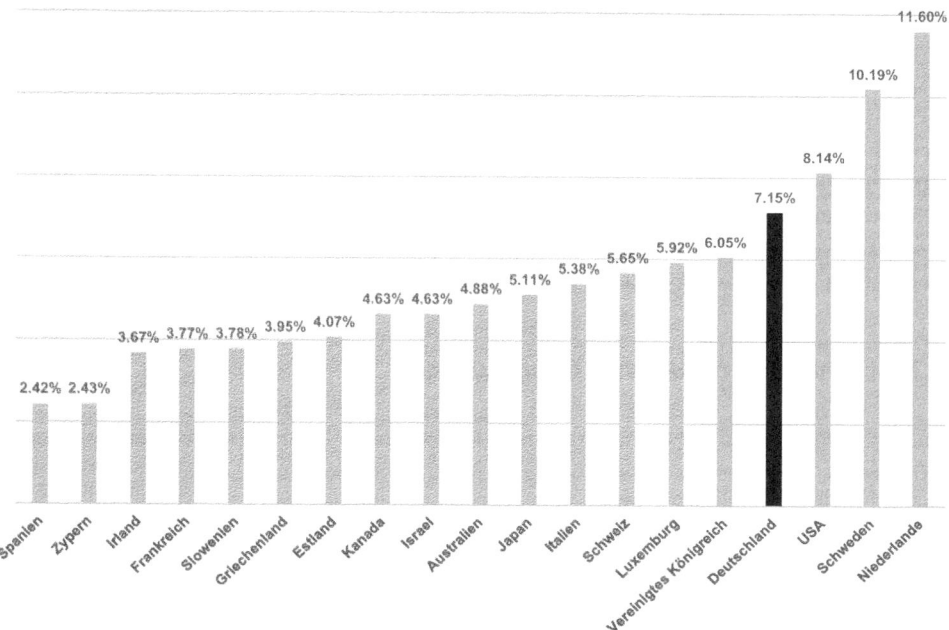

Abb. 3.2 Total Early-Stage Entrepreneurial Activity (TEA) in 19 innovationsbasierten GEM-Ländern 2017. (Quelle: Sternberg et al. 2018)

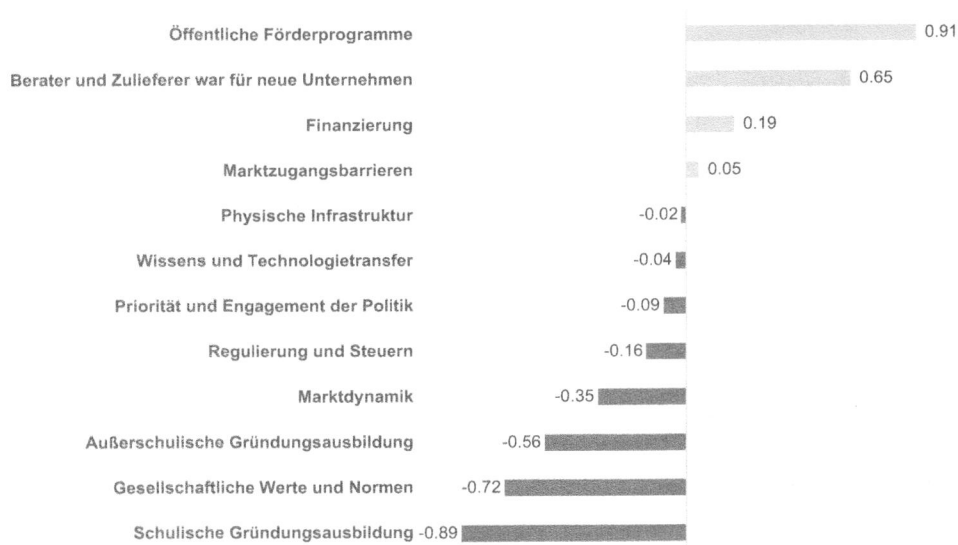

Abb. 3.3 Bewertung der gründungsbezogenen Rahmenbedingungen in Deutschland 2017. (Quelle: Sternberg et al. 2018)

Zur qualitativen Einschätzung der Gründungsdynamik werden neben den rein quantitativen Vergleichen der Gründungsplanungen und -aktivitäten auch **qualitative Aspekte** einbezogen. Der Global Entrepreneurship Monitor zeigt für die **Rahmenbedingungen** der Existenzgründung einen erheblichen Verbesserungsbedarf für die Bundesrepublik auf (bspw. Sternberg et al. 2018). Während bspw. die Förderinfrastruktur in Deutschland immer wieder sehr positiv bewertet wird, sieht dies für die Beurteilung der Ausbildung im Bereich der Gründungskompetenzen wesentlich schlechter aus (siehe Abb. 3.3). Darüber hinaus werden die Bürokratie und die mangelhafte Gründungskultur als ein wesentlicher Schwachpunkt hervorgehoben. Besonders bedenklich stimmt die Experten die Tatsache, dass insbesondere im Hightechbereich in Deutschland zu wenige Unternehmen gegründet werden und damit das innovative Potenzial der Volkswirtschaft nicht ausgenutzt wird.

3.2   Charakteristika von Gründungen

Mit der schieren Zahl der Gründungen ist allerdings noch keine Aussage über die Zusammensetzung dieser neuen Unternehmen getroffen. Die Vielfalt dieser neuen wirtschaftlichen Einheiten ist erheblich. Dies hängt im Wesentlichen mit den **Charakteristika dieser Gründungen** zusammen. Wesentlich sind in diesem Zusammenhang die **Gründungsform** und die **Qualität der Gründung**, die sich an der Geschäftsidee festmachen lässt. Zudem sind vor und unmittelbar nach der Gründung von Unternehmen typische Entwicklungsschritte zu durchlaufen, die sich empirisch in Gründungsverläufen abbilden lassen und den Erfolg von Start-ups beeinflussen.

3.2.1 Gründungsformen

Mit der Gründungsform wird in der Entrepreneurshipforschung umschrieben, ob es sich bei der Gründung um den Aufbau neuer Faktorkombinationen (**originäre Gründung**) oder die Übernahme bestehender Faktorkombinationen (**derivative Gründung**) handelt (siehe Abb. 3.4). Bei der originären Gründung – auch als Gründung im engeren Sinn bezeichnet – wird ein gegenüber bestehenden Strukturen qualitativ abgegrenztes, neues System geschaffen. Hierbei handelt es sich um die typische Einzel- oder Teamgründung neuer Unternehmen (vgl. Volkmann und Tokarski 2006, S. 28).

Neben dieser klassischen Form der Gründung werden auch Sonderformen der Gründung in die originäre Gründung einbezogen: Die Gründung eines neuen **Tochterunternehmens**, die **Betriebsgründung** oder das Gemeinschaftsunternehmen (**Joint Venture**) können den Aufbau neuer Kombinationen der Faktoren Arbeit und Kapital bedeuten. Allerdings würde man diese neuen Einheiten vor dem Hintergrund der gewählten Definition von KMU nicht in die Betrachtungen einbeziehen.

Eine erhebliche Bedeutung haben allerdings die **Spin-off-Gründungen** aus Hochschulen oder bestehenden Unternehmen. Als Erfolgsgeschichte wird immer wieder das DAX-Unternehmen SAP angeführt, das letztendlich eine Abspaltung mehrerer Personen aus einem bestehenden Unternehmen darstellte, um eine eigene Geschäftsidee zu verwirklichen.

Dem gegenüber steht wiederum eine Vielfalt von derivativen Gründungen. Hierbei ist insbesondere die **Betriebsübernahme** durch eine Einzelperson oder ein Team angesprochen. Diese kann bspw. mittels einer familieninternen Nachfolge, den Kauf durch das bestehende Management (Management-Buy-out, MBO) oder ein externes Management (Management-Buy-in, MBI) erfolgen.

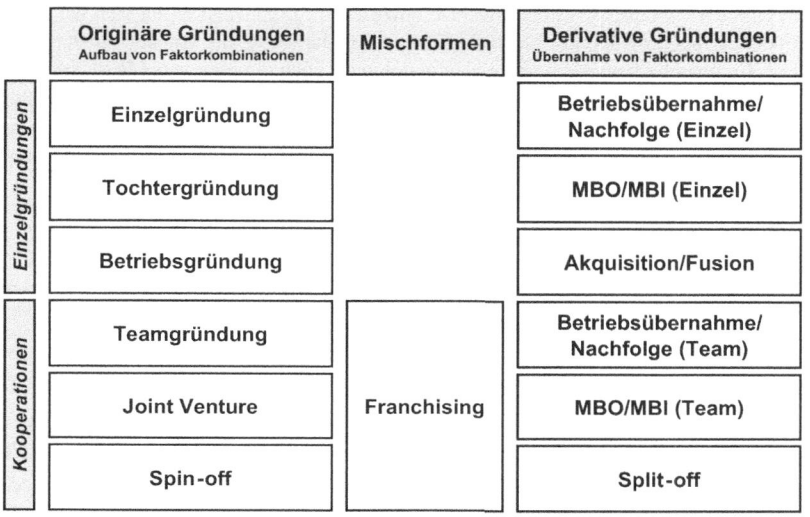

Abb. 3.4 Formen der Gründung. (Quelle: Volkmann und Tokarski 2006, S. 28)

Tab. 3.1 Kennzahlen des Franchising in Deutschland 2017. (Quelle: www.dfv.de)

	2017	Veränderung zum Vj.
Systeme	972	+2,3 %
Partner	123.549	+3,6 %
Betriebe	162.328	+1,9 %
Mitarbeiter	706.739	+1,3 %
Umsatz (in EUR Mrd.)	112,2	+8 %

Die Spin-off-Gründung findet in der derivativen Spielart ihre Entsprechung in der **Split-off-Gründung**, die eine Abspaltung einer bestehenden Unternehmenseinheit bedeutet. Systematisch betrachtet kann selbst der Unternehmenskauf oder die Verschmelzung als derivative Unternehmensgründung bezeichnet werden.

Franchising

Eine Mischform zwischen originärer und derivativer Gründung stellt das Franchising dar. Franchising ist ein auf Partnerschaft basierendes Vertriebssystem mit dem Ziel der Verkaufsförderung. Das Spektrum der Systeme reicht von weltbekannten Marken wie McDonald's bis zu kleinen Systemen mit nur wenigen Partnern (vgl. Hempelmann 2001, S. 75).

Gebildet wird dieses System aus dem Franchisegeber und den angeschlossenen Franchisenehmern. Der Franchisegeber stellt seinen Partnern im Rahmen eines Vertrages ein Leistungspaket zur Verfügung, das ein Beschaffungs-, Absatz-, Organisations- und Schulungskonzept, Nutzungsrechte an Schutzrechten (Firmenname und -symbol) sowie die Verpflichtung zur laufenden Unterstützung der Franchisepartner beinhaltet (vgl. www.dfv.de).

Der Franchisenehmer ist rechtlich und wirtschaftlich selbstständig, arbeitet also im eigenen Namen auf eigene Rechnung. Allerdings hat er das Recht und die Pflicht, das Franchisepaket gegen Entgelt zu nutzen. Diese Form der Gründung hat mittlerweile mit einer Anzahl von mehr als 700.000 Franchisebeschäftigten eine erhebliche volkswirtschaftliche Bedeutung erlangt (siehe Tab. 3.1).

Aus Sicht vieler Gründer vereint dieses Gründungsmodell die Vorteile der selbstständigen Existenz mit der Möglichkeit, das Einkommen durch den eigenen Leistungsbeitrag deutlich zu erhöhen, mit der Sicherheit, eine bereits erprobte Gründungsidee umzusetzen. Ergänzend ergibt sich bei dieser Gründungsform ein geringerer Kapitalbedarf insbesondere für Marketing, der von den einzelnen Gründern zu tragen ist. Empirische Untersuchungen zeigen demnach auch ein geringeres Risiko des Scheiterns bei Franchisenehmern als bei originären Gründungen, wobei die Erfolgsraten je nach Franchisingsystem stark variieren (vgl. Ahlert et al. 2014). Ein deutlicher Wermutstropfen für Existenzgründer liegt allerdings in der geringeren Unabhängigkeit; insbesondere wenn man mit in Erwägung zieht, dass der Wunsch nach Unabhängigkeit zu den wesentlichen Motiven von Gründern zählt.

3.2.2 Geschäftsidee

Mit der Geschäftsidee ist die unterschiedliche Ausgestaltung der Unternehmen in Bezug auf ihre Qualität angesprochen. Dieser Begriff soll zum Ausdruck bringen, inwiefern das Unternehmen eine bereits **bestehende Geschäftsidee** aufgreift (nachahmend, imitierend), eine bereits verwirklichte Idee verbessert (variiert) oder ein **völlig neues Produkt/Dienstleistung** auf den Markt bringt. Jede dieser Varianten ist für den Gründer mit Vor- und Nachteilen verbunden, die sich mit den Unterschieden der Tab. 3.2 verdeutlichen lassen.

Tab. 3.2 Unterschiede und Risiken von Gründungsideen. (Quelle: in Anlehnung an De 2005, S. 86)

Markteintritt			
Produkt	Bekannt	Z. T. bekannt	Unbekannt
Produktfunktionalität	Bekannt	Z. T. bekannt	Unbekannt
Herstellung- und Vertriebskosten	Bekannt	Z. T. bekannt	Geschätzt
Preis	Bekannt	Z. T. geschätzt	Geschätzt
Bekanntheit bei Konsumenten	Gegeben	Z. T. gegeben	Nicht gegeben
Marktverbleib			
Bedarf nach dem Produkt	Bekannt	Z. T. bekannt	Geschätzt
Konkurrenzdichte	Eher hoch	Geringer	Gering
Nachahmungsgefahr	./.	Gegeben	Gering

Es lässt sich erkennen, dass bei einer innovativen Gründungsidee die Risiken eher in der geringeren **Abschätzbarkeit des Marktbedarfs** und den Kosten liegen, während bei Imitationen eher die **bestehende Konkurrenzsituation** eine Gefahr für die Beständigkeit der Gründung auslöst.

Junge Unternehmen tragen durch ihre Gründung zu einer **ständigen Erneuerung** der Unternehmenspopulation bei. Allerdings sollte man nicht dem landläufigen Trugschluss unterliegen, wonach jede Gründung einen Beitrag zur Innovation leistet. Ganz im Gegensatz zu dieser Ansicht beruht – wie bereits erwähnt – nur ein geringer Teil der Gründungen auf neu entwickelten Produkten oder Dienstleistungen.

Den geringsten Anteil der Gründungen machen **High Potential Firms** aus, die mit wirklichen Innovationen neue Märkte erschließen oder durch neue Technologien bestehende Verfahren oder Produkte ablösen. Einen echten Beitrag zur Innovationskraft eines Landes kann dementsprechend nur ein geringer Teil der Gründungen liefern. Aus diesem Grund wird der Staat allein mit der Erhöhung der Gründungszahlen durch Fördermittel nicht en passant das Innovationsproblem lösen.

Praxisbeispiel: Das Geox-Patent

Nicht nur in den klassischen Hightechbranchen – wie Information, Kommunikation oder Biotechnologie – entwickeln sich bahnbrechende Erfindungen. Mario Moretti Polegato hat aus Schweiß ein Imperium geformt. Aus dem alltäglichen Erlebnis überhitzter Füße nach einem Tag in Nevada hat sich die Idee des Geox-Patents entwickelt. Nach ersten Selbstversuchen mit aufgeschnittenen Schuhsohlen hat der Gründer eine einseitig durchlässige Membran entwickelt, die in den löchrigen Schuh integriert wurde. Mit einem Umsatz von fast EUR 900 Mio. im Jahr 2017 gehört Geox nach eigenen Angaben zu den führenden Freizeitschuhherstellern der Welt.

Quelle: Handelsblatt Online, 04.11.2009, www.geox.biz

Empirisch festzuhalten ist, dass die imitierende Form der Gründung die dominierende ist. Die Schätzungen zum Anteil der innovativen Gründungen variieren. Einig sind sich die Autoren allerdings, dass nur ein geringer Prozentsatz aller Gründungen den sogenannten

High Potential Firms zuzuordnen ist, die ein hohes Wachstumspotenzial aufweisen. Positiv sei an dieser Stelle noch einmal auf die Veränderung in der Zusammensetzung der Gründungskohorten verwiesen, die sich zunehmend aus digital- und wachstumsorientierten Gründungen zusammensetzen (vgl. Metzger 2018)

Praxisbeispiel: Pioniere in Deutschland und den USA

Wer kennt sie nicht, die Gründer aus der Hightechindustrie, wie sie Facebook-Gründer Mark Zuckerberg oder Tesla-CEO Elon Musk geradezu archetypisch verkörpern? Schon längst haben sie die Entrepreneure der ersten Softwaregeneration wie Bill Gates, den Gründer der Microsoft Corporation, oder Steve Jobs, den Gründer von Apple, abgelöst.

Bekannte Unternehmerinnen und Unternehmer sind in Deutschland weniger in der IT als in der Industrie zu finden. Zudem liegen viele dieser namhaften Gründungen bereits mehrere Generationen zurück:

- Melitta Benz entwickelte 1908 den Kaffeefilter.
- Hans Riegel entwickelte 1922 den Goldbären.
- Arthur Fischer erfand im Jahre 1958 den Dübel.
- Das Unternehmen Otto Bock führte im Jahr 1997 mit dem C-Leg die erste mikroprozessorgesteuerte Unterschenkelprothese ein.

Quelle: Bundesregierung (o.J.)

3.3   Entwicklungsmuster von Gründungen

Die phasenspezifische Betrachtung des Unternehmenslebenszyklus ist eine der prägenden Grundlagen dieses Lehrbuchs. Für die Gründungsphase erscheint eine noch weitere **Differenzierung** sinnvoll. Hiermit wird der Tatsache Rechnung getragen, dass die Unternehmensgründung nicht nur aus dem formalen Akt der Gewerbeanmeldung oder der Handelsregistereintragung besteht.

In einer weiteren Perspektive wird auch die **Planungs- und Ingangsetzungsphase** (Vorgründung, Seed-Phase), der eigentliche formaljuristische **Gründungsakt** (Gründung), aber auch die Phase bis zur **dauerhaften Etablierung** einer neuen Unternehmenseinheit in die Existenzgründung (Start-up-Phase) einbezogen (vgl. Abb. 3.5).

In diesen Phasen verändern sich Anforderungen, aber auch Kennzahlen des Unternehmens ständig (vgl. De 2005, S. 148 ff.). Während die Investitionserfordernisse bereits in der **Vorgründungsphase** (Kreation) hoch sind, wird in dieser Phase zunächst ein geringer oder auch kein Umsatz erzielt (siehe Abb. 3.6). Typischerweise ist in dieser Phase die Umsatzrendite negativ.

Mit der **Expansion des Unternehmens** und den sinkenden Investitionen entwickelt sich die Rendite positiv. Mit dem Beginn der Konsolidierung eines Unternehmens ist

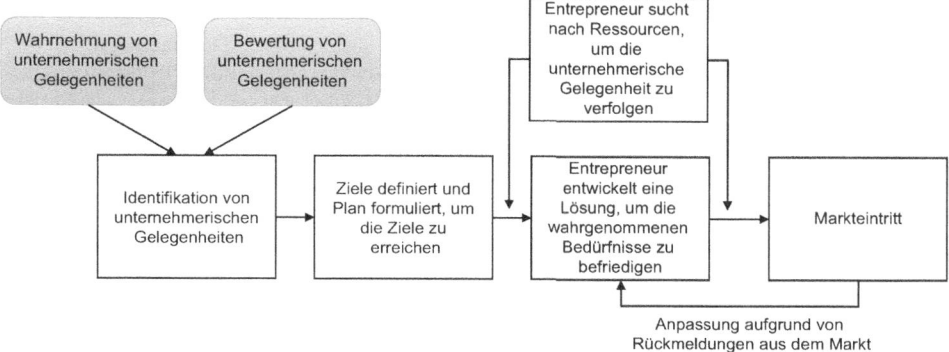

Abb. 3.5 Der unternehmerische Entdeckungsansatz. (Quelle: Fueglistaller et al. 2016, S. 43)

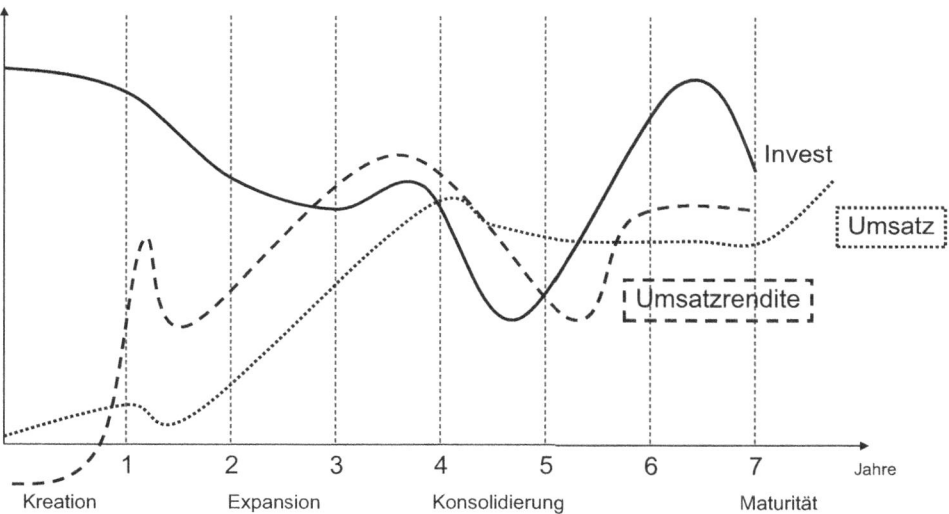

Abb. 3.6 Unternehmensfrühentwicklung in Kennzahlen. (Quelle: eigene Zusammenstellung nach De 2005, S. 151 ff.)

häufig ein stagnierender oder sogar rückläufiger Umsatz zu beobachten. Diese Entwicklung resultiert aus entstehenden Ineffizienzen, die durch Prozessabläufe oder Entscheidungsstrukturen bedingt sind, die einzig auf den Gründer ausgerichtet sind. Ein weiterer Grund für dieses Phänomen sind Marktentwicklungen, wenn Wettbewerber einen Teil des Marktpotenzials abschöpfen.

Diese Marktentwicklungen und erste Ersatzinvestitionen lassen die Investitionserfordernisse wiederum ansteigen. Ein Unternehmen, welches diese Phasen übersteht, kann dann zumeist in eine stabile Wachstumsphase eintreten.

3.3.1 Entwicklungsverläufe in der Gründungsphase

Aus den bisherigen Ausführungen sollte nicht geschlossen werden, dass Gründungsunternehmen nahezu zwangsläufig in eine Periode des Wachstums übergehen und sich zu florierenden mittelständischen Unternehmen entwickeln. Eine solche Interpretation wäre natürlich nicht zulässig. Vielmehr sind bei Pionierunternehmen **vielfältige Entwicklungsverläufe** denkbar (vgl. Klein 2010, S. 286). Neben der Perspektive eines starken Wachstums können Unternehmen ein nur moderates Wachstum aufweisen, aber auch wieder vergehen.

Den **stark wachsenden Unternehmen** wird in der Entrepreneurshipforschung eine besondere Aufmerksamkeit gewidmet, da sie wesentlich zu Beschäftigung, Innovation und Strukturwandel beitragen. Dies betrifft in der Regel Unternehmen, die in jungen Märkten mit erheblichem Wachstumspotenzial aktiv sind. Dementsprechend hoch ist das mit der Aktivität in diesen Sektoren verbundene Risiko.

Praxisbeispiel: Gründungserfolge in Serie: Alando und Jamba

Es klingt wie ein Märchen: Drei junge Brüder im Alter von ca. 30 Jahren gründeten gemeinsam mit weiteren Partnern 1999 eine Firma. Sie hieß Alando. Auf diesem Portal konnten Deutschlands Internetnutzer erstmals online Produkte er- und versteigern. Nur sechs Monate später verkauften die Alando-Gründer ihr Unternehmen für DM 50 Mio. schon wieder an eine aufstrebende Firma aus den USA mit dem Namen eBay. Dadurch wurde aus dem Start-up eine Tochter des weltbekannten Internetauktionshauses. Doch damit nicht genug: Wenige Jahre später verkauften sie wiederum eine von ihnen ins Leben gerufene Firma für einen Kaufpreis von USD 273 Mio. in bar und Aktien. Es handelte sich um den führenden Anbieter von Handy-Klingeltönen und -spielen, die Jamba. Mit Rocket Internet brachten die drei Brüder einen Inkubator in Berlin an den Start, der heute börsennotiert ist und an einer Vielzahl von Gründungen beteiligt ist.

Quelle: www.gruenderszene.de

Viele Neugründungen treten aber nach recht kurzer Zeit wieder aus dem Markt aus; sie „vergehen". Mit dem Begriff des „Vergehens" ist die **Liability of Newness** von jungen Unternehmen angesprochen (vgl. Fritsch 2016, S. 100). Empirisch lässt sich beobachten, dass die Marktaustrittsraten von Gründungen bis zum 3. Jahr ansteigen, um in der Folge wieder zurückzugehen.

Der in Abb. 3.7 gezeichnete Verlauf lässt sich wahrscheinlich damit erklären, dass die Unternehmen, die sich nicht aus ihrem Cashflow finanzieren können, zunächst einmal das Startkapital aufbrauchen, ehe sie aus dem Markt austreten. Eine zweite Erklärung könnte darin liegen, dass Unternehmer nach einem definierten Zeitpunkt prüfen, ob ihre Ansprüche an den Unternehmerlohn erfüllt werden oder nicht, um sich dann für den Rückzug aus dem Markt zu entscheiden. Daneben können natürlich auch durch externe Einflüsse, wie bspw. Forderungsausfälle, existenzielle Unternehmenskrisen ausgelöst werden, die zum Marktaustritt führen (vgl. Schneck und May-Strobl 2013, S. 10 f.).

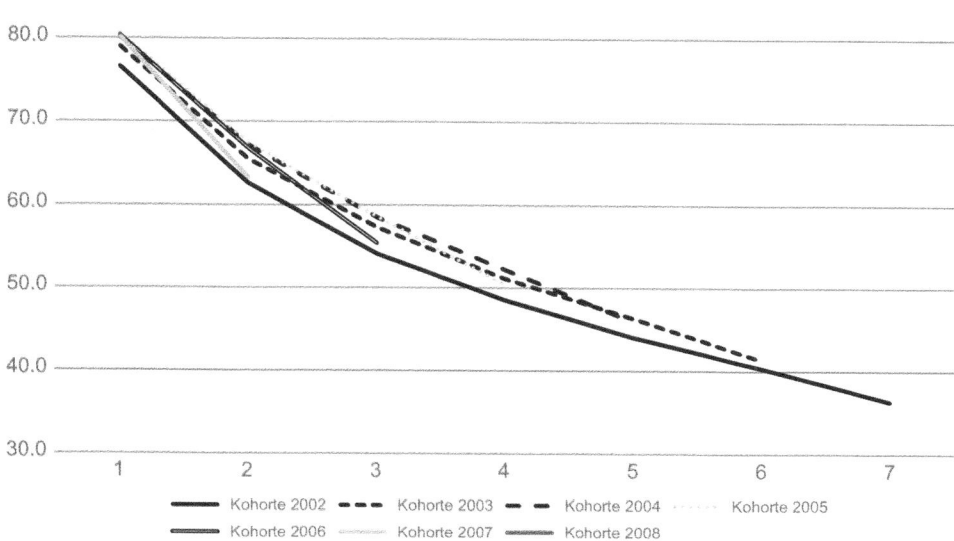

Abb. 3.7 Bestandsfestigkeit der Gründerkohorten 2002–2008. (Quelle: Schneck und May-Strobl 2013, S. 10), Anteil bestehender Unternehmen in %

Neben den Austritten und den florierenden Unternehmen sind aber auch **moderat wachsende oder stagnierende Unternehmen** im Markt aktiv. Dies muss nicht zwingend auf eine mangelnde Performanz der Produkte oder Dienstleistungen des Unternehmens zurückzuführen sein. Vielmehr kann auch das Zielsystem des Unternehmers für die moderate Dynamik verantwortlich sein.

Darüber hinaus existiert mit den **Nebenerwerbsgründungen** eine bedeutsame Gruppe von Existenzgründungen, die nach Untersuchungen der KfW mehr als die Hälfte aller neuen Unternehmen repräsentiert. In diesem Fall liegen die Zielsetzungen der Unternehmensgründung gerade nicht in einem starken Wachstum, und sie erzielen zumeist einen geringen Einkommensbeitrag, der mit einer niedrigen Arbeitszeitbelastung einhergeht (INMIT 2013).

3.3.2 Erfolg von Gründungen

Mit der Beschreibung von Entwicklungsverläufen sind dementsprechend noch keine Gründe für das Wachstum oder Vergehen von Gründungen genannt. Die Bestimmungsgründe für den Erfolg von Gründungsunternehmen werden in der Literatur unterschiedlich strukturiert. Es wird in **personenbezogene, unternehmensbezogene und umfeldbezogene Erfolgsfaktoren** (Schultz et al. 2012, S. 500) oder in **externe und interne Faktoren** unterschieden. Im sogenannten Market-Based View spiegeln sich die externen Faktoren auf dem jeweiligen Markt, wie zum Beispiel Entwicklung der Nachfrage oder Stadium im Branchenlebenszyklus. Der Resource-Based View betont hingegen die einem

Unternehmen zur Verfügung stehenden Ressourcen und Fähigkeiten. Die Beobachtung, dass sich bei gegebenen Umfeldbedingungen sowohl erfolgreiche als auch erfolglose Unternehmen finden lassen, macht jedoch die besondere Bedeutung der unternehmensinternen Faktoren deutlich (vgl. Fritsch 2016, S. 112).

In der Forschung wurden eine Reihe von Erfolgsfaktoren identifiziert, die sich den Eigenschaften des Gründers, den Charakteristika des betreffenden Unternehmens sowie den Standortfaktoren zuordnen lassen (siehe Tab. 3.3).

Neben diesen unmittelbar wirkenden Erfolgsfaktoren des Unternehmens sowie des Standorts wirken **Branchencharakteristika** und Merkmale des **gesamtwirtschaftlichen Umfeldes** auf Existenzgründungen ein. So sinkt die Erfolgswahrscheinlichkeit einer Unternehmensgründung mit der Höhe der mindestoptimalen Unternehmensgröße, der Kapitalintensität einer Branche, aber auch der Marktdichte, gemessen an der Anzahl der auf dem Markt vorhandenen Anbieter. Positiv wirkt hingegen eine frühe Phase im Branchenlebenszyklus eines Marktes sowie eine positive Entwicklung der Nachfrage (vgl. Fritsch 2016, S. 118 f.).

Die Anzahl und Komplexität der genannten Faktoren zeigt auf, dass die Analyse des Erfolgs von Gründungen eine Vielzahl von Variablen einbeziehen muss. Hierbei kann in **beeinflussbare und nicht beeinflussbare Faktoren** unterschieden werden. Im konkreten Gründungsvorhaben müssen sich Existenzgründer auf jene Faktoren konzentrieren, die sie selbst beeinflussen können. Der Businessplan, der im Fokus von Abschn. 3.4 steht, ist zwar kein

Tab. 3.3 Erfolgsfaktoren der Unternehmensgründung (vgl. Fritsch 2016, S. 110 ff.)	**Person des Gründers**
	- Qualifikation des Gründers
	- Berufs-und Branchenerfahrung
	- Sicheres Beschäftigungsverhältnis
	- Geschlecht männlich
	- Unternehmerisches Persönlichkeitsprofil
	- Verfügbarkeit von Kapital
	- Einbindung in Unterstützungsnetzwerke
	Interne Unternehmenscharakteristika
	- Teamgründung
	- Größe der Gründung
	- Externe Kapitalbeteiligung (eigen und fremd)
	- Verflechtung mit anderen Unternehmen (bspw. Franchising)
	- Betriebswirtschaftliche Planung
	- Existenz und Kundennähe der Marktstrategie
	- Existenz von Schutzrechten
	- Exportorientierung
	Standortbedingungen und regionales Umfeld
	- Hoher Grad der Urbanisation
	- Räumliche Nähe zu Unternehmen der Branche (Cluster)
	- Hohes regionales Wohlstandsniveau
	- Positive zukünftige Entwicklung des BIP pro Kopf

Garant für den Erfolg einer Unternehmensgründung, aber ein Gründerteam, das schon an der Erstellung des Businessplans scheitert, wird mit hoher Wahrscheinlichkeit auch im unternehmerischen Alltag keine besseren Leistungen erzielen (vgl. Schultz et al. 2012, S. 503).

3.4   Zentrale Handlungsfelder der Unternehmensgründung

Es kann weder der Anspruch sein, noch ist es in einem einführenden Lehrbuch um Mittelstandsmanagement sinnvoll, den gesamten Prozess der Gründung detailliert abzubilden. Die Gründung eines Unternehmens ist in seiner Komplexität mit keiner anderen betriebswirtschaftlichen Aufgabe vergleichbar, da der originäre Gründer alle Funktionsbereiche eines Unternehmens aufbauen muss.

Zu den angesprochenen Themenbereichen gehören neben dem **externen und internen Rechnungswesen** die **Unternehmensstrategie**, das **Marketing**, aber auch die **Unternehmensbesteuerung**. In der Existenzgründungspraxis sind zusätzlich Fragen der **Rechtsform** zu beantworten (vgl. bspw. Kußmaul 2008). Wesentliche Themenbereiche wie die Unternehmensstrategie und das Marketing werden im Bereich der Wachstumsphase thematisiert. Die Besteuerung sowie ihr Zusammenwirken mit der Rechtsform werden hier nicht behandelt. Für diese Themen wird auf die vielfältig vorhandene Literatur verwiesen (vgl. bspw. Thommen et al. 2017).

In Abschn. 3.4.1 und 3.4.2 sollen daher zwei ausgewählte, eng miteinander verwobene Themenbereiche herausgegriffen werden, die auch in den folgenden Lebenszyklusphasen von besonderer Bedeutung sind und auf deren Inhalte immer wieder zurückgegriffen wird. Es handelt sich zum einen um Businessplanung in Gänze sowie die Finanzplanung im Besonderen.

3.4.1   Businessplanung

Der **Business- oder Geschäftsplan** ist ein strukturierter, systematischer Überblick über das geplante Gründungsvorhaben in schriftlicher Form, der in der Regel einen Zeitraum von drei bis fünf Jahren umfasst (vgl. Volkmann und Tokarski 2006, S. 100). In ihm sind die detaillierte Beschreibung des Produkts, der Zielmarkt, der Kundennutzen und mögliche Wettbewerber sowie Angaben über personelle und finanzielle Ressourcen enthalten (vgl. Fueglistaller et al. 2016, S. 290 ff.). Der Businessplan ist das wesentliche Dokument zur Beurteilung eines Vorhabens durch Kapitalgeber. Dies schließt sowohl Eigen- als auch Fremdkapitalgeber ein.

Grundsätzlich lassen sich für einen Businessplan Anforderungen formaler, inhaltlicher und zeitlicher Natur formulieren.

- Unter **formalen Gesichtspunkten** ist auf Leserfreundlichkeit, Verständlichkeit, Struktur und Aussagefähigkeit zu achten. Insbesondere technisch geprägte Gründer lassen diese Anforderungen häufig außer Acht und überfrachten die Darstellungen mit technischen Details.

- **Inhaltlich** sollten alle wesentlichen Planungsaspekte in dem Dokument enthalten sein. Die Informationsquellen müssen sachlich fundiert, nachvollziehbar und widerspruchs-frei sein. Erwartet wird auch ein realistischer Umgang mit Chancen und Risiken.
- Der **Planungshorizont** umfasst zumeist einen Zeitraum von fünf Jahren, wobei das erste Jahr auf Monatsbasis und die folgenden Perioden auf Jahresbasis geplant werden.

Für Tiefe und Detaillierung lassen sich keine allgemeingültigen Regeln aufstellen, da dies von der Größe und dem Innovationsgrad des Vorhabens abhängig ist. Während bspw. für die Förderung einer Gründung durch die Agentur für Arbeit wenige Seiten ausreichend sind, hat ein Businessplan für ein mit Risikokapital finanziertes innovatives Unternehmen eher einen Umfang von 25–30 Seiten.

Für die Inhalte eines Businessplans hat sich allerdings eine mehr oder weniger **allge-meingültige Struktur** durchgesetzt (siehe Abb. 3.8). Für die inhaltlichen Schwerpunkte innerhalb der einzelnen Teile sei hierbei auf die ausreichend vorhandene wissenschaftliche (vgl. Fueglistaller et al. 2016, S. 290 ff.), aber auch Praktikerliteratur (vgl. Plümer und Niemann 2016, S. 159 ff.) verwiesen.

Ganz wesentlich aus Sicht eines Kapitalgebers ist die **ganzheitliche Sichtweise** eines Businessplans, der aus dem vorhandenen Produkt bzw. der Innovation eine Herleitung der

Abb. 3.8 Bestandteile des Businessplans. (Quelle: in Anlehnung an Portisch 2008)

Planungsrechnung zulässt. Nur über die Größen des Marktes und des Wettbewerbes lässt sich eine Umsatzerwartung herleiten, die ursächlich mit den Gewinnerwartungen in Zusammenhang stehen. Durch die Ergänzung weiterer Einzelplanungen wie etwa Beschaffungs-, Produktions-, Finanz- und Personalplanung entsteht ein Gesamtkonzept des Unternehmens.

3.4.2 Finanzplanung

Obwohl die Finanzplanung integraler Bestandteil eines Businessplans ist, soll dieser Bereich aufgrund seiner Bedeutung noch einmal gesondert hervorgehoben werden. Der Finanzplan gibt einen detaillierten Einblick in die **monetäre Entwicklung** des Unternehmens. Anhand dieser Daten kann letztlich geprüft werden, ob ein Unternehmen rentabel und finanzierbar ist. Die Finanzplanung bzw. die Planungsrechnung ist in diesem Zusammenhang als Teil des betrieblichen Rechnungswesens zu begreifen, das zusätzlich Buchführung und Bilanz, Kostenrechnung und die Betriebswirtschaftliche Statistik beinhaltet (vgl. Kußmaul 2008, S. 109 ff.).

Ob und in welcher Höhe sich aus der Finanzplanung ein **Kapitalbedarf** ergibt, hängt nicht zuletzt von den Charakteristika der Gründungen ab. Während bspw. bei **imitierenden-originären Gründungen** häufig ein niedriger Kapitalbedarf entsteht, ist die Situation bei **derivativen Gründungen** (bspw. aufgrund von Kaufpreiszahlungen bei einem MBO) häufig genau umgekehrt. Grundsätzlich stehen dem Gründer damit drei unterschiedliche Finanzierungsmodelle zur Verfügung. Bei den **No-Budget-Modellen** wird die Finanzierung aus eigenen Mitteln und später auch aus dem Cashflow dargestellt. Häufig handelt es sich um Dienstleistungsgründungen, die keinen Bedarf an Anlagegütern haben.

Sogenannte **Low-Budget-Modelle** lassen sich zumeist mit klassischen Fremdfinanzierungsinstrumenten darstellen. **Big-Budget-Modelle** gehen über diesen Bedarf wesentlich hinaus, und es sind zusätzlich Eigenkapitalinstrumente (wie bspw. Venture Capital) erforderlich, um den Finanzierungsbedarf zu decken.

Bereits die Low-Budget-Modelle in der Gründung erfordern somit die Einbeziehung von **Finanzintermediären**, da die meisten Gründer nicht über ausreichende Finanzmittel verfügen. Hiermit tritt ein besonderes Problem der Gründungsfinanzierung zutage, welches diesen Finanzierungsanlass von etablierten Unternehmen unterscheidet.

Existenzgründungen zeichnen sich aus Sicht eines Kapitalgebers durch eine hohe Undurchsichtigkeit aus (vgl. Fritsch 2016, S. 70). Potenzielle Investoren sind schwerlich in der Lage, die betriebliche Leistungserstellung, die Beziehungen zu Lieferanten- und Absatzmärkten oder auch die Branchen- und Managementkenntnisse des Unternehmers einzuschätzen. Die Planungsrechnungen sind aufgrund der fehlenden Unternehmenshistorie nur schwer zu plausibilisieren. Folglich entsteht eine ausgeprägte **Informationsasymmetrie** zwischen Gründer und Investor.

Diese vor allem in der Principal-Agent-Theorie diskutierte Situation birgt für den Kapitalgeber erhebliche Risiken in sich, da sich aus der asymmetrischen Information für den

Gründer Verhaltensspielräume ergeben. Für den besonderen Fall der Gründung unterscheidet man aus Sicht des Kapitalgebers (Principal) die bereits im einleitenden Abschnitt gekennzeichneten drei Hauptformen der Infomationsasymmetrie (vgl. Eisenhardt 1989).

Unter **Hidden Characteristics** werden Eigenschaften des Gründers bezeichnet, die sich erst ex post offenbaren bzw. bewerten lassen. Somit kann sich der Kreditgeber in der Situation wiederfinden, genau den falschen Kreditnehmer auszuwählen (**Adverse Selektion**), der seinen Verpflichtungen aufgrund mangelhafter Gründungsfähigkeiten nicht nachkommen kann (vgl. Gläser 2002).

Der Kreditgeber kann entweder das Verhalten des Agenten nicht beobachten oder aufgrund fehlender Fachkenntnis nicht beurteilen (vgl. Hof 2015). Dieses Phänomen wird als verborgenes Handeln (Hidden Action) oder verborgene Information bezeichnet (**Hidden Information**). Hieraus ergibt sich für den Kreditgeber die Gefahr des opportunistischen Handelns (**Moral Hazard**), da der Principal zwar das Ergebnis der Handlungen kennt, aber nicht einschätzen kann, welchen Anteil der Agent daran hat.

Darüber hinaus besteht das Risiko der verborgenen Absichten (**Hidden Intention**). Hiermit ist die Möglichkeit angesprochen, dass der Gründer die von ihm vereinnahmten Mittel nicht gemäß dem vereinbarten Zweck einsetzt. So könnte er bspw. ein deutlich risikoreicheres Vorgehen in der Verwirklichung seiner Pläne wählen, als er dies gegenüber dem Principal offenbart hat. Im Falle von irreversiblen spezifischen Investitionen durch den Principal ergibt sich eine Ausbeutungsgefahr durch den Agenten (**Hold Up**).

Diese Probleme sind aus Sicht des Kapitalgebers virulenter, je weniger konkret das Gründungsvorhaben ausgeprägt ist. In der Vorgründungsphase ist die Informationsasymmetrie stärker als in der Wachstumsphase eines Unternehmens. Aus diesem Grund ergeben sich auch zwangsläufig die in den jeweiligen Phasen eingesetzten Finanzmittel.

Mit einer integrierten Finanzplanung soll diesem Problem zumindest zum Teil begegnet werden. Mit den Begriffen der Principal-Agent-Theorie könnte man dementsprechend von **Signalling-Aktivitäten** des Gründers sprechen. Mit der detaillierten Planung seines Vorhabens reduziert der Agent die Informationsasymmetrie; in diesem Fall seinen Informationsvorsprung. Durch die integrierte Planung, bestehend aus Ertragsplanung, Investitionsplanung, Finanz- und Bilanzplanung, entsteht ein detailliertes und nachvollziehbares Planungsgerüst (siehe Abb. 3.9).

Wenn der Businessplan im vorliegenden Abschnitt mit dem Fokus auf Existenzgründungen behandelt wurde, schließt dies natürlich nicht aus, dass auch etablierte mittelständische Unternehmen ein solches Dokument anfertigen (müssen). Abhängig vom Zweck kann dieser Businessplan nach den hier behandelten Kriterien auch für andere Vorhaben zur **Akquisition von Eigen- oder Fremdmitteln** dienen (vgl. Hundt und Neitz 2001, S. 24 ff.). Insbesondere seit der Einführung von Basel II sehen sich Unternehmen häufiger gezwungen, für umfangreichere Vorhaben eine Geschäftsplanung bei ihren Kreditinstituten vorzulegen.

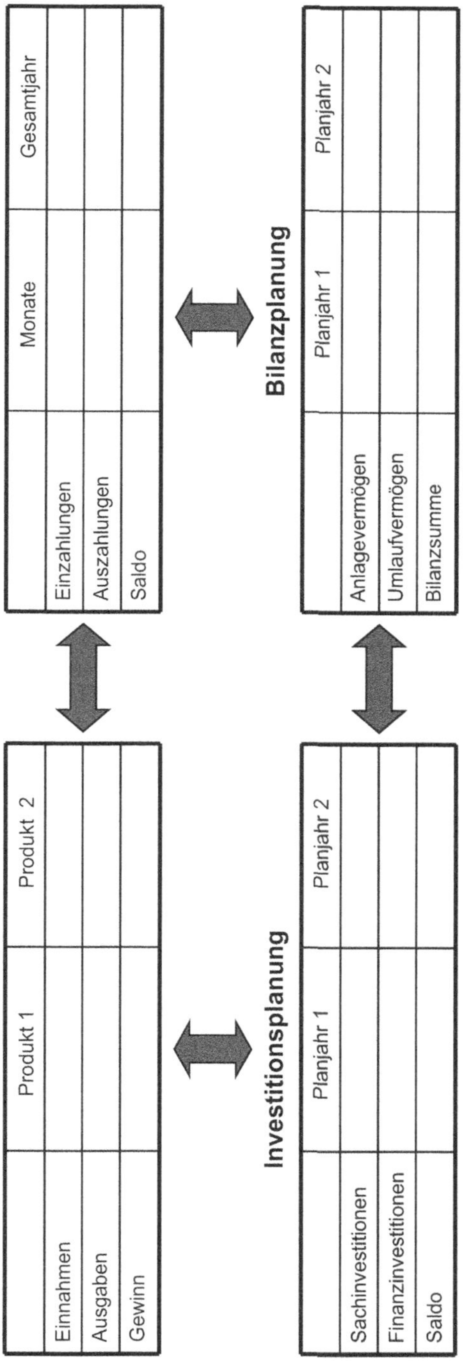

Abb. 3.9 Das integrative Planungssystem. (Quelle: Portisch 2008)

3.5   Fallstudie: Gründungsplanung der NanoXcoating GmbH

In dieser Fallstudie wird an die Businessplanung des vorangehenden Abschnitts ange-knüpft. Im Rahmen einer Unternehmensgründung ist in dieser Fallstudie eine integrierte GuV, Finanz- und Bilanzplanung anzufertigen. Diese Fallstudie dient der Vertiefung der Inhalte der Gründungsphase.

Wenn Sie diese Fallstudie durchgearbeitet haben, können Sie

- Einzelplanungen einer integrierten Unternehmensplanung verfassen,
- Aufwands- und Zahlungswirkung geschäftlicher Vorfälle vertieft erkennen und selbstständig umsetzen,
- den Zusammenhang von GuV, Bilanz- und Finanzplanung in der Businessplanung erläutern.

Aufgabenstellung

Die NanoXCoating GmbH wurde von einem erfahrenen Ingenieur aus der Automobilzu-lieferindustrie gegründet. Unternehmensziel ist die weitere Verbreitung der Nanobeschich-tung bei automobilen Zulieferteilen. Der Gründer verfügt über eine patentierte Technolo-gie, die es ihm ermöglicht, Metallteile mit Nanopartikeln dergestalt zu beschichten, dass der Verschleiß erheblich abnimmt.[1]

Der Gründer konnte seine Idee im bisherigen Unternehmen nicht verwirklichen und hat sich daher entschlossen, ein eigenes Unternehmen mit dieser Technologie zu gründen. Die Seed-Phase des Unternehmens ist abgeschlossen. Der deskriptive Teil des Businessplans steht, und die Informationen müssen nunmehr in ein Zahlenwerk – die integrierte Pla-nung – umgesetzt werden.

Für die Fallstudie werden einige vereinfachende Annahmen getroffen. Der Produkti-onsprozess soll gleichzeitig mit dem Absatz erfolgen, sodass keine Lagerhaltung der Fer-tigerzeugnisse einzubeziehen ist. Zur Herstellung werden die drei Inputfaktoren mensch-liche Arbeitskraft, ein Rohstoff sowie eine bestimmte Maschine benötigt. Zu den Faktoren wurden die nachfolgenden Informationen erhoben.

Planen Sie für die kommenden vier Jahre die Ergebnisse nach Steuern und erstellen Sie eine Planbilanz.

Absatzplanung Für die Absatzplanungen der kommenden Jahre kann der Gründer für das erste Planjahr bereits einen Vertrag vorweisen. Für ein Unternehmen aus der ersten Zu-lieferebene werden beschichtete Teile geliefert. Die Absatzplanungen für das Produkt 1

---

[1] Die Fallstudie wurde entwickelt nach Kramer (2008).

lassen sich der Tab. 3.4 entnehmen. In den Folgejahren werden weitere Aufträge für andere Produkte erwartet. Die Aufträge sind mit einer ausreichenden Wahrscheinlichkeit unterlegt, sodass die Umsätze zu 100 % in die Planung eingehen können.

Die Erfahrungen aus der Automobilindustrie zeigen, dass die Kunden ihre Rechnungen typischerweise erst nach 90 Tagen zahlen. Diese Zahlungsfristen sind branchenüblich und hängen mit dem Vorgehen der Automobilhersteller zusammen.

Personalplanung   Für die Bearbeitung fallen in der Produktion je Mengeneinheit (ME) die in der Abbildung genannten Stunden an. Die reine Arbeitszeit eines Mitarbeiters – unter Berücksichtigung von Urlaub, Feiertagen etc. – schätzen Sie auf 100 h im Monat. Für das erste Planjahr müssen Sie mit einem Grundlohn von EUR 20.000 rechnen. In den Folgejahren wird der Grundlohn konstant bleiben. Zu dem Grundlohn fallen zusätzlich Lohnnebenkosten von 25 % an. In die Planung einbezogen wurden Lernkurveneffekte, sodass Sie von einem abnehmenden Zeitbedarf je produzierter Einheit ausgehen können (siehe Tab. 3.5).

Materialplanung   Bei der Beschichtung handelt es sich um eine Lohnveredelung, bei der die zu bearbeitenden Teile vereinfachend zur Verfügung gestellt werden. Für die Werkstücke fallen keine weiteren Kosten an (Lagerung etc.). Zu beschaffen sind die Nanoteilchen, die von einem Lieferanten in Chargen à 100 kg bestellt werden können. Die nachfolgende Tab. 3.6 zeigt den Bedarf der einzelnen Produkte in Gramm. Der Preis für ein Gramm der Nanoteilchen beträgt EUR 25. Mit steigender Produktionsmenge rechnen Sie für das dritte und vierte Planjahr mit einem Rückgang des Preises auf EUR 20.

Tab. 3.4 Absatzplanungen der NanoXCoating GmbH

	Jahr 1	Jahr 2	Jahr 3	Jahr 4
Produktionsmenge Produkt 1	50.000	60.000	70.000	80.000
Produktionsmenge Produkt 2	0	20.000	30.000	30.000
Produktionsmenge Produkt 3	0	10.000	15.000	20.000
Preis Produkt 1	100	100	75	75
Preis Produkt 2		150	150	150
Preis Produkt 3		200	200	200

Angaben in Stück und EUR

Tab. 3.5 Personalbedarf der NanoXCoating GmbH

	Jahr 1	Jahr 2	Jahr 3	Jahr 4
Produktionsmenge Produkt 1	50.000	60.000	70.000	80.000
Produktionsmenge Produkt 2	0	20.000	30.000	30.000
Produktionsmenge Produkt 3	0	10.000	15.000	20.000
Bedarf Produkt 1	1,00	1,00	0,75	0,75
Bedarf Produkt 2	1,50	1,50	1,25	1,25
Bedarf Produkt 3	2,50	2,50	2,25	2,25

Angaben in Stück und Stunden

Tab. 3.6 Materialbedarf der NanoXCoating GmbH

	Jahr 1	Jahr 2	Jahr 3	Jahr 4
Produkt 1	3,00	2,00	2,00	2,00
Produkt 2		4,00	3,00	3,00
Produkt 3		3,00	3,00	3,00
Produktionsmenge Produkt 1	50.000	60.000	70.000	80.000
Produktionsmenge Produkt 2	0	20.000	30.000	30.000
Produktionsmenge Produkt 3	0	10.000	15.000	20.000

Angaben in Gramm

Investitionsplanung Die Beschichtung der Produkte erfolgt auf einer bestimmten Maschine. Von dieser Maschine können Sie beliebig viele Exemplare zum Preis von EUR 500.000 je Stück beschaffen. Der Preis wird über die Planungsjahre konstant bleiben. Die Maschinen werden über fünf Jahre abgeschrieben. Die Kapazität reicht aus, um 50.000 Stück von Produkt 1, 20.000 Stück von Produkt 2 und 15.000 Stück von Produkt 3 zu bearbeiten. Alle denkbaren Linearkombinationen der einzelnen Produkte sind denkbar; es fallen keine Rüstkosten an.

Neben den Produktionseinrichtungen sind auch für die Verwaltung entsprechende Investitionen einzuplanen. Der Betrag liegt bei EUR 1.000.000, und es sind in den kommenden Planungsperioden keine Ersatz- oder Folgeinvestitionen zu berücksichtigen. Die Abschreibung erfolgt über 5 Jahre. Ferner ist für die sonstigen betrieblichen Aufwendungen (z. B. Gebäude, Kommunikation, Versicherung etc.) im ersten Planjahr mit EUR 1.000.000 und die folgenden Perioden mit jeweils EUR 2.500.000 zu rechnen.

Finanzierung Als Finanzierungsinstrumente stehen folgende Quellen zur Verfügung:

- Der Gründer verfügt aus seinen Ersparnissen und den Mitteln, die ihm von einer Erbtante zur Verfügung gestellt werden, über einen Betrag von EUR 1.000.000. Bei erfolgreichem Produktionsstart ist die Erbtante bereit, in der zweiten Periode noch einmal EUR 1.000.000 zur Verfügung zu stellen.
- Von der Beteiligungsgesellschaft der Landesförderbank sollen Mittel in Höhe von EUR 2.000.000 eingeworben werden. Die Förderbank hat aufgrund des Innovationsgrades der Technologie und der Arbeitsplatzschaffung durch das Unternehmen bereits eine Absichtserklärung abgegeben. Die Mittel haben bilanziell Eigenkapitalcharakter und sind endfällig ausgestaltet. Die Laufzeit der atypisch stillen Beteiligung beträgt 10 Jahre und die laufende Verzinsung 7,5 %. Am Ende ist ein Aufschlag von 25 % auf den Beteiligungsbetrag zu zahlen.
- Die örtliche Sparkasse ist bereit, ein Finanzierungspaket zur Verfügung zu stellen. Dieses besteht aus einer langfristigen und einer kurzfristigen Komponente.
    - Der Betrag des langfristigen Kredits beläuft sich auf insgesamt EUR 2.500.000. Im ersten Jahr werden EUR 1.500.000 und im zweiten Jahr EUR 1.000.000 ausgezahlt. Die Tilgung erfolgt ab der folgenden Periode über gleichbleibende Beträge. Die Laufzeit beträgt 10 Jahre. Die Verzinsung liegt bei 5 %.

– Darüber hinaus wird eine variable Kreditlinie bis zu einer Höhe von EUR 1.000.000 zur Verfügung gestellt. Die Beträge können in Chargen à EUR 100.000 in Anspruch genommen werden und in Beträgen gleicher Höhe wieder zurückgeführt werden. Der Zins beträgt 10 %.

Anlagemöglichkeiten für freie Mittel werden aus Vereinfachungsgründen nicht berücksichtigt. Mehrwertsteuer ist nicht zu beachten, der Gewinnsteuersatz beträgt 30 %. Verlustvorträge werden in voller Höhe steuermindernd anerkannt. Die Steuern führen erst im Folgejahr zu Auszahlungen.

Wiederholungsfragen

1. Welche Größen werden verwendet, um die quantitative Gründungsdynamik zu messen?
2. Welche grundsätzlichen Formen der Gründung kann man unterscheiden?
3. Warum sind Franchisegründungen durch Kreditgeber leichter zu finanzieren?
4. Welche Unterschiede existieren zwischen Imitation, Variation und Innovation bei der Gründung?
5. Warum finden sich in Deutschland wenige klangvolle Namen von Gründern in der Informations- und Kommunikationstechnologie?
6. In welche Teilphasen lässt sich die Gründungsphase noch einmal unterteilen?
7. Welche Anforderungen gelten für einen Businessplan?
8. Welches sind die wesentlichen Bestandteile eines Businessplans?
9. Welche Finanzierungsquellen sind in der Gründungsphase eines Unternehmens entscheidend?
10. Wodurch unterscheiden sich No-Budget-Modelle der Gründungsfinanzierung von Low-Budget-Modellen?
11. Warum ist die Finanzierung durch Bankkredite ein wesentlicher Stolperstein für die Existenzgründung?
12. Wie lassen sich die mit dem Alter des Unternehmens zunächst steigenden und dann wieder fallenden Marktaustritte von jungen Unternehmen erklären?
13. Was sind aus Ihrer Sicht die wesentlichen Erfolgsfaktoren für Unternehmensgründungen?

Literatur

Ahlert, M.; Duong Dinh, H.V.; Gehrmann, H.; von Rath, I. (2014): Franchising als Erfolgsgarant für Existenz- und Unternehmensgründungen? – Überlebensraten und Erfolgsfaktoren in Franchise-Systemen, F&C-Studie Nr. 19, Münster.
Bundesregierung (o.J.) Deutsche Stars – 50 Innovationen, die jeder kennen sollte, Berlin.
De, D. (2005): Entrepreneurship – Gründung und Wachstum von kleinen und mittleren Unternehmen, München.

Eisenhardt, K. M. (1989): Agency theory: An assessment and review, in: Academy of Management Review, 14 (1), 57–74.

Fritsch, M. (2016): Entrepreneurship: Theorie, Empirie, Politik, Wiesbaden.

Fueglistaller, U.; Müller, Chr.; Volery, Th. (2016): Entrepreneurship, 4. Aufl., Wiesbaden.

Gläser, J. (2002): Staatliche Gründungsförderung: Erkenntnisse aus der Neuen Institutionenökonomie, Trierer Schriften zur Mittelstandsökonomie Band 4, Münster.

Hempelmann, B. (2001): Ökonomische Analyse der Vertragsbeziehungen im Franchising, in: WiSt-Wirtschaftswissenschaftliches Studium, 30(2), 75–78.

Hof, R. (2015): Gründungsfinanzierung, Wiesbaden.

Hundt, I.; Neitz, B. (2001): Businesspläne für kleine und mittlere Unternehmen, München.

INMIT (2013): Beweggründe und Erfolgsfaktoren bei Gründungen im Nebenerwerb, Studie im Auftrag des BMWi, Trier.

Klein, S. (2010): Familienunternehmen, 3. Auflage, Wiesbaden.

Kramer, D. (2008): Ergebnis- und Finanzplanung bei einer Unternehmensgründung, in: Wisu-Das Wirtschaftsstudium, (08)7, 1002–1004.

Kußmaul, H. (2008): Betriebswirtschaftslehre für Existenzgründer: Grundlagen mit Fallbeispielen und Fragen der Existenzgründungspraxis, München.

May-Strobl, E.; Haunschild, L. (2013): Der nachhaltige Beschäftigungsbeitrag von KMU – Eine sektorale Analyse unter besonderer Berücksichtigung der FuE- und wissensintensiven Wirtschaftszweige, IfM-Materialien Nr. 206, Bonn.

Metzger, G. (2018): KfW-Gründungsmonitor 2018, Frankfurt a.M.

Parker, S. C. (2018): The economics of entrepreneurship, 2nd Ed., Cambridge/New York.

Plümer, T.; Niemann, M. (2016): Existenzgründung Schritt für Schritt, Wiesbaden.

Portisch, W. (2008): Finanzierung im Unternehmenslebenszyklus, München.

Schneck, S.; May-Strobl, E. (2013): Wohlstandseffekte des Gründungsgeschehens, IfM-Materialien Nr. 223, Bonn.

Schultz, C.; Mietzner, D.; Wagner, D. (2012). Erfolgsfaktoren für Existenzgründer. WiSt-Wirtschaftswissenschaftliches Studium, 41(9), 499–503.

Sternberg, R.; Wallisch, M.; Gorynia-Pfeffer; von Bloh, J.; Baharian, A. (2018): Global Entrepreneurship Monitor Unternehmensgründungen im weltweiten Vergleich Länderbericht Deutschland 2017/18, Hannover.

Thommen, J. P., Achleitner, A. K., Gilbert, D. U., Hachmeister, D., Kaiser, G. (2017). Allgemeine Betriebswirtschaftslehre: Umfassende Einführung aus managementorientierter Sicht. 8. Auflage, Wiesbaden.

Volkmann, Ch.; Tokarski, K. (2006): Entrepreneurship : Gründung und Wachstum von jungen Unternehmen, Stuttgart.

Wachstumsphase – Schwellen der Unternehmensentwicklung

4

Das Wachstum eines Unternehmens definiert sich streng genommen über betriebswirtschaftliche Größen wie Umsatz und Mitarbeiterzahlen. Zum Abschluss der Ausführungen zur Gründungsphase wurde bereits betont, dass sich sehr unterschiedliche Entwicklungsverläufe bei Unternehmen beobachten lassen, die sich in **schnellem oder langsamem Wachstum** ausdrücken. Jederzeit besteht die Möglichkeit, dass ein Unternehmen aus dem Markt ausscheidet. Ein Unternehmer kann auch bewusst die Entscheidung treffen, kein quantitatives Unternehmenswachstum zu verfolgen (vgl. bspw. OECD 2010). Besondere Beachtung in der Forschung finden Unternehmen, die durch ein besonders starkes Wachstum ausgezeichnet sind, die sog. **Gazellenunternehmen** (Dautzenberg et al. 2012, S. 7 ff.).

Im Weiteren werden genau solche Marktteilnehmer betrachtet, die einem deutlichen quantitativen Wachstum unterliegen. Dieser Prozess kann sich in ganz unterschiedlichen Zeiträumen abspielen: innerhalb von wenigen Monaten, in denen bspw. ein Internet-Start-up in Größenordnungen von über hundert Mitarbeitern wachsen kann, bis zu einer moderaten Wachstumsrate, in der ein Unternehmer mehrere Jahrzehnte benötigt, um ein Unternehmen dieser Größenordnung aufzubauen. In manchen Fällen gelingt es auch erst den nachfolgenden Generationen, aus handwerklichen Strukturen heraus zu wachsen.

Neben diesen quantitativen Veränderungen sind mit dem Wachstum aber auch eher qualitative Entwicklungen verbunden (vgl. auch Klein 2010, S. 290). Als Folge der wachsenden Mitarbeiterzahl stellt sich bspw. die Frage nach einer **adäquaten Organisationsstruktur**. Hier spielen sich evolutionäre Prozesse ab, die sich in der Aufbauorganisation des Unternehmens widerspiegeln. Als wesentliche Ressource kommt in einem solchen Wachstumsprozess der **Mitarbeiter** ins Spiel, der seine Entscheidung, einem Unternehmen beizutreten und dort dauerhaft zu verweilen, von einem Nutzenkalkül abhängig macht.

© Springer Fachmedien Wiesbaden GmbH, ein Teil von Springer Nature 2019
H. Reinemann, *Mittelstandsmanagement*,
https://doi.org/10.1007/978-3-658-25355-4_4

Wenn ein Unternehmen in den Markt hinauszieht, ist damit auch eine signifikante Wahrnehmung durch den Wettbewerb verbunden. Ein mittelständisches Unternehmen muss sich in dieser Phase gezielt einen Markt für seine Aktivitäten wählen. Hierbei haben sich bestimmte **Grundmuster in der Wettbewerbspositionierung** und im Marktauftritt herausgebildet. Bei Überlegenheit des Leistungsangebots werden die Konkurrenten versuchen, die Vorsprünge aufzuholen und ein verbessertes Angebot am Markt zu platzieren. Hieraus ergibt sich zwingend die Anforderung, **Innovationen** zu entwickeln.

Zumeist ist mit dem Wachstum auch eine Ausweitung des **geografischen Aktionsradius** verbunden. Der lokale Markt wird zu einem regionalen, und von hieraus gehen die Wege über das Stammland in das Ausland. All diese Aspekte können auch als kritische Wachstumsfaktoren (vgl. Welter 2006, S. 20) interpretiert werden, die zur Gewährleistung einer positiven Entwicklung eines Unternehmens notwendig sind.

4.1   Mensch und Organisation – Schlüsselfaktoren des Wachstums

Mittelständische Unternehmen sind anders: Gerade in Bezug auf den Umgang mit Organisationsstrukturen und den Beziehungen zu Mitarbeitern werden andere Maßstäbe angesetzt als in Konzernen. Dies wird besonders bei wachsenden Unternehmen zu einem Kernproblem der Unternehmensführung. Die Gestaltung der **Aufbauorganisation** entwickelt sich mit der Anzahl der Mitarbeiter und der Komplexität der Umweltsituation. Das Wachstum eines Unternehmens kann dabei nur mit den richtigen Mitarbeitern gesichert werden. Diese zu gewinnen und zu halten, ist somit eine wesentliche Aufgabe der Unternehmensleitung.

Lernziele
Wenn Sie diesen Abschnitt durchgearbeitet haben, können Sie

- unterschiedliche Organisationsformen nennen und ihre Charakteristika erläutern,
- beschreiben, wie sich Organisationsformen im Zuge des Unternehmenswachstums verändern sowie
- beurteilen, welche Organisationsformen sich für mittelständische Unternehmen eignen, und daraus entsprechende Handlungsempfehlungen ableiten,
- den Fachkräftemangel in mittelständischen Unternehmen einschätzen,
- Anforderungen von Fachkräften und mittelständischen Unternehmen beschreiben,
- Veränderungen der Anforderungen von Fachkräften darstellen,
- entsprechende Handlungsempfehlungen für die Personalpolitik mittelständischer Unternehmen ableiten.

4.1.1 Organisationsentwicklung von Wachstumsunternehmen

Mit dem Wachstum einer Unternehmung in Bezug auf den Umsatz hängt zwangsläufig die Entwicklung der Organisation als Ganzes zusammen. Ohne diesen Begriff vertieft diskutieren zu wollen, steht im Folgenden ein **instrumentelles Organisationsverständnis** im Vordergrund.

▶ Nach instrumentellem Verständnis geht es bei der Organisation um die Gestaltung von organisatorischen Regelungen, die eine bestmögliche Erreichung der Unternehmensziele gewährleisten sollen (vgl. Macharzina und Wolf 2015, S. 477 ff.).

Je größer ein Unternehmen wird, desto eher ergeben sich sogenannte **Spezialisierungs-erfordernisse**. Hierunter ist zu verstehen, dass die Aufgabe des Unternehmens in unterschiedliche Teilaufgaben gegliedert wird (vgl. Güttler 2009, S. 36). Insbesondere aus Effizienzgründen machen im Unternehmen nicht alle das Gleiche, sondern jede Person macht etwas anderes beziehungsweise Besonderes. An dieser Stelle wird die Wirkung von **Größendegressionseffekten** auch im Mittelstand deutlich.

Um zu verhindern, dass die Aufgabenträger in unterschiedliche Richtungen laufen, beinhaltet die **Koordination** eine Abstimmung arbeitsteilig vollzogener Teilaufgaben. Zwischen diesen beiden Begriffen besteht insofern ein positiver Zusammenhang. Je stärker ein Unternehmen spezialisierte Teilaufgaben verrichtet, desto höher ist der Bedarf an Koordination.

Bezogen auf das Wachstum mittelständischer Unternehmen kann damit eine Entwicklung in der aufbauorganisatorischen Gestaltung postuliert werden (vgl. Höft 1992, S. 89): Zunächst agiert der Unternehmer in einem begrenzten Markt mit einem begrenzten Produktspektrum in einer **informellen Organisation**. Eine solche Struktur kann für das typische kleine Handwerksunternehmen erwartet werden. Mit einem weiteren Wachstum des Unternehmens ergibt sich das Erfordernis, **Aufgaben nach Funktionen** zu gliedern. Eine solche Organisationsform findet sich insbesondere bei mittelgroßen Unternehmen.

Mit einem weiteren Wachstum kann eine solche Organisationsform nicht immer Schritt halten. Spätestens wenn verschiedene Produkte in verschiedenen Märkten präsent sind, entsteht eine sogenannte **divisionalisierte Organisation**. Hierbei handelt es sich um weitgehend autonome Einheiten, die unterschiedliche Produkte vertreiben oder regionale Märkte bearbeiten. Typischerweise handelt es sich hier um große Familienunternehmen, die die Größengrenzen von KMU überschreiten.

In der späteren Generationenfolge von Familienunternehmen – es sind insbesondere jene großen Familienunternehmen gemeint, die in Vetternkonsortien oder dynastischen Strukturen aufgebaut sind – finden sich einige Unternehmen, die ein breites Spektrum von Märkten oder Technologien bearbeiten. An einem solchen Punkt kann es durchaus sinnvoll sein, ein Unternehmen in Form einer **Holding** zu organisieren.

Bereits Wittlage (1996) hält auf Basis seiner Untersuchung fest, dass es im mittelständischen Unternehmen keine eindeutig definierbare, in der Realität bestehende Organisationstruktur gibt. Die Entscheidung für eine bestimmte Form des Unternehmensaufbaus hängt im Wesentlichen von den Variablen **Unternehmensgröße** sowie **bearbeitete Märkte** ab. Die Entscheidung für den Wechsel der Organisationsform lässt sich durch die jeweiligen **Vor- und Nachteile** der einzelnen Organisationsformen begründen. Mit der jeweiligen Gestaltung der Organisation sind auch unterschiedliche Anforderungen an Managementsysteme und Führungsstile verbunden. Bereits das Modell von Greiner hat gezeigt, dass unterschiedliche Entwicklungsschritte bestimmte Treiber für Wachstum und Krisen kennen (vgl. Vahs 2015, S. 305). Explizite Bezüge zu Koordination und Organisation waren damit bereits enthalten.

4.1.1.1 Informelle Organisation im Kleinunternehmen

Das **Kleinunternehmen** ist geprägt durch eine enge Beziehung des Unternehmens zu seinen Kunden und Lieferanten, aber auch der Mitarbeiter zum Unternehmer. Solche Strukturen kennen keine organisatorische Differenzierung. Forschungsergebnisse unterstützen die Hypothese, dass kleine Unternehmen eher auf **informelle und flexible Weise** agieren (vgl. De Kok und Uhlaner 2001, S. 275). Alle Entscheidungen im Unternehmen werden vom Unternehmer selbst getroffen (Pfohl 2013, S. 19). Eine solche Organisation kann auch als **Teamstruktur** bezeichnet werden, in der es keine Hierarchieebene unterhalb des Eigentümers gibt.

Die Koordination in diesen Unternehmen beruht auf **Ad-hoc-Abstimmungen**. Jeder macht alles, und es findet kaum eine Spezialisierung auf der Ebene von Stellen statt. Eine solche organisatorische Struktur ist betriebswirtschaftlich durchaus rational, da durch eine Spezialisierung keine Kostenvorteile erzielt werden können. Das technokratische Koordinationsinstrument der Standardisierung wird in diesem Fall durch eine **personenorientierte Koordination** ersetzt (vgl. Janning 2002, S. 84 f.).

Diese informelle Organisation ist so lange sinnvoll, wie die **Vorteile der Improvisation** und kurzfristigen Abstimmung den Mangel an bindenden und langfristigen Regelungen übersteigen. Mit steigender Komplexität der Marktgegebenheiten und der Anzahl der Mitarbeiter treten jedoch die Nachteile einer solchen Organisation in den Vordergrund (vgl. Wittlage 1996, S. 86 f. und Tab. 4.1).

Tab. 4.1 Vor- und Nachteile der informellen Organisation. (Quelle: eigene Darstellung)

Vorteile	Nachteile
- Jederzeitige kurzfristige Abstimmung möglich - Übersichtliche Struktur - Hohe motivierende Wirkung des persönlichen Austauschs - Raum für Improvisation und kundenorientiertes Verhalten	- Keine Realisierung von Spezialisierungsvorteilen - Konzentration von Entscheidungen an der Leitungsspitze - Kein einheitliches Handeln im Kundenkontakt und bei innerbetrieblichen Prozessen

Vor allem geeignet für kleine Unternehmen mit homogenem Leistungsprogramm und in handwerklicher Struktur

Damit wird der Übergang zu einer Organisationsform, die eher an der **Spezialisierung von Verrichtungen** orientiert ist und zu einer Stärkung der formalen Organisationsstrukturen führt, zu einer ersten Herausforderung in der organisatorischen Gestaltung eines Unternehmens (vgl. Perez-Sanchez et al. 2003, S. 72). Ob die Anpassung der Organisationsstrukturen tatsächlich vorgenommen wird, hängt davon ab, ob die Kosten des Übergangs die aktuellen nicht übersteigen und ob der Flexibilitätsbedarf nicht überwiegt (vgl. Kurch 2010, S. 26).

4.1.1.2 Funktionale Organisation des mittelgroßen Unternehmens

Die funktionale Organisation, die auch als **Verrichtungsorganisation** bezeichnet wird, ist durch eine Gliederung der zweiten Hierarchieebenen in Funktionsbereiche gekennzeichnet. Die Funktionsbereiche orientieren sich an den wesentlichen Aufgaben eines Unternehmens. Es handelt sich typischerweise um Materialwirtschaft, Produktion, Vertrieb und Verwaltung. Die Funktionsbereiche sind der Unternehmensführung gemäß dem **Einlinienprinzip** direkt verbunden (vgl. Oehlrich 2016, S. 51; Schreyögg und Geiger 2016, S. 45 ff.).

Der Ausgangspunkt der Funktionalorganisation ist häufig die Trennung eines kaufmännischen und eines technischen Funktionsbereiches im Laufe des betrieblichen Wachstums. Mit zunehmender Unternehmensgröße und einer Diversifikation des Leistungsprogramms erfolgt eine immer stärkere Differenzierung der Funktionen (vgl. Abb. 4.1). Dieser organisatorische Aufbau stellt nach empirischen Untersuchungen die **dominierende Organisationsform des Mittelstands** dar (vgl. Vahs und Leiser 2007).

Die zentrale Aufgabe der Koordinierung der einzelnen Funktionsbereiche übernimmt in dieser Struktur der **Unternehmer**. Er gibt die Leistungs- und Erfolgsziele vor, entscheidet über Ressourcen und überwacht die Zielerreichung. In solchen Organisationen ist es durchaus üblich, dass die Unternehmensführung weiterhin eng in das operative Geschäft einbezogen ist.

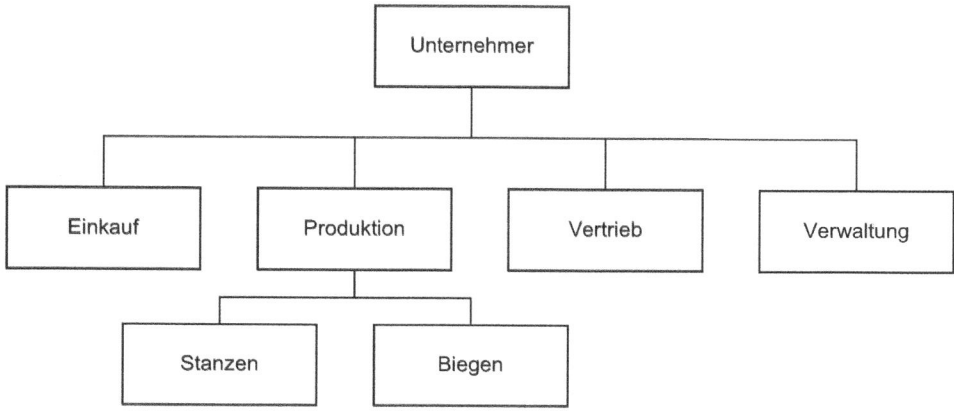

Abb. 4.1 Funktionale Organisation. (Quelle: eigene Darstellung)

Tab. 4.2 Vor- und Nachteile der funktionalen Organisation. (Quelle: Vahs 2015; S. 148)

Vorteile	Nachteile
- Einfache und überschaubare Struktur - Nutzung von Spezialisierungseffekten (Economy of Scale, Erfahrungskurve) - In sich geschlossene, klar abgegrenzte und damit gut kontrollierbare Funktionsbereiche	- Vielzahl an Schnittstellen und Interdependenzen; dadurch erhebliche Koordinationsprobleme - Gefahr von Bereichsegoismen und Suboptimierungen - Überlastung der Unternehmensführung (Kamineffekt) - Überbetonung des Spezialistentums - Eingeschränkte Möglichkeiten der Personalentwicklung
Geeignet vor allem für kleine und mittlere Unternehmen mit einem überschaubaren und homogenen Leistungsprogramm, die sich in einer relativ stabilen Unternehmensumwelt befinden	

Aus diesem Aufbau lassen sich unmittelbar Vor- und Nachteile der funktionalen Organisation für mittelständische Unternehmen ableiten (vgl. Tab. 4.2). Wesentlich aus der Sicht von KMU ist die einfache und überschaubare Struktur, die nach wie vor einen Eingriff in die Prozesse zulässt. Dennoch lassen sich Spezialisierungseffekte auf der Ebene von Stellen und Abteilungen nutzen.

Dennoch gerät diese Struktur an ihre Grenzen. Gerade bei Unternehmen, deren Produkt- und Technologiespektrum sich im Laufe der Zeit weiterentwickelt, kommt es immer stärker zu Problemen wie **Bereichsegoismus** und **Überlastung der Unternehmenslei-tung**. Hinzu kommt, dass die Anforderungen an das Unternehmen je nach Produkt oder Zielmarkt sehr unterschiedlich sein können und somit die erwünschten Spezialisierungs-vorteile verloren gehen. So überraschen auch die empirischen Ergebnisse nicht, wonach große Organisationen eher in komplexeren Organisationsformen strukturiert sind (vgl. Macharzina und Wolf 2015, S. 493 ff.).

Aus diesem Grund muss der Unternehmer irgendwann bereit sein, die Verantwortung, auch für Ergebnisse und Märkte, stärker auf die zweite Führungsebene zu delegieren. Damit ist der Übergang zur divisionalisierten Organisation angesprochen.

4.1.1.3 Divisionale Organisation bei großen mittelständischen Unternehmen

Die divisionale Organisation, die auch als **Geschäftsbereichs- oder Spartenorganisation** bezeichnet wird, ist auf der zweiten Hierarchieebene durch eine Gliederung nach Objekten gekennzeichnet (vgl. Oehlrich 2016, S. 57 ff.). Objekte können in diesem Zusammenhang Produkte/Produktlinien, Regionen oder Kundengruppen sein (s. Abb. 4.2). Wie in der funktionalen Organisation werden die Divisionen von nur einer vorgesetzten Leitungsein-heit gesteuert.

Im Gegensatz zur funktionalen Organisation sind die jeweiligen Einheiten durch einen **hohen Grad an unternehmerischer Verantwortung** gekennzeichnet. Dennoch erfolgt keine Trennung in einzelne Unternehmen, da in dieser Organisationsform **Synergie- oder**

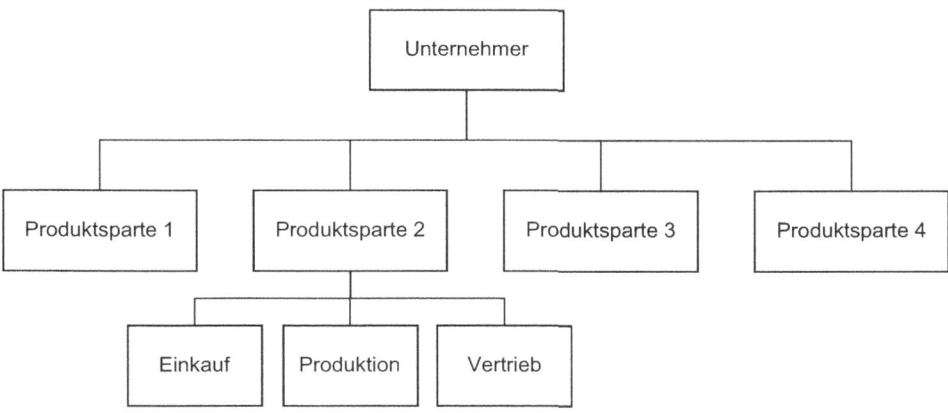

Abb. 4.2 Divisionale Organisationsstruktur. (Quelle: eigene Darstellung)

Verbundeffekte genutzt werden sollen. Durch die systematische Zusammenfassung der Einzelaktivitäten soll eine Gesamtwirkung erreicht werden, die größer ist als die Summe der Einzelwirkungen (vgl. Vahs 2015, S. 152).

Mit einer Gliederung nach Objekten auf der zweiten Ebene ist zwangsläufig eine funktionale Gliederung auf der dritten Hierarchieebene verbunden. In der Regel weisen die Sparten allerdings nicht sämtliche Funktionsbereiche auf (vgl. Macharzina und Wolf 2015, S. 495 f.).

Die **Gliederung nach Produkten** macht für ein Unternehmen dann Sinn, wenn damit die Verbindung technologisch ähnlicher Leistungen zu Marktsegmenten erfolgt. Wenn etwa ein Unternehmen wie Fischer auf der einen Seite Endkunden mit Fischertechnik-Baukästen versorgt und auf der anderen Seite als Automobilzulieferer tätig ist, dann haben wir es mit Märkten zu tun, die durch sehr unterschiedliche Anforderungen gekennzeichnet sind. Für ein Unternehmen hingegen, das in verschiedenen Regionen oder nationalen Märkten tätig ist, die wiederum durch unterschiedliche Anforderungen gekennzeichnet sind, kann sich eine **regionale Gliederung** als zweckmäßig erweisen.

Grundsätzlich sollten die Divisionen mit einer **hohen Autonomie** ausgestattet sein, das heißt, sie müssen alle erforderlichen Funktionen für das Tagesgeschäft beinhalten. Hierdurch entstehen Entkopplungseffekte, die sich aus einem geringeren Abstimmungsaufwand durch die Reduzierung gemeinsam genutzter Ressourcen ergeben (vgl. Vahs 2015, S. 154). Die Ausgestaltung der Autonomie kann jedoch sehr unterschiedlich sein. Man spricht von **zentralisierten und dezentralisierten divisionalen Strukturen** (vgl. Schreyögg und Geiger 2016, S. 47). Durch die entstehenden Freiräume sollen bei den Leitern der einzelnen Sparten der Unternehmergeist und die Managementfähigkeiten gefördert werden. Hier ist auch häufiger vom sogenannten **Intrapreneurship** die Rede; die Bereichsleiter werden zu Unternehmern im Unternehmen. In mittelständischen Unternehmen ist eher zu erwarten, dass zentralisierte Divisionalisierungsprofile entstehen, da Eigentümer bestrebt sein werden, ein hohes Maß an Kontrolle beizubehalten.

Tab. 4.3 Vor- und Nachteile der divisionalen Organisation. (Quelle: Vahs 2015, S. 160)

Vorteile	Nachteile
- Entlastung der Unternehmensführung; dadurch stärkere Konzentration auf strategische Fragen - Ganzheitliche Delegation von Aufgaben, Verantwortungen und Kompetenzen ist möglich - Bessere Koordination und schnellere Entscheidungsfindung innerhalb der Divisionen - Divisionen können auf Umweltänderungen flexibel reagieren - Weitgehende unternehmerische Selbstständigkeit der Spartenleiter erhöht die Motivation und ermöglicht eine bessere Erfolgsbeurteilung - Vielfältige Möglichkeiten der Personalentwicklung	- Gefahr des Spartenegoismus und einer kurzfristigen Gewinn- und Rentabilitätsorientierung - Suboptimale Ressourcenallokation und Doppelarbeiten sind möglich - Mehrbedarf an Leitungsstellen - Zentralfunktionen zur übergreifenden Koordination der Divisionen erforderlich - Gefahr von unproduktiven Konflikten zwischen den Divisionen und zwischen den Divisionen und den Zentralfunktionen

Geeignet vor allem für mittlere und große Mehrproduktunternehmen, die sich in einer dynamischen Unternehmensumwelt befinden

Trotz der erheblichen Vorteile in Bezug auf die Marktausrichtung und den verringerten Koordinations- und Kommunikationsbedarf auf der zweiten Hierarchieebene sind auch mit der divisionalen Organisation durchaus Nachteile verbunden (vgl. Tab. 4.3). Hier ist insbesondere die zu **starke Verselbstständigung** der einzelnen Einheiten zu betrachten. Der Eigentümer bzw. die Eigentümerfamilien müssen darauf achten, dass die Orientierung an den Zielen und Werten des Unternehmens in allen Einheiten gewährleistet bleibt.

Auch in einer divisionalen Organisationsstruktur können Spezialisierungsvorteile genutzt werden, indem sogenannte Zentralbereiche eingerichtet werden (vgl. Oehlrich 2016, S. 54). Hier sind Funktionen zu zentralisieren, die der Unterstützung und Koordination der Geschäftseinheiten dienen. Typische Bereiche sind bspw. die Personalfunktion oder auch die Finanzierung. Im Gegensatz zu Stabsabteilungen verfügen diese Einheiten über ein begrenztes Weisungsrecht.

Praxisbeispiel: Divsionalstruktur mittelständischer Unternehmen

Das Unternehmen RASTAL GmbH & Co. KG wurde 1919 gegründet, ist nach wie vor im Familienbesitz und beschäftigt sich mit der Glasveredelung. Pro Jahr werden in etwa 70 Mio. Trinkgefäße mit ca. 400 Mitarbeitern dekoriert. Dabei werden so unterschiedliche Kunden wie die Getränkeindustrie, werbungtreibende Unternehmen und die Gastronomie versorgt. Um eine kundenorientierte Steuerung des Unternehmens zu gewährleisten, ist das Unternehmen in eine Geschäftsbereichsorganisation aufgebaut. Diese orientiert sich an den oben genannten Kundengruppen (siehe Abb. 4.3).

4.1.1.4 Holdingstrukturen in dynastischen Familienunternehmen

Im weiteren Wachstum von großen Familienunternehmen führt die Internationalisierung zur Etablierung von **Tochtergesellschaften** in den jeweiligen Zielländern (siehe Abschn. 4.4)

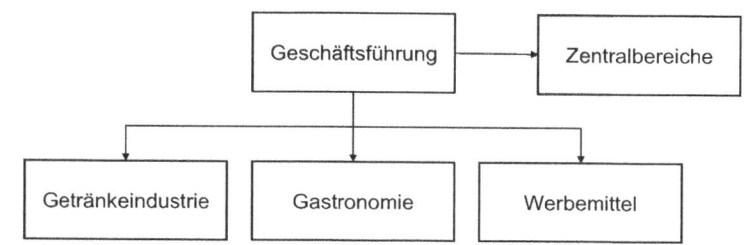

Abb. 4.3 Divisionalstruktur eines mittelständischen Unternehmens. (Quelle: www.rastal.de)

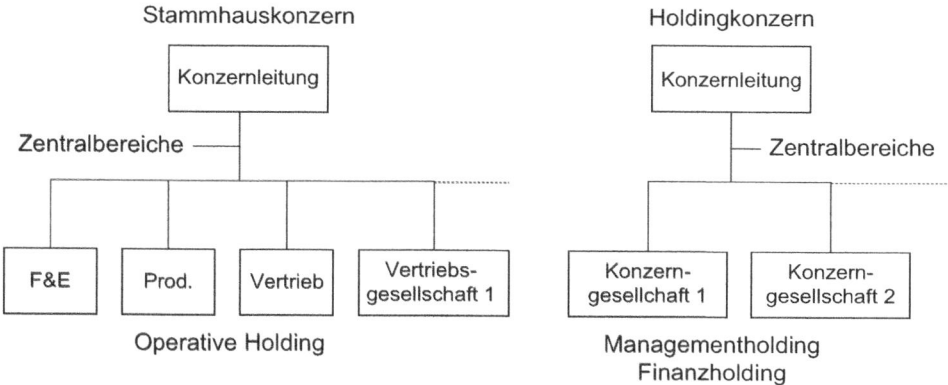

Abb. 4.4 Formen der Holdingorganisation. (Quelle: Vahs 2015, S. 172)

und zur Entstehung eines Unternehmens mit einem sehr **heterogenen Produktprogramm**. Damit ist die Bildung von Konzernstrukturen verbunden. Es wird von Konzernen gesprochen, wenn mehrere rechtlich selbstständige Unternehmen unter einheitlicher Leitung eines herrschenden Unternehmens zusammengefasst sind (vgl. Macharzina und Wolf 2015, S. 505 ff.). Trotz dieser rechtlichen Selbstständigkeit sind die einzelnen Tochterunternehmen einer gemeinsamen Geschäftspolitik unterworfen. Entsprechend bilden sie keine rechtliche, aber eine wirtschaftliche Einheit (siehe Vahs 2015, S. 171 ff.).

Nach ökonomischen Kriterien lassen sich eine Vielzahl von Konzerntypen unterscheiden. Wesentliches Kriterium bei der Differenzierung ist der Aufgabenumfang der Muttergesellschaft. In einem **Stammhauskonzern** ist die leitende Obergesellschaft zugleich der wirtschaftlich dominante Produktionsbetrieb des Konzerns. In einem **Holdingkonzern** nimmt die Obergesellschaft hingegen keine Produktionsaufgaben wahr. Stattdessen konzentriert sie sich auf die Verwaltung der Kapitalbeteiligung an den übrigen Tochtergesellschaften (siehe Abb. 4.4).

Entsprechend des jeweiligen Konzerntypus sind die Aufgaben für die Leitung sehr unterschiedlich. Während in der operativen Holding die Leitung sowohl strategische als auch operative Vorgaben macht, ist die Managementholding durch eine klare Trennung von strategischen und operativen Aufgaben gekennzeichnet (siehe auch Tab. 4.4). Die Holding

Tab. 4.4 Vor- und Nachteile der Holdingorganisation. (Quelle: Vahs 2015, S. 175)

Vorteile	Nachteile
- Große strategische und strukturelle Flexibilität - Flache Hierarchien sind möglich - Klare Zuordnung von Aufgaben, Verantwortung und Kompetenzen - Nutzung von steuerlichen Vorteilen - Förderung des unternehmerischen Denkens und Handelns	- Latente Gefahr von Widerständen der Tochtergesellschaften gegenüber der Holding - Tendenz zu übertriebenen Kontrollaktivitäten der Holding - Emotionale Spannungen zwischen den Mitarbeitern der Töchter und der Holding

Geeignet vor allem für mittlere und große Mehrproduktunternehmen, die sich ein hohes Maß an strategischer und struktureller Flexibilität erhalten oder verschaffen wollen

greift nur ausnahmsweise in operative Fragestellungen ein. Ihre Zentralbereiche arbeiten der Konzernleitung unmittelbar zu und unterstützen die Konzerntöchter.

Eine solche Unternehmensstruktur ist nur bei einzelnen mittelständischen Unternehmen zu beobachten. Hierbei handelt es sich insbesondere um große Familienunternehmen, die sich im Ranking auf den oberen Plätzen wiederfinden. Im Hinblick auf die qualitativen Kriterien mittelständischer Unternehmen stellt sich hier die Frage, inwieweit die Einheit von Eigentum und Leitung noch gewährleistet ist. Dieser Aspekt ist insbesondere bei der Management- und Finanzholding mit einem großen Fragezeichen zu versehen. Das nachfolgende Beispiel verdeutlicht diesen Sachverhalt noch einmal (siehe auch Abb. 4.5).

Praxisbeispiel: Franz Haniel & Cie. GmbH

„Die über 600 Gesellschafter der Franz Haniel & Cie. GmbH sind in der Gesellschafterversammlung organisiert. Sie tagt einmal im Jahr und wählt aus ihrer Mitte den Familienbeirat für jeweils fünf Jahre. Als Bindeglied zwischen Familie und Unternehmen übernimmt der Familienbeirat die Kommunikation gegenüber den Gesellschaftern. Der Beirat besteht aus 30 Familienmitgliedern, von denen neun bis zehn wiederum den ‚Kleinen Kreis' bilden. Acht Mitglieder des Kleinen Kreises entsendet die Gesellschafterversammlung als Anteilseignervertreter in den Aufsichtsrat, wo sie die Grundsätze der Geschäftspolitik mitbestimmen und die Unternehmensstrategie beeinflussen. Den Vorsitz des Aufsichtsrats hat stets ein Mitglied der Familie inne. An der Spitze des Haniel-Konzerns steht die strategische Führungsholding Franz Haniel & Cie. GmbH. Sie gestaltet den Handlungsrahmen für die operativ tätigen Unternehmensbereiche. Dazu gehören CWS-boco und ELG als hundertprozentige Töchter sowie Celesio und TAKKT als börsennotierte Aktiengesellschaften, an denen Haniel die Mehrheit hält. Darüber hinaus ist der Konzern an der METRO GROUP wesentlich beteiligt."

Quelle: www.haniel.de.

Die bisherigen Ausführungen sollten deutlich gemacht haben, dass bei wachsenden Unternehmen immer wieder zu prüfen ist, ob die derzeitigen organisatorischen Strukturen den Anforderungen des Geschäftsbetriebes noch angemessen sind. Die Veränderung der

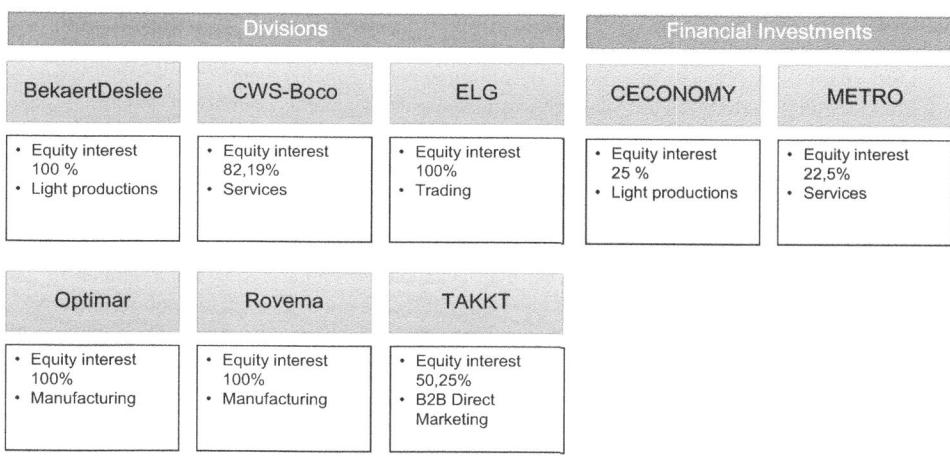

Abb. 4.5 Holdingstruktur der Franz Haniel & Cie. GmbH. (Quelle: www.haniel.de)

Organisation dient dabei dem Ziel, eine Antwort auf sich wandelnde interne und externe Rahmenbedingungen zu finden. Anpassungen der Organisationsarchitektur erhöhen nicht nur die Überlebenswahrscheinlichkeit eines Unternehmens, sondern tragen auch zu einer verbesserten und nachhaltigen Unternehmensperformance bei (vgl. Fojcik 2015, S. 108).

Gerade in wachsenden Unternehmen besteht eine wesentliche Herausforderung in der effizienten Bewältigung des Tagesgeschäfts unter Beibehaltung der Anpassungsfähigkeit für Änderungen in der Unternehmensumwelt (vgl. Gibson und Birkinshaw 2004, S. 209). Diese konfligierenden Anforderungen werden in der **Ambidextrieforschung** thematisiert und spannen sich entlang des Kontinuums zwischen den Anforderungen der **Exploitaton** und **Exploration** (vgl. Fojcik 2015, S. 108). Die Exploitation steht für die Ausrichtung der Organisation auf Effizienz und Rentabilität. Diese Ausrichtung am gegenwärtigen Zustand bereitet den Boden für inkrementelle Veränderungen in der Organisation. Exploration beschreibt hingegen die Anpassungsfähigkeit bei radikalem Wandel durch die Generierung neuen Wissens und die Ausrichtung auf Innovationsfähigkeit und langfristigen Erfolg. Die Vereinbarkeit dieser Gegensätze bezeichnet man als Ambidextrie.

Hierbei erscheint der Übergang von den zentralisierten Strukturen der Funktionalorganisation zu den eher dezentralen Strukturen einer divisionalen Organisation als besonders kritisch. Notwendig ist in diesem Übergang eine starke Delegation von Aufgaben und Verantwortung. Dies ist also ein Zeitpunkt, an dem die vollkommene Kontrolle für den Eigentümer oder die Eigentümer verloren geht.

Abstrahiert wurde bisher davon, dass auch weitere **Formen der Primärorganisation** existieren. So bildeten etwa die **Matrixorganisation** und die **Projektorganisation** eine weitere Möglichkeit der organisatorischen Gestaltung (siehe hierzu bspw. Vahs 2015, S. 164 ff. oder Macharzina und Wolf 2015, S. 497 ff.). Mit den zuvor genannten Varianten sind allerdings die dominanten Formen der Strukturierung von mittelständischen Unternehmen angesprochen.

Sekundärorganisation

Neben der hierarchischen Grundstruktur der Primärorganisation sind in der Realität vielfältige Strukturformen zu berücksichtigen, die der Bewältigung von hierarchieübergreifenden oder komplexen Fragestellungen dienen. In der Sekundärorganisation werden organisatorische Gestaltungen eingesetzt, die abseits von Routineaufgaben zur Problemlösung beitragen können. Beispiele sind etwa das Produktmanagement, das Prozessmanagement oder die Projektorganisation. Je nach Umweltsituation des Unternehmens können diese Instrumente eine sehr unterschiedliche Bedeutung haben. In jungen Märkten wie etwa der Softwareindustrie kommt der Projektorganisation eine besondere Bedeutung zu, da sie zur Bearbeitung eines klar definierten komplexen Problems die besten Voraussetzungen bietet. Ähnliche Annahmen kann man auch für forschungsaktive Unternehmen in der Biotechnologie treffen. In der Kultur solcher Unternehmen kann die Projektorganisation die vorhandene Primärorganisation mehr oder weniger überlagern und wird zur dominanten organisatorischen Struktur.

4.1.2 Erfolgsfaktor Mitarbeiter – vom Jobmotor zum Fachkräftemangel

Ein wesentlicher Grund, warum dem Mittelstand von Politik und Wissenschaft ein besonderes Augenmerk gewidmet wird, ist die Bedeutung dieses Unternehmenssegments für die Beschäftigung. Kleine und mittlere Unternehmen werden immer wieder als **Jobmotor** bezeichnet. In der wissenschaftlichen Diskussion zu überproportionalen Beschäftigungsbeiträgen und höherer Beschäftigungsdynamik wird in Deutschland häufig der Begriff **Mittelstandshypothese** verwendet (vgl. May-Strobl und Haunschild 2013).

Diese Diskussion kann noch nicht als abgeschlossen betrachtet werden, da immer wieder empirische Analysen auf Basis unterschiedlicher Stichproben oder amtlicher Daten vorgelegt werden. Es werden sowohl Ergebnisse publiziert, die gegen die Allgemeingültigkeit einer höheren Arbeitsplatzschaffung von kleinen und mittleren Betrieben sprechen, als auch Ergebnisse, die ihren **überproportionalen Beschäftigungsbeitrag** bestätigen. Ganz wesentlich bleibt diese Fragestellung insbesondere für die Rechtfertigung mittelstandspolitischer Instrumente, die in erheblichem Maße auf positive Beschäftigungseffekte ausgerichtet sind.[1]

Nach den Ergebnissen des IfM Bonn tragen insbesondere **Kleinstunternehmen** bis 9 Mitarbeiter zum Wachstum der Beschäftigung bei. Diese Dynamik entsteht durch neu geschaffene Unternehmen, aber auch durch bestehende Kleinstunternehmen. Damit tragen KMU nicht nur zu hohem Beschäftigungsstand, sondern insgesamt auch zur **Reallokation von Arbeitsplätzen** bei (siehe May-Strobl und Haunschild 2013, S. 22 und Abb. 4.6).

Ähnliche Untersuchungsergebnisse werden in jüngster Zeit auch für die **großen Familienunternehmen** publiziert. Nach Ergebnissen der Stiftung Familienunternehmen hat diese Unternehmensgruppe in der Rezession der Jahre 2008 und 2009 erheblich zur

---

[1] Für einen europäischen Vergleich siehe bspw. Schiersch und Kritikos 2014.

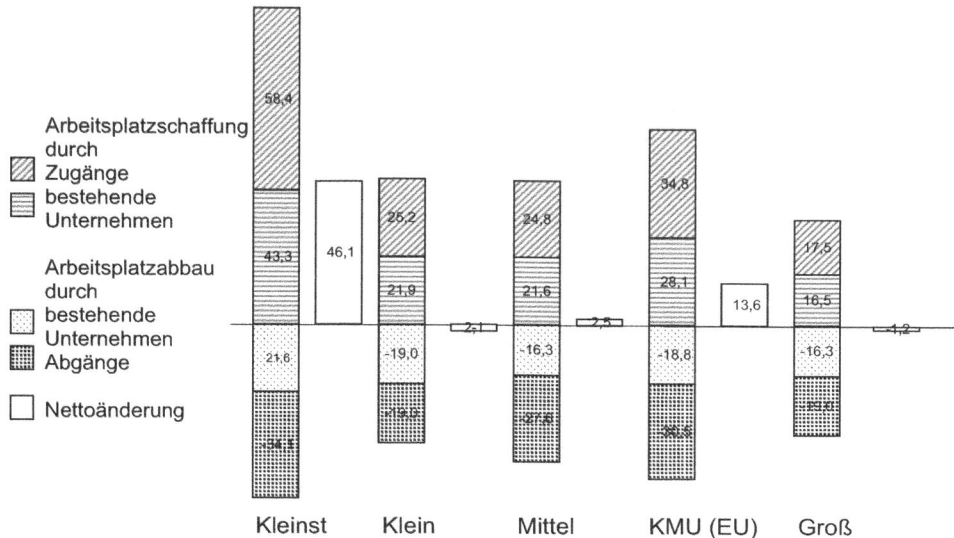

Abb. 4.6 Der Beschäftigungsbeitrag kleiner und mittlerer Unternehmen. (Quelle: May-Strobl und Haunschild 2013, S. 22)

Stabilisierung der Beschäftigung beigetragen. Diese Tatsache unterstreicht die enge Verknüpfung der Eigentümerfamilien mit Unternehmen und dem Umfeld und wird als ein Ausdruck der Verantwortung für die Gesellschaft gesehen (Corporate Social Responsibility).

An dieser Stelle seien allerdings einige, vor allem **methodische Probleme** bei der Überprüfung der Mittelstandshypothese angesprochen (vgl. Haunschild et al. 2009, S. 4 ff.):

- Erstens wird in vielen Untersuchungen auf die **Betriebsebene** abgestellt und zudem der Begriff KMU als Synonym für den Mittelstand verwendet. Aus ökonomischer Sicht werden Beschäftigungsentscheidungen aber auf der Unternehmensebene getroffen.
- Zweitens sind Probleme bei der **Erfassung von Beschäftigten** nicht auszuschließen, da häufig nicht nach Vollzeit- und Teilzeitbeschäftigten unterschieden wird. Darüber hinaus ist bspw. die Erfassung von geschäftsführenden GmbH-Gesellschaftern nicht unproblematisch.
- Drittens ist auch mit der **Größenklasseneinteilung** ein statistisches Problem verbunden. Mit zunehmender Zahl der Größenklassen steigt die Wahrscheinlichkeit, dass ein Größenklassenwechsel auftritt, der zu statistischen Verzerrungen führt. Dieser Effekt kann nur vermieden werden, wenn entweder ein Unternehmen einmal einer Größenklasse zugeordnet und dann in dieser Klasse konstant weitergeführt wird, oder wenn jede Beschäftigungsveränderung jener Größenklasse zugerechnet wird, der die betreffende Einheit genau in diesem Zeitraum angehört.

4.1.2.1 Fachkräftemangel im Mittelstand

Die **Arbeitsplatzdynamik** in mittelständischen Unternehmen ist naturgemäß mit der Notwendigkeit verbunden, den entstehenden Arbeitskräftebedarf zu decken. Dabei ist grundsätzlich festzuhalten, dass kleine und mittlere Unternehmen eine insgesamt **schwächere Position am Arbeitsmarkt** innehaben. Diese schwächere Position resultiert insbesondere aus der gegenüber Großunternehmen geringeren Attraktivität der Arbeitsplätze hinsichtlich Entlohnung und Image. Hieraus resultieren für KMU Probleme bei der Gewinnung qualifizierter Fachkräfte (vgl. Reinemann 2002, S. 51). Darüber hinaus wird argumentiert, dass KMU nicht über ausreichende Kapazitäten verfügen, um die Folgen von Stellenbesetzungsproblemen zu kompensieren (vgl. Mesaros et al. 2009, S. 4 f.). Mit diesen einleitenden Bemerkungen wird zugleich deutlich, dass sich die Abschn. 4.1.2.1 bis Abschn. 4.1.2.6 vor allem mit der quantitativen Dimension des Mittelstandsbegriffs auseinandersetzen.

Im Wettbewerb um Fachkräfte sehen sich mittelständische Unternehmen einer Reihe von besonderen Herausforderungen gegenüber, die sie zunächst einmal als Verlierer gegenüber den Großunternehmen erscheinen lassen.

- Mittelständische Unternehmen sind traditionell in **ländlichen Regionen** konzentriert. Dies gilt nicht nur für das quantitative Merkmal der Unternehmensgröße und mithin für KMU, sondern auch für eigentümergeführte Unternehmen, die ihren Unternehmenssitz zumeist abseits der Metropolen finden (vgl. Berlemann und Jahn 2014). Wenn die geringer werdende Anzahl von jüngeren Erwerbspersonen dazu tendiert, sich in Metropolen oder **Schwarmstädten** zu konzentrieren, dann wird daraus ein wesentlicher Nachteil für mittelständische Unternehmen im Werben um gut qualifizierte Fachkräfte.
- Kleine und mittlere Unternehmen weisen insbesondere aus Sicht karriereorientierter Bewerberinnen und Bewerber eine geringere Attraktivität als Großunternehmen auf, da die Anzahl der Stufen auf der **Karriereleiter** naturgemäß begrenzt ist. Dies wird zum einen durch die Unternehmensgröße beeinflusst, die zu flachen Hierarchien und damit geringeren Aufstiegsmöglichkeiten führt. Zum anderen sind die wesentlichen Führungspositionen in der Unternehmensleitung durch **Mitglieder der Eigentümerfamilie** besetzt (vgl. Hauswald et al. 2016).
- Letztlich sind mittelständische Unternehmen aufgrund ihrer Unternehmensgröße und ihrer häufig im **B2B-Markt** angesiedelten Geschäftsaktivitäten bei potenziellen Arbeitskräften weniger bekannt (vgl. Baum und Kabst 2011), auch wenn sie in ihren (Nischen-)Märkten häufig eine bedeutende Stellung innehaben (Hidden Champions, vgl. Simon 2012).
- Um diesen Rekrutierungsproblemen zu begegnen, setzen mittlere und große Unternehmen vorwiegend materielle Anreize ein, während kleine Unternehmen aufgrund von Ressourcenengpässen eher auf immaterielle Anreize ausweichen müssen. Diese **geringeren Ressourcen** betreffen zugleich die Institutionalisierung der Personalfunktion. Erst mittlere Unternehmen verfügen über eine Personalabteilung, während diese Funktion in Großunternehmen sehr ausdifferenziert ist (vgl. Immerschitt und Stumpf 2014, S. 25).

Angesichts der **demografischen Entwicklung** ist voraussichtlich ab dem Jahr 2020, wenn die geburtenstarken Jahrgänge das Rentenalter erreicht haben werden, auch in konjunkturell schwierigen Zeiten mit einem Rekrutierungsproblem zu rechnen (IAB 2017a). Wesentliche Engpässe sind insbesondere bei Hochqualifizierten zu erwarten. Diese generelle Entwicklung wird das bereits bestehende **Rekrutierungsproblem** für kleine und mittlere Unternehmen zusätzlich verschärfen (vgl. KfW 2010, S. 109 ff.). Dabei hat die Fachkräfteproblematik nicht nur eine betriebliche, sondern auch eine überbetriebliche Dimension. Die Wahrscheinlichkeit, dass ein Unternehmen einen Wirtschaftsstandort positiv bewertet, wird mittlerweile stärker von der Verfügbarkeit von Fachkräften als von anderen Standortfaktoren beeinflusst (vgl. KfW 2014).

Praxisbeispiel: MyMüsli in der Provinz

Bis heute ist das erfolgreiche Start-up-Unternehmen MyMüsli der 50.000-Einwohner-Stadt Passau im südöstlichsten Zipfel Bayerns treu geblieben, und das, obwohl es die meisten Gründer in die Metropolen und insbesondere in den Hotspot Berlin zieht.

Es ist allerdings nicht die regionale Verwurzelung, die die ehemaligen Studenten in der Provinz hält, sondern die Gründer sehen durchaus positive Seiten des Standorts: Das Unternehmen hebt nicht nur den engen Kontakt mit den Behörden hervor, sondern insbesondere die Treue der Mitarbeiter. Auch die geforderten Vergütungen unterscheiden sich von anderen Standorten (keine Firmenanteile für Mitarbeiter). Nichtsdestotrotz verfügt das Unternehmen mittlerweile über einen Standort in Berlin mit ca. 30 Mitarbeitern für Marketing, Grafik und Internationalisierung. In Passau arbeiten immer noch 200 Angestellte für das Unternehmen. Die Strategie, die Unternehmensaktivitäten auf unterschiedliche Standorte zu verteilen, wird bereits von einigen Unternehmen gewählt, die insbesondere ihre Digitalaktivtäten in Metropolen verlegen.

Quelle: Handelsblatt vom 04.05.2017, S. 44

Die empirische Datenlage zu einem generellen Fachkräftemangel ist bisweilen widersprüchlich. Mesaros et al. (2009) kommen auf Basis einer Analyse der zur Verfügung stehenden Studien zu dem Urteil, dass sowohl Anzeichen für einen bestehenden Fachkräftemangel als auch Indizien dagegen vorhanden sind. Von Unternehmensseite werden vor allem die Engpässe in technischen Berufen beklagt. Auch größenspezifische Analysen sprechen z. T. dafür, dass das Problem derzeit besonders in Großunternehmen von Bedeutung ist.

Ein empirisches Indiz für die Virulenz der Stellenbesetzungsprobleme sind die in Abb. 4.7 aufgeführten Ergebnisse. Mehr als jedes dritte Unternehmen berichtet von **Schwierigkeiten bei der Stellenbesetzung** (IAB 2017b). Besonders bedeutend ist die Problematik der geringen Anzahl von Bewerbungen (vgl. IAB 2017a). Als wesentlichen Grund für das Scheitern der Rekrutierungsbemühungen geben Unternehmen jedoch auch immer wieder die mangelnde Qualifikation der Bewerber an. Das Problem liegt dieser Argumentation zufolge also weniger im quantitativen Arbeitskräftepotenzial, sondern in Qualitätsaspekten, denen mit kurzfristigen Anreizen nicht beizukommen ist

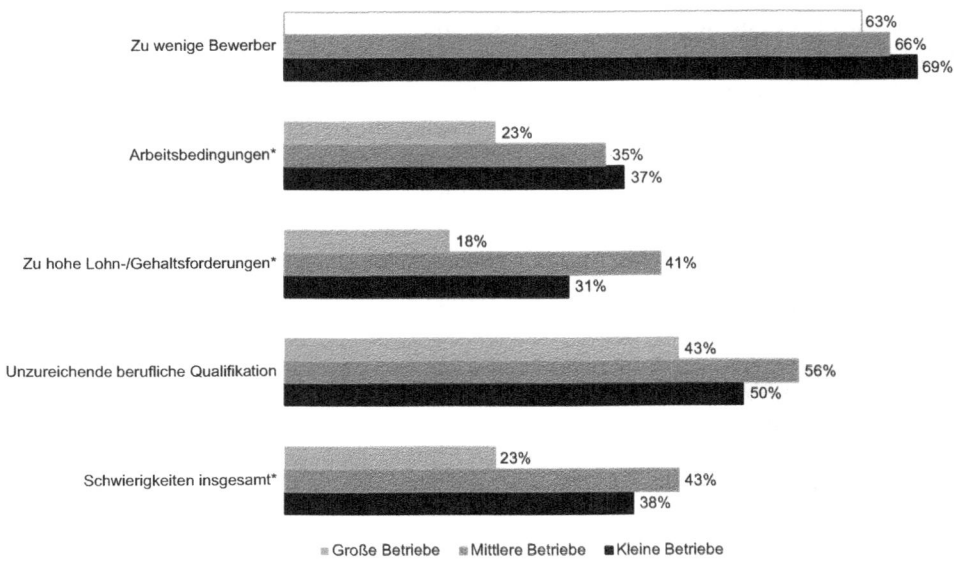

Signifikante Unterschiede mit * gekennzeichnet

Abb. 4.7 Stellenbesetzungsprobleme nach Unternehmensgröße. (Quelle: IAB 2017a)

(vgl. stellvertretend Römer und Hug 2008, S. 11 und KfW 2010, S. 127). Die schwächere Position von KMU am Arbeitsmarkt zeigt sich insbesondere bei dem Anteil von
Unternehmen, die insgesamt von Schwierigkeiten bei der Stellenbesetzung berichten;
hier sind insbesondere kleine Betriebe betroffen.

In der detaillierten Betrachtung wird aber auch die Art der Schwierigkeiten bei der
Gewinnung geeigneter Arbeitskräfte von der Betriebsgröße beeinflusst: Große Unternehmen berichten deutlich seltener von Schwierigkeiten aufgrund der geforderten Vergütung
oder den Arbeitsbedingungen. Dies sind Aspekte, die an späterer Stelle noch einmal zu
diskutieren sein werden. Der Erfolg bei der Personalsuche wird insbesondere von den
Variablen **Branche** und **gesuchte Qualifikation** beeinflusst. So berichten speziell das
Baugewerbe und der Dienstleistungsbereich über Besetzungsprobleme. Auch mit steigendem Qualifikationsniveau der gesuchten Arbeitnehmer wird das Stellenbesetzungspro-
blem schwerwiegender (vgl. KfW 2010, S. 127).

Mittelständischen Unternehmen stehen generell eine Reihe von **Strategien** zur Verfügung, um mit dem bereits existenten oder anstehenden **Fachkräftemangel** umzugehen
(vgl. Abb. 4.8). Einige wesentliche Aspekte werden in den folgenden Abschn. 2.1.2.2 bis
4.1.2.6 diskutiert. Sie reichen von Maßnahmen im Personalmarketing und der -auswahl,
über die Arbeitsbedingungen bis hin zu Aus- und Weiterbildung. Insgesamt muss ein aus
Sicht der Bewerber attraktives Angebot entwickelt werden.

Abb. 4.8 Betriebliche Strategien und Maßnahmen zur Bekämpfung des Fachkräftemangels. (Quelle: Mesaros et al. 2009, S. 31)

Viele mittelständische Unternehmen haben die Bedeutung des Arbeitsmarktes erkannt und die zu seiner aktiven Bearbeitung zur Verfügung stehenden Strategien und Instrumente aufgegriffen (vgl. Kay et al. 2018, S. 42 ff.). Die vielfältigen Wettbewerbe, an denen sich Unternehmen beteiligen können, um ein **Markenzeichen** für gute Arbeitsbedingungen zu bekommen, sind ein beredtes Beispiel für diese Tendenz (vgl. bspw. TOP JOB 100 Arbeitgeber).

Allerdings sollten die Maßnahmen im Personalwesen nicht in ein reines Kopieren – im Sinne eines mimetischen Isomorphismus – von Instrumenten der Großunternehmen münden. Vielmehr ist es notwendig, einen eigenen Weg für mittelständische Unternehmen zu entwickeln. Bestimmte, als sinnvoll für Großunternehmen angenommene Vorgehensweisen können durch andere Vorgehensweisen ersetzt werden und in ihrer positiven Wirkung substituieren (vgl. Becker 2015).

4.1.2.2 Personalmarketing – sich von den „Großen" abheben

In Zeiten des aufkommenden Fachkräftemangels beginnt das **Personalmarketing** nicht erst mit dem Schalten einer Anzeige in einer regionalen Zeitung oder dem Kontakt mit dem Arbeitsamt. Vielmehr ist es notwendig, weitere Instrumente des Personalmarketings aktiv einzusetzen. Insofern tun mittelständische Unternehmen gut daran, alle möglichen Wege des Kontakts zu potenziellen Bewerbern zu nutzen. Empirische Untersuchungen über die erfolgreiche Stellenbesetzung weisen signifikante Unterschiede in den Rekrutierungswegen nach Betriebsgröße auf (vgl. Abb. 4.9).

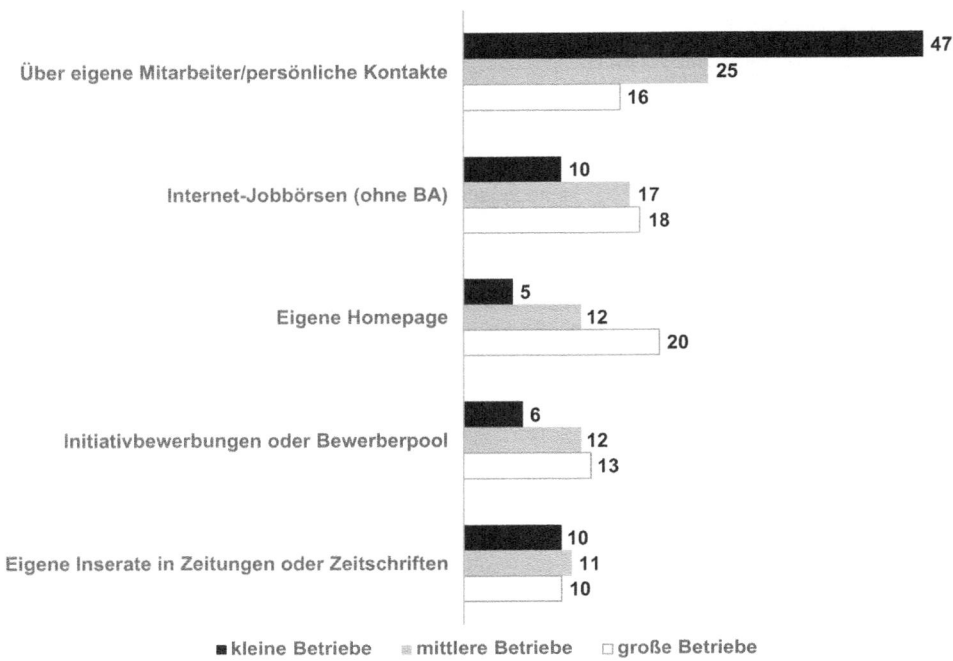

Abb. 4.9 Besetzungswege bei Neueinstellungen nach Betriebsgröße. (Quelle: IAB 2017b)

Insbesondere kleinen Betrieben gelingt es über **persönliche Kontakte,** ihre Vakanzen zu besetzen. Die eigene Homepage, die bei großen Unternehmen zu 20 % für erfolgreiche Stellenbesetzungen verantwortlich ist, hat bei kleineren Betrieben eine geringere Bedeutung. Allerdings kann dieses Ergebnis nicht dergestalt interpretiert werden, dass die Nutzung von persönlichen Kontakten als alleiniges Instrument zur Adtrahierung von Bewerbungen ausreicht. Vielmehr wird ein solchermaßen reduzierter Werkzeugkasten für die Zukunft nicht genügen.

Wertvoll erscheinen solche Maßnahmen, die daran ansetzen, nicht erst bei Entstehen eines konkreten Bedarfs in das Personalmarketing einzusteigen. Konkrete Handlungsvorschläge gehen z. B. dahin, die Öffentlichkeitsarbeit in der Region zu verstärken, um potenzielle Bewerber frühzeitig für das Unternehmen zu interessieren. Für Ausbildungsplätze können bspw. Unternehmenspräsentationen in den Schulen gehalten, Praktika angeboten oder Unternehmensbesichtigungen durchgeführt werden. Zur Besetzung von Fach- und Führungspositionen kommen insbesondere Kooperationen mit regionalen Hochschulen, Mitarbeiter-werben-Mitarbeiter-Programme oder auch die systematische Auswertung von Stellengesuchen in Betracht (vgl. Baum und Kabst 2011).

Neben den Maßnahmen des Personalmarketings tritt ein weiterer Begriff immer mehr in das Rampenlicht der wissenschaftlichen und praxisorientierten Diskussion. Mit **Employer Branding** ist die Entwicklung einer Arbeitgebermarke gemeint, die sich schwer imitieren lässt und somit einen Vorteil im Wettbewerb um die klügsten Köpfe bietet (vgl. Immerschitt und Stumpf 2014, S. 35 ff.; Backhaus und Tikoo 2004).

Als ein mögliches Asset – man könnte in der Begriffswelt des Resource-Based View auch von einer Ressource sprechen – kann in diesem Zusammenhang das **Familienunternehmen als Kategorienmarke** wirken (vgl. Craig et al. 2008). Ein wesentliches Ziel der Entwicklung einer Positionierung auf dem Arbeitsmarkt ist es, die spezifische Unternehmensidentität herauszuarbeiten, zu gestalten und für Mitarbeiter und Bewerber transparent zu machen. In der Kommunikation mit Mitarbeitern und potenziellen Bewerbern ist es wichtig, die besonderen Vorteile der Arbeitsbedingungen in mittelständischen Unternehmen hervorzuheben. Dabei ist es unerlässlich – aber in mittelständischen Unternehmen noch lange nicht selbstverständlich –, auch „neue" Medien wie das Internet zu nutzen und die zukünftigen Fach- und Führungskräfte direkt an den Hochschulen anzusprechen. Letztendlich ist aufgrund des sich verschärfenden Fachkräftemangels in den nächsten Jahren mit einem deutlichen Bedeutungszuwachs des Personalmarketings in mittelständischen Unternehmen zu rechnen.

4.1.2.3 Personalauswahl und Retention-Management – die Richtigen gewinnen und halten

Auch in Bezug auf **Rekrutierungswege** lassen sich deutliche Unterschiede zwischen Mittelstand und Großkonzernen diagnostizieren. Während sich Bewerber in Großkonzernen vielfach durch methodisch ausgefeilte Assessment-Center begeben müssen, findet in kleinen Unternehmen häufig eine „sozial vermittelte Rekrutierung" statt (vgl. Behrends und Martin 2005, S. 166). Hierunter ist zu verstehen, dass Belegschaftsmitglieder quasi als Bürgen für neue Kollegen auftreten, was eine nicht zu unterschätzende Qualitätssicherungsfunktion beinhaltet.

Die Personalauswahl unterscheidet sich zwischen Großunternehmen und Mittelstand auch in weiteren zentralen Aspekten. Zunächst einmal bedeutet die Personalbeschaffung für ein Unternehmen hohe **Kosten mit fixem Charakter**. Aus Sicht eines Unternehmens bedeutet dies, dass bei Fehlbesetzungen „sunk costs" auftreten, die das Budget belasten. Insbesondere bei kleinen und mittleren Unternehmen fallen solche Fixkosten stärker ins Gewicht. Hieraus lässt sich begründen, warum mittelständische Unternehmen bei der Beschaffung von Personal **risikoavers** agieren (vgl. Reinemann 2002, S. 50 ff.). Die bereits angesprochene sozial vermittelte Rekrutierung ist somit eindeutig als Instrument zur Risikoreduktion zu verstehen.

Um das Risiko von Fehlbesetzungen weiter zu reduzieren, wird bei der Besetzung von Schlüsselpositionen zumeist auf Mitarbeiter des eigenen Betriebes oder von Konkurrenzunternehmen zurückgegriffen. Aus diesem Grund haben Führungskräfte mit einer Konzernkarriere mit erheblichen Einstiegsproblemen im Mittelstand zu kämpfen. Als wesentliche Barrieren erweisen sich dabei häufig die unterschiedliche Unternehmenskultur, beträchtliche Differenzen im Gehaltsniveau und den Versorgungsleistungen sowie unterschiedliche Arbeitsstile. Die Unterschiede im Arbeitsstil drücken sich nicht zuletzt darin aus, dass Führungskräfte in mittelständischen Unternehmen seltener Aufgaben delegieren können und einen großen Teil der Arbeit selbst erledigen können bzw. müssen.

Anforderungen in Familienunternehmen und Konzernen: Vergleich zweier Stellenanzeigen

Beispiel 1:

Unser Auftraggeber, Tochter einer französischen Gruppe, ist führend in der Entwicklung, Produktion und im Vertrieb von technischen Lösungen und Produkten im Nutzfahrzeugbereich. Als Spezialist für Kunststoffanwendungen im Fahrzeugbau bekannt, verfügt das Unternehmen über eine große Produktpalette für Transportfahrzeuge. Um die bestehende Marktposition weiter auszubauen, suchen wir für unsere deutsche Niederlassung eine überzeugende Persönlichkeit (m/w) für die Position als

Geschäftsführer/in Deutschland

Ihre Aufgaben:

In dieser Position verantworten Sie die gesamte Tochter in Deutschland und übernehmen die Verantwortung für das operative Geschäft. Sie sind an der Führung der ca. 70 Mitarbeiter beteiligt. Sie treiben aktiv die Entwicklung und Umsetzung der nationalen Vertriebsstrategie voran und verstehen es kompetent, das Unternehmen und seine Vision auf allen Ebenen souverän zu vertreten. Sie identifizieren zusätzliche Kunden, realisieren neue Konzepte und erstellen zukunftsorientierte Businesspläne. Sie berichten direkt an den Präsidenten der Gruppe und an den Vorstand in Frankreich; dabei kommunizieren Sie eng mit Ihren Kollegen auf internationaler Ebene.

Die Anforderungen:

Sie sind eine Persönlichkeit, die auf eine fundierte operative Führungs- und Vertriebserfahrung zurückgreift und sich bereits erfolgreich im Bereich der Automobil-/Nutzfahrzeugindustrie oder einer artverwandten Branche etabliert hat. Sie verfügen über einen adäquaten akademischen Abschluss und entsprechende kaufmännische Kenntnisse, um die kompetente Leitung des Unternehmens zu übernehmen. Aufgrund der internationalen Ausrichtung des Unternehmens sind gute Englischkenntnisse in Wort und Schrift selbstverständlich. Französisch wäre vorteilhaft. Sie überzeugen Ihre Mitarbeiter mit Ihrer authentischen Persönlichkeit und setzen Visionen und Ziele gewinnorientiert um. Sie arbeiten gerne in einem internationalen Umfeld und identifizieren sich mit der französisch geprägten Unternehmenskultur.

Das Angebot:

Wir bieten Ihnen die attraktive Perspektive, den nächsten Schritt in die Gesamtverantwortung zu machen. Sie haben die Möglichkeit, Ihre operativen Erfahrungen erfolgreich einzusetzen und sich in der strategischen Unternehmensführung zu etablieren. Die Dotierung der Position ist der Verantwortung entsprechend gestaltet und bildet die solide Basis für eine langfristig erfolgreiche Entwicklung im Unternehmen.

Fühlen Sie sich angesprochen? Dann wenden Sie sich an Ihren Ansprechpartner der „Recruiting international" in Frankfurt.

Beispiel 2:

Mein Mandant ist eine traditionsreiche, in Familieneigentum befindliche Gesellschaft mit deutschen und ausländischen Tochterunternehmen und Werken. Die Unternehmensgruppe zählt mit einem Geschäftsvolumen von fast einer halben Milliarde Euro und mehreren 1000 Beschäftigten zu den führenden Adressen in einem speziellen Marktsegment der Pharmaindustrie. Die gesunde Selbstfinanzierungskraft sichert seit Jahren das kontinuierliche weltweite Wachstum. Mit rund 30 % Anteil ist die Unternehmensgruppe in ihrer Branche Weltmarktführer. Schlüsselkompetenzen sind innovative Forschungs- und Entwicklungsleistungen mit Schwerpunkt in der Gesundheitsprävention und -regeneration. Hochmoderne Prozess- und Anwendungstechnik machen das Unternehmen zum Technologieführer, wodurch es Standards für die Branche setzt. Langjährige und dauerhafte Kundenbeziehungen prägen die Vertriebsaktivitäten. Technische Innovation, kundennahe Marktbearbeitung sowie eine bodenständige, leistungsfördernde und anerkennende Kultur sind wesentliche Merkmale des Geschäftskonzepts. Die strategischen Anforderungen werden von einer Managementholding erfüllt, die von drei Vorstandsmitgliedern geleitet wird. Es handelt sich um eine gemischte Führung aus Familienmitgliedern und externen Führungskräften.

Die Stärkung und der Ausbau der Marktposition weltweit, die Gestaltung der Unternehmensstrukturen und -prozesse über die markt- und kundenorientierte Bündelung aller Kompetenzen sowie die Pflege und der Ausbau des bestehenden Netzwerkes der Entscheider im Markt sind maßgebliche Ziele in der Funktion des/der Vorstandsvorsitzenden. Hierzu obliegt ihm/ihr gemeinsam mit dem Gesellschafterausschuss die Federführung bei der Festlegung der Unternehmensziele, der Unternehmensstrategie sowie deren Umsetzung und nicht zuletzt die weitere Entwicklung der Managementstruktur und -kultur sowohl im In- als auch im Ausland als wesentlicher Beitrag zum Geschäftsausbau und zur Weiterentwicklung des Gesamtunternehmens.

Vorsitzende/r des Vorstandes

Vor diesem Hintergrund suche ich das Gespräch mit Persönlichkeiten, die bereits als Vorsitzende/er der Geschäftsführung oder Vorsitzende/er des Vorstandes eines international agierenden Unternehmens tätig sind. Auf Basis langjähriger Berufserfahrung im gehobenen Management, idealerweise in Familienunternehmen, vermögen Sie die Aktivitäten des Unternehmens ergebnissicher zu führen, auch mit nachweislich operativen Erfolgen durch Entwicklung und Umsetzung von Maßnahmen zur Korrektur geschäftlicher Fehlentwicklung, wünschenswerterweise in der Pharma- oder Chemieindustrie. Als erfolgreiche Führungspersönlichkeit haben Sie Respekt vor Werten und gesellschaftlicher Verantwortung; Sie leben in beruflichen Situationen das vor, was Sie von anderen erwarten, wissen Macht- und Interessenlagen richtig einzuschätzen und eine Vielfalt von Lebens- und Berufserfahrungen,

Sichtweisen und Werten in die Unternehmenspolitik einzubeziehen. Zur Umsetzung der Unternehmensziele verfügen Sie über das Gespür im Umgang mit Vorstandskollegen, Gesellschaftern und deren Vertretern in Aufsichtsgremien.
Dr. Meier & Partner Wirtschaftsprüfungsgesellschaft
Aufgabe:
Vergleichen Sie die Anforderungen an die Führungskraft und die Darstellung der Unternehmensstruktur und -kultur!

Diese beiden (anonymisierten) Stellenanzeigen verdeutlichen wesentliche Unterschiede in den Anforderungen von Familienunternehmen und Großunternehmen. Einige Aspekte seien trotzdem an dieser Stelle noch einmal explizit genannt:

- Die Ansprüche an Mitarbeiter sind in mittelständischen Unternehmen eher **generalistisch** ausgeprägt, da die Personalstruktur selten Raum für hoch spezialisierte Arbeitskräfte bietet.
- Mitarbeiter, gerade in KMU, verfügen eher über **Mehrfachqualifikationen**, die sie für verschiedene Funktionen oder Stellen qualifizieren (vgl. Reinemann 2002, S. 51). Aus diesem Grund wird von Bewerbern eine möglichst breite, konkret verwertbare praktische Fachkompetenz erwartet.
- Komplexe Einarbeitungen oder gar **Traineeprogramme** stellen eine absolute **Ausnahme** dar (vgl. Bundesagentur für Arbeit 2007, S. 87).

Die Qualifikationsstruktur der Spitzenpositionen ist in vielen mittelständischen Unternehmen noch durch Mitarbeiter mit **technischer Qualifikation** geprägt. Vor dem Hintergrund der Einbindung auch in das operative Geschäft ist dies in vielen Bereichen der mittelständischen Industrie nachvollziehbar. Bei der zu übernehmenden unternehmerischen Verantwortung nimmt allerdings die Bedeutung von Managementqualifikationen immer mehr zu.

Ein nicht zu unterschätzender Faktor bei der Besetzung von Führungspositionen in KMU ist die Übereinstimmung der Persönlichkeit des Bewerbers mit der Kultur des Unternehmens. Im Auswahlverfahren geht es daher in KMU wesentlich stärker um den sogenannten **Nasenfaktor** und das Bauchgefühl des Unternehmers als in großen Unternehmen. Während sich in Großkonzernen Beziehungsprobleme durch eine Versetzung lösen lassen, ist dies in mittelständischen Unternehmen selten möglich (vgl. Bundesagentur für Arbeit 2007, S. 87).

Ein wesentlicher Aspekt der hier wiedergegebenen Stelle eines Familienunternehmens ist allerdings außergewöhnlich; selten ist es in mittelständischen Unternehmen möglich, in die Spitze der Unternehmensleitung vorzudringen. Da bei eigentümergeführten Unternehmen in der Regel eine interne Führungsnachfolge angestrebt wird, sind die obersten Führungspositionen für Nichtfamilienmitglieder häufig unerreichbar. Dies gilt in besonderem Maße für kleine und mittlere Unternehmen. Auf der anderen Seite ist es in kleinen und mittleren Unternehmen durchaus üblich, dass geeignete Mitarbeiter (schneller als in Großunternehmen) Karrieresprünge auf verantwortungsvolle Ebenen machen.

Aufgrund der hohen Kosten, die mit Einstellungsverfahren verbunden sind, legen mittelständische Unternehmen Wert auf eine **langfristige Bindung der Mitarbeiter**. Fluktuation ist daher unerwünscht. Das klassische Job-Hopping, welches von jungen Akademikern betrieben wird, ist in mittelständischen Unternehmen nicht gern gesehen.

4.1.2.4 Arbeitsbedingungen in mittelständischen Unternehmen – Geld ist nicht alles

Bereits die Diskussion zur Mittelstandshypothese zeigte einen wesentlichen Unterschied in den Arbeitsbedingungen zwischen KMU und Großunternehmen auf (Abschn. 4.1.2): Einerseits werden in kleinen Unternehmen besonders viele Arbeitsplätze geschaffen, andererseits werden durch Schrumpfungsprozesse und Marktaustritte viele Arbeitsplätze vor allem im Segment der Kleinunternehmen wieder abgebaut. Die Interpretation, dass die Arbeitsplatzsicherheit im Mittelstand niedriger sei als in Großunternehmen, würde allerdings in die Irre leiten. Dies betrifft nur die quantitative Dimension des Mittelstandsbegriffs. Vielmehr dokumentieren die Ergebnisse empirischer Untersuchungen eine **hohe Beschäftigungsstabilität** in eigentümerkontrollierten und -geführten Unternehmen (vgl. Block 2010, Bassanini et al. 2013). Die in diesen Unternehmen engen Sozialbeziehungen führen demnach zu einem engen, man könnte auch formulieren **paternalistischen** Verhältnis von Unternehmer und Mitarbeiter.

Für eine ausgewogene Beurteilung der Arbeitsbedingungen in mittelständischen Unternehmen müssen aber noch einige weitere Dimensionen betrachtet werden. Deskriptive Analysen von KMU steuern bei der Beschreibung der Arbeitsbedingungen automatisch auf ein **Defizitmodell** zu (vgl. Behrends und Martin 2005, S. 161 ff.). Ganz zentral ist dabei das Kernelement der **materiellen Anreize**, bei denen kleine Unternehmen in der Entgelthöhe deutlich schlechter abschneiden als Großunternehmen. Dies betrifft nicht nur die Löhne und Gehälter bei bestehenden Arbeitsverhältnissen, sondern insbesondere auch die Einstiegsgehälter für junge Akademiker nach dem Studienabschluss. Auch sind die Lohnzusatzkosten, die auch freiwillige Sozialleistungen enthalten, in kleineren Unternehmen niedriger. Dies ist unter anderem damit zu begründen, dass KMU deutlich seltener der Tarifbindung unterliegen (vgl. Ellguth und Kohaut 2017). Auch Systeme der materiellen Mitarbeiterbeteiligung finden sich vorwiegend bei Großunternehmen. Aus materieller Perspektive sind somit Mitarbeiter im Großunternehmen deutlich besser gestellt als in einem KMU.

Als Folge flacher Hierarchien sind interne Karriereleitern in mittelständischen Unternehmen deutlich schwächer ausgeprägt als in hierarchisch tief gegliederten Großunternehmen (vgl. Reinemann 2002, S. 48 ff.). Daraus folgt nahezu zwangsläufig, dass mittelständische Unternehmen auch weniger in die Weiterbildung ihrer Mitarbeiter investieren. Denn eine Qualifikation, die auch in anderen Unternehmen verwendet werden kann, wird wahrscheinlich zu einem Arbeitsplatzwechsel führen, da Mitarbeiter mittelständischer Unternehmen häufig nur so einen Schritt weiter auf der Karriereleiter machen können.

Auch die geringere Institutionalisierung der Personalfunktion einerseits und der betrieblichen Interessenvertretung in Form von Betriebsräten andererseits trägt tendenziell zu einem geringeren Einsatz personalwirtschaftlicher Instrumente bei (vgl. Kay 2007,

S. 255) und lässt damit die Arbeitsbedingungen im Mittelstand in einem eher negativen Licht erscheinen (vgl. Neckebrouck et al. 2018).

Diese Beschreibung der Arbeitsbedingungen in KMU lässt die Frage aufkommen, warum dennoch so viele Mitarbeiter in diesen Betrieben ihre berufliche Heimat finden. Es müssen überzeugende positive Aspekte existieren, die einen Anreiz für potenzielle Beschäftigte darstellen.

Wenn auf der einen Seite Nachteile bei materiellen Anreizen bestehen, so existieren auf der anderen Seite **immaterielle Anreize**, die insbesondere bei der Aufgabengestaltung zu suchen sind. Mitarbeiter in kleineren Unternehmen besitzen bspw. deutlich größere Möglichkeiten, bei der Ausgestaltung ihres Arbeitsplatzes mitzuwirken (vgl. zum Folgenden Behrends und Martin 2005, S. 166). Auch die Autonomie bei der täglichen Arbeit wird in kleineren Unternehmen als deutlich höher empfunden als in Großunternehmen.

Zudem bestehen bessere Möglichkeiten, in Unternehmensentscheidungen eingebunden zu sein, da der direkte Kontakt zu den entscheidenden Hierarchieebenen leichter zu knüpfen ist als in Großunternehmen. Gerade in ländlich geprägten Regionen kommt ein nicht zu unterschätzender Aspekt hinzu: Mittelständische Unternehmen bieten häufig die einzige räumlich nahe gelegene Arbeitsmöglichkeit an.

Wenn die Gesamtsituation der Arbeitsbedingungen im Mittelstand gewertet werden soll, dann gerät ein einfacher Katalog an seine Grenzen, denn es hängt immer von der **individuellen Nutzenbewertung** des potenziellen Mitarbeiters ab, welche Argumente für ihn schwerer wiegen. Auf Basis der Analyse des sozioökonomischen Panels lassen sich jedenfalls keine signifikanten Unterschiede in der Arbeitszufriedenheit zwischen Arbeitnehmern kleiner, mittlerer oder großer Unternehmen feststellen (vgl. KfW 2010, S. 116).

Praxisbeispiel: Vereinbarkeit von Familie und Beruf: Unternehmensgenossenschaft baut Kindertagespflege

Zu den Sozialleistungen eines Betriebes gehören bspw. Maßnahmen zur Vereinbarkeit von Familie und Beruf. Auch an dieser Stelle treffen KMU auf ein Problem, das im Wesentlichen mit der Unternehmensgröße zusammenhängt. Viele Instrumente der Förderung der Vereinbarkeit von Familie und Beruf sind mit unteilbaren Faktoreinsätzen verbunden, die sich erst ab einer bestimmten Unternehmensgröße amortisieren. Aus diesem Grund ist es nicht verwunderlich, dass ein deutlicher Zusammenhang zwischen Unternehmensgröße und dem Einsatz von Maßnahmen der Familienfreundlichkeit besteht (vgl. BMWi 2012). Kreative Lösungen im Netzwerk erlauben es mittelständischen Unternehmen, das Niveau der Leistungen für die Mitarbeiter deutlich zu steigern.

Im Oldenburger Gewerbegebiet Tweelbäke haben sich rund 30 Unternehmen zu einer Genossenschaft Mühlengarten zusammengeschlossen. Monatlich zahlen sie zusammen 3000 Euro an das Deutsche Rote Kreuz, das eine Kindertagespflege betreibt und das Betreuungspersonal stellt. Der Grundbeitrag für jedes Unternehmen liegt bei 50 Euro monatlich, Unternehmen ab einer bestimmten Mitarbeiterzahl zahlen eine zusätzliche Pauschale je Mitarbeiter in die Genossenschaft ein.

Quelle: www.kofa.de

Natürlich darf an dieser Stelle nicht unterschätzt werden, dass die Arbeitsbedingungen in mittelständischen Unternehmen extrem variieren. In einem jungen Softwareunternehmen sind mit hoher Wahrscheinlichkeit andere Arbeitsbedingungen vorzufinden als in einem traditionellen Handwerksunternehmen.

4.1.2.5 Nachhaltige Personalentwicklung

Eine **nachhaltige Personalentwicklung** setzt bei der frühzeitigen Deckung des Fach-kräftebedarfs aus der betrieblichen Ausbildung an. Auch wenn über 80 % der Auszubil-denden in mittelständischen Unternehmen beschäftigt sind, heißt dies noch nicht, dass jedes mittelständische Unternehmen auch tatsächlich Ausbildungsplätze anbietet. Nach Analysen des Bundesinstituts für Berufsbildung bilden nämlich nur 38 % der Kleinbe-triebe mit weniger als 5 Beschäftigten aus, während dies bei Betrieben zwischen 250 und 499 Beschäftigten fast 80 % tun (vgl. Bertelsmann Stiftung 2017, S. 17; siehe Abb. 4.10). Über eine weitere Verstärkung der beruflichen Erstausbildung kann somit auch in KMU unternehmensintern für beruflichen Nachwuchs gesorgt werden.

Da jedoch viele kleine Unternehmen die **Voraussetzungen für betriebliche Ausbil-dung** nicht erfüllen können, sind häufig überbetriebliche Kooperationen und Ausbildungs-verbünde notwendig. Nicht vernachlässigt werden kann an dieser Stelle das Problem, dass es sich bei der Berufsausbildung um eine allgemeine Qualifikation handelt, deren Nutzen individuell auch durch einen Wechsel zu einem anderen Arbeitgeber erzielt werden kann.

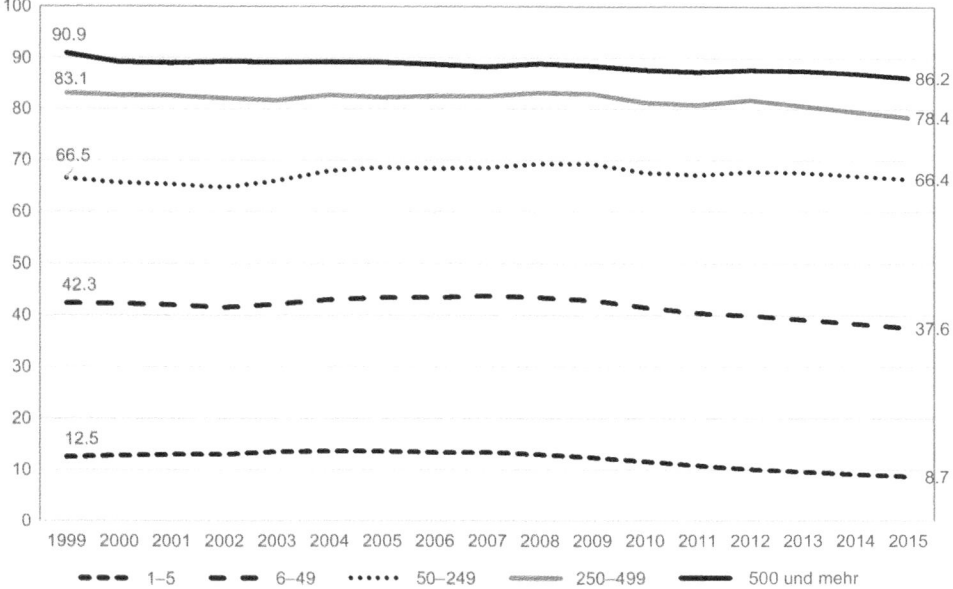

Abb. 4.10 Ausbildungsbetriebsquote nach Betriebsgröße 1999–2015 in %. (Quelle: Bertelsmann Stiftung 2017, Tabellenanhang 4A)

Dieses Dilemma kann nur dadurch gelöst werden, dass auch nach der Ausbildung weiterhin konkurrenzfähige Arbeitsbedingungen geboten werden.

Zu einer nachhaltigen Personalentwicklung gehört auch eine **konsequente Weiterbildung** der Mitarbeiter. Die empirischen Belege für eine unterproportionale Weiterbildungsbeteiligung von KMU sind vielfältig und können als gesichert angesehen werden (vgl. bspw. Leber 2009; Mesaros et al. 2009; Reinemann 2002). Auch in der Weiterbildung sind mittelständische Unternehmen mit der Problematik konfrontiert, dass sie die Voraussetzungen für bestimmte Weiterbildungsformen nicht schaffen können. Dies betrifft insbesondere innerbetriebliche Maßnahmen in Form von Seminaren oder Schulungen. Selbst wenn externe Angebote in Anspruch genommen werden sollen, ergibt sich aus Sicht vieler kleiner Unternehmen eine **Freistellungsproblematik**, da betriebliche Abläufe die Anwesenheit aller Mitarbeiter voraussetzen. Aus diesem Grund greifen insbesondere KMU auf arbeitsplatznahe oder selbstorganisierte Lernformen zurück (vgl. Reinemann 2002).

Hinzuweisen ist an dieser Stelle auf neuere Lernformen, die softwaregestützt bzw. über das Internet angeboten werden. Im **E-Learning** oder auch im **Fernstudium** lassen sich mittlerweile verschiedenste Qualifikationen erwerben, ohne dass sich aus betrieblicher Sicht eine besondere Freistellungsproblematik ergibt.

4.1.2.6 Führungskultur und Führungsverhalten

Die zu Anfang geführte Diskussion um die Arbeitsbedingungen in KMU endete mit der Zusammenfassung, dass bei dem eher geringeren Niveau der materiellen Anreize in KMU immaterielle Anreize existieren, die ein Beschäftigungsverhältnis im Mittelstand durchaus attraktiv erscheinen lassen. Angesprochen waren in diesem Zusammenhang schon die üblicherweise herrschenden engen **Sozialbeziehungen**. Ein häufig angewandtes Konstrukt zur Beschreibung dieser Sozialbeziehungen ist das sog. **Betriebsklima**. Dabei geht es um die subjektive Bewertung des Verhältnisses der Arbeitnehmer zu ihrem jeweiligen Arbeitgeber (vgl. zum Folgenden Martin et al. 2008, S. 46).

Das in der Summe entstehende und von den Mitarbeitern empfundene Betriebsklima ist eng verwoben mit dem herrschenden Klima im sozialen Nahbereich, d. h. in der jeweiligen Abteilung, welches wiederum einen Einfluss auf das betriebliche Gesamtklima hat (vgl. Martin et al. 2008, S. 46). Je überschaubarer und enger die sozialen Beziehungen in einem Unternehmen sind, desto stärker sind auch die Wechselbeziehungen und der daraus gebildete **Gesamteindruck des Betriebsklimas**. In mittelständischen Unternehmen dient die Wahrung des als positiv empfundenen Betriebsklimas als eine Art **Substitut** für die tendenziell **niedrigeren materiellen Anreize**. In mittelständischen Unternehmen werden diese engen Sozialbeziehungen als ein wesentlicher Teil der Unternehmenskultur und auch der sozioemotionalen Werte der Eigentümer gesehen (vgl. Berghoff 2006 oder Hauck et al. 2016).

Die **sozialen Beziehungen** in einem Unternehmen werden von vier Variablen beein-flusst. Dies sind zum einen die ökonomischen Kategorien von **Nutzen und Fairness**. Aus der – egoistischen – Sicht eines jeden Organisationsmitglieds muss durch den Beitrag zum Unternehmen ein entsprechender Nutzen entstehen. Dieser Kategorie steht die eher soziale Erwartung der Fairness gegenüber, die eine Ungleichbehandlung bestimmter Individuen oder Gruppen ausschließen soll. Die sozialen Aspekte von **Macht und Integration** stehen dem gegenüber. Hier muss ein Ausgleich zwischen den integrativen Kräften der Orientie-rung an der Gemeinschaft und dem legitimen Streben nach Macht und Einfluss gefunden werden. Eigentümergeführten Unternehmen wird insgesamt eine **hohe Identifikation der Mitarbeiter** mit dem Unternehmen unterstellt, und diese werden sprichwörtlich als Teil der Familie angesehen (vgl. Hauck et al. 2016).

Praxisbeispiel: LEGO im Transformationsprozess

Das Unternehmen LEGO zählt zu den großen Traditionsmarken des Spielzeugge-schäfts. Gegründet von einem tüftelnden Tischler im Jahre 1932, wurde es von der zweiten Generation in der Nachkriegszeit zu einem Unternehmen mit Weltruhm aus-gebaut. In der dritten Generation geriet LEGO im Jahre 1998 erstmals in die roten Zahlen – eine negative Entwicklung, die sich in den folgenden Jahren fortsetzen sollte. Die Familie trennt sich vom damaligen Vorstandsvorsitzenden und ein Familienmit-glied greift wieder in das operative Geschäft ein. Joergen Vig Knudstorp macht als junger Manager auf sich aufmerksam und leitet als Interims-Finanzvorstand die Re-strukturierung. Als messerscharfer Analytiker mit einer MBA-Ausbildung und einer Karriere in der Unternehmensberatung ist er eine Idealbesetzung …

… und verkauft die LEGO-Freizeitparks, wirft T-Shirts, Uhren und Bücher aus dem Sortiment und lässt sie andere Hersteller gegen Lizenzgebühren produzieren. Er schließt eine Fabrik in der Schweiz und baut Stellen in Dänemark ab. Die Outsourcing-strategie gipfelt in der Vergabe von Aufträgen an einen Auftragsproduzenten aus Asien, der neue Werke in Osteuropa aufbaut.

Doch ein Schlüsselerlebnis führt zu einem Umdenken des Managers. Der Eigentü-mer nimmt den Manager zu einem Treffen von LEGO-Fans in den USA mit, und der Manager lernt, was er später als die „Seele von LEGO" bezeichnet – wie viel Kraft in einer einfachen Geschäftsidee steckt, die schon seit einem halben Jahrhundert existiert, und welche Stärke in der engen Kundenbindung liegt. Nach und nach wächst in ihm das Verständnis für die Grundlagen und Vorteile einer authentischen Unternehmenskultur und hoher Qualität – und für die Kehrseite niedriger Lohnkosten. Im Jahr 2009 voll-zieht der Manager die Kehrtwende zum Insourcing. Inzwischen beschäftigt LEGO wie-der mehr Mitarbeiter als vor der Krise.

Quelle: FAZ vom 13. März 2010, C3

4.2   Positionierung in Markt und Wettbewerb

In der Wachstumsphase eines Unternehmens wird die Unternehmensführung mit der Herausforderung konfrontiert, das eigene Unternehmen nachhaltig am Markt zu etablieren. Die Existenz mittelständischer Unternehmen kann ihre Berechtigung nur finden, wenn diese Unternehmen sich im **Wettbewerb mit Großunternehmen** durch spezifische Vorteile durchsetzen können. Damit ist die Frage eines charakteristischen strategischen Codes dieser Unternehmen verbunden. Gibt es demnach Unterschiede in der **Markt- und Strategieorientierung des Mittelstands**, die sie von Großunternehmen fundamental unterscheidet? Wie werden diese Strategien in mittelständischen Unternehmen entwickelt? Oder anders formuliert: Existieren ein oder mehrere Erfolgsfaktor(en), an denen die Unternehmensstrategie bzw. das Managementhandeln ausgerichtet werden kann?

Diese Fragestellung wird von der **Erfolgsfaktorenforschung** untersucht. Neben methodischen Aspekten zum Vorgehen, aber auch der Kritik an diesem Forschungszweig, werden in Abschn. 4.2.4 typische Strategiemuster mittelständischer Unternehmen beschrieben. Darüber hinaus wird untersucht, ob es bezogen auf Marketingaktivitäten besondere Strukturen bei mittelständischen Unternehmen gibt. Diskutiert werden insbesondere die Aktivitäten bei der Einführung von Produkten sowie die Steuerung der Kundenbeziehung. Diese Aspekte sind eng mit den Stichworten Kundennähe und Serviceorientierung verbunden.

Lernziele
Wenn Sie diesen Abschnitt durchgearbeitet haben, können Sie

- die Zielrichtungen der betriebswirtschaftlichen Erfolgsfaktorenforschung erklären,
- den Entwicklungsprozess von Strategien erläutern,
- verschiedene Formen der Strategieentstehung unterscheiden,
- beurteilen, welche Strategiealternativen eher für KMU und welche eher für Großunternehmen geeignet sind,
- das Konzept der Hidden Champions erläutern und kritisch hinterfragen,
- verschiedene Konzepte wie Kundennähe und Serviceorientierung unterscheiden,
- die Grenzen der Erfolgsfaktorenforschung beurteilen.

4.2.1   Erfolgsfaktoren in der Unternehmensführung

Die Suche nach **Erfolgsfaktoren** in der Unternehmensführung beschäftigt die Betriebswirtschaftslehre seit Anbeginn ihrer Institutionalisierung. Gibt es einige wenige Merkmale von Unternehmen, an denen sich das Management orientieren kann, um die eigene Unternehmung in die Erfolgsspur zu führen? Im Kontext dieses Lehrbuchs muss diese Frage noch weiter präzisiert werden: Welche Faktoren zeichnen mittelständische Erfolgsunternehmen aus?

Grundsätzlich ist bei dieser Fragestellung zunächst einmal festzuhalten, dass das Modell der eigentümergeführten Unternehmen per se kein Erfolgsgarant sein kann. Jüngste Beispiele zeigen, dass auch **Familienunternehmen** vor dem **Scheitern** nicht gefeit sind. Auch die überproportionale Betroffenheit von KMU im Insolvenzgeschehen widerspricht einer solchen einfachen Formel.

Allerdings konnte die Erfolgsfaktorenforschung in den vergangenen Jahrzehnten eine Reihe von Ansätzen hervorbringen, die wesentliche Merkmale von erfolgreichen Unternehmen herausgearbeitet haben. Sozusagen der Archetyp der Erfolgsfaktorenforschung ist das **PIMS-Programm** (Profit Impact of Market Strategies). In diesem Forschungsprojekt, dessen Ursprung bis in die 60er-Jahre des vergangenen Jahrhunderts zurückreicht, wurden mehrere tausend Strategische Geschäftseinheiten untersucht (vgl. Müller-Stewens und Lechner 2016, S. 315).

Ziel war es, aus einer größtmöglichen Zahl von Unternehmensdaten Regelmäßigkeiten abzuleiten, die generelle Empfehlungen für die Strategieentwicklung zulassen. Diese Daten wurden ausgewertet und zu einer Reihe von Erfolgsfaktoren verdichtet, die Erfolgskennzahlen der Geschäftseinheiten (ROI, Cashflow) positiv beeinflussen.

Die wichtigsten positiven Einflussfaktoren auf den **Return on Investment** in dieser Untersuchung waren:

- Marktwachstumsrate,
- hohe Produktivität, ausgedrückt in Wertschöpfung je Beschäftigtem,
- Höhe des Marktanteils,
- relative Produktqualität.

Das Forschungsprogramm der University of Massachusetts wurde viel beachtet, insbesondere weil die Erkenntnisse mit den gängigen Ansätzen des Strategischen Managements übereinstimmten. Beispielsweise liefert die Erkenntnis der positiven Wirkung des Marktanteils einen empirischen Beleg für die weitverbreiteten **Portfolioansätze** in der strategischen Beratung (BCG-Matrix).

Abgesehen vom inhaltlichen Einfluss der Ergebnisse lieferte diese Untersuchung auch eine **methodische Blaupause** für eine Reihe weiterer Untersuchungen, in denen der Einfluss bestimmter Variablen auf unabhängige Erfolgsvariablen geprüft wurde. Diese quantitativ ausgerichteten Untersuchungen – als eine Spielart der Erfolgsfaktorenforschung – werden ergänzt durch qualitativ ausgerichtete Methoden.

Besondere Bedeutung kommt in diesem Forschungszweig der **Auswahl der Stichprobe** zu. So können neben einer Analyse erfolgreicher Unternehmen auch Misserfolge, Kontrastgruppen oder die Gesamtheit der Unternehmen betrachtet werden. Bevor allerdings die Wirksamkeit strategischer Entscheidungen insbesondere in mittelständischen Unternehmen beurteilt werden kann, muss zunächst einmal der Begriff Erfolg definiert werden.

4.2.2 Erfolg in mittelständischen Unternehmen

Der **Unternehmenserfolg** erscheint als einer der zentralen Begriffe der Betriebswirtschaftslehre zunächst einmal leicht erfassbar. Bei genauerer Betrachtung wird jedoch deutlich, dass er sich einer unmittelbaren Beobachtung entzieht (vgl. zum Folgenden Schmidt 2002, S. 22 ff.). Zur Operationalisierung dieses Begriffs wurde eine Vielzahl von Indikatoren entwickelt und in der Forschung angewandt. Dabei ist das Vorgehen des PIMS-Programms nur eine von vielen Möglichkeiten. Neben **Rentabilitätsgrößen** sind **Wachstumsmaße** die am häufigsten verwendeten Erfolgsgrößen. Dennoch bleibt die Heterogenität und das fehlende theoretische Fundament der verwendeten Erfolgsindikatoren ein wesentlicher Kritikpunkt an dieser Forschungsrichtung.

Begriffliche Unschärfen sind eine weitere wesentliche Problematik dieses Forschungszweigs. Darüber hinaus müssen auch unterschiedliche Sichtweisen auf den Erfolg berücksichtigt werden: Eine **externe Perspektive** liegt dann vor, wenn bspw. der Staat oder auch Kapitalgeber den Erfolg von Unternehmen bewerten. Während der Staat sein Augenmerk auf Indikatoren wie Beschäftigtenzahl, Steueraufkommen oder Selbstständigenquote richten wird, dürfte ein externer Kapitalgeber vor allem finanzielle Interessen verfolgen.

Doch was bedeutet „Erfolg" aus der **(internen) Perspektive** des Unternehmers? Natürlich kommen auch hier unternehmensbezogene Erfolgsindikatoren in Betracht. Gewinnerzielung ist und bleibt das wesentliche Ziel unternehmerischen Handelns. In der Literatur zu Familienunternehmen wird aber ausführlich beschrieben, dass die Entscheidungsprozesse sowohl durch **ökonomische wie auch affektive Überlegungen** getrieben werden (vgl. zum Folgenden Hauck et al. 2016). Während der ökonomische Nutzen in Familienunternehmen manifest, direkt beobachtbar und objektiv messbar ist, sind die affektiven Komponenten latent, nicht direkt messbar und basieren auf subjektiven Wahrnehmungen.

Es ist jedoch in einem hohen Maße die Betonung der **nichtökonomischen Ziele**, die Familienunternehmen von managergeführten Unternehmen unterscheidet (vgl. Daspit et al. 2017). Zu den sozioemotionalen Werten (SEW) zählen der Wunsch nach Identifikation, ein positives Familienimage, eine aktive Rolle im Familienunternehmen und nicht zuletzt die Ausübung von Autorität bzw. Entscheidungsmacht und der Wunsch nach Kontrolle.

Dieses Verhalten mittelständischer Unternehmen kann jedoch auch als wesentlicher Erfolgsfaktor identifiziert werden, weil bspw. Investitionsentscheidungen **langfristig orientiert** getroffen werden können. Management durch Eigentümerunternehmer und Familie ist verbunden mit der Verfügbarkeit von geduldigem Kapital, sog. **Patient Capital** (vgl. Colli 2013). Insgesamt führt dies zu einer **moderaten Risikoneigung**, die eher an einer Erhaltung der Überlebensfähigkeit des Unternehmens orientiert ist als an der Erzielung kurzfristig hoher Renditen. Insofern lässt sich Erfolg nicht in einfachen summarischen Indikatoren abbilden.

Inwiefern der Einfluss einer Familie bzw. eines Eigentümers den wie auch immer gemessenen Erfolg eines Unternehmens fördert oder hemmt, kann als eine zentrale, allerdings auch ungeklärte Frage der Forschung zu Familienunternehmen angesehen werden. Nach wie vor herrscht hierzu kein wissenschaftlicher Konsens (vgl. Pindado und Requejo 2015).

4.2.3   Entstehung strategischer Orientierungen im Unternehmen

Über die Wahl einer **Unternehmensstrategie** existieren in der Betriebswirtschaftslehre eine Reihe – zum Teil auch widersprüchlicher – Erklärungsansätze.

▶ Unternehmensstrategie wird dabei verstanden als die Festlegung langfristiger Ziele und Grundsätze des Unternehmens, die Bestimmung von Maßnahmen und die Allokation der Ressourcen zur Erreichung dieser Ziele. Damit sind zum einen die Zielbildung und zum anderen die Implementierung dieser Ziele in der Organisation angesprochen.

Mintzberg (1999) hat zehn unterschiedliche Schulen identifiziert, die jeweils eine unterschiedliche Erklärung dieses Prozesses liefern. Welge und Al-Laham (2017) hingegen schränkt seine Betrachtungen auf ökonomische Perspektiven, systemtheoretische Perspektiven sowie das rational-entscheidungsorientierte Paradigma ein.

Das wohl einflussreichste Paradigma der Strategieentwicklung ist das **rational-entscheidungsorientierte**. In diesem Ansatz wird erklärt, wie Strategien entwickelt werden sollten (siehe Abb. 4.11). Über das Erkennen der **Chancen und Risiken** und die **Bestimmung der Ressourcen** unter Berücksichtigung der Stakeholderinteressen werden die Strategien formuliert. Die Implementierung wird über organisatorische Prozesse und

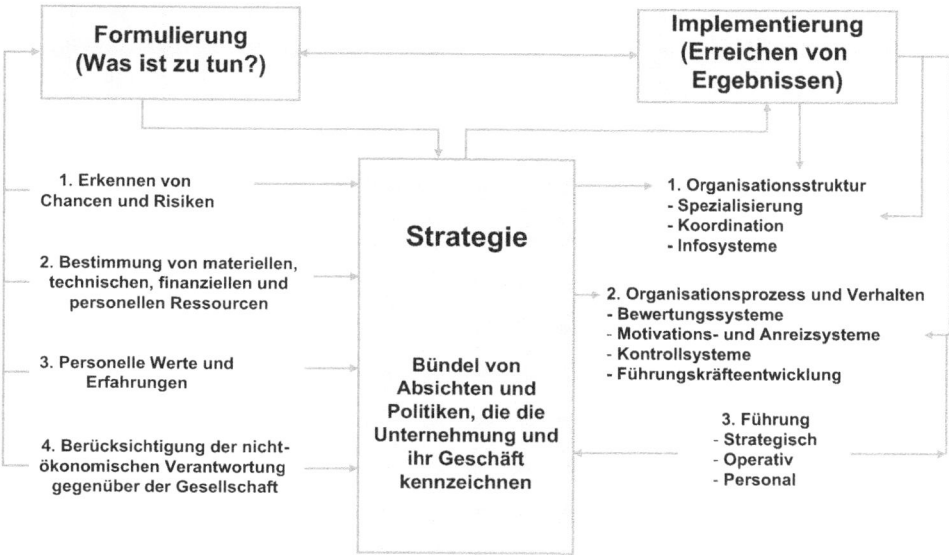

Abb. 4.11 Rational-entscheidungsorientierte Perspektive. (Quelle: Welge und Al-Laham 2017, S. 36)

Strukturen sichergestellt. Ein weiterer wesentlicher Aspekt dieses Strategieprozesses sind die **Führungssysteme** im Unternehmen.

Strategieentwicklung und -implementierung werden hierbei verstanden als ein rationaler Prozess, in dem Manager über die Analyse der Entscheidungssituation und die Entwicklung von Soll-Vorstellungen zu Strategien kommen. Dieses Managementvorgehen setzt Ressourcen in der Unternehmensführung voraus, die in der Lage sind, eine zur Entscheidungsvorbereitung geeignete Informationssuche zu betreiben. In kleinen und mittleren Unternehmen herrschen per Definition andere Verhältnisse (vgl. Pfohl 2013). Die Unternehmensführung verfügt nur über geringe personelle und materielle Ressourcen und ist dementsprechend nicht in der Lage, einen solchen Prozess zu steuern.

Dementsprechend erscheinen für KMU andere Erklärungsmodelle vonnöten. Mintzberg und Waters (1985) liefern mit ihrem Ansatz der **emergenten Strategieentwicklung** ein für mittelständische Unternehmen tragfähiges Modell (siehe Abb. 4.12). Im Unternehmensalltag entwickeln Unternehmer (beabsichtigte) Strategien, die jedoch nur teilweise realisiert werden. Die übrigen bewussten Strategien werden in der Folge umgesetzt. Allerdings gibt es im Managementalltag eine Reihe externer Anlässe und Einflüsse (auch Zufälle), die auf die bewusst umgesetzten Strategien einwirken. Aus einfachen Handlungen und Entscheidungen bilden sich so komplexe Muster und Strukturen. Handlungsergebnisse sind im Vorhinein nicht antizipierbar und allenfalls ex post identifizierbar (vgl. Welter 2008, S. 170 ff.).

In diesem Prozess entstehen für das Management Chancen, die weniger analytischen Prozessen unterliegen, sondern auf Basis von **Intuition** ergriffen werden. Insofern gleichen die Entwicklungs- und Entstehungsmuster strategischen Handelns weniger einem sog. mimetischen Isomorphismus (vgl. Dimaggio und Powell 1983), bei dem die durch Unternehmensberater und Business Schools geprägten Mainstreamstrategien adaptiert werden, sondern werden situationsabhängig und eigenständig erprobt (vgl. Funken und Thoma 2012).

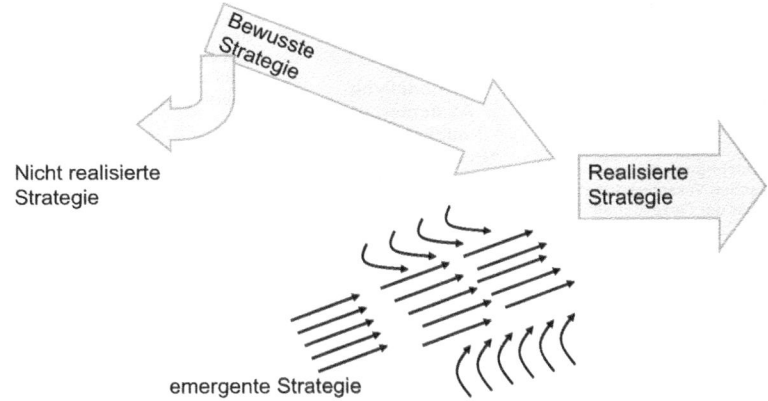

Abb. 4.12 Emergente Strategieentstehung nach Mintzberg. (Quelle: Mintzberg 1999, S. 26)

Die Unternehmensstrukturen in mittelständischen Unternehmen mit einer häufig über-
lasteten, personell knapp ausgestatteten Leitungsspitze scheinen der Vorstellung emergen-
ter Strategien zu entsprechen. So kann realiter beobachtet werden, dass bspw. in Innovationsprozessen (vgl. Abschn. 4.2) oder auch bei der Internationalisierung (vgl. Abschn. 4.4)
der Strategieentstehungsprozess solchen Gesetzen folgt.

Auch wenn die Strategien in mittelständischen Unternehmen emergent entstehen, so
heißt dies nicht, dass sich die Unternehmensführung diese Strategien nicht bewusst
machen sollte. Insbesondere im Kontakt und in Verhandlungen mit Kapitalgebern ist es
wichtig, die Ausrichtung des Unternehmens zu explizieren.

Spätestens wenn es in einem Businessplan notwendig ist, für ein umfangreiches Finanzierungspaket die langfristige Unternehmensausrichtung niederzulegen, kommt ein Unternehmen nicht um diese Aufgabe herum. Problematisch ist für viele Unternehmen, eine
bisher nicht bewusste strategische Orientierung in Worte zu fassen. Aus diesem Grund
werden für diese Aufgabe häufig externe Berater hinzugezogen.

4.2.4 Strategiealternativen im Mittelstand

Wenn Strategien in mittelständischen Unternehmen emergent entstehen und somit mehr
dem intuitiven Ergreifen von Chancen unterliegen, so heißt dies nicht, dass sich keine bestimmten **Muster in den dauerhaften Orientierungen** mittelständischer Unternehmen
erkennen lassen. Eine Typisierung von Wettbewerbsstrategien hat Michael E. Porter
(2008) bereits zu Beginn der 80er-Jahre des letzten Jahrhunderts entwickelt.

Die sog. generischen Wettbewerbsstrategien von Porter lassen drei unterschiedliche
Normstrategien erkennen:

- Differenzierung,
- Kostenführerschaft,
- Fokus.

Während die **Differenzierung** auf der Einzigartigkeit des Leistungsprogramms beruht, die
einen dauerhaften Wettbewerbsvorteil begründet, setzen Unternehmen bei der Wahl der
Kostenführerschaft auf die Standardisierung und Skaleneffekte, die sich in einem Kostenvorteil widerspiegeln.

Neben diesen potenziellen strategischen Vorteilen muss ein Unternehmen das **strategische Zielobjekt** seiner Marktaktivitäten bestimmen. Hierbei kann der **Gesamtmarkt** oder
einen **Nische** gewählt werden. Aus diesen generischen Strategien entsteht das folgende
Portfolio (siehe Abb. 4.13).

Porter postuliert, dass nur bei der Wahl einer dieser Alternativen eine dauerhaft auskömmliche Wettbewerbsposition erzielt werden kann. Gepaart mit dem Marktanteil entwickelt Porter seine **U-Kurve**, nach der eine hohe Rentabilität mit der Strategie der Kostenführerschaft nur erreicht werden kann, wenn zugleich ein hoher Marktanteil erobert
wird.

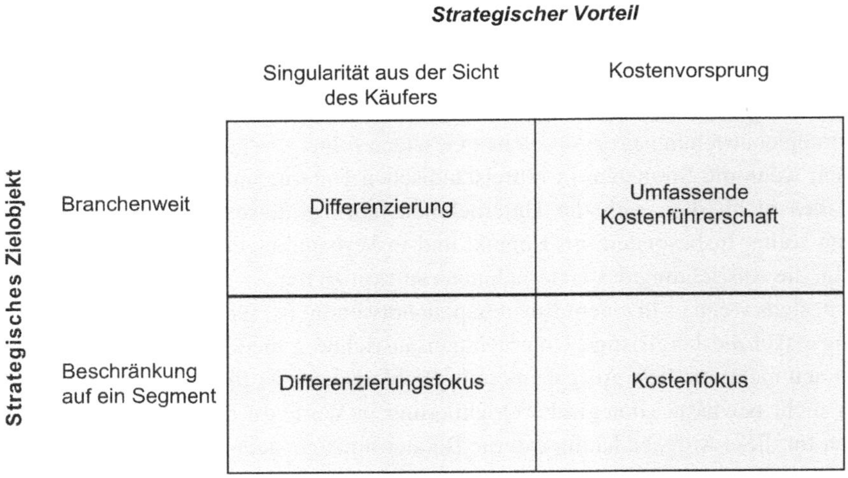

Strategischer Vorteil

	Singularität aus der Sicht des Käufers	Kostenvorsprung
Branchenweit	Differenzierung	Umfassende Kostenführerschaft
Beschränkung auf ein Segment	Differenzierungsfokus	Kostenfokus

(vertikale Achse: Strategisches Zielobjekt)

Abb. 4.13 Generische Wettbewerbsstrategien nach Porter. (Quelle: Welge und Al-Laham 2017, S. 526)

Praxisbeispiel: Grenzenlose Nischen

Das Unternehmen Flexi treibt die Fokussierung auf die Spitze: Das Unternehmen mit 300 Mitarbeitern und einem Umsatz von ca. EUR 50 Mio. produziert Hundeleinen und ist mit einer Präsenz in mehr als 90 Ländern Weltmarktführer. Das Grundprinzip der Rollleine gibt dem Hund gegenüber alternativen Produkten ein deutliches Plus an Bewegungsfreiheit. Mit dieser simpel erscheinenden Idee hat das Unternehmen den Weltmarkt erobert. Das Geheimnis des Erfolges liegt in der Konzentration auf dieses eine Produkt!

Quelle: WirtschaftsWoche Online vom 25.06.2015

Die Strategie der Differenzierung kann hingegen auch bei geringeren Marktanteilen erfolgreich umgesetzt werden. Unternehmen, die diesem Zusammenhang entsprechend ihre Wettbewerbsstrategie nicht ausrichten, befinden sich in einer Situation zwischen den Stühlen („stuck in the middle"; siehe Abb. 4.14).

In diesem Modell ist der unmittelbare Zusammenhang mit den Ergebnissen der PIMS-Forschung zu erkennen. Angesprochen sind die Erfolgsfaktoren der relativen Produktqualität und des relativen Marktanteils. Porter nimmt insofern eine Erweiterung vor, als dass er auch Unternehmensstrategien erkennt, die bei einem geringen Marktanteil hohe Rentabilitäten zulassen.

Vor dem Hintergrund der Ressourcenausstattung mittelständischer Unternehmen, die in vielen Märkten mit internationalen Großkonzernen wie General Electric oder Siemens konkurrieren, erscheint die Wahl einer **Nischenstrategie** nahezu unausweichlich, wenn ein positiver Unternehmenserfolg erzielt werden soll. Empirische Ergebnisse weisen genau in diese Richtung (siehe Tab. 4.5).

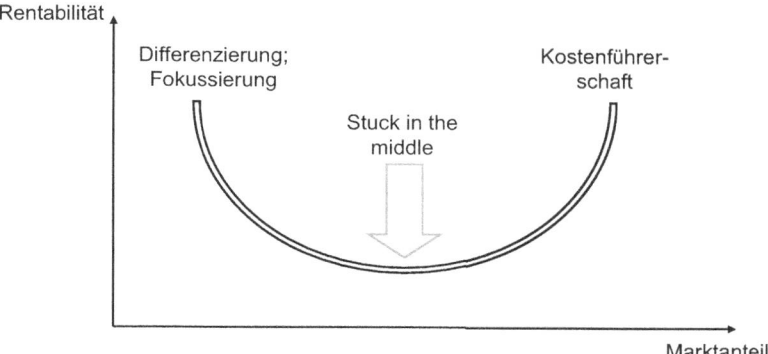

Abb. 4.14 Porters U-Kurve. (Quelle: Welge und Al-Laham 2017, S. 541)

Tab. 4.5 Wettbewerbsstrategien von KMU. (Quelle: Pfohl 2006, S. 146)

Porters generische Strategien	Anzahl Unternehmen
Nische und Differenzierung	64
Differenzierung	17
Nische und Kostenführerschaft	3
Kostenführerschaft	3
Diverse Kombinationen	13
Anzahl Unternehmen	100

Ein Großteil mittelständischer Unternehmen **kombiniert** die generischen Strategien der **Nische** und der **Differenzierung**. Die Kostenführerschaft wird nur von einem verschwindend geringen Prozentsatz gewählt. Wenn auch nicht immer explizit formuliert, so wird diese Strategiekombination auch von Kapitalgebern als erfolgversprechend angesehen.

Praxisbeispiel: Lebensmitteleinzelhandel

Der Einzelhandel ist ein typisches Betätigungsfeld von kleinen und mittleren Unternehmen sowie großen Familienunternehmen. Diese Unternehmen lassen sich den generischen Wettbewerbsstrategien von Porter zuordnen. Große Unternehmen wählen als strategisches Zielobjekt typischerweise die gesamte Branche. Hierbei werden sie mit einer Differenzierungs- oder Kostenführerschaftsstrategie tätig. ALDI als großes Familienunternehmen ist als Kostenführer zu begreifen. Die Großunternehmen EDEKA und REWE streben nach einem Differenzierungsvorteil.

Kleine und mittlere Unternehmen sind demgegenüber eher in einer Nische aktiv. Ein solches Segment mit spezifischen Bedürfnissen stellt der Handel mit biologischen Produkten dar. Auf einen Differenzierungsvorteil zielen die unzähligen kleinen Biohändler, die als Nahversorger aktiv sind. Eine Kostenführerschaft im Biosegment streben hingegen die Wettbewerber Alnatura und Basic an. Diese Unternehmen übertragen das Prinzip der Handelsmarken, das von Discountern bekannt ist, auf den Biobereich. Das

Unternehmen Basic ist bspw. mit der Vision „Bio für alle" gestartet und erobert seitdem mit dem Preisvorteil Marktanteile von den Bionahversorgern.

Auch im Lebensmitteleinzelhandel lässt sich der stete Strukturwandel beobachten. So nehmen die großen Lebensmittelketten zunehmen Bioprodukte in ihr Sortiment auf und graben den Nischenanbietern das Wasser ab.

Wesentliches Merkmal einer solchen Kombination von Differenzierung und Nische ist zunächst einmal, ein Leistungsangebot zu gestalten, das sich vom Wettbewerb wesentlich unterscheidet. Nur wenn die Kunden diesen Unterschied als wesentlich beurteilen, werden sie bereit sein, eine Preisprämie zu zahlen (vgl. Müller-Stewens und Lechner 2016, S. 262).

Differenzierungsmöglichkeiten ergeben sich bspw. in der Qualität einer Leistung, in Zusatzfunktionen, im Design, innovativen Technologien, Kundendienst oder Image. Wenn der Fokus auf ein bestimmtes Segment hinzutritt, das nur ein begrenztes Kundenbedürfnis abdeckt, ist aus Sicht des Unternehmens eine höhere Flexibilität bei Markt- oder Kundenveränderungen gegeben und die Kräfte können auf ein bestimmtes Segment konzentriert werden.

Vernachlässigt werden dürfen allerdings nicht die **Risiken einer solchen Strategie**: Der Differenzierungsvorteil kann im Laufe der Zeit verschwinden oder an Bedeutung verlieren. Wenn bspw. Nachahmer die Produktvorteile kopieren, sind die Kunden u. U. nicht mehr bereit, die Preisprämie weiterhin zu zahlen. Angesprochen ist hiermit die legale Entwicklung ähnlicher Produktvorteile, aber auch Plagiate, mit denen mittelständische Qualitätsführer immer wieder zu kämpfen haben.

Der Differenzierungsvorteil kann aber auch an Bedeutung verlieren, wenn es großen Unternehmen gelingt, durch flexible Fertigungstechnologien kleinere Kundensegmente wirkungsvoll zu bearbeiten. Angesprochen ist hiermit die Strategie der „mass customization", die es bspw. großen Automobilherstellern ermöglicht, auch kleinste Nischen des Automobilmarktes zu bedienen. Gerade durch die Entwicklungen der Digitalisierung werden solche Prozesse befördert.

Auch mit der **Fokussierung** auf ein Segment sind **Risiken** verbunden. Auf der einen Seite kann das Bedürfnis eines Segmentes verschwinden, oder die Bedürfnisse von Nische und Gesamtmarkt gleichen sich an; eine Entwicklung, die derzeit auf dem Markt für Mobiltelefone zu beobachten ist. Auf der anderen Seite kann der Preisunterschied zwischen Nische und Gesamtmarkt einen Umfang erreichen, der von den Nachfragern nicht mehr akzeptiert wird.

Trotz dieser Risiken erwarten Kapitalgeber insbesondere bei Risikokapitalfinanzierungen typischerweise eine klare Nischenausrichtung mit Wettbewerbsvorteilen bei den Produkten. Des Weiteren gehen auch in bestehenden Kreditbeziehungen die strategischen Ausrichtungen als ein Bewertungskriterium in die qualitativen Ratingkriterien ein.

Nun scheint es ein wenig gewagt, die heterogene Gruppe der mittelständischen Unternehmen in einige wenige Strategiealternativen zu pressen. Das Modell wurde dementsprechend an unterschiedlicher Stelle weiterentwickelt (vgl. Müller-Stewens und Lechner 2016. S. 259 ff.). Im Konzept der **hybriden Wettbewerbsstrategien** wird argumentiert, dass sich durch den Wechsel zwischen den generischen Strategietypen Wettbewerbsvorteile realisieren lassen. Das Konzept des **Hyperwettbewerbs** stellt infrage, ob es im zunehmend dynamischen Wettbewerbsgeschehen überhaupt dauerhafte Wettbewerbsvorteile geben kann (vgl. Eckert 2016). Für mittelständische Weltmarktführer, die in Abschn. 4.2.5 genauer untersucht werden, haben Meffert und Klein (2007) bspw. vier unterschiedliche Strategietypen identifiziert, die teilweise eine hohe Differenzierung mit einem Kostenvorsprung durch Standardisierung kombinieren.

4.2.5 Hidden Champions

Einen viel beachteten Ansatz, der der Erfolgsfaktorenforschung zuzuordnen ist, hat Hermann Simon mit seiner Untersuchung der geheimen mittelständischen Weltmarktführer (**Hidden Champions**) vorgelegt (Simon 1998). Einige der zuvor genannten Prinzipien der generischen Wettbewerbsstrategien werden in diesem Konzept auf die Spitze getrieben und mit weiteren Ergebnissen der betriebswirtschaftlichen Erfolgsfaktorenforschung kombiniert.

Obwohl in diese Untersuchung Unternehmen eingegangen sind, die **quantitative Kriterien** der KMU deutlich überschreiten (Umsatzgrenze 5 Mrd. EUR), werden die **qualitativen Kriterien** bei der Aufnahme in die Stichprobe berücksichtigt. Dieser Ansatz erhebt den Anspruch, ein Bild zu entwerfen, das für alle Unternehmen als Vorbild dienen kann.

Praxisbeispiel: Hidden Champions in Deutschland

Für Deutschland wurden in den vergangenen Jahren weit über 1300 solcher mittelständischer Weltmarktführer identifiziert. Zu den Unternehmen zählen umsatzstarke Gesellschaften wie die Adolf Würth GmbH & Co. KG (Umsatz ca. 1,9 Mrd. EUR, 2017), aber auch „kleinere Unternehmen" wie die Delo Industrie Klebstoffe GmbH & Co. KGaA (Umsatz ca. 94 Mio. EUR, 2016/17).

Die Hidden Champions zeichnen sich im Wesentlichen dadurch aus, dass sie zu den **europäischen oder weltweiten Marktführern** in ihrem Segment gehören. Die Erfolgsfaktoren werden in einer Reihe von Regeln zusammengefasst, die als wesentliche Prinzipien für die Ausgestaltung der Strategie gelten (vgl. Simon 2015, S. 106 ff.):

Ziele

Die Hidden Champions haben zwei primäre Ziele: Wachstum und Marktführerschaft. Diese Zielsetzungen sind integraler Teil ihres Selbstverständnisses und werden bereits zu Anfang der Unternehmensexistenz formuliert. Dies führt eher zu einem kontinuierlichen als zu einem sprunghaften Wachstum.

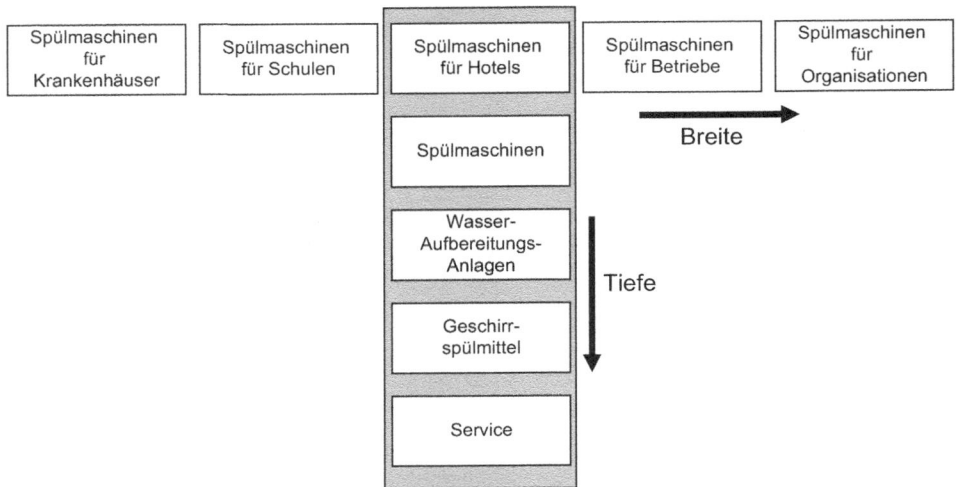

Abb. 4.15 Produktspektrum von Winterhalter. (Quelle: Simon und Huber 2006, S. 58)

Fokus

Ein weiteres Merkmal dieser Unternehmen ist die Fokussierung der unternehmerischen Aktivitäten auf eine Nische. An dieser Stelle ist eine deutliche Berührung mit den generischen Wettbewerbsstrategien nach Porter zu erkennen. Die Nischendefinition kann wie im Beispiel von Flexi oder Winterhalter sehr eng ausfallen (siehe Abb. 4.15). Dies ermöglicht auch kleineren Unternehmen, im Sortiment in die Tiefe zu gehen und die Bedürfnisse der speziellen Kundengruppe umfassend zu erfüllen.

Tiefe

Leistungstiefe berührt den Kern und das Herz vieler Hidden Champions. Sie decken zumeist eine Großzahl der Stufen der Wertschöpfungskette ab. Die Fertigungstiefe ist meist deutlich höher als im Durchschnitt der Industrie. Nicht nur in der Produktion, sondern auch und gerade in der F&E achten Hidden Champions auf Eigenständigkeit und Verschlossenheit. Dies liegt nicht nur an ihrem hohen Grad der Spezialisierung, sondern auch der Schutz von Know-how spielt an dieser Stelle eine wichtige Rolle. Daher entziehen sich diese Unternehmen zumeist strategischen Allianzen.

Globalisierung

Kontinuierlich starkes Wachstum in Nischenmärkten kann naturgemäß nicht in einem eng begrenzten regionalen Markt realisiert werden. Daher kombinieren die Hidden Champions ihren engen Marktfokus mit einer internationalen Präsenz. Dies gilt im Übrigen auch als ein wesentlicher Erfolgsfaktor im Innovationsprozess (siehe Abschn. 4.3.4.4). Mit der Globalisierung der Aktivitäten können neben dem Wachstum auch Skaleneffekte realisiert werden, die Kostennachteile gegenüber Großunternehmen zumindest teilweise kompensieren.

Kunden

Die Hidden Champions pflegen enge und vertrauensvolle Beziehungen zu ihren Kunden, was vielfach als ihre größte Stärke angesehen wird. Ihre komplexen Produkte erfordern typischerweise eine interaktive und enge Beziehung zu den Kunden. Dies ist häufig verbunden mit einem Direktvertrieb und einer hohen Kontakthäufigkeit mit den Kunden auch außerhalb der Vertriebsabteilungen. Die tiefen Kenntnisse über die Bedürfnisse der Kunden ermöglichen eine gezielte Ausrichtung des Leistungsangebotes auf die hohen Ansprüche der Kunden.

Wettbewerb

Hidden Champions konkurrieren üblicherweise in oligopolistischen Märkten mit einer geringen Anzahl von Wettbewerbern. Ihre Wettbewerbsvorteile generieren sie nicht über den Preis, sondern über eine hohe Produktqualität (Differenzierung). Häufig verfügen sie über starke Marken, die sie auch global aufbauen konnten. In den vergangenen Jahren haben produktbegleitende Dienstleistungen in ihrer Bedeutung zugenommen; diese sind schwer kopierbar und erhöhen daher Eintrittsbarrieren für Wettbewerber.

Innovation

Wer kennt nicht das Unternehmen Fischer und seine Innovation, den Fischer-Dübel? Dieser Prototyp des Hidden Champions zeigt in seinen F&E-Aktivitäten ein weiteres wesentliches Erfolgsrezept: Ständige Innovation bereitet den Weg zu wirtschaftlichem Erfolg. Die Innovationsstärke der geheimen Weltmarktführer (gemessen in Patenten je Mitarbeiter) liegt deutlich höher als bei vergleichbaren Unternehmen.

Finanzierung

Ein weiteres besonderes Merkmal der Hidden Champions ist die Finanzierungskraft. Die hohe Finanzkraft dieser Unternehmen speist sich vor allem aus der hohen Profitabilität. Dementsprechend ist die Selbstfinanzierung die wichtigste Finanzierungsquelle. Die Eigenkapitalquoten fallen sehr hoch aus, was zusätzlich positive Effekte für die Bonitätsbeurteilung und damit für Kapitalkosten hat. Die Finanzierung über Private Equity oder Börsengänge stoßen auf äußerste Skepsis bei diesen Unternehmen.

Schlanke Organisation

Nach Beobachtungen von Simon ist mit der fokussierten Bearbeitung von Nischen eine einfache und damit typischerweise eine funktionale Organisation (vgl. Abschn. 4.1.1) verbunden. Die Arbeitsteilung ist geringer als in Großunternehmen. Mitarbeiter füllen mehrere Funktionen aus, was die Flexibilität gegenüber Kunden fördert. Die Unternehmensführung ist schlank besetzt und stammt häufig aus der Eigentümerfamilie.

Mitarbeiter

Hidden Champions setzen auf langfristige Arbeitsverhältnisse, denn niedrige Fluktuation reduziert den Know-how-Verlust und die Kosten für Neueinstellungen. Entsprechend hoch ist die Bedeutung von weichen Faktoren wie Unternehmenskultur, Mitarbeiteridentifikation und -motivation. Die Dynamik dieser Unternehmen führt zu einem deutlichen Wachstum der Arbeitsplätze.

Führung

Der enge Bezug zum Begriff des Mittelstands wird deutlich durch den hohen Anteil von Hidden Champions, die zugleich Familienunternehmen sind. Auch wenn der Anteil familienfremder Manager in den letzten Jahren zugenommen hat, ist die Bedeutung der Kontinuität in der Führung sehr hoch.

Mittlerweile wurde diese Untersuchung mehrfach wiederholt, und der Ansatz ist vielfach kopiert worden. In Literatur und Wirtschaftspresse finden sich bspw. die kommenden mittelständischen Weltmarktführer und ähnliche Ansätze. Nach empirischen Untersuchungen des Zentrums für Europäische Wirtschaftsforschung lassen sich diese Lektionen auch in empirischen Analysen nachweisen (vgl. Rammer und Spielkamp 2015). Hidden Champions sind nach diesen Ergebnissen extrem wachstumsorientiert und denken global. Sie sind innovativ und forschungsaktiv. Diese Eigenschaften verbinden sie mit exzellentem Prozessmanagement, und sie suchen systematisch nach internem und externem Wissen, um dieses für ihre Innovationen zu nutzen. Diese und ähnliche Untersuchungsergebnisse geben allerdings auch den Skeptikern immer wieder neue Nahrung für eine kritische Auseinandersetzung mit der Erfolgsfaktorenforschung.

4.2.6 Kundennähe und Serviceorientierung als zentraler Erfolgsfaktor

Die **Kundennähe** wurde bereits im vorherigen Abschnitt als der zentrale Erfolgsfaktor in mittelständischen Unternehmen allgemein und der Hidden Champions im Speziellen hervorgehoben. Aus diesem Grund soll diesem Aspekt noch einmal besondere Aufmerksamkeit gewidmet werden. Die systematische Gestaltung der Kundenbeziehung wird mit der **Marketing- und Vertriebsfunktion** im Unternehmen verknüpft und ist im Mittelstand nach wie vor sehr stark mit strategisch orientierten Fragen verbunden. In Studien wird die hohe Bedeutung der Produktpolitik und einer hohen Produktqualität, eine Orientierung an den Kundenbedürfnissen sowie eine hohe Flexibilität in der Produktentwicklung angesprochen. Meistens werden Defizite durch die fehlende Implementierung der Marketingfunktion und eine nicht genügend systematische Marktanalyse ausgelöst (vgl. Lingenfelder und Maletzke 2015, S. 208).

Die **Limitationen der Marketingfunktion** in mittelständischen Unternehmen – und damit sind im Wesentlichen KMU gemeint – ergeben sich zwangsläufig aus der Unternehmensstruktur.

- Erstens werden die Marketingaufgaben im Allgemeinen unter der **Vertriebsfunktion** subsumiert (vgl. zum Folgenden Rumler 2002, S. 29 f.), da Unteilbarkeiten bei der

Einrichtung der Marketingfunktion eine solche spezialisierte Stelle/Abteilung betriebswirtschaftlich nicht sinnvoll erscheinen lassen.

- Zweitens ist die notwendige **Finanzkraft** für die Initiierung umfangreicher Marketing-
kampagnen in KMU nicht gegeben, deren Kosten für eine deutschlandweite Verbreitung leicht mehrere Millionen Euro betragen können – von dem notwendigen Return
on Investment für eine solche Maßnahme ganz zu schweigen.
- Drittens ist es gerade im Konsumgüterbereich für mittelständische Unternehmen
schwierig, den notwendigen **Zugang zu Distributionskanälen** zu gewinnen.

Dennoch bieten sich für mittelständische Unternehmen vor dem Hintergrund ihrer spezifischen Unternehmensstruktur wesentliche **Chancen für die Ausgestaltung des Marke-
tings**. Neben der Besetzung von Marktnischen, die als Thema des strategischen Managements bereits angesprochen wurde, sind folgende Marketingschwerpunkte auszumachen:
Markt- und Kundennähe können im Mittelstand besonders fokussiert betrieben werden,
da die Anzahl der Kunden im spezifischen Marktsegment eher niedrig ist, und Serviceorientierung, die sich insbesondere in der **Schnelligkeit** und **Flexibilität** bei der Reaktion
auf Kundenanforderungen ausdrückt.

Ein Aspekt, in dem sich mittelständische Unternehmen in ihrer Marktbearbeitung
von Großunternehmen deutlich unterscheiden, ist die **Kundennähe** (Lingenfelder und
Maletzke 2015). Wenn eine solche Kundennähe bei kleinen Unternehmen auch räumlich verstanden werden kann, so ist es bei größeren mittelständischen Unternehmen
eher die Intensität und die Häufigkeit des Kontakts auch mit geografisch entfernten
Kunden.

Doch was ist unter dem Begriff der Kundennähe tatsächlich zu verstehen? Bereits Peters und Waterman (1982) sehen in der Kundennähe einen kritischen Erfolgsfaktor. Sie
nennen die vier Komponenten Fokussierung auf Service (insb. After-Sales-Service), Fokussierung auf Qualität und Zuverlässigkeit, Entwicklung individueller Problemlösungen
zum Nutzen des Kunden sowie das Eingehen auf Kundenwünsche als wesentliche Bestandteile der Kundennähe.

Für den deutschsprachigen Raum entwickelte Homburg (1998) ein Konstrukt für die
Messung der Kundennähe, das aus einem zweidimensionalen Modell mit sieben Faktoren besteht. Die Dimensionen sind

- die Kundennähe des Leistungsangebots sowie
- die Kundennähe des Interaktionsverhaltens.

Zur Kundenähe des **Leistungsangebots** gehören die Faktoren

- Produkt- und Dienstleistungsqualität,
- Qualität der kundenbezogenen Prozesse,
- Flexibilität im Umgang mit Kunden und
- Qualität der Beratung durch Verkäufer.

Die Kundennähe des **Interaktionsverhaltens** wird aus den Faktoren

- Offenheit im Informationsverhalten gegenüber Kunden,
- Offenheit gegenüber Anregungen von Kundenseite,
- Kundenkontakte von nicht im Verkauf tätigem Personal und
- Qualität der Beratung durch Verkäufer gebildet.

Praxisbeispiel: HILTI – mit gepacktem Koffer auf die Baustelle

Dem Liechtensteiner Premiumanbieter für Werkzeuge gelingt es seit Jahrzehnten, auf einem extrem konjunkturabhängigen Markt zu expandieren. Dieser Erfolg kann unter anderem auch auf die starke Kundennähe zurückgeführt werden. Dabei setzt das Unternehmen auf ein weltweites Netz von Vertriebsleuten, die nicht von der Zentrale aus arbeiten, sondern auf den Baustellen der Welt unterwegs sind und dort nicht nur verkaufen, sondern auch die Erfahrungen ihrer Kunden aus erster Hand mitgeteilt bekommen.

Kundennähe bedeutet, dass neue Geräte grundsätzlich zum Ausprobieren mit zu den Vertreterbesuchen auf die Baustelle kommen. Laut Unternehmensangaben werden die Vertriebsleute dabei mehr als die Hälfte der Testgeräte gleich los. Zu Kundennähe gehört auch, dass die Vertriebsberater die Sprache der Baubranche sprechen: Hierzu gehört auch das „Du".

Zuverlässigkeit und Qualität werden bei HILTI unter anderem durch das System des Flottenmanagements realisiert. Viele Kunden kaufen ihre Geräte nicht mehr, sondern schließen einen Leasingvertrag ab. Sollte ein Gerät einen Schaden aufweisen, kann über eine Servicenummer umgehend Ersatz geordert werden. Zum Service gehört außerdem, dass neben Geräten auch Verbrauchsmaterialien zum Sortiment des Anbieters gehören.

Über den ständigen Kontakt zu den Kunden auf den Baustellen werden Anregungen für Produktentwicklungen aufgenommen und in den Innovationsprozess eingestreut. Da die Mitarbeiter des Direktvertriebs beim Kunden vor Ort sind und sehen, was gebraucht wird, können diese sofort reagieren. Über den direkten Kontakt zum Produktmanagement wird umgehend geprüft, ob eine Marktlücke besteht, die ggf. besetzt werden kann.

Insgesamt hat HILTI ein System entwickelt, das für Konkurrenten kaum zu imitieren ist. Das praktizierte Flottenmanagement lässt sich bspw. von Unternehmen, die über den Einzelhandel vertreiben, nur schwer verwirklichen.

Aus dem Kleinunternehmen, das mit der Entwicklung eines Bolzenschussgerätes begann, ist heute das Synonym für eine ganze Produktgattung geworden. Mit weit über 20.000 Mitarbeitern und Niederlassungen in 120 Ländern gehört das Unternehmen bei einem Umsatz von EUR 3,1 Mrd. zu den Marktführern der Branche.

Quelle: Financial Times Deutschland, ftd online vom 05.08.2009 und www.hilti.com

Das Beispiel des Unternehmens HILTI macht deutlich, dass sich Kundennähe zu einem schwer imitierbaren Wettbewerbsfaktor entwickeln kann. Aus empirischen Untersuchungen ist ebenfalls hervorgegangen, dass nicht jede Organisation in der Lage ist, Kundennähe tatsächlich umzusetzen. Kundennähe wird demnach durch verschiedene Variablen beeinflusst. Ein **negativer Zusammenhang** besteht zwischen **Spezialisierung bzw. Formalisierung** sowie hierarchischer Unternehmenskultur und Kundennähe, während von Dezentralisierung und Delegation von Entscheidungen ein positiver Einfluss ausgeht. Eine weitere wesentliche Variable, die Kundennähe negativ beeinflusst, ist die **Unternehmensgröße** (vgl. Homburg 1998).

Damit sind die Vorteile des **Mittelstandes** in Bezug auf Flexibilität und Kreativität in der Reaktion auf Marktanforderungen direkt angesprochen. Erfolgreiche mittelständische Unternehmen verfügen neben hoher technischer Kompetenz, hoher Flexibilität und schneller Entscheidungsfindung bei kurzen Informationswegen in besonderem Maße über **enge und vertrauensvolle Kundenbeziehungen**. Sie werden damit zu einem Partner für maßgeschneiderte und innovative Problemlösungen (vgl. Schaller 2005, S. 391).

Letztendlich kann eine – wie oben gemessen – Kundennähe nur dann ökonomisch vorteilhaft sein, wenn sich hieraus positive Ergebnisbeiträge ableiten lassen. Somit kommt ein Wirkungszusammenhang ins Spiel, der – von der **Kundennähe** ausgehend – weitere Konstrukte einbezieht. Wenn davon ausgegangen wird, dass Kundennähe zu einer erhöhten **Kundenzufriedenheit** führen kann, dann kann diese zu einer langfristigen **Kundenbindung** führen. Eine hohe Loyalität des Kunden führt dann aus betriebswirtschaftlicher Sicht zu einer Erhöhung des **Kundenwertes** (vgl. Krafft 2007, S. 60 ff.). Die Variablen Kundennähe, Kundenzufriedenheit und Kundenbindung üben somit einen Einfluss darauf aus, ob ein Kunde kauft, wie viel er kauft und wie dauerhaft die Beziehung gestaltet wird (siehe Abb. 4.16).

Die Konzentration auf die Überlegenheit der Produktmerkmale – oder für den klassischen industriellen Mittelstand gesprochen: die **deutsche Ingenieurskunst** – reicht in der

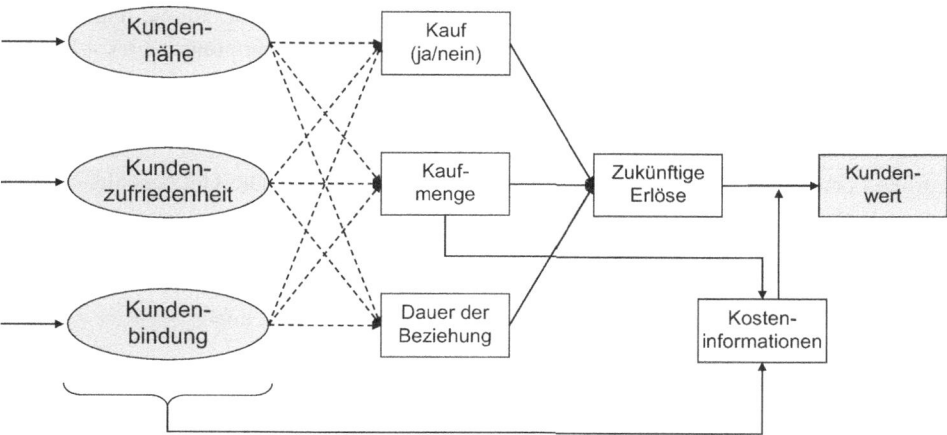

Abb. 4.16 Erklärungsmodell des Kundenwerts. (Quelle: Krafft 2007, S. 66)

heutigen Wettbewerbslandschaft nicht mehr aus. Vielmehr wird heute der Blick auf die mit dem eigentlichen Produkt verbundenen **materiellen oder immateriellen Zusatzleistungen** gelenkt (vgl. Bekmeier-Feuerhahn und Wickel 2006, S. 78). Für mittelständische Unternehmen ergeben sich auf dieser Ebene vielversprechende Differenzierungsmöglichkeiten.

Als Service oder Zusatzdienstleistung wird dabei alles definiert, was von Unternehmen neben den Hauptleistungen erbracht wird, um den Absatz der Hauptleistung zu fördern und zu ermöglichen. In der Akquisitionsphase dienen hierzu insbesondere Beratung und Information, in der Verkaufsphase der Lieferservice sowie die Zahlungserleichterungen und in der Nachkaufphase (After-Sales) insbesondere Montage, Wartung und Ersatzteilservice (vgl. Bending et al. 2006, S. 372). Auch dies sind Aspekte, die das Beispiel des Unternehmens HILTI in eindrucksvoller Weise dokumentiert.

Unmittelbar verknüpft mit der Kundennähe ist die Art und Weise, wie Produkte an den Kunden gelangen. Grundsätzlich ist die Frage, ob ein Unternehmen den Vertrieb selbst durch Reisende oder Handelsvertreter durchführt oder über Intermediäre. Damit ist die Unterscheidung zwischen **direktem und indirektem Vertrieb** angesprochen. Für mittelständische Unternehmen bietet der Direktvertrieb große Vorteile: Zumeist vertreiben sie erklärungsbedürftige Produkte, sodass eine hohe Beratungsqualität durch Produktwissen sichergestellt werden muss.

Auch für diesen Aspekt kann das Unternehmen HILTI als positives Beispiel dienen. Die direkte Interaktion mit den Kunden im gesamten Kaufprozess wird darüber hinaus durch kundenspezifisch angepasste Produkte getrieben. Häufig vernachlässigt, allerdings an dieser Stelle besonders hervorzuheben ist die Bedeutung der Vertriebsmitarbeiter, die die Kundenbeziehung durch ihren Interaktionsstil wesentlich beeinflussen (vgl. Lingenfelder und Maletzke 2015).

4.2.7 Kritische Würdigung von Erfolgsfaktoren im Mittelstand

Würde man den „Rezepturen" dieser Erfolgsregeln bedingungslos folgen, dann sollte sich der Erfolg für mittelständische Unternehmen automatisch einstellen; könnte man vermuten. Allerdings befinden sich unter den identifizierten Hidden Champions auch solche, die nach einigen Jahren in existenzielle Krisen geraten sind.

Die Ergebnisse der Erfolgsfaktorenforschung sind daher in ihrer Gesamtheit und im Detail niemals unwidersprochen geblieben. So werfen Nicolai und Kieser (2002) der gesamten Forschungsrichtung eine **eklatante Erfolglosigkeit** vor. Die viel beachtete Generalkritik machen sie einerseits an methodischen Problemen der Forschungsrichtung, andererseits aber auch an inhaltlichen Mängeln fest (vgl. Nicolai und Kieser 2002, S. 6 ff.).

Aus Sicht der Autoren sind selbst ambitionierte Analysen der Erfolgsfaktoren durch ein oder mehrere der folgenden **methodischen Probleme** gekennzeichnet:

- Der **Key-Informant-Bias** besagt, dass die erhobenen Informationen zumeist von einer Person erteilt werden, die über komplexe Sachverhalte Auskunft gibt. Diese Auskünfte unterliegen naturgemäß einer Reihe von Verzerrungen.
- Da die unabhängigen Variablen der Untersuchung von nicht erhobenen Variablen beeinflusst werden, besteht das Problem der **Endogenität**.

- Früherer Erfolg oder Misserfolg hat einen Einfluss auf die gewählten Maßnahmen, deren Erfolg erklärt werden soll (**Simultaneität**).
- Zufallsbedingt treten über mehrere Perioden hinweg Misserfolge auf. Diese lösen dann Maßnahmen aus, die zufallsbedingt eine Verbesserung der Performance bedingen und deren Erfolg der Maßnahme attribuiert wird (**Regression-to-the-mean-Problem**).
- In vielen Untersuchungen tritt der **Survival-Bias** hinzu. Hiermit ist das Problem angesprochen, dass häufig nur erfolgreiche Unternehmen in Erfolgsfaktorenuntersuchungen eingehen. Die Auswirkung dieses Vorgehens verdeutlicht die folgende Abb. 4.17.

Wenn bspw. die vielfach geforderte Ausrichtung auf eine Nische eine riskante Unternehmenspolitik darstellt, dann werden in einer Untersuchung häufig nur die erfolgreichen Unternehmen einbezogen, die seit Längerem am Markt präsent sind. Jene Unternehmungen, die u. U. wegen der Einführung dieser Maßnahme in eine Krise geraten sind und schließlich Insolvenz anmelden mussten, fehlen in solchen Stichproben. Bei Einbeziehung dieser Unternehmen wäre die Gesamtbewertung dieser Strategie wahrscheinlich anders ausgefallen.

Neben diese methodischen Probleme treten **inhaltliche Faktoren**, die eine Übertragung der Ergebnisse auf die Gesamtheit der Unternehmen problematisch erscheinen lassen (vgl. Nicolai und Kieser 2002, S. 6 ff.):

- Die Entdeckung eines Erfolgsfaktors ist nur dann von Nutzen, wenn der Wettbewerb dessen Wert nicht bereits antizipiert hat. Erfolgsfaktoren, die **bekannt und kopierbar** sind, verlieren ihre Wirksamkeit.
- Erfolgsfaktoren, die in der **Vergangenheit** die Performance von Unternehmen positiv beeinflusst haben, müssen nicht für die Zukunft gelten. In Zeiten dynamischen Wettbewerbs kann die Vergangenheitsorientierung den Weg in den Misserfolg ebnen.
- Letztendlich muss konstatiert werden, dass die **komplexen Strukturen** der Unternehmen zur empirischen Erhebung erheblich vereinfacht werden müssen.

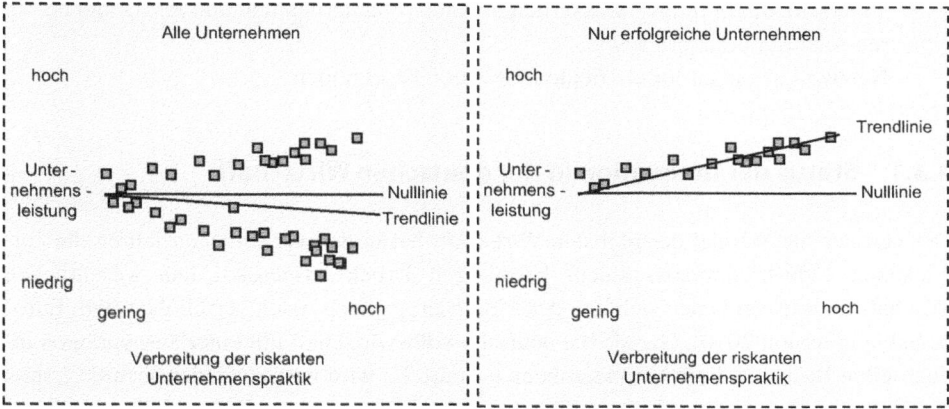

Abb. 4.17 Auswirkungen des Survival-Bias. (Quelle: Denrell 2006, S. 102)

Naturgemäß blieb auch diese Fundamentalkritik an der Erfolgsfaktorenforschung nicht unwidersprochen. Gerade die Vertreter dieser Forschungsrichtung haben diesen Angriff auf ihre Ergebnisse nicht hingenommen. Zusammenfassend muss man die kritischen Anmerkungen zu den Forschungsergebnissen sicherlich ernst nehmen und die Ergebnisse immer wieder kritisch hinterfragen.

Allerdings gelten die meisten Kritikpunkte für nahezu alle sozialwissenschaftlichen Untersuchungen. Hüten sollte man sich allerdings vor purem Empirismus im Sinne einer Best-Practice-Forschung, in der Einzelerfahrungen auf die Gesamtheit der Unternehmen übertragen werden. Fundierte betriebswirtschaftliche Forschung kommt nicht ohne ein theoretisch-konzeptionelles Fundament aus.

4.3   Innovation

Innovation ist zu einem Dauerbrenner in Politik und Wirtschaft geworden. Im Wettbewerb der großen Wirtschaftsnationen scheint Deutschland nach und nach seinen Platz in der **Champions League** der Hoch- und Spitzentechnologie an andere Nationen zu verlieren. Einen wesentlichen Beitrag zur Erhaltung der deutschen Position im Innovationswettbewerb erwartet man von KMU. In diesem Abschnitt wird zum einen die Frage beantwortet, welche Existenzgründungen und etablierte mittelständische Unternehmen tatsächlich einen **Beitrag zu Innovation und Strukturwandel** leisten. Zum anderen geht es um jene Erfolgsfaktoren, die durch das Management mittelständischer Unternehmen beeinflusst werden können, um die Nachteile gegenüber Großunternehmen zu überwinden.

Lernziele
Wenn Sie diesen Abschnitt durchgearbeitet haben, können Sie

- verschiedene Begriffe im Umfeld der Innovation differenzieren,
- Unterschiede im Innovationsverhalten von Großunternehmen und KMU und deren Auslöser erläutern sowie
- Netzwerklösungen für effiziente Innovation beschreiben.

4.3.1   Status der Innovation in der deutschen Wirtschaft

Der permanente Wandel der globalen Wirtschaft hat in den vergangenen Jahren die entwickelten Industrienationen einem besonderen Druck ausgesetzt. Die wesentlichen **Wachstumszentren** haben sich von den USA/Europa nach Asien verschoben (vgl. European Commission 2010). Gerade die deutsche Volkswirtschaft mit einer ausgeprägten industriellen Basis hat diese Veränderungen gespürt. Es wird immer wieder postuliert, dass die Unternehmen dem gestiegenen Druck der Globalisierung, veränderten Kundenanforderungen und verkürzten Produktlebenszyklen durch **verstärkte Innovationsanstrengungen** begegnen sollten.

Als Indikatoren für die Innovationsfähigkeit einer Volkswirtschaft werden sowohl **inputbezogene** als auch **outputbezogene Faktoren** herangezogen. Als inputbezogene Faktoren können die Aufwendungen für Forschung & Entwicklung (FuE) oder das beschäftigte FuE-Personal verglichen werden. Als outputbezogene Faktoren dienen die Anzahl der Patente (nationale und internationale Anmeldungen), wissenschaftliche Publikationen und insbesondere die erzielten Weltmarktanteile der technologieorientierten Branchen. Die europäische Kommission misst in ihrer Innovation Scorecard beispielsweise 27 unterschiedliche Indikatoren, die zu zehn Innovationsdimensionen verdichtet werden (vgl. European Commission 2017). Die Länder der Europäischen Union werden unterschiedlichen Innovationstypen zugeordnet (siehe Abb. 4.18). Deutschland gehört innerhalb der Europäischen Union zu den Innovationsführern. Allerdings ist die gesamte EU weniger innovativ als die Länder USA, Australien, Kanada, Japan und Südkorea.

Als besonders problematisch gilt die gering ausgeprägte Fähigkeit in der deutschen Volkswirtschaft, **Erfindungen bzw. Patente in marktfähige Produkte** zu transferieren. Aus diesem Grund wird aktuell eine Agentur für Sprunginnovationen etabliert, deren Aufgabe es sein wird, revolutionäre Technologien in marktfähige Produkte zu überführen.

Um eine Umkehr des Prozesses sinkender Weltmarktanteile bei innovativen Produkten zu erreichen, bedarf es eines Strukturwandels im Unternehmensbestand der deutschen Volkswirtschaft. Den mittelständischen Unternehmen wird in einem solchen Prozess die Rolle eines Motors zugeschrieben, da sie sui generis Träger von Innovation, Wachstum und Strukturwandel sein sollen.

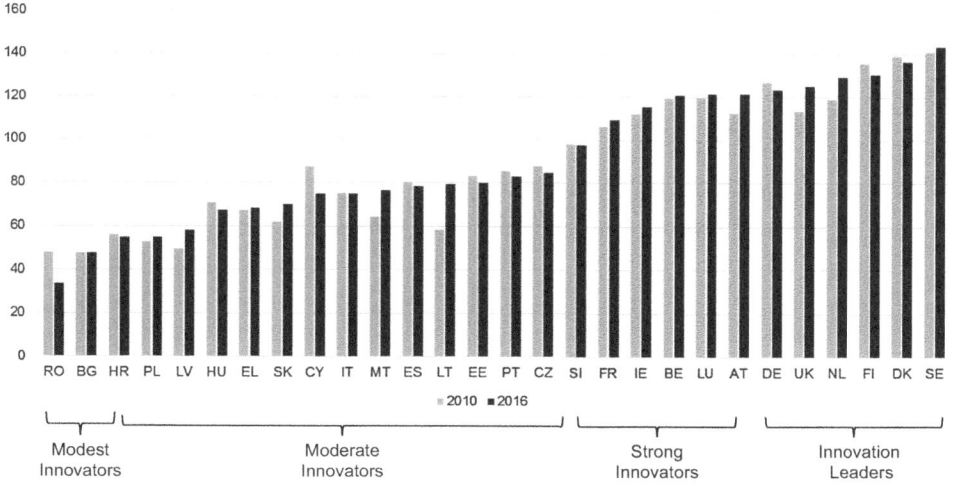

Abb. 4.18 Performance of EU Member States' innovation system. (Quelle: European Commission 2017)

► Bedeutsam ist an dieser Stelle die Differenzierung zwischen Invention und Innovation: Erst die erfolgreiche Markteinführung einer wirtschaftlichen Lösung macht eine Invention zu einer Innovation. Abzugrenzen ist der Innovationsbegriff von dem eher technisch orientierten Ansatz der Forschung und Entwicklung. Hierunter wird der systematische und planvolle Prozess des Suchens nach neuem Wissen, Erkenntnissen und Anwendungsmöglichkeiten verstanden (vgl. Corsten et al. 2016, S. 1).

In der **Grundlagenforschung** werden wissenschaftliche Erkenntnisse ohne direkten Anwendungsbezug generiert, während in der **angewandten Forschung** der Bezug zur praktischen Anwendung gegeben ist. In der **Entwicklung** hingegen werden wissenschaftliche Ergebnisse in neue Produkte, Verfahren und Prozesse umgesetzt.

Am Beispiel der Nanotechnologie beschäftigt man sich in der Grundlagenforschung mit dem Aufbau von elementaren Strukturen, in der angewandten Forschung mit den technisch und wirtschaftlich nutzbaren Effekten der Molekularstrukturen und in der Entwicklung schließlich mit der konkreten Produktentwicklung (bspw. schmutzabweisende Keramik).

Praxisbeispiel: Segen und Fluch der Innovation in der Automobilindustrie

Die Automobilindustrie gehört in Deutschland zu den Branchen mit den höchsten Innovationsaufwendungen. Mit der Strategie der Autohersteller, einen großen Teil der Wertschöpfung auf die Zulieferer zu übertragen, geht ein erheblicher Innovationsdruck auf die mittelständischen Anbieter einher. Neue Technologien insbesondere im Bereich Verbrauchsoptimierung lösen in der mittelständischen Zulieferindustrie erhebliche Investitionen für Forschung und Entwicklung aus. Neue Herausforderungen wie die Elektromobilität und das autonome Fahren werden diesen Druck weiter erhöhen. Diese Entwicklungen führen zu einem Selektionsprozess, den nur die Anbieter überleben werden, die in der Lage sind, attraktive Produkte auf den Markt zu bringen.

In der Literatur und auch bei öffentlichen Institutionen wie der OECD hat sich mittlerweile ein weiter Innovationsbegriff durchgesetzt. Weiber und Pohl (2017, S. 16 ff.) unterscheiden im Wesentlichen **vier Dimensionen einer Innovation** (siehe Abb. 4.19):

- Die **Subjektdimension** differenziert nach der Anbieter- und Nachfragersicht. So liegt aus Sicht eines Unternehmens eine Innovation vor, wenn Leistungen erstmalig angeboten

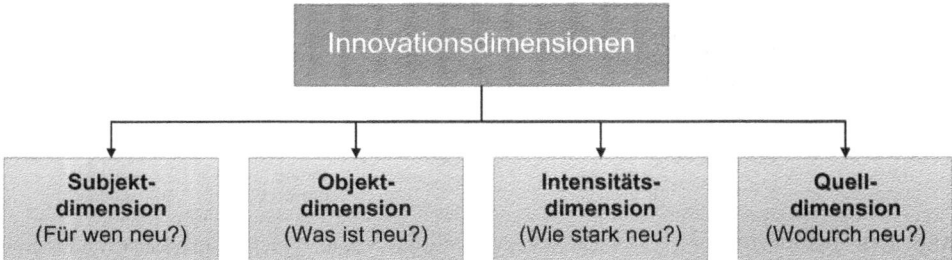

Abb. 4.19 Zentrale Innovationsdimensionen und -arten (verkürzt aus Weiber und Pohl 2017, S. 16)

werden. Aus der subjektiven Nachfragersicht werden Innovationen als neu bezeichnet, wenn sie vom Kunden als neu wahrgenommen werden; die Veränderung objektiver Merkmale ist dabei keine Voraussetzung.

- Die **Objektdimension** äußert sich in verschiedenen Innovationstypen, die in der Literatur unterschiedlich differenziert werden. Eine weitgehend akzeptierte Differenzierung unterscheidet Leistungsinnovationen (Produkt- und Nutzungsinnovationen) und Prozess- sowie Sozialinnovationen.
- Die **Intensitätsdimension** unterscheidet nach der Stärke einer Innovation, die entweder eine grundlegende Neuerung beinhalten kann (Radikalinnovation) oder eine kleine Veränderung gegenüber den vorhandenen Lösungen.
- Letztlich wird noch einmal nach der **Quelle einer Innovation** unterschieden. Hierbei werden Innovationen, die auf der Nachfrageseite basieren, als Market- oder Demand-Pull-Innovationen bezeichnet, während technologisch induzierte Innovationen Technology-Pull-Innovationen genannt werden.

4.3.2 Innovation im Lebenszyklus von Branchen und Unternehmen

Auch wenn Innovationskraft vielfach mit großen Konzernen assoziiert wird, so sind es doch gerade mittelständische Unternehmen, denen es mit ihren Innovationen gelungen ist, eine Marktführerschaft insbesondere in Nischen zu erreichen (vgl. Abschn. 4.2.5). Die Rolle mittelständischer Unternehmen für Innovationen kann dabei zwischen den einzelnen **Lebenszyklusphasen eines Marktes** differieren (vgl. KFW 2005, S. 84, siehe auch Abb. 4.20). In einer dichotomen Typologie existieren junge und reife Branchen.

Junge Branchen zeichnen sich durch eine hohe Anzahl von Produktinnovationen aus, die von einer ausgeprägten Dynamik im Marktzugang junger Unternehmen begleitet wird. Diese Marktkonfiguration wird als **Entrepreneurial Regime** bezeichnet. Beispiele für solche Branchen mit einer hohen Dynamik sind die Biotechnologie oder die Softwaretechnik.

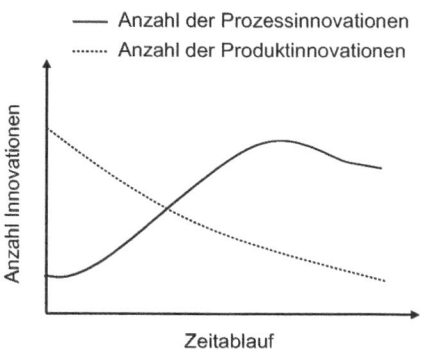
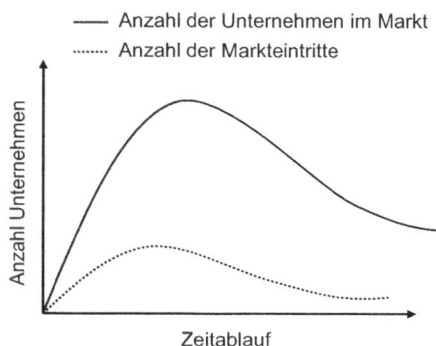

Abb. 4.20 Innovationen im Lebenszyklus eines Marktes. (Quelle: KFW 2005, S. 84)

In reifen Branchen dominieren hingegen eher die Prozessinnovationen, also die Erhöhung der Effizienz von Unternehmensprozessen bspw. in der Produktion. Mit diesem Wechsel des Innovationsschwerpunkts zu Prozessinnovationen gehen auch deutliche Veränderungen im Unternehmensbestand einher. Die Anzahl der Markteintritte sinkt, und im Regelfall sinkt die Gesamtzahl der Unternehmen durch Konzentrationsprozesse. Diese Branchen werden durch den Begriff des **Routinized Regime** charakterisiert (vgl. Fritsch 2016, S. 30 ff.). Als reife Branchen mit einer Tendenz zu Konzentrationsprozessen können bspw. die Stahl- und die Automobilindustrie angesehen werden.

Entsprechend diesen unterschiedlichen Markttypen wird die Innovationsfunktion in jungen Märkten eher von Gründungsunternehmen übernommen, während sich in reifen Märkten die etablierten mittelständischen Unternehmen im Innovationswettbewerb zu beweisen haben.

4.3.2.1 Gründungen als Innovationstreiber

Junge Unternehmen tragen durch ihre Gründung zu einer ständigen Erneuerung der Unternehmenspopulation bei. Allerdings sollte man nicht dem landläufigen Trugschluss unterliegen, wonach jede Gründung einen Beitrag zur Innovation leistet. Ganz im Gegensatz zu dieser Ansicht beruht – wie bereits erwähnt – nur ein geringer Teil der Gründungen auf neu entwickelten Produkten oder Dienstleistungen.

In Deutschland wurde in den vergangenen Jahren das Gros der Gründungen aus Selbstständigen rekrutiert, die auf der Grundlage von Imitationen gegründet haben. Den geringsten Anteil der Gründungen machen High Potential Firms aus, die mit wirklichen Innovationen neue Märkte begründen oder durch neue Technologien bestehende Verfahren oder Produkte ablösen. Einen echten Beitrag zur Innovationskraft eines Landes kann man dementsprechend nur von einem geringen Teil der Gründungen erwarten. Aus diesem Grund darf man bei der Förderung von Gründungen nicht einer **Tonnenideologie** verfallen und glauben, man könne mit der Erhöhung der Gründungszahlen zugleich das Innovations- und Wachstumsproblem lösen (vgl. Dienes et al. 2018).

Vor diesem Hintergrund sind insbesondere **zurückgehende bzw. stagnierende Gründungsquoten** bei Spitzentechnik oder hochwertiger Technik kritisch zur reflektieren, da sie eher einen zurückgehenden Innovationsbeitrag von Gründungen in Deutschland erwarten lassen (vgl. Astor et al. 2016, S. 11). Allerdings sei noch einmal darauf verwiesen, dass der Anteil der Opportunity-Gründer in den vergangenen Jahren kontinuierlich gestiegen ist; eine Entwicklung, die durchaus positiv auf das Innovationsgeschehen wirken könnte. Um das innovative Potenzial von Gründungen zu fördern, werden daher eine Reihe von Maßnahmen vorgeschlagen, die Sensibilisierung, Beratung und Finanzierung umfassen (vgl. Fritsch 2016, S. 145 ff.).

4.3.2.2 Etablierte mittelständische Unternehmen im Innovationswettbewerb

Etablierten mittelständischen Unternehmen können anhand der oben beschriebenen Definition bestimmte **Vor- und Nachteile im Innovationswettbewerb** zugeschrieben werden (vgl. Dömötör 2011, S. 16 ff.). **Vorteile** finden sich in den schnellen Entscheidungswegen,

die sich durch die Existenz weniger Hierarchieebenen und die zumeist klaren Entscheidungsstrukturen (Ein-Linien-System) begründen lassen (vgl. Tab. 4.6).

Die klaren hierarchischen Strukturen lassen dennoch Raum für die Existenz ausgeprägter informeller Kommunikationskanäle, die von der untersten Hierarchieebene bis zur
Unternehmensspitze reichen können. Darüber hinaus sind mittelständische Unternehmen
durch ihre Personenorientierung zumeist eng in Netzwerke eingebunden. Diese bestehen
sowohl zu Kunden und Lieferanten als auch zu regionalen Institutionen.

Die wesentlichen **Nachteile** mittelständischer Unternehmen gegenüber Großunternehmen liegen in den Betriebsgrößennachteilen begründet. Erstens bestehen bei der Forschung & Entwicklung bestimmte Unteilbarkeiten oder auch sprungfixe Kosten. Es ist
demnach nicht möglich, nur ein halbes Labor zur Produktentwicklung anzuschaffen.
Zweitens sind die Möglichkeiten zur Risikodiversifizierung bei Innovationsprojekten geringer ausgeprägt als bei Großunternehmen. Ein kleines Unternehmen muss zum Teil
seine gesamten Entwicklungskapazitäten auf ein einziges Entwicklungsprojekt konzentrieren, das im Falle des Scheiterns den Bestand des Unternehmens in Gefahr bringen kann.

Praxisbeispiel: Rentschler Biotechnologie

Das Unternehmen Rentschler Biotechnologie ist ein Pionier der Biotechnologie. Bereits in den 1980er-Jahren wurde ein Interferon zur Bekämpfung von Viren zugelassen.
In der Folge kooperierte Rentschler mit einem amerikanischen Konzern bei einer klinischen Studie zu einem Beta-Interferon. Das amerikanische Unternehmen behält jedoch
die Daten der Studie für sich allein und entwickelt eine eigene Kopie des Wirkstoffes.
Das deutsche Unternehmen muss zusehen, wie der Kooperationspartner vom Milliar-
dengeschäft mit dem Medikament profitiert.

Das Familienunternehmen hat daraus gelernt, dass die eigene Entwicklung von Me-
dikamenten für ein mittelständisches Unternehmen zu risikoreich ist. Seitdem wird im
Auftrag von Kunden entwickelt und produziert. Rentschler tritt nunmehr als Dienst-
leister auf; eine deutliche Veränderung des Geschäftsmodells. Auch mit diesem Ansatz
ist das Unternehmen erfolgreich. Jahr für Jahr wurden die Umsätze um durchschnittlich
20 % gesteigert.

Quelle: www.youtube.com

Tab. 4.6 Vor- und Nachteile mittelständischer Unternehmen im Innovationswettbewerb. (Quelle:
eigene Darstellung)

Vorteile	Nachteile
- Schnelle Entscheidungswege	- Unteilbarkeiten und sprungfixe Kosten
- Flache Hierarchien	- Mangelnde Möglichkeiten der Risikodiversifizierung
- Informelle Kommunikationskanäle	- Erfahrungskurveneffekte können schlechter realisiert werden
- Enger Kundenkontakt	- Schlechtere Finanzierungskonditionen am Markt
- Einbindung in regionale Netzwerke	- Informationsasymmetrie gegenüber Finanzierungsgebern

Drittens können Erfahrungskurveneffekte aufgrund der Unternehmensgröße in geringerem Ausmaß genutzt werden als bei Großunternehmen. Darüber hinaus erzielen kleine und mittlere Unternehmen schlechtere Finanzierungskonditionen am Markt. Dies hängt zum einen mit den geringeren Finanzierungsvolumina zusammen, die bestimmte Finanzprodukte ausschließen (z. B. Unternehmensanleihen), und zum anderen mit der Informationsasymmetrie gegenüber den Finanzintermediären, die aufgrund geringerer Transparenz in mittelständischen Unternehmen größer ist als bei Konzernen mit einem ausdifferenzierten externen Rechnungswesen.

Die an dieser Stelle genannten Vor- und Nachteile knüpfen im Wesentlichen an den quantitativen Merkmalen mittelständischer Unternehmen an. Unter Einbeziehung der qualitativen Besonderheiten wird in der Wissenschaft diskutiert, ob mittelständische Unternehmen eher für radikale oder inkrementelle Lösungen in der Innovation prädestiniert sind (vgl. Bauer 2013).

Positive Einflussfaktoren, die für das Potenzial radikaler **Innovationen in Familienunternehmen** sprechen, sind einerseits der hohe Einfluss von Eigentümerunternehmern und der Fokus auf langfristigen Erfolg. Andererseits führen die in Tab. 4.7 genannten Faktoren zu einer Konzentration auf inkrementelle Innovationen.

Insgesamt sprechen empirische Studien dafür, dass der **Innovationsinput in Familienunternehmen** geringer ausgeprägt ist als in Nicht-Familienunternehmen (vgl. De Massis et al. 2013, S. 19). Diese Erkenntnisse sind vor allem vor dem Hintergrund der fortschreitenden Diffusion der Digitalisierung durchaus kritisch zu betrachten. Da die Unternehmenslandschaft Deutschland vorwiegend durch eigentümergeführte Unternehmen geprägt ist, besteht die Gefahr, dass diese Unternehmen nicht in der Lage sind, den aktuellen Strukturwandel weiterhin zu prägen.

In der Gesamtbewertung der zuvor diskutierten Vor- und Nachteile mittelständischer Unternehmen im Innovationswettbewerb kommt es im Ergebnis darauf an, welche der

Tab. 4.7 Der Einfluss der besonderen Spezifika von Familienunternehmen auf den Innovationsgrad. (Quelle: Bauer 2013, S. 139)

Spezifika von Familienunternehmen	Inkrementelle Innovation	Radikale Innovation
Starke Eigentümer und Führungskräfte können schnell handeln und mutige Entscheidungen treffen	0	+
Fokus auf langfristigen Erfolg	0	+
Die lange Verweildauer der Führungskräfte erhöht die Routine in einer Organisation	+	0
Fokus auf Kernkompetenzen	+	−
Partnerschaftliches Verhältnis entlang der Wertschöpfungskette	+	−
Vorsichtiges und nachhaltiges Investitionsverhalten	+	−
Eine traditionsbewusste Kultur, die Wandel behindert	+	−

+ | positiver Effekt; − | negativer Effekt; 0 | kein Effekt

genannten Argumente einen größeren Einfluss auf die Innovationstätigkeit haben. Ein Indiz darauf können empirische Untersuchungen zu outputorientierten Kennzahlen des Innovationsverhaltens von KMU liefern.

4.3.3 Unterschiede im Innovationsverhalten von Mittelstand und Großunter-nehmen

Auf der **Mikroebene von Unternehmen** wird der **Innovationserfolg** von Unternehmen zumeist über den Anteil von Unternehmen mit erfolgreich eingeführten Neuprodukten oder den Umsatzanteil neu eingeführter Produkte gemessen. Im Vergleich zwischen Großunternehmen und KMU überwiegen dabei die Ergebnisse, die mittelständischen Unternehmen einen geringeren Innovationserfolg attestieren. Großunternehmen schließen häufiger Innovationsprojekte erfolgreich ab und weisen einen größeren Umsatzanteil mit Neuprodukten aus. Kleine und mittlere Unternehmen treten häufiger als Technologienehmer auf und spielen ihre Vorteile bei der Anpassung von Produkten an Kundenspezifika aus. Der Anteil von KMU, der Produkt- oder Prozessinnovationen eingeführt hat – die Innovatorenquote –, zeigt seit vielen Jahren einen rückläufigen Trend (vgl. Abb. 4.21).

Die Gründe für die **zurückgehende Innovationstätigkeit im Mittelstand** sind vielfältig. Neben veränderten Markt- und Wettbewerbsbedingungen für KMU sowie der veränderten Finanzierungssituation wird auch der demografische Wandel hierfür verantwortlich gemacht (vgl. Astor et al. 2016, S. 10 f.). Darüber hinaus sind die Umsatzerwartungen aufgrund der konjunkturellen Entwicklungen in den vergangenen Jahren stetig gesunken.

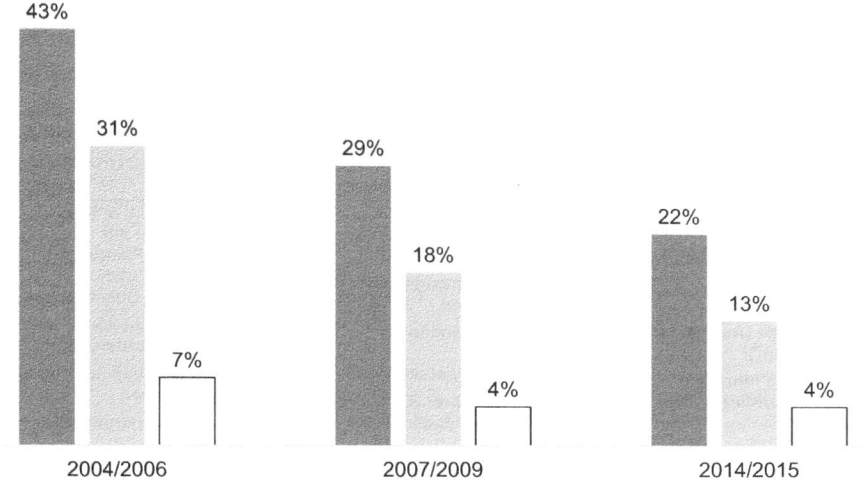

Abb. 4.21 Innovatorenquote von KMU 2004–2015. (Quelle: Zimmermann 2017)

Ein weiteres Problem sind zurückgehende Innovationsrenditen, und letztlich auch fehlende Technologieschübe scheinen die Innovationsaktivität zu bremsen (vgl. Zimmermann 2017). Die Schere zwischen Großunternehmen und Mittelstand geht dementsprechend weiter auseinander. Aus diesem Grund wird eine Weiterentwicklung des Förderinstrumentariums gefordert, das mögliche Hindernisse für Innovationstätigkeiten im Mittelstand abbauen soll (vgl. Astor et al. 2016).

Wie bereits diskutiert, ist es aber nicht nur die Unternehmensgröße, die den Innovationsoutput beeinflusst, sondern auch der **Einfluss der Eigentümer(familie)**. Nach empirischen Untersuchungen greift die schlichte Unterscheidung zwischen Familien- und Nicht-Familienunternehmen zu kurz, da zum einen der innovative Output (gemessen in Patenten) mit dem Alter des Unternehmens und der Anzahl der Generationen abnimmt. Allerdings nehmen auch Kontextvariablen wie das regionale Umfeld wesentlichen Einfluss auf den innovativen Output (vgl. Decker und Günther 2017).

Entsprechend den diskutierten Vor- und Nachteilen lassen sich empirisch und konzeptionell signifikante **Unterschiede im Innovationsverhalten** zwischen KMU und Großunternehmen festhalten. Phasenspezifisch sind diese in Abb. 4.22 zusammengefasst.

Die fehlende Institutionalisierung einer Forschungs- und Entwicklungsabteilung führt in kleinen und mittleren Unternehmen zu eher **markt- bzw. kundeninduzierten Produktvariationen**. Anregungen hierfür resultieren zumeist aus der engen Kundenbeziehung des Unternehmens. In der **Ideenauswahl** fehlt es an ausdifferenzierten quantitativen Bewertungsverfahren, die sich aus Kosten- und Erlösplanungen ableiten lassen. Die Entscheidungen in dieser Phase fallen eher auf der Basis der intuitiv abgeschätzten Markterwartungen durch den Eigentümer.

Auch in der **Umsetzung von Innovationen** wird eng mit Kunden und Lieferanten zusammengearbeitet. Dies führt bei innovationsaktiven KMU zu einer höheren Erfolgswahr-

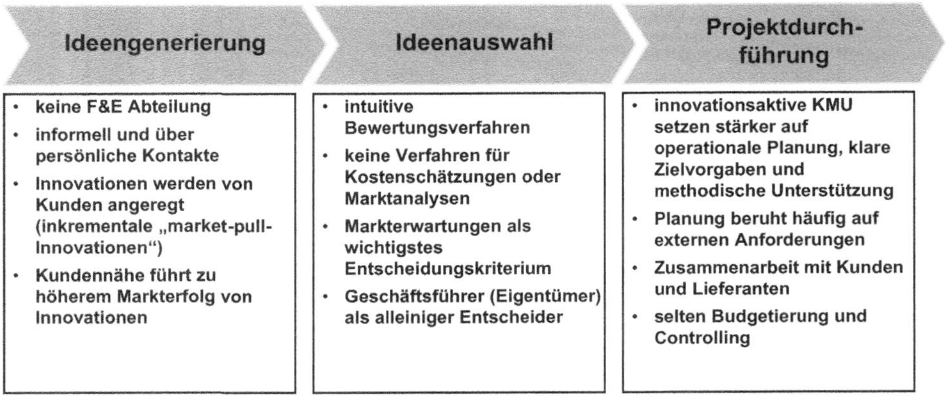

Ideengenerierung	Ideenauswahl	Projektdurch-führung
• keine F&E Abteilung • informell und über persönliche Kontakte • Innovationen werden von Kunden angeregt (inkrementale „market-pull-Innovationen") • Kundennähe führt zu höherem Markterfolg von Innovationen	• intuitive Bewertungsverfahren • keine Verfahren für Kostenschätzungen oder Marktanalysen • Markterwartungen als wichtigstes Entscheidungskriterium • Geschäftsführer (Eigentümer) als alleiniger Entscheider	• innovationsaktive KMU setzen stärker auf operationale Planung, klare Zielvorgaben und methodische Unterstützung • Planung beruht häufig auf externen Anforderungen • Zusammenarbeit mit Kunden und Lieferanten • selten Budgetierung und Controlling

Abb. 4.22 Empirisch belegte Besonderheiten im Innovationsprozess bei KMU. (Quelle: Herstatt et al. 2000)

scheinlichkeit bei der Umsetzung von Innovationen. Planungen im Zusammenhang mit Innovationen treten immer nur dann auf, wenn aufgrund von erheblichen Investitionen externe Anforderungen hierfür existieren. Allerdings hat in den vergangenen Jahren auch in KMU eine Professionalisierung dieses Innovationsprozesses eingesetzt, und die methodische und planerische Unterstützung in diesem Bereich hat erheblich zugenommen.

4.3.4 Herausforderungen des Innovationsmanagements im Mittelstand

Insgesamt betrachtet führen die Besonderheiten der KMU in der Innovation also zu erheblichen Nachteilen bei der Einführung von neuen Produkten und Dienstleistungen. Um diese Nachteile auszugleichen, müssen im Wettbewerb mit Großunternehmen Maßnahmen ergriffen werden, die erfolgreiche Markteinführungen befördern. Darüber hinaus ergibt sich durch den digitalen Wandel ein erheblicher Bedarf, die bestehenden Geschäftsmodelle zu prüfen und unter Umständen anzupassen.

4.3.4.1 Gestaltung des Innovationsprozesses
Eine konsequente **Strukturierung des Innovationsprozesses** kann die Zeit von der Idee bis zum Markt verkürzen und zum wirtschaftlichen Erfolg beitragen. Der Innovationsprozess startet mit der Ideenentwicklung, gefolgt von der Ideenbewertung (vgl. Abb. 4.23). Dieser Prozessschritt verläuft zumeist nicht linear, sondern ist gekennzeichnet durch **Feedbackloops**. Neben internen Quellen des Unternehmens sollten in diesem Abschnitt des Innovationsprozesses auch externe Quellen wie bspw. Zulieferer, Kunden oder auch

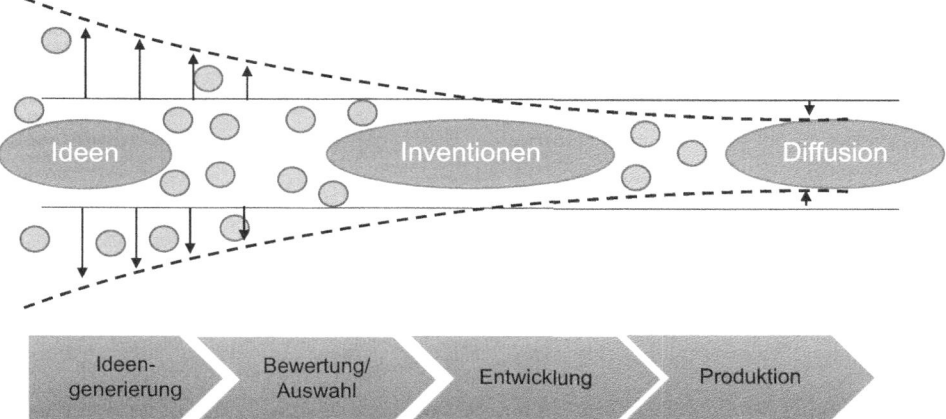

Abb. 4.23 Gestaltung des Innovationsprozesses. (Quelle: Haberstock und Finken 2015, S. 917)

Hochschulen genutzt werden. In vielen Unternehmen werden mittlerweile Ideenmanagementsysteme genutzt (vgl. Kaschny et al. 2015, S. 98 ff.).

Zur **Bewertung der Ideen** bedarf es des Einsatzes verschiedenster Methoden. Neben qualitativen Bewertungsmethoden werden häufig auch Methoden der Investitionsrechnung eingesetzt, und auch die Nutzwertanalyse als kombinierte Bewertungsform findet sich im Methodenmix wieder (vgl. Haberstock und Finken 2015, S. 916 f.).

Praxisbeispiel: Und es geht doch! Bionade als Trendsetter im Markt

Kann sich eine kleine Brauerei in der Rhön gegen den allgemeinen Niedergang der kleinen familiengeführten Brauereien wehren? Eine Mammutaufgabe, die nicht zu schaffen scheint.

Ein Unternehmen hat diese Aufgabe dennoch mit Bravour bestanden und sich zu einem Leuchtturm für Innovation in einem hart umkämpften Markt gemausert. Diesem Unternehmen ist es tatsächlich gelungen, eine radikale Innovation in einem Markt zu etablieren, der von Großunternehmen dominiert ist.

Der Braumeister Dieter Leipold entwickelte ein Erfrischungsgetränk auf Basis des Brauprozesses (Fermentierung). Hieraus ist ein Produkt entstanden, das völlig neue Merkmale für sich in Anspruch nehmen kann. Die Auswahl der Produktidee erfolgte in diesem Fall nicht auf der Basis von umfangreichen Marktanalysen oder Investitionsmodellen. Entscheidend war die Intuition des Eigentümers, der an dieses Produkt glaubte und seine ganze Kraft in dieses Entwicklungsprojekt steckte.

Das Produkt Bionade wurde zu einer der erfolgreichsten Innovationen in der Getränkeindustrie. Der Absatz entwickelte sich von 2002 bis 2007 von null auf 200 Mio. Flaschen.

Quelle: www.bionade.de

4.3.4.2 Innovationskooperation

Die klassische Organisation von Innovation findet in F&E-Abteilungen in Unternehmen statt, die gemeinsam mit Fachabteilungen wie Vertrieb oder Produktion die Gestaltung neuer Produkte vorantreiben. Wenn jedoch in KMU die Forschung und Entwicklung nur gering entwickelt ist, muss man sich fragen, welche **Ressourcen zur Produktentwicklung** eingesetzt werden können.

Zu diesem Zweck wird schon seit geraumer Zeit insbesondere auf Lieferanten zurückgegriffen, die einzelne Entwicklungsleistungen übernehmen können. Wenn man diesen Ansatz erweitert und weitere Partner mit einbezieht, kann dies in einer intensiven Ausgestaltung bis zu einem Ansatz der **Open Innovation** vorangetrieben werden (vgl. Chesbrough 2006 und Abb. 4.24).

In dieser Vorgehensweise werden über den gesamten Innovationsprozess Partner in die Entwicklung einbezogen. Mit einer solchen Struktur werden die Ressourcennachteile kleiner oder nicht vorhandener Forschungs- und Entwicklungsabteilungen ausgeglichen.

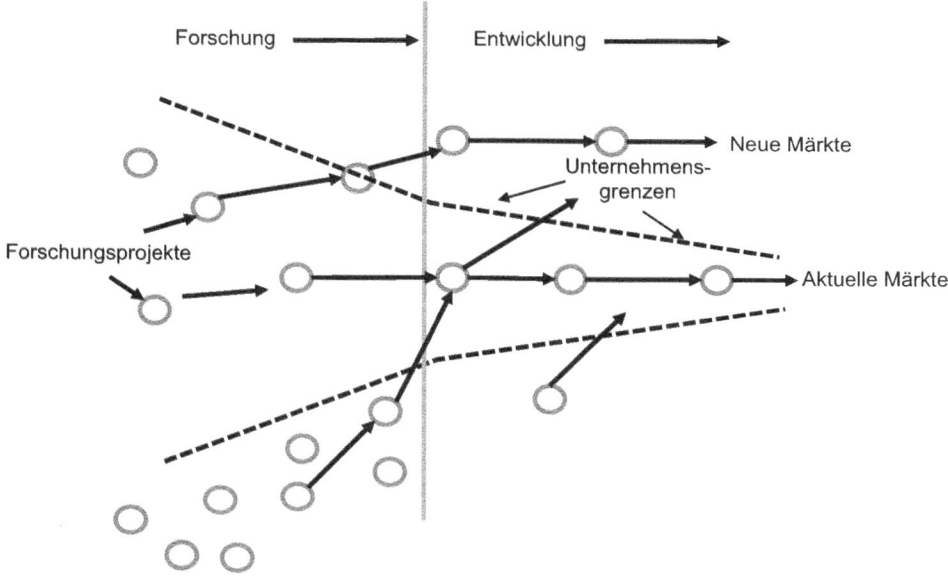

Abb. 4.24 Open Innovation. (Quelle: in Anlehnung an Chesbrough 2006; S. 44)

Neben Lieferanten werden in diesem Ansatz auch Kunden, Hochschulen oder externe Entwicklungsbüros in die Generierung von Ideen und die Entwicklung der Lösung bis zur Marktreife einbezogen. Mithilfe dieser **Kooperationen** können Differenzierungen erreicht werden, die langfristige Wettbewerbsvorteile generieren (siehe bspw. Piller et al. 2017, S. 21 ff.).

Von herausragender Bedeutung im Rahmen des Innovationsprozesses ist die Integration von Kunden. Dabei gilt der **Lead-User-Ansatz** mittlerweile als „Klassiker" einer kundenintegrierenden Innovation. Als Lead-User werden Nachfrager oder Kunden bezeichnet, die für die breite Masse der Nachfrage im Markt von hoher Relevanz sind, allerdings können diese die Bedürfnisse zeitlich bereits deutlich vor der breiten Masse der Kunden artikulieren (vgl. Weiber und Pohl 2017, S. 47).

Letztlich dürfen auch die Herausforderungen einer solchen Struktur nicht vernachlässigt werden. Einerseits bedeutet eine offene Innovationskooperation die Gefahr des Know-how-Verlustes, und andererseits ist mit dieser Aufgabenteilung ein erheblicher Managementaufwand verbunden, der interne Transaktionskosten verursacht.

Dass die **Potenziale der Kooperation** mittelständischer Unternehmen bei Weitem noch nicht ausgeschöpft sind, kann zum einen an einer weiten Definition unternehmerischer Kernprozesse liegen, über die ein Unternehmen die Kontrolle erhalten will, und zum anderen an den hohen Anforderungen, die ein Netzwerkmanagement an die Unternehmensführung stellt (vgl. Lingenfelder und Maletzke 2015). Um die Kooperationsbereitschaft bei KMU zu steigern, besteht in Deutschland ein breites Angebot staatlicher Förderung, das insbesondere bei der Zusammenarbeit mit Forschungsinstitutionen ansetzt.

Praxisbeispiel: Mit neu gestalteten Innovationsprozessen aus dem Tal der Tränen

Auch wenn der Kinderwagenhersteller Teutonia kein typischer Mittelständler mehr ist, so zeigt sich an diesem Fallbeispiel vieles, was in der Innovation über einen längeren Zeitraum falsch gemacht und wie der Turnaround dennoch auch in diesem Bereich erfolgreich gestaltet werden kann.

Teutonia ist im Prinzip eine typisch mittelständische Unternehmensgeschichte. In der Nachkriegszeit wurde das Unternehmen gegründet und hat sich im Laufe der Zeit zu einem Qualitätsführer in der Kinderwagenproduktion entwickelt. Teutonia expandierte international und wurde im Jahre 1979 von einer britischen Unternehmensgruppe übernommen.

Als dann 2004 eine Beteiligungsgesellschaft das Unternehmen übernahm, stand Teutonia kurz vor dem Aus. Die Umsätze waren in den vorangegangenen vier Jahren weggebrochen, und für das einst florierende Unternehmen war ein eher symbolisch zu wertender Kaufpreis von EUR 100.000 fällig.

Was war passiert? Die Kunden hatten sich von Teutonia abgewendet und griffen zu den Modellen von Hartan oder dem trendigen Hersteller Boogaboo. Ein neues Modell des Hauses erhielt den Spitznamen Bumerang, weil fast jedes Exemplar von den Käufern reklamiert wurde. Die Theoretiker von Entwicklung und Vertrieb hatten es versäumt, in der Entwicklung des Produktes die Anforderungen des Vertriebes und der Produktion zu berücksichtigen. Das Modell war zu schwer und litt unter erheblichen Qualitätsmängeln. In dem Versuch, sich den verpassten Trends der erfolgreichen Wettbewerber anzuschließen, war es zu groben Fehlern gekommen.

Das neu eingesetzte Management der Beteiligungsgesellschaft ergriff zu Beginn umgehend die notwendigen Maßnahmen, um den Veränderungsprozess auf der Produktseite einzuleiten:

- interdisziplinäre Teams zur Verbesserung der Produktmerkmale,
- direkter Kontakt zum Kunden (bspw. Besuche von Elterninitiativen),
- Verkürzung der Entwicklungszeiten durch Verwendung von bekannten Baugruppen,
- Einarbeitung von Produkttrends in neue Modelle (dreirädrig, frische Designs etc.) und
- Veränderung der organisatorischen Verantwortlichkeiten (Produktionsleiter verantwortet den Service).

So ist es gelungen, innerhalb von wenigen Jahren aus einem totgesagten Marktspieler wieder ein erfolgreiches Unternehmen zu formen. Dieser Erfolg dokumentiert sich darin, dass dieses Unternehmen nach wenigen Jahren von der Beteiligungsgesellschaft wiederum erfolgreich veräußert werden konnte.

Quelle: Financial Times Deutschland, 15.01.2008

4.3.4.3 Von der Produkt- und Prozessinnovation zur Geschäftsmodellinnovation

Wenn bisher von Innovationen gesprochen wurde, dann lag der Schwerpunkt implizit auf den klassischen Produkt- und Prozessinnovationen. In jüngster Vergangenheit sind allerdings die sogenannten **Geschäftsmodellinnovationen** in den Fokus von Wissenschaft und Praxis gelangt.

Geschäftsmodelle können als eine Weiterentwicklung der Geschäftsidee eines Unternehmens verstanden werden. Sie konkretisieren die technischen, wirtschaftlichen und bedürfnisbezogenen Aspekte einer Geschäftsidee. Als Kernelemente können das Nutzenversprechen, die Wertschöpfungsarchitektur, die Ertragsmechanik und die Kundenschnittstelle angesehen werden (siehe Abb. 4.25). Im Nutzenversprechen wird konkretisiert, welche Vorteile dem Kunden durch den Abschluss eines Geschäfts erwachsen. Kunden werden die Leistung eines Unternehmens nur in Anspruch nehmen, wenn es sich in entscheidender Weise von den Angeboten der Konkurrenz unterscheidet. Die weiteren Elemente werden aufbauend auf dem Nutzenversprechen gestaltet. Die Wertschöpfungsarchitektur verdeutlicht die Erstellung des Produkts. Die Kundenschnittstelle beschreibt den Informationsweg zwischen Unternehmen und Kunden. Letztlich wird der Unternehmenserfolg über die Gestaltung der Kosten und Erlöse in der Ertragsmechanik gesichert (vgl. Holzmann et al. 2013, S. 356 ff.).

Von einer Geschäftsmodellinnovation kann man sprechen, wenn mehrere Elemente des Geschäftsmodells verändert werden und dies von den potenziellen Kunden als neu empfunden wird. Im Vergleich zu Produkt- oder Prozessinnovationen sind Variationen des Geschäftsmodells schwerer zu kopieren. In der Forschung wird diskutiert, dass Unternehmen, die ihre Geschäftsmodelle erfolgreich anpassen, langfristig erfolgreicher sind. Ein enger Zusammenhang ist mit dem Begriff der **disruptiven Innovation** zu sehen, die durch ihren Charakter in der Lage ist, ein bestehendes Geschäftsmodell abzulösen und die Regeln des Marktes vollständig zu verändern.

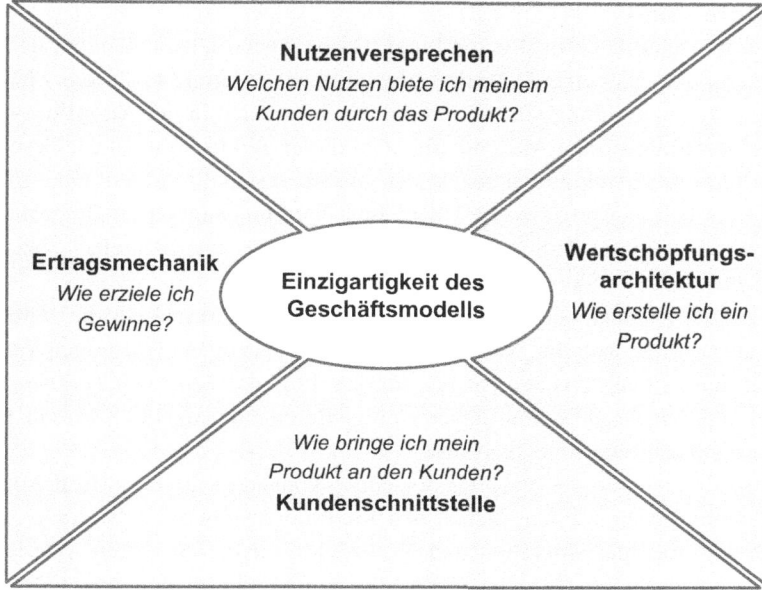

Abb. 4.25 Elemente eines Geschäftsmodells. (Quelle: Holzmann et al. 2013, S. 357)

Praxisbeispiel: Disruptive Geschäftsmodelle im Gebrauchtwagenmarkt

Über viele Jahrzehnte war der Gebrauchtwagenmarkt traditionell strukturiert: Autohäuser boten in Zahlung genommene Fahrzeuge auf ihren Höfen zum Kauf an und standen in Konkurrenz zu freien Händlern. Gebrauchtwagenkäufer flanierten über die Automeilen, nachdem sie die Anzeigen in regionalen Zeitungen studiert hatten. Mit dem Internet entstanden Marktplätze wie Mobile und AutoScout24, die die Transparenz auf dem Markt erheblich erhöhten. Die regionalen Zeitungen verloren einen großen Teil ihrer Anzeigenumsätze an die neuen Konkurrenten.

Doch nun schickt sich ein weiteres Start-up an, den Gebrauchtwagenmarkt erneut zu revolutionieren. Auto1 informiert nicht nur, sondern greift direkt in den Kaufprozess ein. Autobesitzer können sich im Internet binnen Sekunden den Wert ihres Fahrzeugs schätzen lassen, und nach einer Prüfung übernimmt Auto1 das Auto. Dieses wird wiederum an Händler weiterverkauft. Anfang des Jahres 2018 hat sich mit Softbank ein weltweit agierender Investor mit EUR 460 Mio. an diesem Unternehmen beteiligt.

Quelle: Handelsblatt vom 18.01.2018, S. 44

Innovative oder revolutionäre Geschäftsmodelle – man denke in diesem Zusammenhang bspw. auch an Facebook, Airbnb & Co. – werden sehr häufig von Start-ups entwickelt. Die Eigenschaften von Familienunternehmen lassen sie als etablierte Unternehmen weniger geeignet erscheinen, grundsätzliche Veränderungen an ihren Geschäftsmodellen durchzuführen. Eine solche Form von Innovation ist in der Regel sehr weitreichend und bedingt eine grundlegende Neugestaltung der Unternehmensprozesse.

4.3.4.4 Markteinführung von Produkten – Herkulesaufgabe im Mittelstand

Der betriebswirtschaftliche Erfolg von Innovationen basiert letztendlich auf der Verbreitung eines Produkts oder einer Dienstleistung im Markt. Zentrale Ansätze der Marketingwissenschaft zur Verbreitung von Neuprodukten finden sich in der **Adoptions- und die Diffusionsforschung** wieder. Wesentliches Ziel dieser Teildisziplin ist es, Gesetzmäßigkeiten der Innovationsverbreitung abzubilden. Während sich die Adoption auf Individuen und deren Entscheidungsprozesse zur Übernahme einer Innovation bezieht, geht es bei der Diffusion um aggregierte, individuelle Adoptionsprozesse innerhalb eines sozialen Systems im Zeitablauf (vgl. Steinhoff 2006, S. 24).

Die in der Diffusionsforschung entwickelte **Diffusionskurve** stellt die zeitliche Entwicklung aller Adoptionen dar. Sie nimmt typischerweise einen S-förmigen Verlauf ein. Hier ist der unmittelbare Zusammenhang mit dem Produktlebenszyklus erkennbar. Während der Produktlebenszyklus eine anbieterseitige Betrachtung darstellt, wird in der Diffusionskurve die Nachfragerseite analysiert.

Nach den Ergebnissen der Adoptionsforschung können idealtypisch **fünf Adopterkategorien** unterschieden werden: Neben den Innovatoren gibt es frühe Adoptoren, eine frühe Mehrheit, die späte Mehrheit und Nachzügler, für die empirisch Anteile bei den Nachfragern nachgewiesen werden konnten. Neben diesen Erkenntnissen wurden Modelle entwickelt, die eine Abschätzung der maximalen Marktpenetration und der Geschwindigkeit des Diffusionsprozesses ermöglichen.

Die Adoptionsforschung beschäftigt sich mit individuellen Übernahmeprozessen. Der **Adoptionsprozess** ist eine spezielle Form des Kaufentscheidungsprozesses bei innovativen Kaufobjekten. Ein Schwerpunkt der Adoptionsforschung besteht in der Analyse der Faktoren, die die individuelle Adoption bzw. die Adaptionsrate einer Innovation beeinflussen. Besonderes Augenmerk wird den produktspezifischen Einflussfaktoren gewidmet (vgl. Kaulfuß 2007, S. 40 ff.). Die von Rogers entwickelte Systematik der produktbezogenen Innovationsfaktoren gilt als branchen- und situationsübergreifendes Modell. Demnach wird die Übernahme einer Innovation durch **fünf Faktoren** beeinflusst (siehe Abb. 4.26):

- Der **relative Vorteil** beschreibt das Ausmaß, in dem eine Innovation aus individueller Nachfragersicht als vorteilhaft gegenüber den bestehenden Alternativen angesehen wird. Dies betrifft nicht nur technische oder wirtschaftliche, sondern auch sog. intangible Eigenschaften. Hiermit ist der Zusatznutzen eines Produktes angesprochen, der in sozialem Status oder Prestige begründet sein kann.
- Die **Kompatibilität** drückt aus, wie stark die Innovation mit den Denk- und Verhaltensmustern, Werten, Normen und Erfahrungen des Nachfragers übereinstimmt. Diese Übereinstimmung kann sowohl psychischer als auch technischer Natur sein.
- Mit **Komplexität** ist der Grad der Schwierigkeit gemeint, eine Innovation zu verstehen und in Gebrauch zu nehmen. Demnach zieht eine hohe Komplexität einen erhöhten Lernaufwand für die potenziellen Kunden nach sich und führt damit zu einer verringerten Wahrnehmung der Vorteile einer Innovation.

Abb. 4.26 Produktbezogene Adoptionsfaktoren. (Quelle: Albers 2005, S. 430)

- Unter **Erprobbarkeit** wird die Möglichkeit verstanden, eine Innovation auf limitierter Basis zu prüfen. Über das Testen kann ein potenzieller Kunde die Innovation bewerten – ein Kriterium, das für Innovatoren besonders wichtig ist, da sie im Gegensatz zu späteren Adoptoren nicht auf die Erfahrung anderer zurückgreifen können.
- Die **Kommunizierbarkeit** betrifft insbesondere die Vermittlung der positiven Eigenschaften einer Innovation. Eine leichte Kommunizierbarkeit senkt aus Sicht der potenziellen Adoptoren die Informationskosten.

In empirischen Untersuchungen haben sich insbesondere der relative Vorteil und die Kompatibilität einer Innovation als Faktoren mit hoher Wirksamkeit bestätigt. Neben den produktspezifischen Einflussfaktoren wirken auch Adopter- und umweltspezifische Faktoren auf die Annahme einer Innovation.

Aus diesen Erkenntnissen lässt sich ein einfaches Modell zur Prognose des Erfolgs von Neuprodukten generieren (vgl. Gourville 2006). Wenn der relative Vorteil aus Sicht des potenziellen Kunden als Grad der wahrgenommenen Produktveränderung bezeichnet wird und die Kompatibilität als Grad der notwendigen Verhaltensänderung, so lassen sich vier Kategorien unterscheiden (siehe Abb. 4.27).

Wenn Produkte nur eine geringe Veränderung und zudem eine minimale Verhaltensanpassung der Käufer verlangen, dann werden diese Produkte auf eine relativ **hohe Akzeptanz** stoßen. Wenn allerdings Produkte entwickelt werden, die nur geringe Vorteile aufweisen, im Gegenzug aber eine beträchtliche Verhaltensänderung bedingen, dann kann von einem sicheren **Fehlschlag** ausgegangen werden (bspw. Dvorak-Tastatur). Wenn ein Produkt aber einen technischen Quantensprung darstellt, diese Innovation aber auch mit einer deutlichen Verhaltensänderung verbunden ist, dann kommt es zu einer langen **Durststrecke** (bspw. Linux als neues Betriebssystem). Innovationen, die große Vorzüge innehaben

Abb. 4.27 Erfolg von Neuprodukten. (Quelle: Gourville 2006, S. 54)

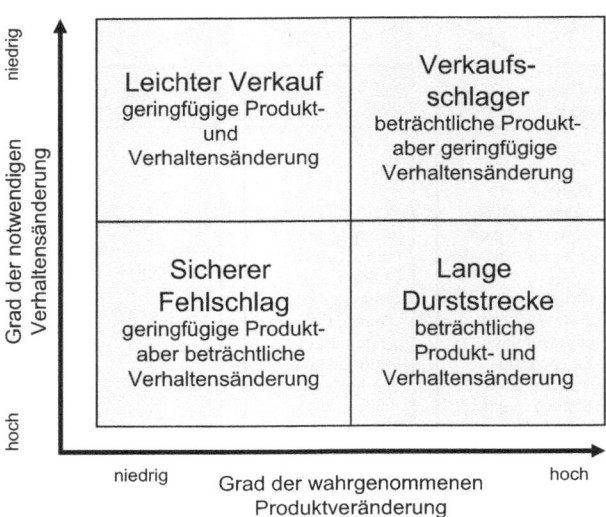

und nur eine minimale Verhaltensänderung bedeuten, können zu einem **Verkaufsschlager** werden (bspw. Google).

Diese Kategorisierung liefert eine weitere Argumentation für die Tatsache, dass mittelständische Unternehmen in der Innovationsstrategie eher als Technologienehmer auftreten und eine kundenspezifische Anpassung von Innovationen vornehmen (vgl. Lingenfelder und Maletzke 2015, S. 219). Aus Sicht von Kunden handelt es sich hierbei zwar nicht um radikale Innovationen, gleichzeitig ist aber die notwendige Verhaltensänderung in der Regel gering. Dies trägt zu einer leichteren **Prognostizierbarkeit des ökonomischen Erfolgs** von Produktneueinführungen bei.

In enger Verbindung zu den produktbezogenen Adoptionsfaktoren steht das **Timing des Markteintritts**. Die Bedeutung des Timings lässt sich daran ersehen, dass zu frühe Markteintritte nicht selten an zu hohen Marktwiderständen scheitern und zu späte Eintritte aufgrund der bereits gefestigten Wettbewerbspositionen aussichtslos sind. Damit ist das Timing eine weitreichende strategische Festlegung, die das zur Verfügung stehende Portfolio strategischer Optionen determiniert und nicht revidierbar macht (vgl. Schäppi et al. 2005, S. 208). Grundsätzlich werden die Pionier- und die Folgerstrategie unterschieden, wobei sich innerhalb der Folgerstrategie wiederum zwei Alternativen eröffnen: Entweder Unternehmen treten als „Frühe Folger" in den Markt ein, oder sie entscheiden sich zu einer Strategie der „Späten Folger" (vgl. Trommsdorf und Steinhoff 2013, S. 161 oder Homburg und Krohmer 2006, S. 173).

- Bei der **Pionierstrategie** liegt zum Zeitpunkt des Markteintritts der Schwerpunkt der Anstrengungen in der abnehmerorientierten Markterschließung. Der Markt wird über die Innovation vom Pionier selbst geschaffen. Die zentrale Aufgabe ist also der Marktaufbau, welcher parallel zum Produktentwicklungsprozess erfolgen muss. Mit der Pionierstrategie ist eine technologische Führerschaft – und damit auch das Ausnutzen von Erfahrungskurveneffekten – verbunden.
- Bei den **Folgerstrategien** dominiert beim Markteintritt die Wettbewerbsorientierung. Der Folger kann mit seiner direkten Substitution nur in Konkurrenz zu den bereits am Markt tätigen Unternehmen am Marktwachstum teilhaben. Wesentlich ist daher die Beurteilung der Marktposition des Pioniers. Die durch den Pionier aufgebauten Markteintrittsbarrieren stellen eine wesentliche Gefahren- bzw. Risikoquelle dar. Der Folger kann durch eine Erhöhung des Nutzens durch ein niedrigeres Preisniveau, eine höhere Produktleistung oder durch die Kombination der beiden Maßnahmen Erfolg haben. Der Einsatz effizienter Technologien kann bspw. Eintrittsbarrieren durch Skaleneffekte außer Kraft setzen.

Weitere **Vor- und Nachteile der Pionierstrategie** sind in Tab. 4.8 zusammengefasst.

Die empirische Evidenz für die **Existenz eines Pioniervorteils** ist sehr hoch, wenngleich es auch Gegenbeispiele gibt, die eine universelle Gültigkeit dieses Ansatzes infrage stellen (vgl. Trommsdorf und Steinhoff 2013, S. 167 ff. und Fischer 2001, S. 138). Ein dauerhafter Wettbewerbsvorteil kann nur erzielt werden, wenn der Pionier das Potenzial zur Generierung von Kosten- und Nachfragevorteilen tatsächlich ausnutzt. Insgesamt können Timingstrategien nicht unabhängig von internen und externen Rahmenbedingungen

Tab. 4.8 Vor- und Nachteile der Pionierstrategie. (Quelle: in Anlehnung an Homburg 2017, S. 179)

Mögliche Pioniervorteile (Nachteile für den Folger)	Mögliche Pioniernachteile (Vorteile für den Folger)
- Vorübergehende Monopolsituation - Preispolitischer Spielraum - Kostenvorteile durch Erfahrungskurveneffekte - Imagebildung bei Nachfragern sowie Aufbau von Kundenloyalität - Aufbau von Wechselbarrieren bei Kunden (z. B. durch Setzen von Branchenstandards) - Sicherung wichtiger Distributionskanäle	- Hoher Ressourceneinsatz im Rahmen der Markterschließung - Ungewissheit bezüglich der Nachfrageentwicklung - Fehlende Erfahrung mit der Funktionalität des Produktes in der Anwendung durch den Kunden - Ungewissheit über den Erfolg am Markt - Bekanntmachung der Innovation

beurteilt werden. Die internen Unternehmensressourcen und die Charakteristika des Marktes müssen übereinstimmen (vgl. Trommsdorff und Steinhoff 2013, S. 175).

Für mittelständische Unternehmen, deren Stärke in der Entwicklung von spezifischen Lösungen für eng abgegrenzte Marktsegmente liegt, kann eine **Dominanz der Folger-strategien** vermutet werden. Zugleich zeigte aber auch die Diskussion über den Zusammenhang von Branchenlebenszyklus und Innovationstätigkeit, dass gerade in jungen Märkten die Bedeutung von mittelständischen Unternehmen sehr hoch ist (vgl. Abschn. 4.3.2.1). Auch die Beispiele radikaler Innovationen, die durch Mittelständler eingeführt wurden, sprechen eine andere Sprache.

Praxisbeispiel: Timingstrategien

Die Historie deutscher Unternehmen zeigt, dass auch mittelständische Unternehmen mit Pionierstrategien erfolgreich waren. Genannt seien Haribo, Melitta oder SAP.

Pionierstrategien bergen aber auch ein großes Misserfolgsrisiko in sich, wie folgendes Beispiel zeigt: Bereits vor 40 Jahren entwickelte der Unternehmer Antonino di Leva aus Neapel das Kaffepad unter dem Namen „Prontadose". Allerdings blieb ihm der Markterfolg verwehrt, der sich heute mit Milliardenumsätzen bei verschiedenen Herstellern in den Büchern manifestiert. Was war passiert?

In den 70er-Jahren des letzten Jahrhunderts investierte di Leva EUR 500.000 in die Produktion und das Marketing für sein Produkt. Allerdings kam die Erfindung im Markt nicht an. Nach kurzer Zeit wurden die Marketingmaßnahmen wieder eingestellt. Möglicherweise hätte das Produkt bei erhöhtem Marketingaufwand doch noch einen Durchbruch erlebt, aber der Unternehmer und seine Partner wollten damals keine weiteren Risiken eingehen. Mit dem Wandel in der Kaffeekultur, wie er sich insbesondere seit der Jahrtausendwende manifestierte, konnten sich andere Unternehmen wie Nesté mit ihren Systemen am Markt etablieren.

Quelle: Financial Times Deutschland FTD online vom 18.07.2010

Diese Beispiele illustrieren, dass eine pauschale Aussage über die zu wählende Timings-trategie nicht zielführend sein kann. Weitere Kontextvariablen sind in eine fundierte

Entscheidung einzubeziehen. Tendenziell dürfte folgende Aussage gelten: Während in jungen Branchen auch durch mittelständische Unternehmen eine Pionierstrategie durchaus erfolgversprechend ist, wird in reiferen Märkten eher eine Folgerstrategie gewählt.

4.3.4.5 Erfolgsfaktoren der Innovation im Mittelstand

Wenn mittelständische Unternehmen in der Gesamtheit aufgrund ihrer Nachteile im Innovationswettbewerb eine geringere Innovationstätigkeit aufweisen, dann stellt sich die Frage, wieso es dennoch mittelständischen Unternehmen gelingt, sich mit Innovationen am Markt zu etablieren und überproportional zu wachsen. Die bereits erwähnten Hidden Champions haben es geschafft, genau solche Wachstumsgeschichten zu schreiben (siehe Abschn. 4.2.5). Es ist diesen Unternehmen zum Teil schon in der Gründergeneration gelungen, die Nachteile kleiner Unternehmen zu überwinden und gegenüber Wettbewerbern technologische Alleinstellungsmerkmale zu entwickeln und in Markterfolge umzusetzen.

Anzusetzen ist aus unternehmerischer Sicht an den **Erfolgsfaktoren**, die **für Innovationen** im Allgemeinen gelten. Vahs und Brehm (2013, S. 69 ff.) unterscheiden zwischen externen, internen und innovationsspezifischen Einflussgrößen, während Trommsdorf und Steinhoff (2013, S. 74) zwischen **steuerbaren und kaum beeinflussbaren Faktoren** unterscheiden. Wenn man aus diesem Modell diejenigen Variablen entfernt, die aus Unternehmenssicht als externe Daten oder aufgrund konstitutiver Entscheidungen nicht oder kaum beeinflusst werden können, dann verbleibt als Stellhebel ein Set von Maßnahmen, auf die sich das Management eines Unternehmens konzentrieren kann (siehe Tab. 4.9).

Die **innovationsspezifischen Einflussgrößen** umfassen die Produkt- bzw. Dienstleistungsmerkmale einer Innovation. Dabei steht der wahrgenommene relative Vorteil eines neuen Produktes gegenüber bestehenden Lösungen im Vordergrund. Erleichtert wird die

Tab. 4.9 Produktinnovations-Erfolgsfaktoren. (Quelle: Trommsdorf und Steinhoff 2013, S. 74)

Vom Unternehmen steuerbar	Vom Unternehmen kaum beeinflussbar
Unternehmensebene - Topmanagement Commitment - Organisation: Integration von F&E/Produktion/Marketing, Projektchampion/Promotor, Technologiemanagement - Strategie: Projekt/Programm-Fit zum Unternehmensziel, Portfoliomanagement - Weitere Kulturmerkmale: innovationsfreundliches Klima (Vorschlagswesen und Kapital für neue Ideen)	- Marktgröße - Marktwachstum - Wettbewerb - Umfeldfaktoren
Projektebene - Relativer Produktvorteil für Kunden - Erfahrungen/Synergien F&E/Produktion - Projektmanagement: crossfunktionale Teams, intensive Kommunikation - Professionalität des Marketings: Marktorientierung durch Kundenanalyse/-integration, Beobachtung des Wettbewerbs - Markteinführungszeitpunkt	

Marktakzeptanz durch eine Kompatibilität mit bisherigen Erfahrungen und Lösungen, eine geringe Komplexität des Produktes sowie einen hohen Reifegrad der Innovation. Die Erprobbarkeit des Produktes kann die Verbreitung einer innovativen Lösung zusätzlich positiv beeinflussen (vgl. Abschn. 4.3.4.4).

Von diesen Faktoren soll an dieser Stelle allerdings abstrahiert werden, da sie kein Differenzierungsmerkmal zwischen Großunternehmen und dem Mittelstand darstellen. Jede Innovation muss sich durch die Erfüllung der Kundenanforderungen am Markt durchsetzen.

Ein erster Ansatzpunkt zur erfolgreichen Etablierung neuer Produkte und Dienstleistungen ergibt sich bereits im **Innovationsprozess**. Erfolgreiche Mittelständler brechen die Unternehmensgrenzen durch das Eingehen von **Kooperation** auf. Als hybride Koordinationsform zwischen Markt und Hierarchie bietet das Netzwerk die Möglichkeit, eigene Ressourcen durch Partner zu ergänzen (siehe Abschn. 4.3.4.2).

Ein wesentlicher Erfolgsfaktor für Innovationen ist die **Marktgröße**. Dies heißt nichts anderes, als dass es erfolgversprechender ist, ein Produkt auf einem Markt mit vielen potenziellen Kunden einzuführen als auf einem kleinen Markt. Diese Regel können sich mittelständische Unternehmen zunutze machen, indem sie einen konsequenten Prozess der Internationalisierung bei der Einführung neuer Produkte wählen (vgl. Abschn. 4.4). Insbesondere mittelständische Unternehmen in Nischenmärkten mit hoch spezialisierten Produkten können diesen Weg zur Erzielung von **Erfahrungskurveneffekten** nutzen. Wenn bereits junge Unternehmen diesen Weg wählen und ihre Produkte zeitgleich auf mehreren Ländermärkten einführen, dann spricht man von sogenannten **Born Globals** (vgl. Knight und Cavusgil 2004).

4.4   Internationalisierung

Bereits an mehreren Stellen wurde auf die Bedeutung internationaler Handels- bzw. Geschäftsbeziehungen für mittelständische Unternehmen verwiesen. Im Lebenszyklus von Unternehmen kommt es gerade bei wissens- und technologieintensiven Produkten und Dienstleistungen relativ früh zur Frage, ob neben dem Heimatmarkt auch ausländische Märkte bearbeitet werden. Die Triebkräfte für diese Entwicklungen, die Ausgestaltungsmöglichkeiten und die besondere Bedeutung für mittelständische Unternehmen werden in diesem Abschnitt erörtert.

Lernziele
Wenn Sie diesen Abschnitt durchgearbeitet haben, können Sie

- das Konzept der Globalisierung erläutern und kritisch reflektieren,
- beschreiben, inwiefern KMU von Globalisierung bzw. Internationalisierung betroffen sind, und die empirischen Grundlagen dafür nennen,
- Chancen und Risiken der Globalisierung für KMU beurteilen sowie
- Instrumente zur Unterstützung von Internationalisierungsaktivitäten anwenden.

4.4.1   Globalisierung als Herausforderung für den Mittelstand

Es vergeht nahezu kein Tag, an dem nicht ein Politiker oder Wirtschaftsvertreter die Bedeutung der Globalisierung für Unternehmen allgemein und für den Mittelstand im Besonderen betont. Die empirischen Belege für die forcierte Vernetzung der Weltwirtschaft sind Legion und bedürfen eigentlich keiner weiteren Kommentierung. Allerdings ist der Begriff Globalisierung ein vielfach fehlinterpretierter Begriff, der sich trefflich für populistische Angriffe nutzen lässt.

4.4.1.1 Das Phänomen der Globalisierung

Globalisierung lässt sich in einer ersten Annäherung als **Prozess der Intensivierung der Interaktion nationaler Volkswirtschaften** beschreiben. Wirtschaftliche Globalisierung lässt sich durch folgende Entwicklungen kennzeichnen (vgl. Koch 2017, S. 4):

- Internationalisierung der Märkte für **Güter und Dienstleistungen,**
- Internationalisierung der **Produktion** inklusive des Anstiegs von grenzüberschreitenden Investitionen (**Direktinvestitionen**),
- internationale **Migration** und die Entstehung internationaler Arbeitsmärkte,
- Internationalisierung der **Finanzmärkte**.

Internationale Handelsaktivitäten lassen sich in der Menschheitsgeschichte schon sehr früh beobachten. Allerdings hat die Qualität und Quantität dieser Aktivitäten in den vergangenen Jahrzehnten deutlich zugenommen. Als wesentliche Auslöser dieser Entwicklung werden insbesondere die folgenden Faktoren genannt:

- Erstens haben sich die **Transport- und Kommunikationskosten** durch technologische Innovationen erheblich reduziert.
- Zweitens haben die Bestrebungen auf bilateraler und multilateraler Ebene zu einem **Abbau von Handelshemmnissen** geführt. Beispielhaft seien an dieser Stelle die internationalen Wirtschaftsräume der Europäischen Union oder auch der ASEAN-Staaten genannt.
- Drittens lässt sich in den vergangenen Jahren auch eine **Annäherung der Nachfragerbedürfnisse** beobachten, die eine weltweite Vermarktung vieler Gütergruppen zulassen.

Durch diese Entwicklungen befördert, haben die **globalen Handelsströme** beeindruckende Ausmaße erreicht. Neben den intraregionalen Güterströmen bspw. in Europa oder der amerikanischen Region sind die Handelsströme gerade zwischen Asien und Europa sowie Asien und Nordamerika erheblich angestiegen.

Deutschland hat in der Globalisierung seit dem Zweiten Weltkrieg eine bedeutende Rolle gespielt. Der Titel des **Exportweltmeisters** war der **Bundesrepublik** zwischenzeitlich abhandengekommen. Im Jahr 2017 summierte sich der Leistungsbilanzüberschuss nach Angaben der Bundesbank aber auf über EUR 262 Milliarden und lag damit über den

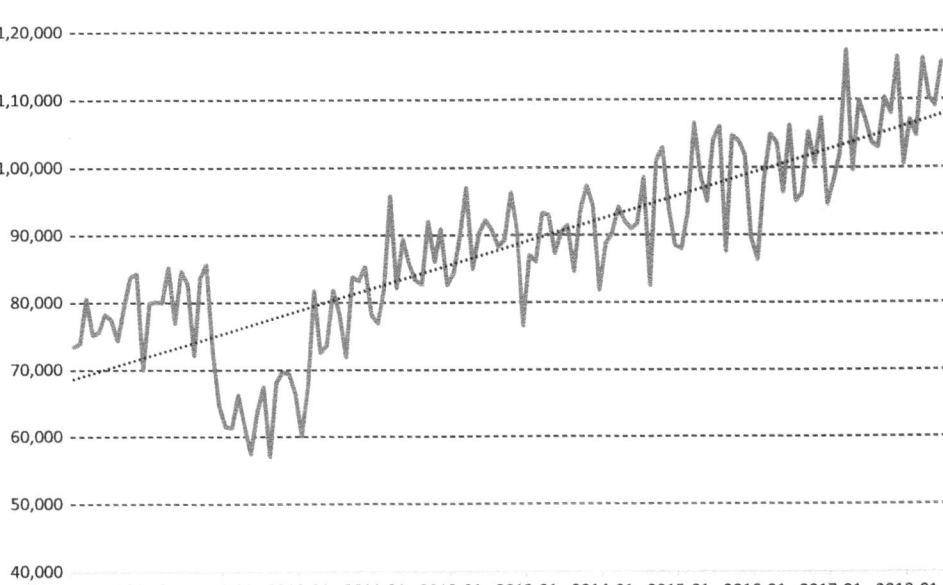

Abb. 4.28 Monatliche Ausfuhren Deutschlands in EUR Mrd. (Quelle: eigene Darstellung nach Daten der Deutschen Bundesbank 2018)

Werten von China und Japan. Die Exportstatistik weist in den Jahren zwischen 2007 und 2018 ein kontinuierliches Wachstum in den Ausfuhren auf, das einzig durch die weltweite Wirtschafts- und Finanzkrise der Jahre 2008 und 2009 durchbrochen wurde (siehe Abb. 4.28).

Mit diesen Belegen seien das Phänomen der Globalisierung und die Bedeutung für die deutsche Volkswirtschaft zunächst einmal ausreichend beschrieben. Es bleibt allerdings die Frage, inwiefern mittelständische Unternehmen durch dieses Phänomen in besonderer Weise betroffen sind. Oder anders ausgedrückt: Welche Triebkräfte beeinflussen mittelständische Unternehmen auf dem Weg in internationale Aktivitäten?

4.4.1.2 Triebkräfte der Internationalisierung für mittelständische Unternehmen

Naturgemäß gelten die Auslöser der Globalisierung für alle Unternehmen, und somit ist bspw. die Liberalisierung der Märkte ein wesentlicher Faktor für die Internationalisierungsaktivitäten mittelständischer Unternehmen. Nach dem Jahrtausendwechsel waren dies insbesondere die **Umwälzungen in den mittel- und osteuropäischen Ländern**, die neue Märkte geöffnet haben (vgl. Leick et al. 2012, S. 1 f.).

Parallel zu diesen Veränderungen der Volkswirtschaften in Ost- und Mitteleuropa hat aber auch ein Zug der Großunternehmen in diese und die asiatischen Märkte eingesetzt. Von dieser Entwicklung sind nicht nur die Export-, sondern auch **Wertschöpfungsaktivitäten** betroffen. Wichtige Großabnehmer der mittelständischen Zulieferindustrie haben ihre Produktion ins Ausland verlagert. Mit der Einbindung in Zuliefernetzwerke war somit die wesentliche Aufgabe verbunden, den Großabnehmern in der **Just-in-time-Kette** zu folgen. Die Errichtung eigener Produktionsstätten in räumlicher Nähe zu den Großabnehmern wurde zur Überlebensfrage (vgl. KfW 2006, S. 6).

Praxisbeispiel: Automobilzulieferer

Ein prominentes Beispiel für diesen Globalisierungsdruck gibt wiederum die Automobilzulieferindustrie ab. Bereits seit vielen Jahren betreiben die deutschen Automobilhersteller die Strategie, Produktionsstandorte in allen Teilen der Welt zu eröffnen. Für Zulieferer, die ihre Geschäftsbeziehungen mit den Herstellern erhalten wollen, bedeutet dies unverzichtbar eine Investition an den neuen Standorten der Hersteller. Dies ergibt sich aus den Strukturen der verfolgten Produktionskonzepte.

Entscheidend geprägt wurde das Umfeld der mittelständischen Unternehmen auch durch die **schwache Binnenkonjunktur**. Wenn Unternehmen 80 % ihres Umsatzes im Inland erzielen, wirkt eine schwache Konjunktur deutlich belastender, als wenn ein Ausgleich über eine Diversifizierung auf mehreren nationalen Märkten erfolgt. Im Vergleich hierzu präsentieren sich Auslandsmärkte mit höheren Wachstumsraten als deutlich lukrativer.

4.4.2 Internationalisierung des deutschen Mittelstands

Die genannten Triebkräfte der Internationalisierung sollen jedoch nicht den Eindruck erwecken, als wenn dieser Prozess aus Sicht des Mittelstands eine rein extern getriebene Notwendigkeit wäre. Vielmehr sind mit der Internationalisierung eine Reihe von Chancen verbunden (vgl. KfW 2018, S. 19).

- Die **Ausweitung des Vertriebs** auf internationale Märkte ermöglicht die Nutzung von Economies of Scale.
- Der **Aufbau eigener Produktionskapazitäten** im Ausland generiert eine höhere Kundennähe.
- Durch eine höhere **geografische Diversifikation** von Beschaffungsquellen kann das Unternehmen resilienter gegenüber exogenen Schocks werden.
- Der Wettbewerb auf internationalen Märkten fördert **Produkt- und Prozessinnovationen** im Unternehmen.
- Internationalisierte Unternehmen können vom technologischen **Know-how** ihrer internationalen Partner im Innovationsprozess profitieren.

Bevor auf Marktbearbeitungsstrategien aus Sicht mittelständischer Unternehmen eingegangen wird, über die diese Chancen genutzt werden können, ist ein kurzer Blick auf die tatsächliche Betroffenheit des Mittelstands durch dieses Phänomen angebracht. Wenn in der Öffentlichkeit die Internationalisierungsaktivitäten des Mittelstands angesprochen werden, dann bezieht sich dies implizit auf die größeren mittelständischen Unternehmen aus den Wirtschaftszweigen Industrie oder unternehmensbezogene Dienstleistungen.

4.4.2.1 Außenwirtschaftliche Aktivitäten des Mittelstands

Diese Gruppe des international tätigen Mittelstands deckt bei Weitem nicht die Gesamtheit kleiner und mittlerer Unternehmen ab. Eine Vielzahl der Unternehmen im Handwerk und in den personenbezogenen Dienstleistungen oder in kleinen Handelsbetrieben bleibt von den Internationalisierungsaktivitäten weitgehend unberührt.

KMU unterscheiden sich daher hinsichtlich ihrer **Internationalisierungsaktivitäten** deutlich von Großunternehmen (siehe Tab. 4.10). Etwa drei Viertel der KMU sind überhaupt nicht in außenwirtschaftliche Aktivitäten involviert. 14 % der KMU sind reine **Importeure**, während 3 % nur in den **Export** eingebunden sind. Nur jedes 20. Unternehmen gehört zu den sogenannten **Two-Way-Tradern**, die sowohl importieren als auch exportieren. Bei den Großunternehmen sind nur ca. 20 % nicht außenwirtschaftlich tätig.

4.4.2.2 Internationale Marktbearbeitungsstrategien

Die Möglichkeiten, internationale Marktbearbeitungsstrategien zu betreiben, sind vielfältig. Eine erste Annäherung zeigt Abb. 4.29. Der Export bezieht sich vor allem auf den Wertschöpfungsbereich Absatz (vgl. IW Consult 2016) und bezeichnet die Ausfuhr von Waren und Dienstleistungen ins Ausland. Im indirekten Export werden Handelsmittler eingesetzt, während im direkten Export unmittelbare Beziehungen zum ausländischen Geschäftspartner bestehen.

Prinzipiell ergeben sich somit für Unternehmen verschiedenste Möglichkeiten für internationale Marktbearbeitungsstrategien. Abstrahiert von der Alternative, am Globalisierungsprozess nicht teilzunehmen, können mittelständische Unternehmen zum einen die **Exportaktivitäten** forcieren oder **Wertschöpfungsaktivitäten** verlagern. Die Verlagerung von Wertschöpfungsaktivitäten kann durch eine eigene Produktion erfolgen (**Offshoring**) oder durch die Übertragung von Wertschöpfungsaktivitäten an Lieferanten im Ausland (**Outsourcing**). Auf diese grundsätzlichen Alternativen werden die folgenden Ausführungen fokussiert.

Theoretisch-konzeptionell werden in der Literatur vor allem zwei Modelle der Internationalisierung von KMU diskutiert (vgl. Leick et al. 2012): das **Prozessmodell** und der **Netzwerkansatz**. Theoretische Ansätze auf der Grundlage des Prozessmodells der Internationalisierung beschreiben Auslandsengagements als einen stufenweisen Lernprozess, in dessen Verlauf es zu einer Verbreiterung der unternehmensinternen Wissensbasis, einer

Tab. 4.10 Richtung des Warenhandels 2013. (Quelle: Söllner 2016, S. 113)

	KMU	Großunternehmen
Unternehmen ohne Außenhandel	77 %	19 %
Reine Importeure	14 %	24 %
Reine Exporteure	3 %	3 %
Two-Way-Trader*	5 %	54 %
Insgesamt	100 %	100 %

*Unternehmen, die sowohl importieren als auch exportieren

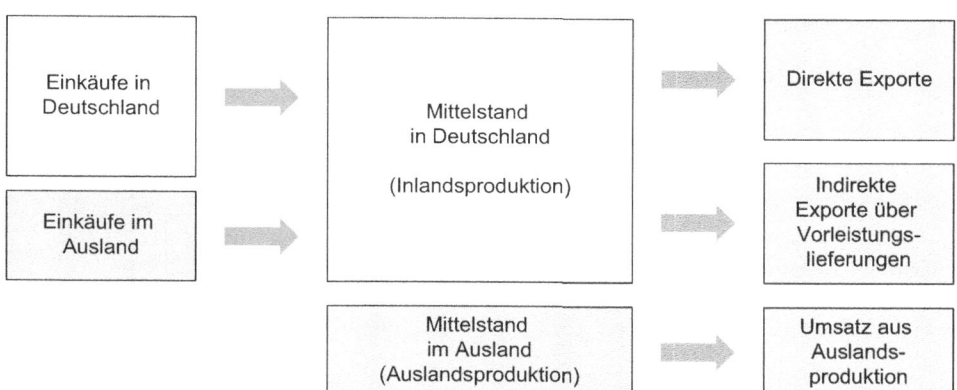

Abb. 4.29 Zentrale internationale Marktbearbeitungsstrategien. (Quelle: IW Consult 2016, S. 9)

zielmarktspezifischen Vertiefung der Auslandsaktivitäten und einer lateralen Expansion inner- oder außerhalb der Zielregion kommt. Der Netzwerkansatz der Internationalisierung besagt, dass bestehende oder im Verlauf der Auslandsengagements neu begründete Unternehmensnetzwerke als Motivatoren einer erstmaligen oder fortschreitenden Internationalisierung im Auslandsmarkt fungieren. Beide Ansätze können durchaus als komplementär betrachtet werden.

4.4.2.3 Exportaktivitäten mittelständischer Unternehmen

Exportaktivitäten stehen zumeist im Zentrum der Diskussionen um internationale Aktivitäten mittelständischer Unternehmen. In Abschn. 4.2.5 wurde bereits diskutiert, dass der internationale Vertrieb der eigenen Produkte ein wesentlicher Erfolgsfaktor der Hidden Champions ist. Darüber hinaus wurde die internationale Präsenz als ein wesentlicher Erfolgsfaktor für die erfolgreiche Einführung von Innovationen bezeichnet (siehe Abschn. 4.3.4.4). Der Weg auf internationale Märkte scheint somit für erfolgreiche mittelständische Unternehmen vorgezeichnet.

Bei der internationalen Markteintrittstrategie über den Export lassen sich grundsätzlich zwei Handlungsalternativen unterscheiden: die **Wasserfall- und die Sprinklerstrategie** (vgl. Büter 2013, S. 133 ff. und Abb. 4.30). Während bei der Wasserfallstrategie ein einziger oder einige wenige Märkte gleichzeitig bearbeitet werden, bedeutet die Sprinklerstrategie eine simultane Bearbeitung mehrerer Märkte. Als vorteilhaft erweist sich bei der Wasserfallstrategie der geringere finanzielle Aufwand, was allerdings zur Konsequenz hat, dass die Erschließung des globalen Marktes längere Zeit in Anspruch nimmt. Die Sprinklerstrategie stellt Unternehmen vor erhebliche finanzielle Herausforderungen und bedarf erheblicher Managementressourcen.

Die Erfahrung zeigt dementsprechend auch, dass mittelständische Unternehmen eher einer Wasserfallstrategie folgen als einer simultanen Bearbeitung vieler Märkte. Meist werden die unmittelbar in räumlicher Nähe liegenden Auslandsmärkte bearbeitet (vgl. Haunschild et al. 2007, S. 57), bevor der eigene Kontinent verlassen wird. Ein solcher Prozess lässt sich auch bei einigen Hidden Champions beobachten.

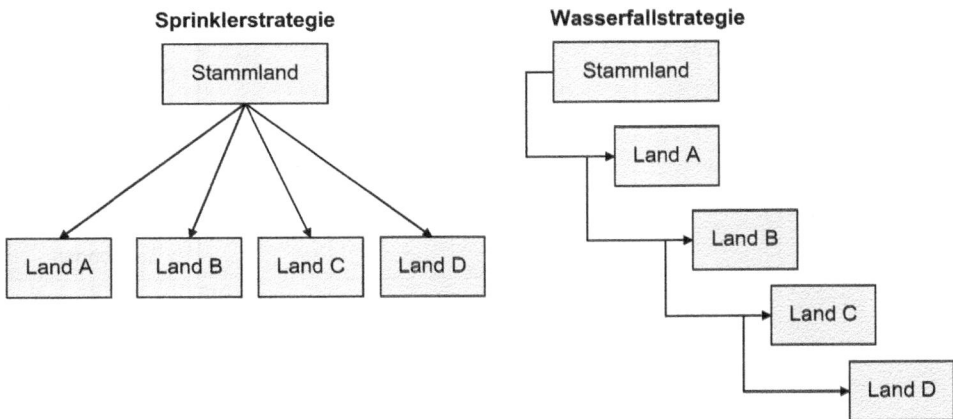

Abb. 4.30 Sprinkler- und Wasserfallstrategie. (Quelle: Büter 2013, S. 134)

Diese allgemeine Aussage muss allerdings in Bezug auf die **Branchenzugehörigkeit** relativiert werden. Es existieren durchaus Waren und Dienstleistungen, die aufgrund ihrer Gütereigenschaften ohne größeren Aufwand mit einer Sprinklerstrategie internationalisiert werden können. Eine App bspw. kann über einen Onlinestore problemlos in mehreren Märkten simultan eingeführt werden. Der finanzielle Aufwand und der notwendige Managementaufwand sind überschaubar.

Praxisbeispiel: Frühe Internationalisierung der Dietrich's AG

Die typische Orientierung mittelständischer Unternehmen an einer Marktnische kann schon in einer frühen Phase der Unternehmensentwicklung zu einer Internationalisierung des Vertriebes führen. Die Dietrich's AG ist Spezialist für 3-D-Software im Holzbau und wurde Mitte der 1980er-Jahre gegründet. Weil sich relativ früh eine Marktsättigung in Deutschland abzeichnete und im Ausland keine vergleichbare Software existierte, entschloss sich das Unternehmen Mitte der 1990er-Jahre für den Schritt über die nationale Grenze. Mittlerweile ist die Software in 13 Sprachen übersetzt, und über 50 % des Umsatzes werden im Ausland erzielt.

Im Laufe dieses Prozesses lernte das Unternehmen die besonderen Anforderungen der verschiedenen nationalen Märkte kennen. Beispielsweise machte die Dietrich's AG die Erfahrung, dass in Frankreich gerne deutsche Produkte gekauft werden, allerdings nur, wenn die Verkäufer selbst Franzosen waren. Seit der Gründung einer eigenen Tochtergesellschaft steigen die Umsätze in Frankreich, das sich zu einem der stärksten Auslandsmärkte des Unternehmens entwickelt hat.

Quelle: Unternehmeredition VI/2009, S. 44

Die F&E-Aufwendungen für bestimmte Produkte amortisieren sich außerdem nur in einem vertretbaren Zeitraum, wenn ein ausreichendes Marktpotenzial vorhanden ist. So können Gründungen in der Biotechnologie bspw. direkt auf den globalen Markt zielen.

Bei solchen Gründungen spricht man dementsprechend von **Born Globals**. Damit werden Unternehmen beschrieben, die bereits in einem frühen Entwicklungsstadium eine Vielzahl von Auslandsmärkten bearbeiten (vgl. Knight und Cavusgil 2004, S. 124). Dieses spezifische Internationalisierungsverhalten wird allerdings nur von einem geringen Teil junger Unternehmen erfüllt und setzt spezifische innovative Ressourcen und organisationale Fähigkeiten voraus.

Empirische Untersuchungen zeigen, dass nur ein geringer Teil aller mittelständischen Unternehmen exportieren. Denn trotz der Vielzahl exportierender Mittelständler konzentriert sich der Gesamtexport stark auf Großunternehmen. Großunternehmen stehen für etwa 83 % aller Exporte; Klein- und Kleinstunternehmen vereinen nur 5 % aller Exporte auf sich, obwohl sie den größten Teil der exportierenden Unternehmen ausmachen (vgl. Abb. 4.31). Darüber hinaus konzentriert sich die Bearbeitung ausländischer Märkte bei mittelständischen Unternehmen sehr häufig auf wenige Partnerländer. Während Großunternehmen in 69 % aller Fälle zehn und mehr Auslandsmärkte und nur 14 % ein einziges Partnerland bearbeiten, sind die Verhältnisse beim Mittelstand genau umgekehrt: 69 % aller mittelständischen Unternehmen beliefern nur einen einzigen Auslandsmarkt (vgl. Söllner 2016, S. 114).

Zur Einordnung dieser Ergebnisse kann ein Vergleich mit dem europäischen Ausland beitragen. Diese Gegenüberstellung wird allerdings dadurch erschwert, dass kleine Volkswirtschaften (bspw. Luxemburg) in der Regel offener sind als große Volkswirtschaften.

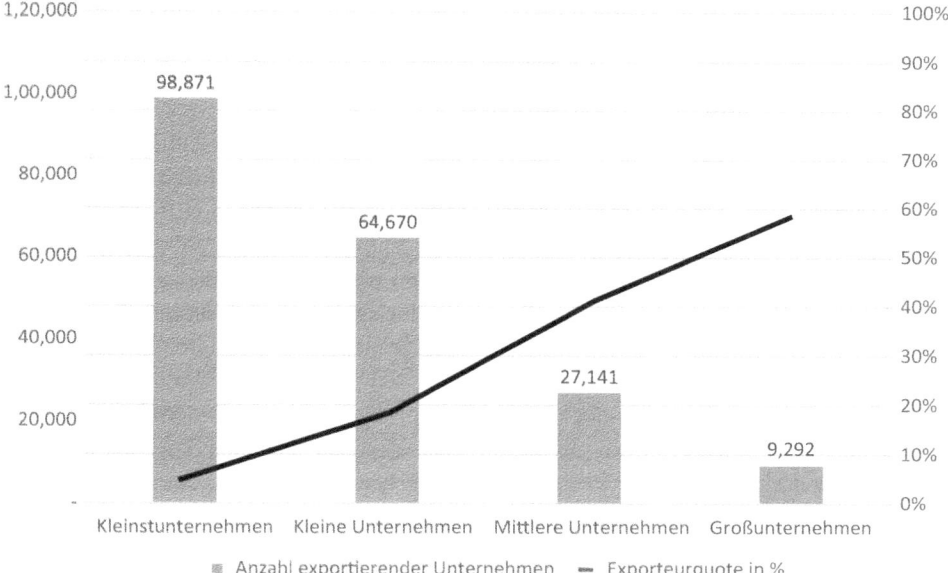

Abb. 4.31 Exportunternehmen und Exporteurquote in % nach Unternehmensgrößenklassen 2013. (Quelle: Söllner 2016, S. 111)

Im Vergleich mit den großen europäischen Ländern zeigt sich der deutsche Mittelstand aber deutlich stärker internationalisiert.

Diese empirischen Ergebnisse zeigen, dass es neben den bereits genannten **Chancen** eine Reihe von **Risiken** oder Herausforderungen geben muss, die mittelständische Unternehmen von Internationalisierungsaktivitäten abhalten. In der Literatur werden in diesem Zusammenhang vor allem drei Argumente diskutiert (vgl. Hollender et al. 2017):

– Erstens verfügen KMU über **limitierte Ressourcen** in finanzieller und personeller Hinsicht, die sie verwundbar gegenüber Fehlschlägen in Auslandsmärkten machen.
– Zweitens verfügen sie häufig nicht über **Know-how** in den Auslandsmärkten, da sie über eine geringere internationale Diversifikation verfügen, und
– drittens sind kleine und mittlere Unternehmen empfindlich gegenüber **extern auftretenden Herausforderungen** in fremden Ländermärkten.

Als problematisch für Mittelständler erweist sich im Internationalisierungsprozess das Finden geeigneter Geschäftspartner (vgl. KfW 2018 und Brink et al. 2012). Darüber hinaus werden in empirischen Untersuchungen immer wieder die Wettbewerbsintensität sowie ein Defizit an Beratung als externe Hemmnisse identifiziert. Als interne Hemmnisse erweisen sich die fehlende Auslandserfahrung, ein Mangel an Wettbewerbsfähigkeit des Produktes oder die erzielbaren Preise im Ausland.

Demgegenüber wird als **zentraler Erfolgsfaktor** des Exportgeschäfts eine **hohe Produktqualität** zu wettbewerbsfähigen Preisen angesehen. Zusätzlich helfen gründliche Marktkenntnisse und verlässliche Auslandspartner bei der Etablierung auf ausländischen Märkten. An Bedeutung gewonnen haben auch gute Serviceleistungen.

4.4.2.4 Verlagerung der Wertschöpfung

Während die verstärkten Exportaktivitäten der Wirtschaft in der Öffentlichkeit zumeist positiv besetzt sind, ist mit der **Verlagerung von Wertschöpfungsaktivitäten** ein fader Beigeschmack verbunden. Angesprochen sind die Ängste vor negativen Beschäftigungswirkungen von Verlagerungen. Ein Beispiel ist die Entwicklung der Zahl der Beschäftigten in der Bekleidungsindustrie, die sich im Zeitraum von 1995 bis 2003 halbierte. Öffentliche Diskussionen entzünden sich auch an Einzelbeispielen von Unternehmen, die ihre heimischen Produktionsstandorte schließen und an Standorte in Niedriglohnländern transferieren.

Meilenstein für die Verlagerung von Wertschöpfungsaktivitäten des Mittelstands war die Öffnung der Märkte in Mittel- und Osteuropa. Während in den vergangenen Dekaden die Produktionsverlagerung vorwiegend mit asiatischen Märkten assoziiert wurde, eröffneten sich durch diesen Prozess erstmalig Produktionsstandorte in räumlicher Nähe (vgl. Leick et al. 2012). Mittelständler haben damit die Möglichkeit bekommen, Vorteile des **Global Sourcing** mit vertretbarem manageriellem und logistischem Aufwand zu nutzen.

Aus Sicht mittelständischer Unternehmen wird die Variante des Outsourcings dem Offshoring grundsätzlich vorgezogen. Unter **Outsourcing** wird dabei die Übertragung der

Verantwortung für benötigte Ressourcen an externe Anbieter verstanden. Das **Offshoring** hingegen bezeichnet die Verlagerung von Prozessschritten oder ganzen Produktionsprozessen an eigene Standorte ins Ausland. Diese Definition schließt die Produktionsverlagerung ein (vgl. Specht und Lutz 2007, S. 46). Mit den Standorten in Mittel- und Osteuropa hat die Alternative des Offshoring an Attraktivität gewonnen, da sich auch kleinere Investitionsvorhaben als rentierlich erweisen können.

Für die Variante des Outsourcings lässt sich empirisch festhalten, dass der Anteil importierter Vorleistungen in den vergangenen Jahren deutlich gestiegen ist. Jedes fünfte KMU importiert Vorleistungen, wobei der Anteil der Einfuhren von KMU mit 20 % unterproportional ist (vgl. Söllner 2016).

Eine ähnliche Entwicklung lässt sich auch für das Phänomen des Offshoring konstatieren. Während die Verlagerung von Wertschöpfungsaktivitäten zu Beginn des neuen Jahrtausends erheblich zugenommen hat und im Jahr 2003 einen Spitzenwert erreichte, ist seit dem Ende des letzten Jahrzehnts ein Rückgang der Verlagerungen zu beobachten (vgl. ISI 2009). Jüngere Studienergebnisse weisen sogar darauf hin, dass sich der Trend zum Offshoring wieder umgekehrt hat. In Forschung und Praxis wird zunehmend die Bedeutung lokaler Wertschöpfungsketten betont, und insbesondere Deutschland konnte im Vergleich mit anderen entwickelten Volkswirtschaften seinen Anteil der industriellen Produktion in der Vergangenheit stabil halten. Gerade vor dem Hintergrund von Digitalisierungs- und Automatisierungsprozessen könnte sich der Trend der Verlagerung von Wertschöpfungsaktivitäten sogar umkehren, denn die Personalkosten verlieren bei zunehmender Automatisierung an Bedeutung.

Vor dem Hintergrund der Diskussionen um die Erfolgsfaktoren mittelständischer Unternehmen erscheint dieser Befund durchaus konsistent (siehe Abschn. 4.2.1). Die Beibehaltung einer hohen **Wertschöpfung am Heimatstandort** hängt mit den wesentlichen Wettbewerbsvorteilen mittelständischer Unternehmen zusammen. Die Strategien der Familienunternehmen fokussieren stärker als in Betrieben mit anderen Eigentümerstrukturen auf eigene Stammbelegschaften, eine hohe Fertigungstiefe und einen geringeren Auslandsbezug von Vorleistungen. Sie versuchen, durch qualifizierte Beschäftigte und vergleichsweise geringe externe Abhängigkeiten die Fähigkeit zum kontinuierlichen Lernen und zum Management des Außerplanmäßigen zu sichern. Betriebliche Stabilität und Internalisierung bei Personal- und Wertschöpfungsstrategien werden so für diese Betriebe zum **zentralen Flexibilitätsbefähiger** (vgl. Kinkel und Lay 2012).

Praxisbeispiel: Rückverlagerung in der Spielzeugindustrie

Im Jahr 2003 hatte Steiff die Produktion von Stofftieren nach China verlagert. Das Unternehmen war zu diesem Zeitpunkt sehr stark auf den Sammlermarkt konzentriert. Etwa 80 % seiner Umsätze wurden nicht mit Kindern, sondern mit dieser Kundengruppe realisiert. Um in das Spielzeugsegment zurückzukehren, wurde die Entscheidung getroffen, an einem Niedriglohnstandort zu produzieren, um mit niedrigeren Preisen in den Markt zu treten. Die Mitglieder der Eignerfamilie ließen sich im Firmenbeirat von der Strategie des Managements überzeugen. Für die Herstellung wurde ein Produzent in China gewonnen. Nur fünf Jahre später zog sich das Unternehmen vom asiatischen Standort wieder zurück. Es wurde ein kompletter Strategieschwenk vollzogen. Der Grund: Eine Reihe von Problemen war aufgetreten, mit denen man zuvor nicht gerechnet hatte:

- 8–12 Monate an Anlernzeit bis zur Erreichung der notwendigen Qualität,
- erhebliche Fluktuation beim Vertragspartner,
- Lieferschwierigkeiten insbesondere in der Hochsaison,
- Know-how-Verlust und
- Time-to-Market bei Produktinnovationen.

Die Devise hieß nun Vollstufigkeit: Die Entwicklung der Stoffe, das Innenleben der Stofftiere bis zur Herstellung des fertigen Produktes werden im eigenen Haus betrieben. Um dieses Ziel zu erreichen, wurde ein Unternehmen in Deutschland übernommen und Fertigungsstätten in Portugal und Tunesien aufgebaut.
Quelle: Financial Times Deutschland, 14.12.2009

4.4.3 Chancen und Risiken der Globalisierung für mittelständische Unternehmen

Mit Blick auf die Merkmale der Globalisierung lassen sich die wesentlichen Chancen und Risiken für mittelständische Unternehmen knapp zusammenfassen: Die **Integration der Gütermärkte** bietet für mittelständische Unternehmen die Chance, Absatzmärkte auszudehnen. Gerade mit einer globalen Nischenpolitik lassen sich Wettbewerbsvorteile im internationalen Markt realisieren. Unterstützt wird diese Entwicklung durch die globale Angleichung der Nachfragerbedürfnisse.

Gleichzeitig treten auf den angestammten Gütermärkten neue Wettbewerber aus dem Ausland auf. Dies erhöht die Anforderungen auch in der Ausgestaltung des Produkt- und Dienstleistungsspektrums. Der Trend geht hier vom Produkt zur Problemlösung. Mit der Einbindung in Zuliefernetzwerke treten durch die Globalisierung erhebliche Investitionserfordernisse für Mittelständler auf. Großunternehmen nutzen an dieser Stelle ihre Verhandlungsposition, die durch den Eintritt neuer Anbieter aus dem Ausland noch verbessert wird.

Die **Integration der Arbeitsmärkte** durch eine verstärkte Migration und die Öffnung neuer Regionen als Produktionsstandort eröffnet den offensichtlichen Vorteil des Ausnutzens von Arbeitskostendifferenzen. Allerdings riskieren mittelständische Unternehmen mit einer Strategie der Arbeitskostenminimierung die Auflösung der traditionell engen Bindung zwischen Unternehmer, Unternehmen und Arbeitnehmern. In der Konsequenz kann hieraus auch eine stärkere Trennung in Stamm- und Randbelegschaften resultieren.

Ein in den bisherigen Ausführungen vernachlässigter Bereich ist die **Integration der Finanzmärkte**. Dass Verwerfungen auf den Finanzmärkten auch realwirtschaftliche Konsequenzen haben, bekommen die Unternehmen durchaus zu spüren. Allerdings bieten sich durch diese Entwicklung auch Chancen für den Mittelstand. Durch den Eintritt neuer

Wettbewerber am deutschen Bankenmarkt hat sich die Konkurrenz am Kapitalmarkt deutlich erhöht. Zeitgleich traten auch innovative Finanzierungsinstrumente am Markt auf, die auf die Integration der Finanzmärkte zurückgeführt werden können.

Die Globalisierung der Geschäftsaktivitäten bergen im Finanzbereich allerdings auch erhebliche Risiken in sich. Mit den erhöhten Investitionsanforderungen bspw. für ausländische Produktionsstätten steigt bei mittelständischen Unternehmen die Abhängigkeit von Kreditinstituten. Die Tendenz zu internationalen Finanzmarktregulierungen (bspw. Basel III) gefährdet aus Sicht vieler mittelständischer Unternehmen die Hausbankbeziehung.

Wiederholungsfragen

1. Wieso besteht aus organisatorischer Sicht ein positiver Zusammenhang zwischen den Begriffen „Spezialisierung" und „Koordination"?
2. Welche Vor- und Nachteile gehen mit einer informellen Organisationsstruktur einher?
3. Aus welchem Grund ergibt sich bei wachsenden Unternehmen die Notwendigkeit, von der informellen Organisation auf eine funktionale Organisation überzugehen?
4. Nennen Sie Beispiele für die Überlastung der Leitungsspitze in der funktionalen Organisation!
5. Welche Herausforderungen aus Unternehmersicht ergeben sich beim Umstieg auf die divisionale Organisation?
6. Welche Nachteile der divisionalen Organisation beeinflussen deren Leistungsfähigkeit?
7. Durch welche Merkmale unterscheiden sich die operative und die Managementholding?
8. Welche methodischen Probleme existieren bei der empirischen Prüfung der „Mittelstandshypothese"?
9. Warum wird der entstehende Fachkräftemangel durch den demografischen Wandel den Mittelstand in besonderer Weise treffen?
10. Welche betrieblichen Strategien können zur Bekämpfung des Fachkräftemangels eingesetzt werden?
11. Auf welchen Argumenten beruht das Defizitmodell der Arbeitsbedingungen in mittelständischen Unternehmen?
12. In welchen Merkmalen der Arbeitsbedingungen schneiden kleine und mittlere Unternehmen aus Sicht der Mitarbeiter typischerweise besser ab?
13. Wann sollten in mittelständischen Unternehmen Personalmarketingaktivitäten einsetzen?
14. Warum handeln kleine und mittlere Unternehmen bei der Personalrekrutierung risikoavers?
15. Welche Anforderungen an Führungskräfte werden in mittelständischen Unternehmen gestellt?
16. Woran scheitert in kleinen und mittleren Unternehmen eine regelmäßige Weiterbildung?
17. Wie kann eine authentische Unternehmenskultur zur Mitarbeiterbindung beitragen?

18. Wodurch ist das forschungspraktische Vorgehen bei der Suche nach Erfolgsfaktoren gekennzeichnet?

19. Wie wird der Erfolg von Unternehmen definiert?

20. Wie entstehen Strategien in mittelständischen Unternehmen typischerweise?

21. Welche generischen Strategien werden tendenziell von mittelständischen Unternehmen verfolgt?

22. Wodurch zeichnen sich die von Simon beschriebenen Hidden Champions aus?

23. Nennen und erläutern Sie die methodischen Probleme der Erfolgsfaktorenforschung!

24. Wodurch unterscheiden sich die Begriffe Invention und Innovation?

25. Wo liegen Stärken und Schwächen des deutschen Innovationssystems?

26. Sind Großunternehmen innovativer als mittelständische Unternehmen?

27. Die Rolle von mittelständischen und großen Unternehmen in der Innovation unterscheidet sich nach der Phase des Branchenlebenszyklus. Erläutern Sie diese Aussage anhand der unterschiedlichen Regime, die im Lebenszyklus von Branchen unterschieden werden können!

28. Welche empirisch belegten Unterschiede lassen sich im Innovationsverhalten mittelständischer Unternehmen festhalten?

29. Warum ist insbesondere die Finanzierung ein wesentlicher Nachteil mittelständischer Unternehmen im Innovationswettbewerb?

30. Welche Phasen kann man im Innovationsprozess unterscheiden?

31. Welche Vorteile bringt die Kooperation im Innovationsprozess für mittelständische Unternehmen?

32. Nennen und erläutern Sie die wesentlichen Bestandteile eines Geschäftsmodells!

33. Sind Geschäftsmodellinnovationen in mittelständischen Unternehmen leichter oder schwerer umzusetzen?

34. Beschreiben Sie die existierenden Limitationen im Marketing von KMU!

35. Welche Faktoren beeinflussen die Adoption von Neuprodukten?

36. Durch welche Faktoren wird die Umsetzung von Kundennähe beeinflusst?

37. Was sind die wesentlichen Triebkräfte und Merkmale der Globalisierung?

38. Welche Faktoren sind aus Ihrer Sicht für den Erfolg von Innovationen verantwortlich?

39. Welche Treiber befördern den Internationalisierungsprozess bei mittelständischen Unternehmen im Besonderen?

40. Welche Branchen sind von Internationalisierungsaktivitäten weitgehend ausgenommen?

41. Welche Strategie verfolgen mittelständische Unternehmen typischerweise bei der Internationalisierung?

42. Welche Hemmnisse wurden für die Internationalisierungsaktivitäten kleiner und mittlerer Unternehmen identifiziert?

43. Nennen Sie die wesentlichen Erfolgsfaktoren des Auslandsgeschäfts!

44. Unterscheiden Sie die Alternativen Outsourcing und Offshoring bei der Verlagerung von Wertschöpfungsaktivitäten!

45. Warum können sich Unternehmen gezwungen sehen, Rückverlagerungen der Produktion vorzunehmen?
46. Aus welchem Grund sind Familienunternehmen bei der Verlagerung von Wertschöpfungsaktivitäten zurückhaltender als Großunternehmen?
47. Welche Chancen bietet die Globalisierung aus Sicht mittelständischer Unternehmen?
48. Welche Risiken lassen sich durch die Globalisierung für mittelständische Unternehmen erkennen?

Literatur

Albers, S. (2005): Diffusion und Adoption von Innovationen, in: Alber, S.; Gassmann, O. (Hrsg.): Handbuch Technologiemanagement, Wiesbaden, S. 415–434.

Astor, M.; Rammer, C.; Klaus, C.; Klose, G. (2016): Endbericht: Innovativer Mittelstand 2015 – Herausforderungen, Trends und Handlungsempfehlungen für Wirtschaft und Politik. ZEW-Gutachten und Forschungsberichte, Mannheim.

Backhaus, K.; Tikoo, S. (2004). Conceptualizing and researching employer branding, in: Career development international, 9(5), 501–517.

Bassanini, A.; Breda, T.; Caroli, E.; Rebérioux, A. (2013): Working in family firms: Paid less but more secure? Evidence from French matched employer-employee data, in: ILR Review, 66(2), 433–466.

Bauer, T. (2013): Innovationen in Familienunternehmen: eine empirische Untersuchung, Wiesbaden.

Baum, M.; Kabst, R. (2011): Arbeitgebermarkenaufbau durch informelle Hochschul-Personalmarketingmaßnahmen: eine empirische Analyse im deutschen Mittelstand, in: Zeitschrift für Betriebswirtschaft, 81(3), 327–349.

Becker, F. G. (2015): Personalmanagement im Mittelstand, in: Becker, W. und Ulrich, P. (Hrsg.): BWL im Mittelstand: Grundlagen – Besonderheiten – Entwicklungen, Stuttgart, 251–264.

Behrends, T., Martin, A. (2005), Betriebsgrößenbedingte Unterschiede in der Personalarbeit von Unternehmen, in: Schulte, R. (Hrsg.), Ergebnisse der Mittelstandsforschung, Band 2, Münster, 151–183.

Bekmeier-Feuerhahn, S.; Wickel, S. (2006): Marketing in kleinen und mittelständischen Unternehmen – Entwicklung, Strategien und Ausblick, in: Martin, A. (Hrsg.): Managementstrategien von kleinen und mittleren Unternehmen, München, S. 57–88.

Bending, T., Irion, T., Tunder, R. (2006): Die strategische Bedeutung von After-Sales-Dienstleistungen für die Absicherung von Wachstum in einer kundenwertorientierten Unternehmensführung, in: Meyer, J.-A. (Hrsg.): Kleine und mittlere Unternehmen in neuen Märkten, Lohmar, S. 370–379.

Berghoff, H. (2006): The end of family business? The Mittelstand and German capitalism in transition, 1949–2000, in: Business History Review, 80 (2), 263–295.

Berlemann, M.; Jahn, V. (2014): Ist der deutsche Mittelstand tatsächlich ein Innovationsmotor?, in: ifo Schnelldienst, 67(17), 22–28.

Bertelsmann Stiftung (2017): Entwicklung der Berufsausbildung in Klein- und Mittelbetrieben, Gütersloh.

Block, J. (2010): Family management, family ownership, and downsizing: Evidence from S&P 500 firms, in: Family Business Review, 23(2), 109–130.

BMWi (2012): Fachkräfte sichern – Wie familienfreundlich sind KMU?, Berlin

Brink, S.; Hoffmann, M.; Wallau, F. (2012): BDI-Mittelstandspanel: Ergebnisse der Online-Mittelstandsbefragung – Herbst 2012, Untersuchung im Auftrag des Bundesverbands der Deutschen

Industrie e.V. (BDI), der Ernst & Young GmbH Wirtschaftsprüfungsgesellschaft und der IKB Deutsche Industriebank AG, Berlin, Düsseldorf und Bonn.

Büter, C. (2013): Außenhandel: Grundlagen globaler und innergemeinschaftlicher Handelsbeziehungen, 3. Aufl., Heidelberg.

Bundesagentur für Arbeit (2007): Bewerber finden. Karriere machen – Arbeitsmarktinformation Mittelstand, Bonn.

Chesbrough, H.W. (2006): Open innovation: the new imperative for creating and profiting from technology, Boston.

Colli, A. (2013), Family firms between risks and opportunities: a literature review, in: Socio-Economic Review, Vol. 11, Issue 3, 577–599.

Corsten, H.; Gössinger, R.; Müller-Seitz, G.; Schneider, H. (2016): Grundlagen des Technologie- und Innovationsmanagements, München.

Craig, J. B.; Dibrell, C.; Davis, P. S. (2008): Leveraging family-based brand identity to enhance firm competitiveness and performance in family businesses, in: Journal of Small Business Management, 46(3), 351–371.

Daspit, J. J., Chrisman, J. J., Sharma, P., Pearson, A. W., & Long, R. G. (2017). A Strategic Management Perspective of the Family Firm: Past Trends, New Insights, and Future Directions, in: Journal of Managerial Issues, 29(1), 6–29.

Dautzenberg, K.; Ehrlinspiel, M.; Gude, H.; Käser-Erdtracht, J.; Schultz, P. T.; Tenorth, J., Tschernke, M.; Wallau, F. (2012): Studie über schnell wachsende Jungunternehmen (Gazellen) im Auftrag des BMWi, Endbericht, Berlin.

Decker, C.; Günther, C. (2017): The impact of family ownership on innovation: evidence from the German machine tool industry, in: Small Business Economics, 48(1), 199–212.

De Kok, J.; Uhlaner, L. M. (2001): Organization context and human resource management in the small firm; in: Small business economics, 17(4), 273–291.

De Massis, A.; Frattini, F.; Lichtenthaler, U. (2013): Research on technological innovation in family firms: Present debates and future directions, in: Family Business Review, 26(1), 10–31.

Denrell, J. (2006): Erfolg ist (oft) kein guter Ratgeber, in: Harvard Business Manager, H. 2, S. 100–107.

Dienes, Ch.; Schneck, S.; Wolter, H.-J. (2018): Die Auswirkungen des Gründungsgeschehens auf das regionale Wirtschaftswachstum, IfM-Materialien Nr. 270, Bonn.

DiMaggio, P.; Powell, W. W. (1983): The iron cage revisited: Collective rationality and institutional isomorphism in organizational fields, in: American sociological review, 48(2), 147–160.

Dömötör, R. (2011). Erfolgsfaktoren der Innovativität von kleinen und mittleren Unternehmen, Wiesbaden.

Eckert, R. (2016): Business Innovation Management: Geschäftsmodellinnovationen und multidimensionale Innovationen im digitalen Hyperwettbewerb, Wiesbaden.

Ellguth, P.; Kohaut, S. (2017). Tarifbindung und betriebliche Interessenvertretung: Ergebnisse aus dem IAB-Betriebspanel 2017, in: WSI-Mitteilungen, 71(4), 299–306.

European Commission (2010): Communication from the Commission to the European Parliament, the Council, the European Economic and Social Committee and the Committee of the Regions, COM(2010) 546 final, Brüssel.

European Commission (2017): European Innovation Scoreboard 2017, Brüssel.

Fischer, M. (2001): Produktlebenszyklus und Wettbewerbsdynamik, Wiesbaden.

Fojcik, T. M. (2015): Ambidextrie und Unternehmenserfolg bei einem diskontinuierlichen Wandel: Eine empirische Analyse unter besonderer Berücksichtigung der Anpassung und Veränderung von Organisationsarchitekturen im Zeitablauf, Wiesbaden.

Fritsch, M. (2016): Entrepreneurship Theorie, Empirie, Politik, Wiesbaden.

Funken, C., Thoma, J. (2012), Vertrauen und Misstrauen in KMU-Netzwerken, in: Schilcher, C., Will-Zocholl, M., Ziegler, M. (Hrsg.), Vertrauen und Kooperation in der Arbeitswelt, Wiesbaden, S. 145–164.

Gibson, C. B.; Birkinshaw, J. (2004): The antecedents, consequences, and mediating role of organizational ambidexterity, in: Academy of Management Journal, 47(2), 209–226.

Gourville, J. T. (2006): Wann Kunden neue Produkte kaufen, in: Harvard Business Manager, H. 8, S. 45–57.

Güttler, K. (2009): Formale Organisationsstrukturen in wachstumsorientierten kleinen und mittleren Unternehmen, Wiesbaden.

Haberstock, P.; Finken, S. (2015): Innovationsmanagement, in: Wisu- Das Wirtschaftsstudium, 54(8–9), 915 – 921.

Hauck, J.; Suess-Reyes, J.; Beck, S.; Prügl, R.; Frank, H. (2016): Measuring Socioemotional Wealth in Family-Owned and -Managed Firms: A Validation and Short Form of the FIBER Scale, in: Journal of Family Business Strategy, 7 (3), 133–148.

Haunschild, L. May-Strobl, E., Hauser, H.-E. (2009): Arbeitsplatzdynamik und nachhaltige Beschäftigungswirkungen in kleinen und mittleren Unternehmen, IfM Working Paper 06/09, Bonn.

Haunschild, L. Hauser, C. Günterberg, B. Müller, K. Sölter, A. (2007): Die Bedeutung der außenwirtschaftlichen Aktivitäten für den deutschen Mittelstand, Bonn.

Hauswald, H.; Hack, A.; Kellermanns, F. W.; Patzelt, H. (2016); Attracting new talent to family firms: who is attracted and under what conditions?, in: Entrepreneurship Theory and Practice, 40(5), 963–989.

Herstatt, C.; Lüthje, Ch.; Verworn, B. (2000): Innovationsmanagement in kleinen und mittleren Unternehmen, Technische Universität Hamburg-Harburg.

Höft, U. (1992): Lebenszykluskonzepte: Grundlage für das strategische Marketing- und Technologiemanagement, Berlin.

Hollender, Lina; Zapkau, Florian B. and Schwens, Christian (2017): SME foreign market entry mode choice and foreign venture performance: The moderating effect of international experience and product adaptation, in: International Business Review, 26(2), 250–263,

Holzmann, P.; Gustafsson, V.; Schwarz, E. J. (2013): Geschäftsmodellinnovation und Entrepreneurship, in: Krause, D.E. (Hrsg.): Kreativität, Innovation, Entrepreneurship, Wiesbaden, 353–369.

Homburg, C. (2017): Grundlagen des Marketingmanagements: Einführung in Strategie, Instrumente, Umsetzung und Unternehmensführung, 5. Auflage, Wiesbaden.

Homburg, C.,; Krohmer, H. (2006). Grundlagen des Marketingmanagement, 2. Auflage, Wiesbaden, 2006.

Homburg, Ch. (1998): Kundenähe von Industriegüter Unternehmen: Konzeption – Erfolgsauswirkungen – Determinanten, 2. Auflage, Wiesbaden.

IAB Kurzbericht 06/2017a, Nürnberg.

IAB (2017b): Neueinstellungen im Jahr 2016: Große Betriebe haben im Wettbewerb um Fachkräfte oft die Nase vorn, IAB-Kurzbericht 18/2017, Nürnberg,

Immerschitt, W.; Stumpf, M. (2014): Employer Branding für KMU: der Mittelstand als attraktiver Arbeitgeber, Wiesbaden.

ISI (2009): Produktionsverlagerungen und Rückverlagerungen in Zeiten der Krise, Fraunhofer-Institut für System- und Innovationsforschung, in: Mitteilungen aus der ISI-Erhebung, Ausgabe 52, Karlsruhe.

IW Consult GmbH (2016): Mittelständische Unternehmen in europäischen Wertschöpfungsketten, Köln.

Janning, F. (2002): Abschied von der Hierarchie? Dezentralisierung in mittelständischen Unternehmen, München und Mering.

Kaschny, M.; Nolden, M.; Schreuder, S. (2015): Innovationsmanagement im Mittelstand. Strategien, Implementierung, Praxisbeispiele, Wiesbaden.

Kaulfuß, S.-A. (2007): Ein Ansatz zur Erfassung des Leapfrogging-Phänomens, Wiesbaden.

Kay, R. (2007): Führungskräfterekrutierung im Mittelstand, in: Letmathe. P. et al. (Hrsg.): Management kleiner und mittlerer Unternehmen, Wiesbaden, 241–258.

Kay, R.; Hoffmann, M.; Kranzusch, P.; Ptok, S.; Suprinovič, O. (2018): Der Umgang kleiner und mittlerer Unternehmen mit den demografischen Herausforderungen – Eine Trendstudie, IfM-Materialien Nr. 269, Bonn.

KfW (2018): Internationalisation of European SME's – Taking Stock and Moving Ahead, Frankfurt

KfW (2014): Unternehmensbefragung 2014, Frankfurt a.M.

KfW (2010): Mittelstandsmonitor, Frankfurt a. M.

KfW (2006): Die Globalisierung des Mittelstandes, Frankfurt.

KfW Mittelstandsmonitor (2005 und 2009): Jährlicher Bericht zu Konjunktur- und Strukturfragen kleiner und mittlerer Unternehmen, Frankfurt.

Kinkel, S.; Lay, G. (2012): Familienunternehmen: Langfristige Stabilität statt kurzfristiger Optimierung: Wettbewerbs- und Modernisierungsstrategien von Familienbetrieben im Vergleich zu anderen Betrieben, Mitteilungen aus der ISI-Erhebung zur Modernisierung der Produktion (No. 60).

Klein, S. (2010): Familienunternehmen, 3. Auflage, Wiesbaden.

Knight, G.; Cavusgil, S. T. (2004): Innovation, organizational capabilities, and the born-global firm, in: Journal of International Business Studies, 35(2), 124–141.

Koch, E. (2017): Globalisierung: Wirtschaft und Politik, 2. Aufl., Wiesbaden.

Krafft, M. (2007): Kundenbindung und Kundenwert, 2. Auflage, Heidelberg.

Kurch, M. (2010): Leitungsstrukturen von Gründungs- und Wachstumsunternehmen: Analyse der Veränderung im Zeitverlauf, FGF Entrepreneurship-Research Monographien Bd. 69, Lohmar.

Leber, Ute (2009): Betriebsgröße, Qualifikationsstruktur und Weiterbildungsbeteiligung – Ergebnisse aus dem IAB-Betriebspanel, in: Behringer, F.; Käpplinger B.; Pätzold, G. (Hrsg.): Betriebliche Weiterbildung. Der Continuing Vocational Training Survey (CVTS) im Spiegel nationaler und europäischer Perspektiven, in: Zeitschrift für Berufs- und Wirtschaftspädagogik. Beihefte, 22, Stuttgart, 149–168.

Leick, B., Leßmann, G., & Nussbaum, J. (2012): Internationalisierungspfade mittelständischer Unternehmen in Osteuropa: Internationalisierungsprozess und Standorteffekte am Beispiel niedersächsischer KMU (No. 218). IfM-Materialien, Institut für Mittelstandsforschung (IfM) Bonn.

Lingenfelder, M.; Maletzke, S. (2015): Marketing und Vertrieb im Mittelstand – Charakteristika und Erfolgsfaktoren, in: Becker, W.; Ulrich, P. (Hrsg.): BWL im Mittelstand: Grundlagen – Besonderheiten – Entwicklungen, Stuttgart, 208–231

Macharzina, K., Wolf, J. (2015): Unternehmensführung, 9. Auflage, Wiesbaden.

Martin, A.; Gade, Chr.; Jochims, Th. (2008): Betriebsklima in kleinen und mittleren Unternehmen, in: Merz, J., Schulte, R. (Hrsg.): Neue Ansätze der Mittelstandsforschung, Berlin, 39–67.

May-Strobl, E.; Haunschild, L. (2013): Der nachhaltige Beschäftigungsbeitrag von KMU – Eine sektorale Analyse unter besonderer Berücksichtigung der FuE- und wissensintensiven Wirtschaftszweige, IfM-Materialien Nr. 206, Bonn.

Meffert, J., Klein, H. (2007): DNS der Weltmarktführer, Heidelberg.

Mesaros, L.; Vanselow, A.; Weinkopf, C. (2009): Fachkräftemangel in KMU – Ausmaß, Ursachen und Gegenstrategien, WISO Diskurs des Arbeitskreises Mittelstand der Friedrich Ebert Stiftung, Bonn.

Mintzberg, H. (1999): Strategy Safari, München.

Mintzberg H., Waters J.A. (1985): Of strategies, deliberate and emergent, in: Strategic Management Journal, Vol. 6, S. 257–272.

Müller-Stewens, G.; Lechner, Ch. (2016): Strategisches Management – Wie strategische Initiativen zum Wandel führen, 5. Auflage, Wiesbaden.

Neckebrouck, J.; Schulze, W.; Zellweger, T. (2018): Are family firms good employers?, in: Academy of Management Journal, 61(2), 553–585.

Nicolai, A./Kieser, A. (2002): Trotz eklatanter Erfolglosigkeit: Die Erfolgsfaktorenforschung weiter auf Erfolgskurs. In: Die Betriebswirtschaft, 62. Jg., 6, S. 579–596 (siehe http://www.dialog-erfolgsfaktorenforschung.de/ mit weiteren interessanten Artikeln).

OECD (2010): OECD Studies on SMEs and Entrepreneurship High-Growth Enterprises: What Governments Can Do to Make a Difference, Paris.

Oehlrich, M. (2016): Organisation: Organisationsgestaltung, Principal-Agent-Theorie und Wandel von Organisationen, München.

Perez-Sanchez, D.; Barton, J. R.; Bower, D. (2003): Implementing environmental management in SMEs, in: Corporate Social – Responsibility and Environmental Management, Bd. 10, Bognor Regis, 67–77.

Peters, T. J.; Waterman, R. H. (1982): In search of excellence: Lessons from America's best-run companies, New York.

Pfohl, H. C. (2013): Abgrenzung der Klein- und Mittelbetriebe von Großunternehmen. In: Pfohl, H. C (Hrsg.), Betriebswirtschaftslehre der Mittel- und Kleinbetriebe. Größenspezifische Probleme und Möglichkeiten zu ihrer Lösung., 5. Aufl., Berlin, 1–26.

Pfohl, H.-Ch. (2006): Unternehmensführung, in: Pfohl, H.-Ch. (Hrsg.): Betriebswirtschaftslehre der Mittel- und Kleinbetriebe, Berlin, S. 79–111.

Pindado, J.; Requejo, I. (2015): Family business performance from a governance perspective: A review of empirical research, in: International Journal of Management Reviews, 17(3), 279–311.

Piller, F.; Möslein, K.; C.; Reichwald, R. (2017): Interaktive Wertschöpfung kompakt: Open Innovation, Individualisierung und neue Formen der Arbeitsteilung, Wiesbaden.

Porter, M. (2008): Wettbewerbsstrategie, 11. Auflage, Frankfurt.

Rammer, C.; Spielkamp, A. (2015). Hidden Champions-Driven by Innovation: Empirische Befunde auf Basis des Mannheimer Innovationspanels (No. 15-03). ZEW-Dokumentation, Mannheim.

Reinemann, H. (2002): Weiterbildung in mittelständischen Unternehmen, Münster.

Römer, D., Hug, M. (2008): Fachkräftemangel im Mittelstand, Haufe Studien, Freiburg.

Rumler, A. (2002): Marketing für mittelständische Unternehmen, Berlin.

Schäppi, B.; Andreasen, M. M.; Kirchgeorg, M.; Radermacher, F. J. (2005). Handbuch Produktentwicklung, München.

Schaller, Ch. (2005): Nachhaltige Integration von Marketing und Innovieren, Wiesbaden

Schiersch, Alexander; Kritikos, Alexander (2014): Kleine und mittlere Unternehmen: Stütze der gewerblichen Wirtschaft in Europa, in: DIW-Wochenbericht, 81(13), 277–287

Schmidt, A.G. (2002): Indikatoren für Erfolg und Überlebenschancen junger Unternehmen, in: ZfB, H. 5, S. 21–53.

Schreyögg, G.; Geiger, D. (2016). Organisation, 6. Aufl., Wiesbaden.

Simon, H. (2015): Hidden Champions – Speerspitze für Globalia, in: Becker, W.; Ulrich, P. (Hrsg.): BWL im Mittelstand: Grundlagen – Besonderheiten – Entwicklungen, Stuttgart, S. 106–116

Simon, H. (2012): Hidden Champions – Aufbruch nach Globalia: Die Erfolgsstrategien unbekannter Weltmarktführer, Frankfurt a.M.

Simon, H.; Huber, F. (2006): Hidden Champions: Der Weg zur Weltmarktführerschaft, in: Pfohl, H.-Ch. (Hrsg.): Betriebswirtschaftslehre der Mittel- und Kleinbetriebe, Berlin, S. 51–78.

Simon, H. (1998): Die heimlichen Gewinner : die Erfolgsstrategien unbekannter Weltmarktführer, 5. Aufl., Frankfurt.

Söllner, R. (2016): Der deutsche Mittelstand im Zeichen der Globalisierung. WISTA – Wirtschaft und Statistik des Statistischen Bundesamtes, H. 2, 107–119.

Specht, D.; Lutz, M. (2007): Outsourcing und Offshoring als strategische Handlungsalternativen, in: Specht, D. (Hrsg.): Insourcing, Outsourcing, Offshoring, Wiesbaden.

Steinhoff, F. (2006): Kundenorientierung bei hochgradigen Innovationen, Wiesbaden.

Trommsdorf, V.; Steinhoff, F. (2013): Innovationsmarketing, 2. Auflage, München.

Vahs, D. (2015): Organisation, 9. Aufl., Stuttgart.

Vahs, D.; Brehm, A. (2013): Innovationsmanagement – Von der Produktidee zur erfolgreichen Vermarktung, 4. Auflage, Stuttgart.

Vahs, D.; Leiser, W. (2007): Change-Management in schwierigen Zeiten, Erfolgsfaktoren und Handlungsempfehlungen für die Gestaltung von Veränderungsprozessen, Wiesbaden.

Weiber, R.; Pohl, A. (2017): Innovation und Marketing, Stuttgart.

Welge, M. K.; Al-Laham, A. (2017): Strategisches Management. Grundlagen – Prozess – Implementierung, 7. Auflage, Wiesbaden.

Welter, F. (2008): Emergenzphänomene in der Entrepreneurshipforschung, in: Bouncken, R. B., Jochims, T., Küsters, A. (Hrsg.): Steuerung versus Emergenz: Entwicklung und Wachstum von Unternehmen, Wiesbaden, S. 163–186.

Welter, F. (2006): Mythos Unternehmenswachstum?, in: Meyer, J.-A. (Hrsg.): Kleine und mittlere Unternehmen in neuen Märkten, Lohmar, 19–36.

Wittlage, H. (1996): Organisationsgestaltung mittelständischer Unternehmen, Wiesbaden.

Zimmermann, V. (2017): Innovationen im Mittelstand: Sieben Gründe für den Rückgang der Innovatorenquote, Fokus Volkswirtschaft Nr. 185, Frankfurt.

Reifephase – Bewährung und Bewahrung mittelständischer Strukturen

5

Bei der Einführung des Lebenszykluskonzepts wurde bereits eine kurze Charakterisierung der Reifephase eines Unternehmens vorgenommen. Demnach lässt sich ein **Rückgang des Wachstums** beobachten, der allerdings nicht als ein krisenhaftes Phänomen zu interpretieren ist. Vielmehr handelt es sich bei einem „reifen" Unternehmen um ein etabliertes Unternehmen, das sich zumeist durch eine hohe Stabilität in den Ergebnissen auszeichnet. Es haben sich Organisations- und Managementstrukturen ausgebildet, die zugleich handlungsleitend für die Organisationsmitglieder sind.

In einer solchen Situation lassen sich typische Herausforderungen identifizieren, die sich für das Management als neuartig darstellen. Nahezu zwangsläufig ergibt sich in einem etablierten Unternehmen ein immer wieder neues **Finanzierungserfordernis**. Dieses entsteht bei einem schnell wachsenden Unternehmen bspw. aus der aufgezehrten Anfangsausstattung, aus zusätzlichen Investitionen in Anlagen, aber auch aus einem Anstieg des Umlaufvermögens. Dabei gilt es für mittelständische Unternehmen, eine ausbalancierte **Vermögens- und Kapitalstruktur** zu finden, die den Besonderheiten des Mittelstands Rechnung trägt. In den vergangenen Jahren hat deshalb die Orientierung an betriebswirtschaftlichen Kennzahlen stetig an Bedeutung gewonnen. Letztendlich geht es in einer solchen Phase auch darum, eine Führungs- und Leitungsstruktur (**Corporate Governance**) zu implementieren, die den Erfordernissen der Gesellschafts- bzw. Organisationsstruktur des Unternehmens entspricht. Die vielfältigen Herausforderungen der Reifephase bilden den Inhalt der folgenden Abschn. 5.1 bis 5.3.

5.1 Finanzierung

Die Finanzierung mittelständischer Unternehmen ist eine Herausforderung über den gesamten Lebenszyklus des Unternehmens. Allerdings ergeben sich gerade bei etablierten mittelständischen Unternehmen besondere Finanzierungserfordernisse, die typischerweise in der Reifephase zu meistern sind. Im ersten Schritt bietet dieser Abschnitt eine Beschrei-

© Springer Fachmedien Wiesbaden GmbH, ein Teil von Springer Nature 2019
H. Reinemann, *Mittelstandsmanagement*,
https://doi.org/10.1007/978-3-658-25355-4_5

bung der Finanzierungssituation mit den sich daraus ergebenden Herausforderungen. Im nächsten Schritt werden strukturelle Veränderungen des Finanzierungsumfelds herausgegriffen, denen sich Unternehmen derzeit stellen müssen. Abschließend werden unterschiedliche Lösungsmöglichkeiten für die Finanzierungsherausforderungen diskutiert.

Lernziele
Wenn Sie diesen Abschnitt durchgearbeitet haben,

- kennen Sie die besonderen Finanzierungsvoraussetzungen in mittelständischen Unternehmen,
- verstehen Sie die Finanzierungsstruktur des Mittelstands,
- können Sie die Phänomene Eigenkapitallücke und Kreditklemme diskutieren,
- verstehen Sie die Grundzüge der Basel-Konzepte und
- können Alternativen zur klassischen Kreditfinanzierung erläutern und beurteilen.

5.1.1 Finanzierungssituation mittelständischer Unternehmen

Zunächst entsteht der Kapitalbedarf eines Unternehmens daraus, dass die **Kapitalbindung** und die **Kapitalfreisetzung** zeitlich asynchron verlaufen. Um diesen Bedarf zu decken, existieren eine Vielzahl von Finanzierungsinstrumenten. Die Auswahl geeigneter Instrumente wird im Wesentlichen vom betrieblichen Zielsystem beeinflusst (vgl. Börner 2006, S. 298). In mittelständischen Unternehmen wirken neben finanziellen Faktoren auch **nichtfinanzielle Faktoren** erheblich auf die Finanzierungsentscheidung ein (vgl. Grichnik 2003, S. 85).

▶ Finanzierung umfasst hierbei alle Maßnahmen der Mittelbeschaffung und -rückzahlung und damit der Gestaltung von Zahlungs-, Informations- Kontroll- und Sicherungsbeziehungen zwischen Unternehmen und Kapitalgebern (vgl. Drukarczyk 2003, S. 2 f.).

In der Finanzierungsliteratur wird der Differenzierung der Unternehmensfinanzierung nach der Rechtstellung der Kapitalgeber (**Eigen- bzw. Fremdfinanzierung**) und nach der Mittelherkunft die größte Aufmerksamkeit gewidmet (s. Abb. 5.1). Bezogen auf die Finanzierungsstruktur bleibt allerdings zu beachten, dass sowohl in der **Innen- als auch der Außenfinanzierung** sowohl Eigen- als auch Fremdkapital gebildet werden können (vgl. Becker et al. 2015, S. 3).

Mittelständische Unternehmen weisen bei ihren Finanzierungsentscheidungen einige Besonderheiten auf, die als Restriktionen wirken (vgl. zum Folgenden Börner et al. 2010, S. 238 f.):

- Der **eingeschränkte Zugang** zum organisierten Kapitalmarkt ist ein wesentliches Merkmal des Mittelstands. Hierdurch wird die Palette verfügbarer Finanzierungsinstrumente beschränkt. Bei einem vergleichsweise geringen Kapitalbedarf ist diese Besonderheit durch die hohen Fixkosten bei der Nutzung von Kapitalmarktinstrumenten zu erklären.

Abb. 5.1 Systematisierung der
Unternehmensfinanzierung.
(Quelle: Becker et al. 2015, S. 9)

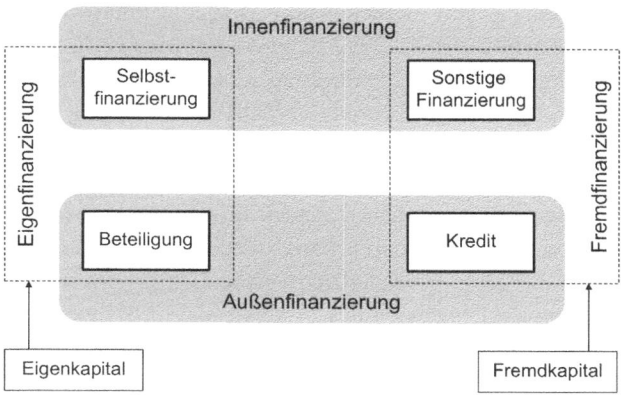

- Gegenüber vergleichbaren Großunternehmen weisen KMU **höhere Ausfallrisiken** auf. Diese Risiken ergeben sich aus der geringeren Diversifikation des Produktspektrums einerseits, aber andererseits auch aus geringeren Abnehmer- und Zuliefererzahlen.
- Im Gegensatz zu Aktionären von börsennotierten Unternehmen, die ein diversifiziertes Portfolio aufbauen können, haben Gesellschafter von mittelständischen Unternehmen nahezu ihr **gesamtes Vermögen im Unternehmen** gebunden. Aus diesem Grund werden sie Risiken als wesentlichen Entscheidungsparameter berücksichtigen.
- Gegenüber externen Kapitalgebern weisen KMU eine **geringe Transparenz** auf (vgl. Reinemann 2007). Die Beschaffung notwendiger Informationen ist mit erheblichen Transaktionskosten verbunden. Insbesondere bei den geringen Finanzierungsvolumina des Mittelstands spielen diese Kosten eine besondere Rolle, da sie Fixkostencharakter aufweisen. Die Abhängigkeit von der Unternehmerperson und deren Wissen erhöht für die externen Kapitalgeber das Risiko der mangelnden Transparenz.
- Ganz wesentlich wird das Zielsystem mittelständischer Unternehmen von dem Bedürfnis nach **großer Autonomie** geprägt. Dies bedeutet, dass die Einflussmöglichkeiten Dritter möglichst gering gehalten werden sollen (vgl. Börner 2006, S. 298). Manche Autoren sprechen in diesem Zusammenhang sogar von einem „unreflektierten Unabhängigkeitsstreben" (vgl. Arens 2009, S. 53). Aus diesem Grund nehmen kleine und mittlere Unternehmen lieber neue Kredite auf als neue Gesellschafter (vgl. Schmidt 1995, S. 57). Somit werden die Finanzierungsentscheidungen auch wesentlich durch die Persönlichkeit des Unternehmers geprägt. Insbesondere seine Grundwerte und seine Qualifikation beeinflussen die gewählten Finanzierungsalternativen (vgl. Grichnik 2003, S. 86).

Die klassischen theoretischen **Modelle zur Erklärung der Kapitalstruktur** von Unternehmen ermöglichen keine konsistente Ableitung der existierenden Kapitalsituation in mittelständischen Unternehmen. Die vorhandenen Theorien knüpfen an einer **Minimierung der Kapitalkosten**, an **Informationsasymmetrien** oder auch an der **Modellierung von Insolvenzrisiken und Steuervorteilen** an. Mehrheitlich beziehen sich diese Kapitalstrukturtheorien auf börsennotierte bzw. große Unternehmen, sodass sie nicht ohne Weiteres auf mittelständische Unternehmen übertragen werden können (vgl. Pahnke et al. 2015, S. 12; Börner et al. 2010, S. 230 f.; Bannier und Grote 2008, S. 8). In der Forschung wurden in den vergangenen Jahren allerdings auch ökonomische Theorien der Familienunternehmen zur Erklärung des Finanzierungsverhaltens dieser Unternehmen genutzt. Dies schließt die Agency-, die Stewardship-Theorie sowie den SEW-Ansatz ein (vgl. Michiels und Molly 2017, S. 373).

Insgesamt kann man demnach festhalten, dass sich die Finanzierungs- und Kapitalstrukturentscheidungen in mittelständischen Unternehmen deutlich komplexer gestalten, als es die gängigen Finanzierungstheorien erwarten lassen. Unter Berücksichtigung der qualitativen Dimension des Mittelstandsbegriffs werden dementsprechend bei Entscheidungen zur Kapitalstruktur immer die **Finanzierungspräferenzen des Unternehmers bzw. der Familie** im Zentrum der Entscheidungen stehen (vgl. Abb. 5.2). Diese Entscheidungen werden von der aktuellen Situation und den Merkmalen des Unternehmens (bspw. Größe und Alter), aber auch vom makroökonomischen Umfeld und den verfügbaren Finanzierungsquellen beeinflusst (vgl. Pahnke et al. 2015, S, 13).

Aus diesen Überlegungen ergibt sich bei mittelständischen Unternehmen eine klare **Rangordnung der eingesetzten Finanzierungsinstrumente**. Danach verwenden Unternehmen bevorzugt Einzahlungsüberschüsse, um neue Investitionen zu finanzieren. Wenn dieses Potenzial erschöpft ist, beziehen sie Fremdkapital in ihre Überlegungen ein. Da der Verschuldungsgrad nicht beliebig gesteigert werden kann, muss letztlich auch externes Eigenkapital oder mezzanines Kapital gewonnen werden. Eine Alternative, die im Mittelstand nicht präferiert wird. In empirischen Untersuchungen konnte diese **Pecking-Order-Theorie** („Hackordnungstheorie") vielfach nachgewiesen werden (vgl. Espel 2008, S. 62 f.).

Mängel in der Finanzierung werden als wesentliche Gründe für Insolvenzen bei Unternehmen gesehen. Bei Finanzierungsentscheidungen können mittelständische Unternehmen gravierende Fehler begehen, die einerseits zu hohen Kosten und andererseits zu

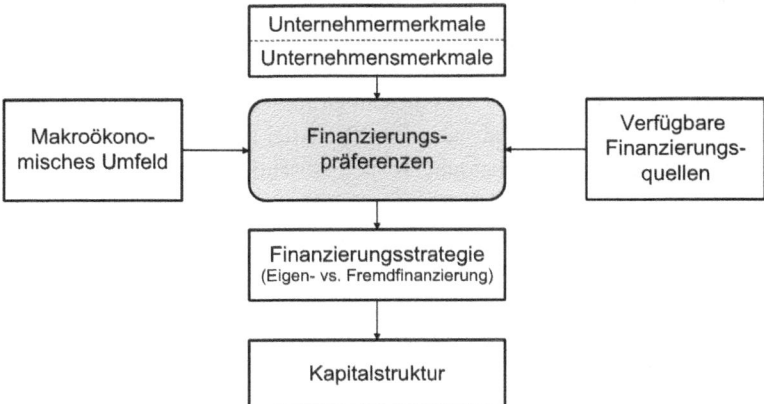

Abb. 5.2 Bezugsrahmen der Finanzierungsentscheidungen in mittelständischen Unternehmen. (Quelle: Pahnke et al. 2015, S. 13)

geringer Kapitalausstattung führen können (siehe bspw. Haunerdinger und Probst 2006, S. 8 ff.).

In den vergangenen Jahrzehnten wurde der Finanzierungssituation mittelständischer Unternehmen immer wieder erhebliche Aufmerksamkeit gewidmet. Hierbei stehen zunächst einmal die **klassischen Finanzierungsinstrumente** des Eigen- und Fremdkapitals im Vordergrund. Ausgehend von der Beobachtung, dass die Eigenkapitalausstattung mittelständischer Unternehmen in Deutschland im internationalen Vergleich gering war, wurde die sogenannte Eigenkapitallücke immer wieder diskutiert.

5.1.1.1 Eigenkapitalfinanzierung im deutschen Mittelstand

Eigenkapital wird Unternehmen **unbefristet** zur Verfügung gestellt und ist **zins- und tilgungsfrei**. Es wird damit zu einer der wichtigsten Haftungsgrundlagen. Durch die ausschließliche Partizipation am wirtschaftlichen (Miss-)Erfolg stellt es keinen Aufwand dar. Wirtschaftlich betrachtet ist es durch die Renditeforderungen der Eigentümer aber durchaus ein Kostenfaktor (vgl. Haghani und Holzamer 2015, S. 375).

Der empirische Fakt einer **niedrigen Eigenkapitalausstattung** des deutschen Mittelstands ist in der Vergangenheit immer wieder bestätigt worden, auch wenn die Datenquellen und die verwendeten Eigenkapitalbegriffe durchaus variieren (vgl. Waschbusch und Staub-Ney 2015, S. 395). Aktuelle Untersuchungen weisen nach, dass die Eigenkapitalquoten kleiner und mittlerer Unternehmen unter den korrespondierenden Werten von Großunternehmen liegen. Zugleich zeigen diese Ergebnisse auch, dass mittelständische Unternehmen in den zurückliegenden Jahren außerordentliche Anstrengungen unternommen haben, ihre Eigenkapitalausstattung im Verhältnis zur Bilanzsumme erheblich auszubauen – ein erster Hinweis auf ein **verändertes Finanzierungsverhalten** (vgl. Abb. 5.3).

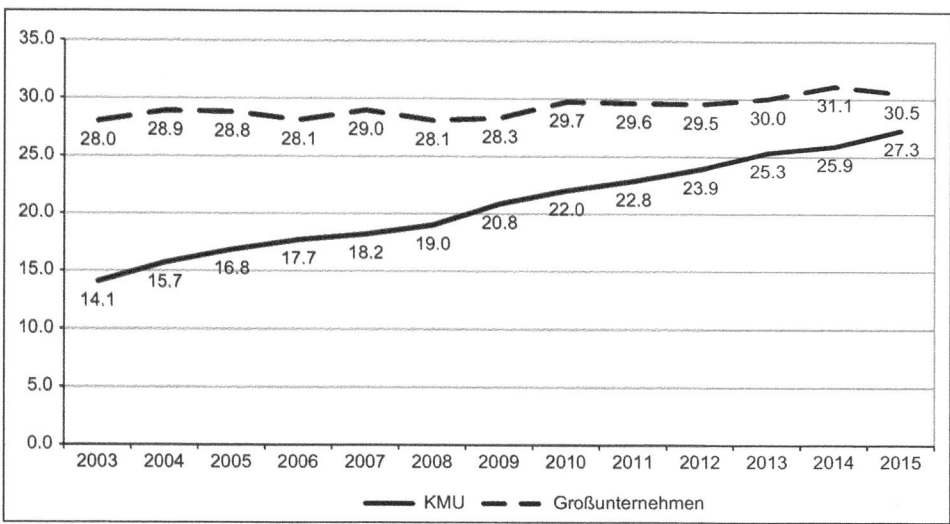

Abb. 5.3 Eigenkapitalquote in KMU und Großunternehmen. (Quelle: Deutsche Bundesbank 2018)

Aus ökonomischer Sicht ist zu hinterfragen, ob eine geringe Eigenkapitalausstattung negative Folgen für ein Unternehmen mit sich bringt. Hier werden im Wesentlichen drei Argumente diskutiert (vgl. Bannier und Grote 2008, S. 4):

- Erstens ist Eigenkapital ein **Risikopuffer**, der bei Jahresfehlbeträgen die Überlebensfähigkeit von Unternehmen erhöht. Anders ausgedrückt führt eine zu geringe Eigenkapitalausstattung zu einer höheren Insolvenzgefahr.
- Zweitens werden Unternehmen mit einer niedrigen Eigenkapitalausstattung ceteris paribus **weniger in Innovationen** investieren, da diese naturgemäß mit einem höheren Risiko behaftet sind. Bei einer geringen Eigenkapitalquote kann dies ebenfalls in eine erhöhte Insolvenzwahrscheinlichkeit münden.
- Drittens werden Unternehmen mit einer geringen Eigenkapitalausstattung Schwierigkeiten haben, weiteres Fremdkapital bei Banken aufzunehmen, da diese im Fall der Beurteilung der **Kreditwürdigkeit** die Eigenkapitalquote als wesentliches Entscheidungskriterium heranziehen. Eine Entwicklung, die durch die veränderten Kapitalmarktregulierungen in den vergangenen Jahren verschärft wurde (siehe Abschn. 5.1.2).

Die Stärkung der Eigenkapitalbasis der mittelständischen Unternehmen kann allerdings nicht nur auf diese Argumente zurückgeführt werden, die zweifelsohne für eine ausreichende Eigenkapitalausstattung sprechen: Die verbesserte Wettbewerbsfähigkeit des deutschen Mittelstands und die daraus entstehende **wirtschaftliche Stärke** haben die KMU verstärkt zur **Thesaurierung von Gewinnen** genutzt. Diese Dynamik bei der Thesaurierung von Gewinnen wurde durch Senkungen der Unternehmenssteuern zusätzlich befördert. Auf diese Weise haben sich die KMU in Deutschland im europäischen Vergleich der Eigenkapitalquoten vom Schlusslicht auf einen der vorderen Plätze geschoben (vgl. Pahnke et al. 2015, S. 43).

Wirtschaftlich betrachtet ist allerdings das ausgewiesene **Eigenkapital** deutscher Unternehmen nach herrschender Meinung immer noch **unterschätzt**. Auch dies hängt mit Besonderheiten rechtlicher Regelungen und sich daraus ergebender Gestaltungsoptionen zusammen. Es besteht insbesondere bei Unternehmen, die in Personengesellschaften verfasst sind, ein Anreiz, Vermögensgegenstände – wie bspw. Immobilien – dem Privatvermögen zuzuweisen. Daneben wird die Bildung stiller Reserven durch das Steuersystem und Bilanzierungsregeln unterstützt. Unter Einschluss dieser Reserven weisen Berechnungen für deutsche Unternehmen erheblich höhere „korrigierte" Eigenkapitalquoten aus. Diese Gestaltungsspielräume führen insgesamt zu einer Unterschätzung des vorhandenen Haftkapitals.

5.1.1.2 Finanzierung über Bankkredite

Fremdkapitalgeber partizipieren im Gegensatz zu Eigenkapitalgebern nicht am wirtschaftlichen Erfolg eines Kreditnehmers. Das Unternehmen ist vielmehr dazu verpflichtet, das **Fremdkapital** inklusive **Zinsen** zurückzuführen (**Tilgung**). Dabei bleibt der wirtschaftliche Erfolg unberücksichtigt. Darüber hinaus unterscheidet sich das Fremdkapital durch den festgelegten Zeitraum der Kapitalbereitstellung und die vorab vereinbarten Konditionen vom Eigenkapital. Aus Sicht mittelständischer Unternehmen ist zusätzlich entscheidend, dass die Fremdkapitalgeber **keine Eigentumsrechte** erwerben (vgl. Haghani und Holzamer 2015, S. 577).

Im Umkehrschluss zur in der Vergangenheit existenten Eigenkapitallücke trifft im Übrigen zu, dass die Inanspruchnahme von Bankkrediten bei deutschen Mittelständlern erheblich höher war als in anderen Industrienationen. Vor dem Hintergrund der genannten Argumente ist dies zunächst überraschend. Die Erklärung findet sich im typisch **deutschen Finanzierungsregime**, das die historisch ausgebildeten Finanzierungsstrukturen befördert (vgl. zum Folgenden KfW 2003, S. 82 ff.).

Das herrschende **Hausbankprinzip** ist ein wesentlicher Treiber dieser Entwicklung. In Deutschland sind Bankbeziehungen eng und auf Dauer angelegt. Das bedeutet für die Finanzinstitute, dass sie die ex ante vorhandenen Informationsasymmetrien im Laufe der Geschäftsbeziehung reduzieren können. Daneben werden auch Vertrauensbeziehungen (Reputation) aufgebaut, die ein opportunistisches Verhalten von Darlehensnehmern unwahrscheinlicher machen (vgl. Heitzer und Wilde 2008). Im Falle der Aufnahme zusätzlichen Fremdkapitals oder auch in Krisenzeiten ergeben sich für mittelständische Unternehmen erhebliche Vorteile, da neben den rein quantitativen Kriterien einer Bonitätsbeurteilung auch die qualitativen Aspekte einer langfristigen Geschäftsbeziehung in die Entscheidung des Firmenkundenbetreuers eingehen.

Diese höhere Sicherheit bei der Kreditentscheidung deutscher Finanzinstitute führt letztendlich auch zu einer **Reduzierung der notwendigen Risikoaufschläge** bei der Berechnung von Darlehenskonditionen. Insgesamt sind Bankdarlehen in hausbankbasierten Finanzierungssystemen damit deutlich günstiger als in angelsächsisch-kapitalmarktbasierten Systemen. Ein weiteres systemisches Argument liegt in der deutschen Bankenstruktur begründet, die neben den Geschäftsbanken ein ausgeprägtes Feld öffentlicher Förderinstitutionen und öffentlich-rechtlicher Banken kennt.

Eine Reihe von **Rechtsvorschriften** förderte die Aufnahme von Fremdkapital und damit den Ersatz von Eigenkapital. Neben den guten Möglichkeiten der **Besicherung für Kreditinstitute** werden im Insolvenzrecht Aussonderungsmöglichkeiten geboten, die auch im Falle eines Scheiterns von Unternehmen den Banken eine hohe Rückführungsquote ihrer Kredite bescheren. Das deutsche **Steuerrecht** hat lange Zeit die Ausschüttung von Gewinnen gegenüber der Thesaurierung bevorzugt behandelt. Nicht zuletzt ist daher die steuerliche Absetzbarkeit von Fremdkapitalzinsen ein Anreiz zur erhöhten Fremdkapitalaufnahme. Insgesamt führten diese Anreizstrukturen zu einer hohen Abhängigkeit mittelständischer Unternehmen von der Bereitschaft der Banken, Fremdkapital zur Verfügung zu stellen.

Die bereits erwähnten empirischen Ergebnisse lassen sich verschärft auch bei großen **Familienunternehmen** beobachten. Bankkrediten kommt bei großen Familienunternehmen ein deutlich höherer Stellenwert als bei Großunternehmen zu. Dies ist ein weiterer Hinweis auf die vorhandenen Präferenzen und den fehlenden bzw. erschwerten Zugang zu Kapitalmärkten (vgl. Haunschild und Wallau 2009, S. 37 ff.) – auch wenn nicht alle Familienunternehmen diesen Regeln folgen.

Kreditklemme

Allerdings erscheint an dieser Stelle ein Stichwort, das in der wirtschaftspolitischen Diskussion der vergangenen Jahre immer wieder auf der Agenda stand: die Kreditklemme insbesondere im Mittelstand. Diese Diskussion taucht in fast jeder konjunkturellen Talsohle auf. Darunter wird die Tatsache verstanden, dass mittelständische Unternehmen eine restriktive Kreditvergabepraxis der Banken feststellen, die in letzter Konsequenz zu einer Ablehnung von Kreditanträgen, höheren Risikozuschlägen oder verschärften Sicherheitenerfordernissen führt.

Die Ablehnung von Kreditanträgen – oder ökonomisch gesprochen: der Nachfrageüberhang bei Darlehen – ist in der realen Finanzierungspraxis nicht ungewöhnlich. Bei gegebener Bonität der Unternehmen und gegebenem Realzins kommt es aus verschiedenen Gründen nicht zu einem Ausgleich von Angebot und Nachfrage (vgl. zum Folgenden Reize 2010, S. 3 ff.). Eine Kreditrationierung erfolgt wegen nicht abbaubaren Informationsasymmetrien, möglichen Ausfallkosten und Unsicherheit über die Investitionsprojekte. Betriebswirtschaftlich ist bei steigender Ausfallwahrscheinlichkeit die Anpassung der Risikozuschläge nicht sinnvoll, da der erwartete Ertrag trotz steigender Zinssätze geringer wird. Von einer echten Kreditklemme kann dementsprechend nur gesprochen werden, wenn der Nachfrageüberhang signifikant über dem langfristigen Durchschnitt liegt.

Dass ein solcher Nachfrageüberhang in Rezessionszeiten besonders ausgeprägt ist, kann daher nicht überraschen. Bei erhöhter Unsicherheit über die zukünftigen Erträge einer Investition und die erzielbaren Markterfolge werden Finanzinstitute ihre Anforderungen an die Kreditvergabe verschärfen. Die in den Märkten vorhandenen Ungleichgewichte werden somit deutlicher. Unmittelbar nachvollziehbar ist dann auch, dass insbesondere kleine und junge Unternehmen von Kreditablehnung betroffen sind, da Informationsasymmetrien in diesen Situationen für Banken besonders ausgeprägt sind (vgl. KfW 2006a).

Spiegelbildlich zur erhöhten Eigenkapitalquote ist die **Bedeutung von Fremdkapital** in mittelständischen Unternehmen in den vergangenen Jahren deutlich **zurückgegangen**. Dies gilt nicht nur einzelwirtschaftlich, sondern lässt sich auch gesamtwirtschaftlich in zurückgehenden Kreditbeständen beobachten (vgl. Daube et al. 2017). Die **Substitution von Fremdkapital** betraf vor allem **Lieferantenkredite** und **kurzfristige Bankverbindlichkeiten** (vgl. Deutsche Bundesbank 2017; Pahnke et al. 2015), die als vergleichsweise „teure" Fremdkapitalinstrumente bezeichnet werden können. In diesem Kontext ist ergänzend zu beobachten, dass die **Liquiditätsbestände** der KMU in den vergangenen Jahren deutlich gestiegen sind. Damit bestätigen die mittelständischen Unternehmen eine Tendenz, die den Forschungsergebnissen zu Familienunternehmen entspricht. Bei diesen ist grundlegend zu beobachten, dass sie über höhere Cashbestände verfügen als Nicht-Familienunternehmen (vgl. Weidemann 2018, S. 790).

Praxisbeispiel: Fintechs erobern die Finanzwelt

Das Spektrum möglicher Finanzdienstleister hat sich für den Mittelstand in den vergangenen Jahren erheblich erweitert. Auf dem Weg zu einem ausgewogenen Finanzierungsmix tritt bei den Unternehmen neben die Tendenz der verstärkten Eigenkapitalfinanzierung auch ein erweiterter Horizont in der Fremdfinanzierung. Noch handelt es sich um ein Nischenphänomen, allerdings wird für die Zukunft ein erhebliches Wachstum der Unternehmen creditshelf und Co. erwartet.

Quelle: Handelsblatt vom 08. Mai 2017, S. 50

5.1.2 Veränderungen im Finanzierungsumfeld

Die angerissene Diskussion des Einflusses externer Faktoren auf die Kapitalstrukturentscheidungen mittelständischer Unternehmen ist mit dem Aspekt der empfundenen Kreditklemme bei Weitem nicht hinreichend zu Ende geführt. In Literatur und Praxis werden weitere Phänomene untersucht, die über die regelmäßig vorhandenen Marktungleichgewichte hinausgehen. Deutlich wird dabei, dass sich das **Finanzierungsumfeld des Mittelstands** in den vergangenen Jahren strukturell verändert hat.

Die Intensivierung des Wettbewerbs, die Globalisierung der Finanzwelt, der Wegfall der Gewährträgerhaftung bei den Sparkassen, die Gefahr durch Klumpenrisiken bei Kreditinstituten mit geografisch begrenzten Marktgebieten, die höheren Margen bei provisionsbezogenen Geschäften, die gestiegenen Ansprüche an Eigenkapitalrenditen börsennotierter Banken und nicht zuletzt die Einführung der neuen Basler Eigenkapitalvereinbarung (Basel II und III) zwingen die Kreditinstitute, ihre Geschäftspolitik stärker nach Risikoaspekten auszurichten (vgl. Schmidt und van Elkan 2006, S. 10).

Als wesentliche Veränderungen auf den Finanzmärkten und bei den Finanzintermediären sieht Grichnik (2003, S. 91 ff.) die folgenden Entwicklungen an:

- Mit dem Prozess der sogenannten **Disintermediation** auf den Finanzmärkten wird die Umgehung der Banken durch direkte Kapitalmarktfinanzierungen bezeichnet. Im Kreditgeschäft waren es bisher vor allem große Unternehmen, die sich an den Banken vorbei Finanzmittel beschaffen konnten.
- Der stark **fragmentierte deutsche Kreditmarkt** wird insbesondere durch die ein dichtes, kostenintensives Filialnetz betreibenden Sparkassen und Kreditgenossenschaften geprägt. Im internationalen Vergleich werden in diesem Geschäft niedrige Renditen erzielt, was vor dem Hintergrund der zukünftig eher nach risiko- und ertragsorientierten Gesichtspunkten geführten Gesamtbanksteuerung erheblichen Strukturveränderungen unterliegen wird.
- Dies könnte auch das Bankverhalten gegenüber mittelständischen Unternehmen nachhaltig beeinflussen. Wenn im Rahmen von **standardisierten Kreditvergabeprozessen** nach objektiv vorgegebenen Kriterien entschieden wird, tritt die bereits erwähnte langfristig-vertrauensvolle Kundenbeziehung in den Hintergrund.
- Durch die zunehmende Integration der national abgegrenzten Kapitalmärkte werden Schranken für **grenzüberschreitende Finanzierungen** abgebaut. Dies trägt zur ständigen Einführung innovativer Finanzierungsinstrumente, aber auch zu einer Diversifizierung in der Mittelstandsfinanzierung bei. Die Dominanz der Kreditfinanzierung wird damit weiter zurückgehen.

Fanal in den strukturellen Entwicklungen an den Finanzmärkten war die Einführung des **Basel-II-Akkords** (vgl. zum Folgenden Deutsche Bundesbank 2004, S. 75 ff.). Während in den ursprünglichen Regelungen des Basler Akkords wenig differenzierende Berechnungen der Kreditrisiken vorgegeben waren, sollten zukünftig die Kapitalanforderungen an Banken

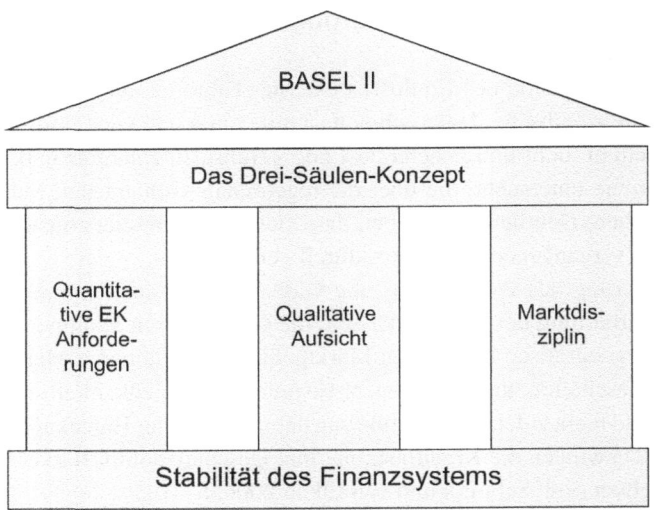

Abb. 5.4 Drei Säulen der Basel-II-Regelungen. (Quelle: Deutsche Bundesbank 2004)

stärker als bisher vom eingegangenen Risiko abhängig gemacht werden. Weitere Schwerpunkte lagen in der Vorgabe von Grundprinzipien für **qualitative Bankenaufsicht** sowie eine Erweiterung der **Offenlegungspflichten** und der **Marktdisziplin** (siehe Abb. 5.4). Nach der Finanzkrise wurde unter dem Stichwort Basel III eine weitere Veränderung dieser Regelungen implementiert, die eine **Erhöhung der Eigenkapitalanforderungen** für Banken bedeuten (vgl. Brackschulze et al. 2011). Da die Kreditinstitute während der schrittweisen Einführung von Basel III Kapital aufbauen müssen, kann nicht ausgeschlossen werden, dass die Kreditvergabe eingeschränkt wird (vgl. Zirkler et al. 2015, S. 29).

Aus Sicht von Unternehmen sind die **quantitativen Eigenkapitalanforderungen** für Banken entscheidend. Die Messung dieser Anforderungen ergibt sich aus unterschiedlich komplexen Verfahren. Im Standardansatz für die **Bemessung des Kreditrisikos** hängen die Risikogewichte von der Einschätzung aufsichtlich anerkannter**, externer Bonitätsbeurteilungsagenturen** ab. Je nach Höhe der externen Beurteilung erhalten die Bankenforderungen ein Risikogewicht zwischen null und 150 %. Da in Deutschland nur wenige Unternehmen über von einer Ratingagentur veröffentlichte Beurteilung verfügen, ist dieses Verfahren relativ unbedeutend. Insbesondere unter den Familienunternehmen verfügt nur eine geringe Anzahl über ein solches externes Rating.

Neben diesen externen Verfahren existiert für Kreditinstitute auch die Möglichkeit, die Eigenmittelunterdeckung mittels **interner Verfahren** zu bestimmen. Ob interne Ratings eingesetzt werden, ist eine Institutsentscheidung. Für den Einsatz dieser Verfahren benötigen die Kreditinstitute allerdings eine Aufsichtsgenehmigung. Die Eigenmittelunterlegung im internen Ansatz ergibt sich bis auf einen Vorfaktor von 8 % als Produkt aus der Forderungshöhe bei Ausfall und dem Ergebnis der Risikogewichtsfunktion. Diese wird von den Parametern Ausfallwahrscheinlichkeit, Verlustquote und effektive Restlaufzeit der Forderung bestimmt. Je nach Verfahren (Basisansatz oder fortgeschrittener Ansatz) werden diese Parameter aufsichtsrechtlich vorgegeben oder von den Kreditinstituten selbst geschätzt bzw. berechnet.

Im Allgemeinen bestehen bankinterne Ratingsysteme aus mehreren Komponenten und dienen im Wesentlichen zur Bestimmung der erwarteten Ausfallwahrscheinlichkeit. Die von Kreditinstituten praktizierten Prüfungen folgen keinem einheitlichen Standard. Sie variieren im inhaltlichen Aufbau und auch im Ablauf. Lediglich die Anwendung von **Scoringverfahren** gilt als Gemeinsamkeit der Kreditinstitute. Durch das Ergebnis dieses Verfahrens werden die Unternehmen einer Stufe auf einer Ratingskala zugeordnet. Anzahl sowie Bezeichnungen der einzelnen **Ratingstufen** variieren je nach Institutsgruppe.

Die primären Bestandteile interner Ratings sind vergangenheitsorientierte **quantitative Kennzahlen** des Jahresabschlusses, die Finanzplanung der Gesellschaft sowie zukunftsgerichtete **qualitative Faktoren** (z. B. Merkmale des Geschäftsführers oder Eckpunkte einer bereits getroffenen Nachfolgeregelung). Die Gewichtung quantitativer Faktoren wird von der Größe des Kreditvolumens beeinflusst und schwankt zwischen 50 und 70 % (vgl. Schumacher 2006, S. 15). Die Verdichtung dieser Information erfolgt mittels mathematisch-statistischer Rechenverfahren und mündet in eine Ratingeinstufung. Nach Einbeziehung von bis dahin gar nicht oder nicht ausreichend einbezogenen Informationen durch den Firmenkundenbetreuer wird ein endgültiges Ratingurteil getroffen, von dem die Kreditvergabeentscheidungen und die Konditionen abhängig sind.

Um die Besonderheiten von KMU zu berücksichtigen, wurde bereits bei Basel II eine sog. **Retail-Regelung** oder auch Mittelstandskomponente eingeführt, die auch für Basel III übernommen wurde. Nach dieser Vorschrift werden Unternehmen, deren Jahresumsatz höchstens EUR 50 Mio. beträgt und deren gesamtes Kreditvolumen pro Bank unter EUR 1 Mio. liegt, mit einem niedrigeren Risikogewichtungsfaktor angesetzt (vgl. Kümmel et al. 2013, S. 670).

Insgesamt ergeben sich für mittelständische Unternehmen durch den Wandel auf den Finanzmärkten und insbesondere durch die Regelungen des Basler Akkords sowohl Chancen als auch Risiken.

Wesentliche **Chancen** liegen darin, dass Unternehmen mit einer guten Bonität und entsprechend gutem Rating **günstige Konditionen** für ihre Bankfinanzierung erhalten können. Vor dem Hintergrund der möglichen Konditionenspreizung ist es auch denkbar, dass Unternehmen Finanzierungen für riskantere Projekte erhalten können. Hierfür verantwortlich können **neue Finanzierungsinstrumente** sein, die im Zuge des Finanzmarktwandels entwickelt wurden. Angesprochen sind insbesondere eigenkapitalnahe Produkte sowie Instrumente, die auf eine Verbesserung der Bilanzrelationen zielen.

Neben den Chancen sind allerdings auch **Risiken** zu beachten. Insbesondere Unternehmen mit schlecht beurteilter Bonität erhalten auch **schlechtere Konditionen**. Hier entfalten die Basel-Regelungen eine **prozyklische Wirkung**, d. h., in schwierigen konjunkturellen

Zeiten ist die Zurückhaltung bei der Kreditvergabe besonders ausgeprägt. Darüber hinaus versuchen Finanzinstitute, klassische Kreditprodukte durch **rentable „Innovationen"** zu ersetzen. Schließlich ist auch eine Veränderung im Verhältnis zu Unternehmen und Unternehmern zu erwarten. Das Verhältnis in der Hausbankbeziehung **entemotionalisiert** sich zusehends.

Lebenszyklus und Finanzierungsphasen

Das Thema Finanzierung zeigt die Nachteile des hier gewählten Lebenszyklusansatzes auf. In Anlehnung an die gebildeten Lebenszyklusphasen lässt sich ein enger Zusammenhang mit den Finanzierungsaktivitäten postulieren. Zwar können bei dieser Vereinfachung gewisse Zuordnungs- und Begriffsunschärfen auftreten, als erste Orientierung erscheint sie jedoch für Theorie und Praxis durchaus geeignet (vgl. Fueglistaller et al. 2016, S. 220).

Abb. 5.5 fasst die einzelnen Finanzierungstypen und -quellen der Entwicklungsphasen zusammen. Deutlich wird, dass gerade in der Gründungsphase Eigenkapital aus unterschiedlichen Quellen von besonderer Bedeutung ist, während in der Wachstums- und Reifephase die Bedeutung des Fremdkapitals erheblich zunimmt.

Das gesamte Spektrum der Finanzierungsinstrumente kommt erst in der Reifephase eines Unternehmens zum Tragen. Aus diesem Grund wird diese Thematik auch in diesem Entwicklungsabschnitt des Unternehmens angesprochen. Es wäre allerdings zu einfach, einzig die Entwicklungsphase des Unternehmens als Bestimmungsgröße für die gewählten Finanzierungsinstrumente heranzuziehen. Verwiesen sei an dieser Stelle auf Abschn. 5.1.1, in dem die Komplexität der Finanzierungsentscheidungen im Mittelstand diskutiert wurde.

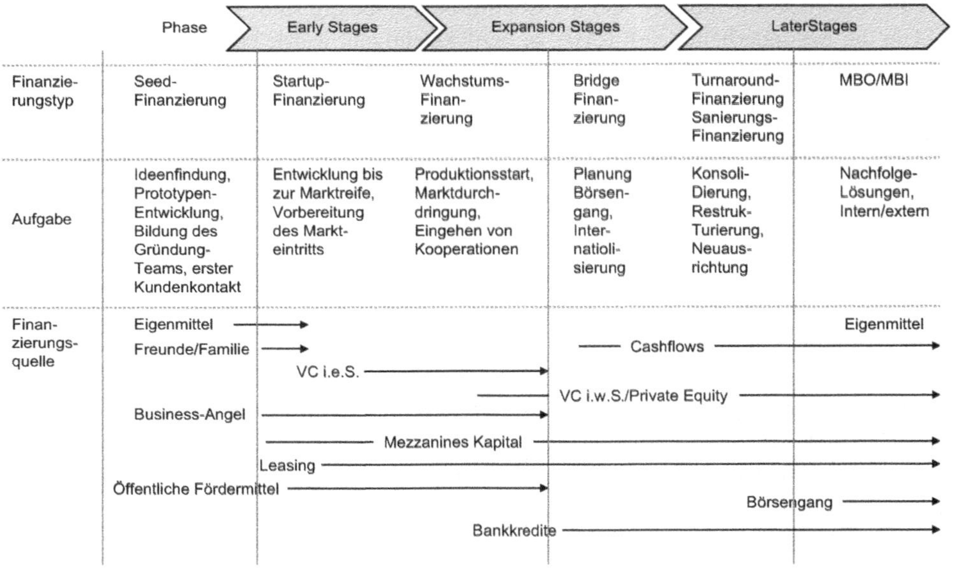

Phase	Early Stages		Expansion Stages		Later Stages
Finanzierungstyp	Seed-Finanzierung	Startup-Finanzierung	Wachstums-Finanzierung	Bridge-Finanzierung	Turnaround-Finanzierung Sanierungs-Finanzierung	MBO/MBI
Aufgabe	Ideenfindung, Prototypen-Entwicklung, Bildung des Gründung-Teams, erster Kundenkontakt	Entwicklung bis zur Marktreife, Vorbereitung des Markteintritts	Produktionsstart, Marktdurchdringung, Eingehen von Kooperationen	Planung Börsengang, Internatiolisierung	Konsolidierung, Restrukturierung, Neuausrichtung	Nachfolge-Lösungen, Intern/extern
Finanzierungsquelle	Eigenmittel / Freunde/Familie / VC i.e.S. / Business-Angel / Mezzanines Kapital / Leasing / Öffentliche Fördermittel / Bankkredite		Cashflows / VC i.w.S./Private Equity / Börsengang			Eigenmittel

Abb. 5.5 Finanzierungsphasen im Lebenszyklus. (Quelle: Fueglistaller et al. 2016, S. 220)

5.1.3   Alternative Finanzierungsformen für den Mittelstand

Wie bereits angesprochen, war die Passivseite der Bilanz mittelständischer Unternehmen in der Vergangenheit stark von den Verbindlichkeiten gegenüber Kreditinstituten geprägt. Eine detaillierte Diskussion über die einzelnen Varianten der klassischen Finanzierungsinstrumente würde an dieser Stelle jedoch zu weit führen. Hierfür sei auf die Spezialliteratur verwiesen (vgl. bspw. Perridon et al. 2017, S. 419 ff.).

Die aktuelle Diskussion um die Anpassung von Finanzierungsstrukturen mittelständischer Unternehmen rankt sich auch weniger um den klassischen Bankkredit, sondern um die Möglichkeiten der Veränderung der Aktiv- und Passivseite der Bilanz. Damit sind einerseits die Möglichkeiten einer **Bilanzverkürzung auf der Aktivseite** angesprochen, die zu einer Verringerung der notwendigen Finanzierungsvolumina führen können, andererseits der Einsatz von **alternativen Finanzierungsinstrumenten**, mit denen die Passivseite gestaltet werden kann (vgl. Waschbusch und Staub-Ney 2015 und Abb. 5.6). Wesentliche Alternativen sollen in ihrer Bedeutung für den Mittelstand im Folgenden kurz charakterisiert werden.

5.1.3.1 Leasing
Leasing hat sich in den vergangenen Jahren zu einer der **wichtigsten Finanzierungsalternativen** für mittelständische Unternehmen entwickelt. Leasing kann als die vertraglich geregelte, zeitlich begrenzte, gegen Entgelt gewährte Nutzungsüberlassung beweglicher und unbeweglicher Investitions- und Gebrauchsgüter verstanden werden. Zu unterscheiden ist zwischen dem **Operate Leasing** (das einem weitgehend normalen Mietverhältnis entspricht) und dem **Finanzierungsleasing**, das ein Substitut zu Bankkrediten darstellt (vgl. Perridon et al. 2017, S. 522 ff.).

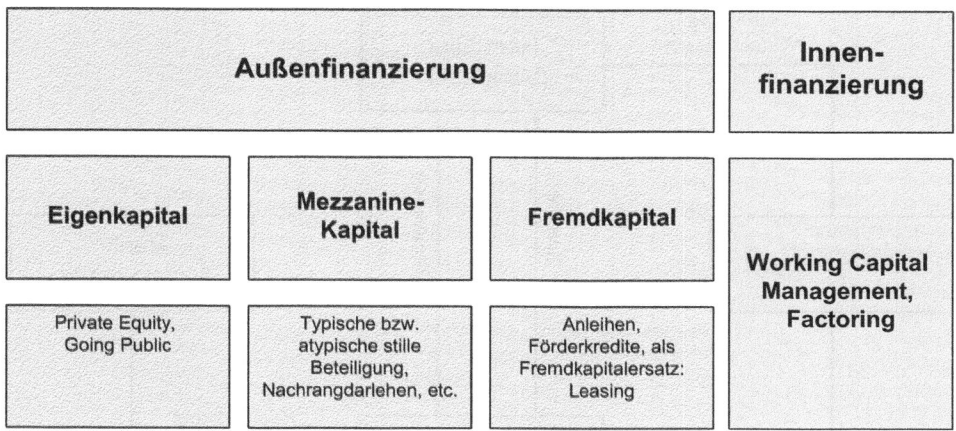

Abb. 5.6 Finanzierungsalternativen für den Mittelstand. (Quelle: Waschbusch und Staub-Ney 2015, S. 399)

Die gesamtwirtschaftliche Bedeutung des Leasings lässt sich daran messen, dass dessen Anteil an den gesamtwirtschaftlichen Investitionen im Jahr 2017 bei ca. 16,1 % lag. Besonders ausgeprägt ist die Rolle des Leasings bei Kraftfahrzeugen, bei denen der Marktanteil über einem Drittel der gesamten Neuzulassungen liegt. Wertmäßig entfielen 77 % aller Leasinginvestitionen auf Straßenfahrzeuge (vgl. Gerstenberger 2018). Grundsätzlich ist das Leasing aber auch für Maschinen, EDV-Anlagen und Immobilien geeignet (vgl. Barth et al. 2002, S. 1263).

Zwischen dem **Leasinggeber** und dem **Leasingnehmer** kommt ein Leasingvertrag zustande (siehe Abb. 5.7). In diesem Vertrag verpflichtet sich der Leasingnehmer zur Zahlung der Leasingraten. Der Hersteller (Verkäufer) veräußert das Leasingobjekt an den Leasinggeber und erhält seinen Kaufpreis. Im Rahmen kaufvertraglich vereinbarter Garantieleistungen oder der gesetzlichen Gewährleistung ist er dem Leasingnehmer weiterhin verbunden. Im Rahmen der (Re-)Finanzierung treten Banken bzw. der Kapitalmarkt auf.

Leasinggesellschaften können bankenabhängig, herstellerabhängig oder freie Gesellschaften sein. Insbesondere für Hersteller bildet das Leasing eine interessante Möglichkeit, die eigene Wertschöpfung um die Finanzierung zu erweitern.

Grundsätzlich können der **Vollamortisationsvertrag** und der **Teilamortisationsvertrag** unterschieden werden (vgl. Perridon et al. 2017, S. 524ff.). Im ersten Fall decken die Leasingraten, die der Leasingnehmer während einer unkündbaren Grundmietzeit entrichtet, vollständig die Anschaffungs- oder Herstellungskosten, die Finanzierungszinsen und alle sonstigen Nebenkosten sowie die Gewinnspanne des Leasinggebers. Im zweiten Fall reichen die Zahlungen des Leasingnehmers für eine volle Amortisation nicht aus. Erst durch eine vertraglich definierte Restwertzahlung wird diese vollständige Amortisation erreicht. Häufig ist dies mit einem Andienungsrecht der Leasinggesellschaft unterlegt, in dem sich der Leasingnehmer verpflichtet, das Leasingobjekt zum Restwert käuflich zu erwerben.

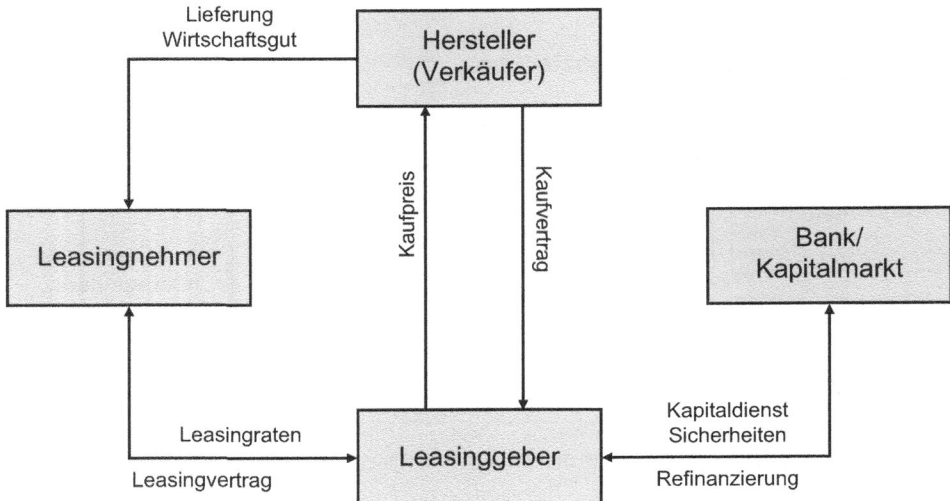

Abb. 5.7 Akteure und Beziehungen im Leasing. (Quelle: in Anlehnung an Portisch 2008, S. 136)

Für Kraftfahrzeugleasing ist der Kilometervertrag die typische Vertragsart. Hierbei gibt der Leasingnehmer am Ende der Vertragslaufzeit das Fahrzeug an den Leasinggeber zurück. Eine weitere Sonderform des Leasings sind die sogenannten **Sale-and-Lease-Back-Verträge** (vgl. Perridon et al. 2017, S. 524), die insbesondere in Krisenphasen von Unternehmen eine besondere Bedeutung haben. In diesem Fall veräußert der Leasingnehmer Teile seines betriebsnotwendigen Anlagevermögens an einen Leasinggeber und enthält dafür einen entsprechenden Kaufpreis, den er zur Finanzierung des Unternehmens einsetzen kann. Der Leasingnehmer kann auf das Anlagegut unverändert zurückgreifen, das er vom Leasinggeber zurückleast und dafür entsprechende Leasingraten erbringen muss. Im Krisenfall wird mit diesem Modell Liquidität generiert, allerdings führt dies zum Ergebnis, dass Banken solche Transaktionen in der Bonitätsanalyse negativ bewerten.

Ob unter **Rentabilitätsaspekten** eine Kreditfinanzierung dem Leasing vorzuziehen ist, ist für Unternehmen im Einzelfall anhand von Kostenüberlegungen ableitbar. Grundsätzlich kann der **Kapitalwert** als Kriterium herangezogen werden, wobei insbesondere die Besteuerung zu beachten ist. Wesentliches Ziel des Leasingnehmers ist die bilanzneutrale Nutzung eines Wirtschaftsgutes und die Bewertung des gezahlten Entgelts als steuermindernder Betriebsaufwand. Insofern muss sichergestellt werden, dass das Leasingobjekt in der Bilanz des Leasinggebers aktiviert wird. Um dies zu erreichen, erfüllen Leasingverträge bestimmte Voraussetzungen, von denen die Grundmietzeit eine wesentliche ist. Diese umfasst stets zwischen 40 % und 90 % der betriebsgewöhnlichen Nutzungsdauer. Daneben muss eine Drittverwendbarkeit des Objektes sowie eine Mehrerlöschance des Leasinggebers gegeben sein (vgl. Portisch 2008, S. 142 f.).

Ex ante ist zu vermuten, dass ein **Bankkredit** finanzwirtschaftliche Vorteile **gegenüber** dem **Leasing** aufweist. Dies ist nachvollziehbar, da nicht nur die Refinanzierung des Leasinggebers, sondern auch dessen Kosten und seine Gewinnspanne in die Kalkulation eingehen. Allerdings können neben diesen Aspekten weitere Parameter Einfluss auf die Leasingkosten nehmen. Häufig verfügen Leasinggeber über einen direkten Zugang zum Kapitalmarkt und können auf deutlich bessere Refinanzierungskonditionen zurückgreifen als der Leasingnehmer. Neben einer besseren Verwertungskompetenz für die verleasten Güter verfügen Leasinggeber bei Herstellern über Großabnehmerrabatte, die die Konditionen des Leasings zusätzlich erheblich verbessern können. Letztendlich verfolgen herstellerabhängige Leasinggeber als Absatzfinanzierer primär das Ziel einer Vertriebsunterstützung.

Kritisch anzumerken ist allerdings, dass eine Leasingfinanzierung nicht automatisch zu einer Entlastung des Verschuldungsspielraums führt. Auch wenn ein Leasinggegenstand nicht beim Leasingnehmer bilanziert werden muss und die Leasingraten steuerlich abzugsfähig sind, werden bei der Kreditwürdigkeitsprüfung eines Unternehmens auch die laufenden Zahlungsverpflichtungen des potenziellen Kunden herangezogen (vgl. Börner 2006, S. 312).

5.1.3.2 Factoring

Factoring ist ein Finanzierungsgeschäft, bei dem ein spezialisiertes Finanzierungsinstitut die Forderungen eines Verkäufers i. d. R. laufend aufkauft und die Verwaltung übernimmt (vgl. Barth et al. 2002, S. 1261). Diese Leistung wird gegen eine Prämie erbracht, die als Abschlag vom Nominalwert der Forderung berechnet wird. Es wird zwischen **echtem und unechtem Factoring** unterschieden. Trägt der Forderungskäufer das **Ausfallrisiko** (Delkredererisiko), handelt es sich um echtes Factoring. Unechtes Factoring hingegen ist mit einem Rückgriff auf den Forderungsverkäufer ausgestattet, d. h., bei einem Ausfall der Forderung besteht eine Haftung des Forderungsverkäufers (vgl. Börner 2006, S. 314). Das Factoring dient zur Verbesserung der Liquidität und kann zum Schutz vor Forderungsausfällen genutzt werden.

Neben der Finanzierungsleistung und der Übernahme des Risikos beim echten Factoring übernimmt die Factoringgesellschaft weitere **Dienstleistungen** (vgl. Waschbusch und Staub-Ney 2015, S. 407 f.). Zum einen wird die **Debitorenbuchhaltung** verwaltet, und zum anderen werden neben der Prüfung der **Bonität der Kunden** auch die Fakturierung, das **Inkasso- und das Mahnwesen** durchgeführt. Dieser Nutzen ist vor dem Hintergrund der mangelnden Ressourcenausstattung in mittelständischen Unternehmen nicht zu unterschätzen.

Die generierte Liquidität kann zur **Gestaltung der Kapitalstruktur** genutzt werden. Wird der Factoringerlös zur Ablösung von Lieferantenverbindlichkeiten verwendet, können Skontierungsgewinne entstehen, die die Factoringkosten reduzieren und ggf. sogar überkompensieren. Zugleich kann eine erhöhte Eigenkapitalquote durch die **Verkürzung der Bilanz** erzielt werden, was sich wiederum positiv im Ratingprozess auswirken kann (vgl. Börner 2006, S. 314 f.). Als Voraussetzung für den sinnvollen Einsatz von Factoring im Mittelstand gilt in etwa ein Jahresumsatz von EUR 2 Mio. (vgl. Steiner und Starbatty 2004, S. 30).

Die Bedeutung der Forderungsauslagerung als alternatives Finanzierungsinstrument baut darauf auf, dass in mittelständischen Unternehmen häufig **hohe Forderungsbestände** zu beobachten sind (vgl. Abschn. 5.2) und das Debitorenmanagement unzureichend ausgebaut ist. Die Forderungen als Bestandteil des Umlaufvermögens müssen dementsprechend (kurzfristig) finanziert werden.

Von mittelständischen Unternehmen wird meist eine **stille Variante** bevorzugt, bei der der Factorer gegenüber dem Schuldner nicht in Erscheinung tritt. Mit diesem Vorgehen soll sichergestellt werden, dass die enge und vertrauenswürdige Beziehung gegenüber den Kunden nicht gefährdet wird.

Factoring hat als Finanzierungsinstrument in den vergangenen Jahren in Deutschland erheblich an Bedeutung gewonnen. Während im Jahr 2006 noch eine Factoringquote (Factoringumsatz im Vergleich zum Bruttoinlandsprodukt) von etwa 3,1 % gemessen wurde, beläuft sich der entsprechende Wert für das Jahr 2017 auf 7,1 % (s. Abb. 5.8) (Deutscher Factoring-Verband 2018, S. 6 f.). Damit liegt **Deutschland** aber immer noch weit **unter dem europäischen Durchschnitt** und den Werten vergleichbarer Industrienationen.

Zur Erklärung der Differenz zu anderen Industrienationen kann nicht die Branchen- und Unternehmensgrößenstruktur in Deutschland herangezogen werden. Auch in anderen, vergleichbaren Ländern wird der Unternehmensbesatz wesentlich durch KMU geprägt,

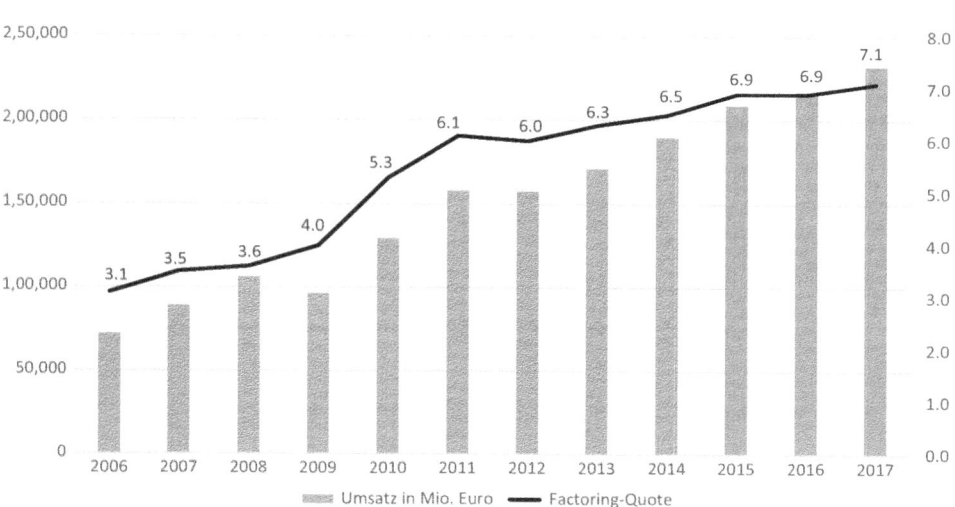

Abb. 5.8 Factoringumsatz absolut und im Vergleich zum BIP. (Quelle: Deutscher Factoring Verband 2018)

die sich aufgrund der Höhe der Forderungsbestände nicht für das Factoring eignen. Zum einen wird deshalb argumentiert, dass die von den deutschen Factoringanbietern **geforderten Mindestsummen** über dem europäischen Vergleich liegen. Zum anderen hat die Branche in Deutschland und insbesondere im Mittelstand immer noch ein **Imageproblem**. Durch den Einsatz von Factoring sieht man die Gefahr des Kundenverlusts. Darüber hinaus haftet dem Produkt immer noch der Makel eines Krisenfinanzierungsinstruments an.

Besonders geeignet erscheint das Instrument daher auch für Unternehmen, die gerade den **Turnaround** geschafft haben und daher erhöhte Liquiditätsbedarfe haben. Darüber hinaus wird argumentiert, dass gerade in Wachstumsphasen, die sich ebenfalls durch einen erhöhten Mittelbedarf für Umlaufvermögen auszeichnen, der Einsatz des Factorings sinnvoll sei (vgl. Ritter 2018, S. 112).

5.1.3.3 Working-Capital-Management

Der Begriff des Working-Capital-Managements erscheint in einem Kapitel zur Finanzierung zunächst irritierend. Ausgehend von der Ursprungssituation der zeitlichen Differenz zwischen Kapitalbindung und Kapitalfreisetzung wird der Zusammenhang jedoch klar (siehe Abb. 5.9). Unter der Kennzahl oder dem Begriff des Working Capital wird die **Differenz** zwischen **kurzfristigem Umlaufvermögen** und **kurzfristigen Verbindlichkeiten** verstanden (vgl. Meyer 2007, S. 26). Genauer wird vielfach auch von Net Working Capital gesprochen. Es bezeichnet den Überschuss des Umlaufvermögens gegenüber dem kurzfristigen Fremdkapital. Demnach bedeutet ein positives **Net Working Capital**, dass ein Teil des Umlaufvermögens langfristig finanziert ist, während ein negatives Net Working Capital auf eine kurzfristige Finanzierung langfristig gebundenen Anlagevermögens hinweist.

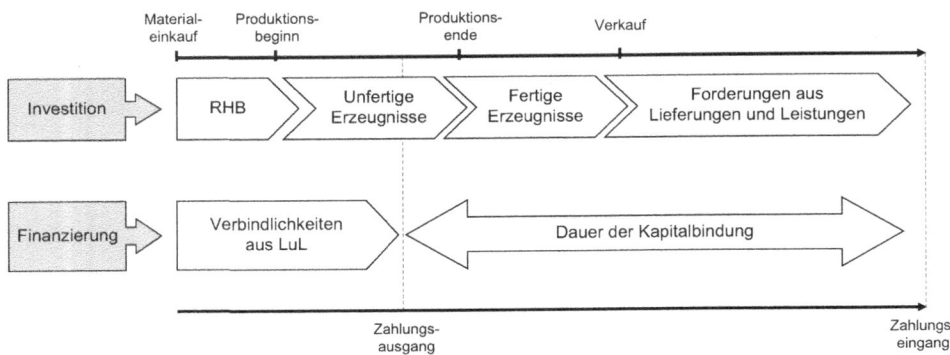

Abb. 5.9 Der Working-Capital-Zyklus. (Quelle: Meyer 2007, S. 45)

Zu den wesentlichen Bilanzpositionen auf der **Aktivseite** gehören die Vorräte, Forderungen aus Lieferungen und Leistungen sowie die liquiden Mittel. Auf der **Passivseite** sind insbesondere Verbindlichkeiten aus Lieferungen und Leistungen sowie sonstige kurzfristige Verbindlichkeiten angesprochen (vgl. Heesen und Moser 2013, S. 2). Dementsprechend steht im Zentrum des Working-Capital-Managements die gezielte Beeinflussung und Optimierung der Hauptkomponenten des Working Capital.

Primäres Ziel ist die **Freisetzung von Liquidität** über die Verringerung der Kapitalbindung im Unternehmen. Dies wird durch die Optimierung der bereits genannten Position erreicht. Neben der Verbesserung der Liquidität, die sich unmittelbar auf die Finanzlage des Unternehmens auswirkt, werden jedoch noch weitere, sekundäre Ziele verfolgt. Mit den freigesetzten Mitteln können Verbindlichkeiten zurückgeführt und somit Fremdkapitalzinsen reduziert werden, was sich wiederum positiv auf die Rentabilität auswirkt. Gleichzeitig wirkt die **Rückführung der Verschuldung** positiv auf die Bilanzstruktur, da der Abbau von Verbindlichkeiten die Bilanzsumme verringert und somit die Eigenkapitalquote ansteigen lässt (vgl. Heesen und Moser 2013, S. 2; Kümmel et al. 2013).

Die erhöhte **Innenfinanzierungskraft** bietet dem Unternehmen im Vergleich zur klassischen Fremdkapitalaufnahme eine sehr günstige Finanzierungsquelle. Bei externen Kapitalgebern kann ein effektives Working-Capital-Management das Unternehmensrating und die **Bonitätseinschätzung** deutlich verbessern. Die Folge können günstigere Konditionen und eine Reduzierung der Abhängigkeit von externen Kreditgebern sein.

Die optimale Höhe des Working Capital ist eine unternehmensindividuelle Stellgröße. Sie hängt wesentlich von der Branchenzugehörigkeit und dem Geschäftsmodell ab. Grundsätzlich sollte das Working Capital niedrig gehalten werden. Dem sind jedoch Grenzen gesetzt: Ein zu niedrig kalkuliertes Working Capital birgt die Gefahr der **Lieferunfähigkeit**.

Aus der absoluten Höhe des Working Capital sowie seiner Bestandteile lassen sich keinerlei Rückschlüsse daraus ziehen, ob Liquiditätsreserven im Unternehmen vorhanden sind oder nicht. Diese ergeben sich erst durch die Berechnung von Steuerungsgrößen bzw. Kennzahlen. Die Kennzahlen knüpfen am **Working-Capital-Zyklus** an. Dieser beschreibt das zeitliche Auseinanderdriften von Investitionen in Lager und der Bindung von Kapital in Forderungen auf der einen Seite sowie von Finanzierung durch Verbindlichkeiten aus Lieferungen und Leistungen und der Dauer der Kapitalbindung im Unternehmen auf der anderen Seite (siehe Abb. 5.9) Durch einen Zeitreihenvergleich oder externe Vergleiche mit Branchenkennzahlen lassen sich mögliche Handlungsbereiche ableiten.

Auf der Aktivseite sind die folgenden Kennzahlen relevant:

Zur Messung der **Forderungslaufzeit** (Debitorenlaufzeit/Days Sales Outstanding) wird die folgende Formel verwendet:

$$DSO = \frac{Forderungen\ aus\ LuL}{Umsatz} \times 360$$

Die Forderungslaufzeit misst die durchschnittliche Laufzeit der Forderungen vom Tag der Rechnungsstellung bis zum Tag des Zahlungseingangs. Hier ist eine möglichst niedrige Kennzahl anzustreben.

Zur Beurteilung der **Lagerreichweite**, die als Maß für die durchschnittliche Verweildauer von Gütern im Unternehmen (Days Inventory Outstanding) verwendet wird, wird die folgende Formel genutzt:

$$DIO = \frac{Lagerbestände}{Umsatz} \times 360$$

Hierbei gilt der Zusammenhang, dass eine niedrige Reichweite zu einer geringen Kapitalbindung führt und somit positiv zu werten ist.

Die am häufigsten verwendete Kennzahl auf der Passivseite ist die **Kreditorenlaufzeit** (Days Payable Outstanding). Diese Kennzahl misst die durchschnittliche Laufzeit der Verbindlichkeiten vom Tage des Rechnungseingangs bis zur Zahlung an den Lieferanten und wird mit der folgenden Formel errechnet:

$$DPO = \frac{Verbindlichkeiten\ aus\ LuL}{Umsatz} \times 360$$

Später ausgeführte Lieferantenzahlungen erhöhen die Kreditorenlaufzeit und belassen die Liquidität vorerst im Unternehmen. Grundsätzlich ist eine hohe Kennzahl anzustreben. Allerdings ist als Nebenbedingung ein möglicher positiver Effekt von Skonti einzuberechnen. Ein Wert, der größer ist als 90 Tage, wird allgemein als kritisch betrachtet (vgl. Meyer 2007, S. 91).

Aus der Summe von DSO und DIO vermindert um die DPO ergibt sich die **Kapitalbindungsdauer** in einem Unternehmen. In der Praxis ist ein möglichst kurzer Zyklus anzustreben, da dadurch die Kapitalbindung abnimmt. Durch die Anwendung geeigneter Instrumentarien ist es möglich, die Kapitalbindung im Unternehmen aktiv zu beeinflussen. Die folgende Zusammenstellung (vgl. Tab. 5.1) soll an dieser Stelle einen ersten Überblick verschaffen (für detaillierte Informationen siehe bspw. Meyer, 2008, oder Schmidlin 2013, S. 71 ff.):

Tab. 5.1 Maßnahmen des Working-Capital-Managements

Forderungsmanagement	Verbindlichkeitenmanagement	Bestandsmanagement
- Analyse der Kunden und Forderungen - Bonitätsprüfungen - Verbesserung des Mahnwesens - Schaffung von Zahlungsanreizen - Verkürzung der Zahlungsziele - …	- Analyse der Verbindlichkeiten - Verlängerung von Zahlungszielen - Skontofristen - Standardisierung der Einkaufsbedingungen - …	- Regelmäßige Bestandsanalysen - Just-in-time-Lieferungen - Bestellmengenoptimierung - Konsignationsläger - Erhöhung der Umschlagshäufigkeit - …

Tab. 5.2 Verkürzte Bilanz der NanoXcoating GmbH

Aktiva		Passiva	
	5.100.000	Eigenkapital	5.000.000
		Rückstellungen	1.300.000
Vorräte	3.800.000	Verb. gg. KI	
Forderungen	4.900.000	Langfristig	3.200.000
Kasse	400.000	Kurzfristig	2.100.000
		Verb. aus LuL	2.600.000
	9.100.000	Verbindlichkeiten	7.900.000
Bilanzsumme	**14.200.000**	**Bilanzsumme**	**14.200.000**

Die Aufstellung der wesentlichen Ansatzpunkte zeigt auch, dass die Prozessverantwortlichen für den Working-Capital-Zyklus über das gesamte Unternehmen verteilt sind. Dies erschwert die Umsetzung der Maßnahmen.

Aufgabe: Ergebniswirkung von Working-Capital-Maßnahmen

Zum Working Capital der NanoXcoating GmbH stehen die folgenden vereinfachten Informationen zur Verfügung (vgl. Tab. 5.2) (Angaben in EUR):

Umsatz   36.000.000
Materialaufwand   20.500.000

Das in der Automobilzulieferindustrie tätige Unternehmen verhandelt derzeit mit der Bank über die Verlängerung der kurzfristigen Kreditlinien. Die Hausbank ist nicht mehr bereit, die kurzfristige Kreditlinie in unveränderter Form zur Verfügung zu stellen. Der Geschäftsführer ist daher aufgefordert, mit Maßnahmen des Working-Capital-Managements den Kreditbedarf zu reduzieren. Nachdem eine Unternehmensberatung die aktuelle Situation analysiert hat, wurden die folgenden Ziele formuliert:

- Verminderung der DSO um 5 %,
- Erhöhung der DPO um 3 Tage und
- Senkung der Lagerdauer auf 50 Tage.

Bitte berechnen Sie die Auswirkungen der Maßnahmen auf die Bilanz, und errechnen Sie die Verringerung des Zinsaufwandes. Gehen Sie dabei von einem Zinssatz von 10 % für die kurzfristigen Verbindlichkeiten gegenüber Kreditinstituten aus!

5.1.3.4 Beteiligungskapital

Der wohl am Weitesten gehende Eingriff in die Finanzierungsstrukturen eines mittelständischen Unternehmens ist die Aufnahme **externer Eigenkapitalgeber**, ein Vorgang, der auch mit dem Begriff des Beteiligungskapitals umschrieben wird. Mittlerweile hat sich auch in Deutschland der englische Begriff **Private Equity** eingebürgert. An dieser Stelle werden jedoch durchaus Unterschiede zwischen den klassischen Kapitalbeteiligungsgesellschaften und den Private-Equity-Gesellschaften im engeren Sinne gemacht (vgl. Schöning und Gatzka 2006, S. 1399 ff.).

Der **Anlagehorizont** von Private-Equity-Beteiligungen ist zeitlich begrenzt; er liegt meist zwischen drei und sieben Jahren (vgl. Achleitner et al. 2011). Neben den **laufenden Erträgen** partizipieren Private-Equity-Gesellschaften vor allem am Gewinn aus dem späteren **Verkauf der Anteile**, letztendlich also an der Wertsteigerung des Unternehmens. Eine entsprechende Verkaufsstrategie der Beteiligung ist Teil des Konzepts (Exitstrategie). Die traditionellen Kapitalbeteiligungsgesellschaften sind demgegenüber an der Erzielung dauerhafter Erträge interessiert. Daraus ergibt sich ein längerer Anlagehorizont.

Der Kapitalbeteiligungsmarkt wird von den Akteuren Investor, Private-Equity-Gesellschaft und kapitalsuchenden Unternehmen bestimmt. Zu den **Investoren** zählen neben Banken, Versicherungen, Pensionskassen und Industrieunternehmen auch private Anleger, der öffentliche Sektor sowie in Sonderfällen akademische Institutionen. Die Kapitalgeber orientieren sich an finanziellen und strategischen Zielen. Private Equity ist für institutionelle Anleger vor allem deswegen attraktiv, weil mit dieser Anlageklasse höhere Renditen erzielt werden können als bei klassischen Anlageprodukten.

Beteiligungsgesellschaften sind die Schnittstelle zwischen Investoren, die eine indirekte Beteiligung anstreben, und kapitalsuchenden Unternehmen. Sie sammeln Anlagebeträge bei den Investoren ein und fassen diese zu voluminösen Fonds zusammen. Sie betreuen den gesamten Private-Equity-Zyklus, d. h., sie übernehmen die Evaluation und Bewertung potenzieller Beteiligungsunternehmen, die Finanzierung für die kapitalsuchenden Unternehmen, Controlling und Betreuung während des Engagements und nicht zuletzt die spätere Veräußerung der Beteiligung.

Als **kapitalsuchende Unternehmen** kommen insbesondere jene infrage, die bei beschränktem Innenfinanzierungspotenzial und erhöhtem Risikoprofil keine Möglichkeit zur Einbindung weiteren Fremdkapitals haben. Mit diesem Problem sehen sich neben jungen Unternehmen insbesondere wachstumsstarke, innovative KMU konfrontiert (vgl. Schöning und Gatzka 2006, S. 1399ff.). Sie werden als eine wesentliche Zielgruppe von Private-Equity-Gesellschaften gesehen.

Eine wesentliche **Restriktion** für die Investitionen in mittelständische Unternehmen liegt aufseiten der Private-Equity-Investoren in der Mindestbeteiligungssumme. Typischerweise wird hierbei von einer Größenordnung von EUR 5 Mio. bei etablierten und

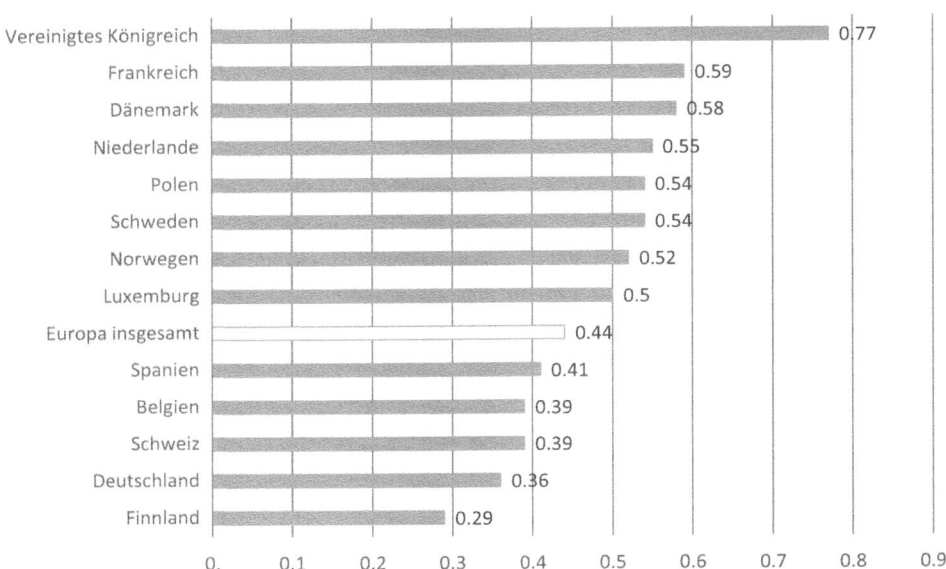

Abb. 5.10   Anteil von Private-Equity-Investitionen am BIP in Prozent im Jahr 2017. (Quelle: www. investeurope.eu)

von EUR 1 Mio. bei jungen Wachstumsunternehmen ausgegangen. Diese Volumina sind eine natürliche Begrenzung für die Nachfrage im Mittelstand.

Die Bedeutung des Private-Equity-Marktes für mittelständische Unternehmen wurde an verschiedenen Stellen untersucht (vgl. KfW 2006, S. 179 ff.). Das Ergebnis bleibt immer dasselbe: Im Vergleich zu anderen europäischen Nationen ist bei deutschen Unternehmen eine erhebliche **Zurückhaltung gegenüber Beteiligungskapital** vorhanden (vgl. Abb. 5.10). Da für mittelständische Unternehmen eine wesentliche Zielsetzung stets die Erhaltung der Autonomie darstellt, ist dieses Ergebnis nicht weiter überraschend (siehe Abschn. 5.1.1).

5.1.3.5 Mezzanine

Mezzanine Finanzierungsformen bezeichnen flexibel gestaltbare, hybride Instrumente, die je nach vertraglicher Regelung Merkmale von Eigenkapital und Fremdkapital vereinigen. Dementsprechend werden eigenkapitalnahe mezzanine Instrumente als **Equity-Mezzanine** und Produkte mit stärkerem Fremdkapitalcharakter als **Debt-Mezzanine** bezeichnet (vgl. Portisch 2008, S. 217).

Wesentliche Charakteristika von Mezzaninekapital sind (vgl. Börner 2006, S. 321):

- Nachrangigkeit gegenüber anderen Gläubigern im Liquidationsfall,
- Vorrangigkeit gegenüber dem haftenden Eigenkapital,
- höhere Verzinsung im Vergleich zu klassischen Fremdkapitalinstrumenten,

- zeitliche Befristung,
- fehlende Besicherung der Darlehen sowie
- laufende Verzinsung, in der Regel als Betriebsaufwand absetzbar.

Die **Flexibilität** in der Ausgestaltung sowie die Vielzahl der in der Praxis entwickelten Instrumente macht die Strukturierung mezzaniner Produkte schwer (vgl. Portisch 2008, S. 217). Die Merkmale können hinsichtlich Laufzeit, Vergütungsstruktur, Umfang, Mitsprache- und Kontrollrechten kombiniert werden. Grundsätzlich sind Nachrangdarlehen, Wandel- und Optionsanleihen beziehungsweise typisch stille Gesellschaften mezzanine Instrumente mit Fremdkapitalcharakter. Mischformen mit einer stärkeren Eigenkapitalausprägung sind atypisch stille Gesellschaften und in der Regel Genussrechte (siehe auch Abb. 5.11).

Die Diskussion um mezzanine Finanzierungsinstrumente erlangte im Zuge der Einführung von Basel II eine besondere Relevanz. Zielsetzung war zunächst, mittelständische Unternehmen mit Finanzierungsprodukten auszustatten, die es ihnen ermöglichen, dem **Autonomiestreben** Rechnung zu tragen und trotzdem das **bilanzielle Eigenkapital** zu erhöhen. Hier kommen die Vorteile von Mezzaninekapital voll zum Tragen: Die Kapitalgeber erhalten kaum Mitsprache- und Kontrollrechte, folglich bleibt die Eigentümerstruktur bestehen. Zugleich wird die Finanzierungsstruktur aufgrund des eigenkapitalnahen Charakters verbessert.

Die Komplexität individuell gestalteter Mezzaninefinanzierungen steht dieser Zielsetzung jedoch entgegen. Bei einem vergleichsweise geringen Kapitalbedarf sind individuell gestaltete Finanzierungsverträge mit erheblichen Fixkosten verbunden. Mit der Entwicklung sogenannter **Standardmezzanine** schien ein Königsweg entwickelt worden zu sein. Die Besonderheit dieser Instrumente liegt im hohen Standardisierungsgrad des Vergabeverfahrens sowie der Konditionen (siehe Krämer und Kraus 2010, S. 22 ff.). Erst mit der Finanzkrise im Jahre 2008 wurde dem Boom dieser Produkte ein Ende gesetzt.

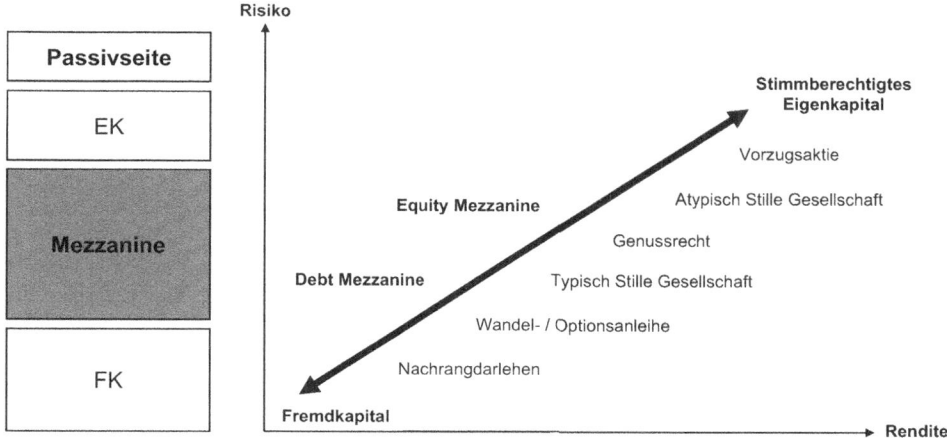

Abb. 5.11 Kontinuum mezzaniner Finanzierungsinstrumente. (Quelle: Portisch 2008, S. 218)

Aus Sicht mittelständischer Unternehmen ist insbesondere wichtig, ob das jeweilige Finanzierungsinstrument als Eigenkapital im Rahmen des **Ratingprozesses** klassifiziert wird. Da bei den meisten mezzaninen Instrumenten vertragliche Gestaltungsspielräume bestehen, kann die abschließende Beurteilung nur individuell vorgenommen werden. Allerdings kann zumindest tendenziell eine Zuordnung zu eigenkapitalähnlichen und fremdkapitalähnlichen Instrumenten vorgenommen werden. Unmittelbar mit dem Eigen- oder Fremdkapitalcharakter hängen auch die Kosten für Mezzaninekapital zusammen. Je mehr Eigenschaften von Eigenkapital im Produkt enthalten sind, desto höher sind die Kosten et vice versa (vgl. Wöhe et al. 2013, S. 204 und 210).

5.1.3.6 Öffentliche Förderung

Im Rahmen ihrer mittelstandspolitischen Maßnahmen unterstützt die Bundesrepublik Deutschland kleine und mittlere Unternehmen und insbesondere Existenzgründer bei der Finanzierung von Investitionen und Betriebsmitteln. Um einen Ausgleich von Größennachteilen des Mittelstands zu erreichen, bietet die **Förderung** einerseits **günstige Finanzierungsmittel** an und ermöglicht andererseits einen besseren Zugang zur Finanzierung durch **Risikoübernahme** (vgl. Irsch 2007, S. 319, kritisch diskutiert bei Schmidt 1995).

Die wichtigste Förderungsinstitution ist die bundeseigene **KfW-Bankengruppe** und hier speziell die KfW-Mittelstandsbank. Das Förderangebot besteht aus drei Programmbereichen (vgl. BMWi 2007, S. 40). Im Bereich Fremdkapital werden langfristige und zinsgünstige Investitionskredite sowie kurzfristige Kredite zu günstigen Konditionen angeboten. Der Programmbereich Mezzaninefinanzierungen bietet Nachrangdarlehen, für die der Kreditnehmer keine Sicherheiten stellen muss. Darüber hinaus werden Beteiligungsfinanzierungen angeboten.

Kernelement aus Unternehmenssicht sind Darlehen mit langen Laufzeiten, die sich durch ein niedriges Zinsniveau mit zum Teil tilgungsfreien Jahren für den Kreditnehmer auszeichnen. Der günstige Zinssatz der öffentlichen Förderprogramme resultiert aus einer Zinssubvention durch Haushaltsmittel, dem Refinanzierungsvorteil der KfW und dem Verzicht auf Margenbestandteile, da die KfW keine Gewinnmaximierung verfolgt. Neben dem Zinsvorteil gewinnt die Risikoentlastung der Hausbanken zunehmend an Bedeutung. Durch Haftungsfreistellungen, Bürgschaften sowie Garantien wird das Ziel der Kreditermöglichung für kleine und mittlere Unternehmen verfolgt.

Abb. 5.12 zeigt eine Übersicht der Zusagen in den wesentlichen Förderprogrammen der KfW-Mittelstandsbank für mittelständische Unternehmen. Diese summieren sich im Jahr 2017 auf mehr als EUR 11 Mrd.

Neben den Förderprogrammen des Bundes existieren insbesondere auf der **Ebene der Bundesländer** eine Reihe von Programmen, die teils substitutiv, teils aber auch komplementär in der Finanzierung einsetzbar sind. Um einen Überblick über die vielfältigen Fördermöglichkeiten zu erhalten, existiert eine Förderdatenbank, die über das Internet abgerufen werden kann (http://www.foerderdatenbank.de/). Nach wie vor muss sich die Förderstruktur in Deutschland den Vorwurf **mangelnder Transparenz** gefallen lassen. Aus Sicht vieler mittelständischer Unternehmen sind die Strukturen und Anträge derart unübersichtlich, dass sie sich gezwungen sehen, auf Beraterunterstützung zurückzugreifen.

		2016		2017	
		Anzahl	**Mio. EUR**	**Anzahl**	**Mio. EUR**
Gründung u. allg. Unternehmensfinanzierung	KfW-Unternehmerkredit	16.751	5.811	14.776	5.105
	ERP-Gründerkredit	21.159	3.514	19.831	3.676
	ERP-Regionalförderprogramm	1.312	437	1.558	554
	ERP-Kapital für Gründung	600	117	578	111
	ERP-Beteiligungsprogramm	150	48	128	40
	KfW-Risikokapitalprogramm	18	2	17	3
	Akquisitionsfinanzierung	34	109	23	67
	Sonstige Beteiligungsprogramme	-	5	-	35
	Beratungszuschüsse	2	0	-	-
	Globaldarlehen Beratungsförderung	1	8	-	-
	Sonstige Kredite	1	0	1	150
	Gesamt	**40.028**	**10.052**	**36.912**	**9.742**
Innovation					
	ERP-Innovationsprogramm	220	511	152	320
	ERP-Mezzanine für Innovation	-	-	14	18
	ERP-Startfonds	75	33	66	22
	ERP-Venture Capital-Fondsinvestments	-	57	-	73
	KfW-Unternehmerkredit Plus	14	8	2	2
	ERP-Digitalisierungs- und Innovationskredit	-	-	559	1.526
	Gesamt	**309**	**608**	**792**	**1.961**

Abb. 5.12 Förderzusagen der KfW-Mittelstandsbank. (Quelle: KfW 2018a)

5.1.3.7 Beurteilung alternativer Finanzierungen

Bei aller Euphorie über alternative Finanzierungsformen und den vielfältigen Versuchen von Finanzinstitutionen, die mittelständischen Unternehmen vom Einsatz dieser Instrumente zu überzeugen, muss die Realität den einen oder anderen Beobachter enttäuschen. Nach wie vor verfolgen große Familienunternehmen und KMU eine **konservative Finanzierungsstrategie**. Auch wenn die Bekanntheit alternativer Finanzierungsformen inzwischen sehr ausgeprägt ist, ist deren Nutzung marginal (siehe bspw. Berthold 2010, S. 62 ff.).

In den Finanzierungsstrategien der mittelständischen Unternehmen ist weiterhin eine deutliche **Dominanz der Innenfinanzierung** sowie der **Kreditfinanzierung durch Banken** zu beobachten. Auch die zukünftigen Planungen der Mittelständler lassen keine wesentliche Veränderung der vorhandenen Finanzierungsstrukturen erwarten. Wenn mittelständische Unternehmen in den vergangenen Jahren eine Erfahrung gemacht haben, dann ist es die, dass sie eine Finanzierungsstruktur aufbauen müssen, die ihnen eine **hohe Autonomie** gegenüber Externen ermöglicht. Hierin ist die wesentliche Erklärung für die erhöhte Eigenkapitalquote, die Verstärkung der Liquiditätsreserven und die Reduzierung der Abhängigkeit von einzelnen Banken zu suchen. Diese Veränderungen spielen sich in einer Situation ab, in der sich die Finanzierungsbedingungen für die Unternehmen auf einem Allzeithoch befinden. Noch nie war der Anteil derer, die den Kreditzugang als schwierig wahrnehmen, so niedrig wie im Jahr 2018 (vgl. KfW 2018).

5.1.3.8 NanoXcoating Fallstudie Finanzierung

Damit hatte niemand gerechnet! Was als großer Durchbruch in neue Dimensionen geplant war, wurde zum Desaster. Der Aufbau einer modernen Fertigung, der mit der Einführung eines neuen ERP-Systems verbunden war, hatte nicht den erwarteten Fortschritt gebracht, sondern war mit erheblichen Anlaufproblemen verknüpft.

Das Megaprojekt von NanoXcoating war minutiös vorbereitet. Ein zusätzliches Werksgelände wurde vom Eigentümer erworben, das er an die Gesellschaft langfristig verpachtete. Die Fertigungsanlagen wurden ausgewählt und geleast, und die Softwareapplikation wurde über ein Software-as-a-Service-Modell langfristig lizenziert. Durch diese Maßnahmen wurde der Investitionsbedarf des Vorhabens niedrig gehalten.

Doch mit dem geplanten Start ist alles schief gelaufen, was schief gehen kann. Die einzelnen Wertschöpfungsschritte waren nicht perfekt aufeinander abgestimmt, sodass es nicht nur in der Produktion zu einer erheblichen Erhöhung der Zwischenläger kam. Auch im Lager der Roh-, Hilfs- und Betriebsstoffe kam es zu einem erheblichen Aufbau von Umlaufvermögen, das nicht zeitnah in der Produktion verarbeitet werden konnte. Gepaart mit den Problemen der Abbildung in der ERP-Software entstanden zusätzliche Fertigwarenbestände, die nicht an Kunden ausgeliefert werden konnten, weil die Produkte noch nicht einmal im Softwaresystem verbucht waren.

Abgesehen von den Problemen mit Kunden, die ihre Waren nicht rechtzeitig erhielten, mussten erhebliche Anstrengungen unternommen werden, um den Fertigungsprozess in den Griff zu bekommen. Eine Vielzahl von externen Kräften (u. a. Berater) musste rekrutiert werden, die um Aushilfskräfte zur Behebung von Qualitätsmängeln ergänzt wurden. Insgesamt wurde das Ergebnis der Gesellschaft von diesen Problemen erheblich belastet. Nichtsdestotrotz stand am Ende des Geschäftsjahres ein positives Jahresergebnis zu Buche, und die zum Produktionsstart in der neuen Fertigung entstandenen Umsatzrückgänge konnten im Laufe des Geschäftsjahres kompensiert werden. Unter den gegebenen Voraussetzungen eine wirklich beachtliche Leistung der gesamten Belegschaft!

Neben diesen operativen Herausforderungen standen die finanziellen Notwendigkeiten. Der erhebliche Aufbau von Umlaufvermögen musste auf der Passivseite der Bilanz mit entsprechenden Finanzierungsinstrumenten unterlegt werden. Der Eigentümer wurde auch hier mit einer Situation konfrontiert, die er bisher nicht kannte. Erstmals wurde er von den Banken nicht hofiert, sondern trat aus seiner Sicht eher als ein Bittsteller auf, der von den Banken mit ständig neuen Informationsanforderungen bedrängt wurde. „Nein, dieses Risiko ist für unser Haus viel zu hoch!", warf der Bankvorstand dem Eigentümer entgegen, der ihm ein Finanzierungskonzept vorgelegt hatte, das eine vollständige Abdeckung des Finanzierungsbedarfs durch Fremdkapital vorsah. Nicht nur, dass die ausstehenden Kredite aus Sicht der Bank absolut ein zu hohes Niveau erreicht hätten; auch die Eigenkapitalquote und das Rating wären erheblich negativ beeinflusst worden. „Hier müssen Sie auch als Gesellschafter einen substanziellen Beitrag leisten!", so die Antwort der Bank.

Die Gesamtlösung lässt sich aus der Bilanz in Tab. 5.3 entnehmen. Neben einer Kreditlinie, die von einem Bankenkonsortium zur Verfügung gestellt wurde, hat der Gesellschafter

Tab. 5.3 Vereinfachte Bilanzen der NanoXcoating

		Vorjahr	Jahr
A.	**Anlagevermögen:**		
I.	**Immaterielle Vermögensgegenstände:**		
1.	Gewerbl. Schutzrechte etc.	58.665	70.696
2.	Geschäfts- oder Firmenwert	–	–
3.	Geleistete Anzahlungen	–	–
	Summe immaterielle Anlagen	**58.665**	**70.696**
II.	**Sachanlagen:**		
1.	Grundstücke	99.102	92.791
2.	Technische Anlagen und Maschinen	1.173.758	1.316.404
3.	Andere Anlagen, BuG	–	–
4.	Geleistete Anzahlungen/Anlagen im Bau	561	–
	Summe Sachanlagen	**1.273.420**	**1.409.195**
III.	**Finanzanlagen:**	**59.204**	**99.675**
	Summe Anlagevermögen	**1.391.290**	**1.579.566**
B.	**Umlaufvermögen:**		
I.	**Vorräte:**		
1.	Roh-, Hilfs- und Betriebsstoffe	6.144.984	12.120.348
2.	Unfertige Erzeugnisse bzw. Leistungen	–	–
3.	Fertige Erzeugnisse u. Waren	3.575.261	7.739.873
4.	Geleistete Anzahlungen	–	–
	Summe Vorräte	**9.720.245**	**19.860.220**
II.	**Forderungen u. sonst. VG:**		
1.	Forderungen aus LuL	667.110	1.367.019
2.	Forderungen gegen verb. U.	–	105.823
3.	Forderungen gegen U. mit Bet.-Verh.	1.794.749	1.940.787
4.	Sonstige Vermögensgegenstände	1.492.214	1.163.602
	Summe Forderungen u. sonst. VG	**3.954.073**	**4.577.232**
III.	**Wertpapiere:**		
1.	Anteile an verb. U.	–	–
2.	Eigene Anteile	–	–
3.	Sonstige Wertpapiere	–	–
	Summe Wertpapiere	–	–
IV.	**Schecks, Kasse, Bank etc.**	**1.041.899**	**1.190.166**
	Summe Umlaufvermögen	**14.716.217**	**25.627.618**
C.	Rechnungsabgrenzungsposten:	131647,1025	82.597
Total Aktiva		**16.239.154**	**27.289.781**

(Fortsetzung)

Tab. 5.3   (Fortsetzung)

		Vorjahr	Jahr
A.	**Eigenkapital**		
I.	**Gezeichnetes Kapital**	**92.500**	**111.000**
II.	**Kapitalrücklage**	–	**5.440.840**
III.	**Gewinnrücklagen:**		
1.	Gesetzliche Rücklage	–	–
2.	Rücklage für eigene Anteile	–	–
3.	Satzungsmäßige Rücklage	–	–
4.	Andere Gewinnrücklagen	–	–
	Summe Gewinnrücklagen	–	–
IV.	**Gewinnvortrag/Verlustvortrag**	**4.394.578**	**6.488.483**
V	**Jahresüberschuss/Jahresfehlbetrag**	**2.093.904**	**23.282**
	Summe Eigenkapital	**6.580.983**	**12.063.605**
B.	**Rückstellungen:**		
1.	Rückstellungen für Pensionen u. Ä.	18.171	16.142
2.	Steuerrückstellungen	789.399	334.599
[-]	Rückstellungen für latente Steuern	–	–
3.	Sonstige Rückstellungen	840.047	963.934
	Summe Rückstellungen	**1.647.617**	**1.314.675**
C.	**Verbindlichkeiten:**		
1.	Anleihen	–	–
2.	Verbindlichkeiten gg. Kreditinstitute	4.228.023	7.174.847
3.	Erhaltene Anzahlungen	544.269	–
4.	Verb. aus LuL	2.198.897	5.104.729
5.	Verb. aus Wechseln	–	–
6.	Verb. gegen verb. Unternehmen	8.322	375
7.	Verb. gegen U. mit Bet.-Verh.	–	–
8.	Sonstige Verb.	1.085.832	1.687.558
	Summe Verbindlichkeiten	**8.065.343**	**13.967.509**
D.	**Rechnungsabgrenzungsposten:**	**0**	**0**
Total Passiva		**16.293.943**	**27.345.789**

durch die Erhöhung des Gezeichneten Kapitals und der Kapitalrücklage zur Deckung des Finanzbedarfs beigetragen. Zu diesem Zweck mussten allerdings private Vermögenswerte liquidiert werden (Tab. 5.4).

Aufgabe:

Errechnen Sie die Eigenkapital- und Fremdkapitalquote der NanoXcoating in den beiden Geschäftsjahren! Wie hätten sich diese Quoten bei einer 100 %igen Fremdfinanzierung des zusätzlichen Finanzbedarfs entwickelt?

Welche Alternativen hätten der NanoXcoating zur Verfügung gestanden, um den Finanzierungsbedarf zu decken?

Welche Vor-und Nachteile wären aus Sicht des Gesellschafters mit der Einbindung einer Private-Equity-Gesellschaft verbunden gewesen?

Tab. 5.4 GuV der NanoXcoating für die Geschäftsjahre X und Y

		Vorjahr	Jahr
1.	Umsatzerlöse	39.881.769	46.625.288
2.	Erhöhung/Verminderung Erzeugnisbestände	849.405	3.795.128
3.	Andere aktivierte Eigenleistungen	0	0
Gesamtleistung		**40.731.174**	**50.420.416**
4.	Summe sonst. betr. Erträge	36.300	140.048
5.	Summe Materialaufwand	−24.781.712	−33.121.838
Rohergebnis		**15.985.762**	**17.438.626**
6.	Summe Personalaufwand	−4.010.640	−5.170.563
7.	Summe Abschreibungen	−388.212	−544.219
8.	Summe sonstige betr. Aufwendungen	−8.400.945	−10.788.788
Betriebsergebnis		**3.185.966**	**935.057**
9.	Erträge aus Beteiligungen	0	0
10.	Erträge aus anderen WP/Beteiligungen	0	0
11.	Sonstige Zinsen u. ähnliche Erträge	49.750	63.229
12.	Abschreibungen auf Finanzanlagen …	0	0
13.	Zinsen u. ähnliche Aufwendungen	−151.964	−242.151
Finanzergebnis		**−102.214**	**−178.923**
14.	Ergebnis d. gew. Geschäftstätigkeit	3.083.751	756.134
15.	Außerordentliche Erträge	0	0
16.	Außerordentliche Aufwendungen	0	0
17.	Außerordentliches Ergebnis	0	0
18.	Steuern vom Einkommen und Ertrag	−925.613	−440.602
19.	Sonstige Steuern	−2.487	133
20.	**Jahresüberschuss/Jahresfehlbetrag**	**2.155.652**	**315.664**

5.2   Beurteilung der Kapital- und Ertragslage mittelständischer Unternehmen

Die Beurteilung der betriebswirtschaftlichen Situation eines mittelständischen Unternehmens gehört zu den Kernaufgaben des Managements. Nicht nur zur Überprüfung der Zielerreichung, sondern auch im Rahmen der Bonitätsprüfung durch Kreditinstitute werden betriebswirtschaftliche Kennzahlen des Jahresabschlusses herangezogen. In Abschn. 5.2.1 werden die wesentlichen Grundlagen der Jahresabschlussanalyse, die Besonderheiten in Bilanzstrukturen mittelständischer Unternehmen sowie Kerninstrumente der finanz- und erfolgswirtschaftlichen Analyse diskutiert.

Lernziele
Wenn Sie diesen Abschnitt durchgearbeitet haben,

*   sind Ihnen die Grundlagen der Jahresabschlussanalyse vertraut,
*   erkennen Sie die Grenzen der Beurteilung von Kapital- und Ertragslage auf Basis von Jahresabschlussanalysen,
*   können Sie wesentliche Kennzahlen zur Beurteilung der Kapital- und Ertragslage mittelständischer Unternehmen anwenden sowie
*   die Besonderheiten mittelständischer Unternehmen in Kapital- und Vermögensstruktur sowie die Ertragslage einschätzen.

5.2.1   Jahresabschlussanalyse

Den Schwerpunkt der folgenden Betrachtungen bildet eine **praktische Bilanzanalyse**, die auf einem einfachen Kennzahlenvergleich von Zeiträumen und Branchen zurückgreift. Auch wenn ein solcher Ansatz den theoretischen Anforderungen nicht genügen kann, so bietet er doch hilfreiche Informationen für die Steuerung von Unternehmen. Das Ziel der folgenden Ausführungen ist es nicht, einen vollständigen Überblick über betriebswirtschaftliche Kennzahlen zu bieten. Vielmehr werden ausgewählte Analysemethoden präsentiert, die einen ersten Einblick in das Unternehmensgeschehen vermitteln.

▶   Die Jahresabschlussanalyse gehört in den größeren Zusammenhang der Unternehmensanalyse (vgl. zum Folgenden Coenenberg et al. 2016, S. 1021 ff.). Es wird untersucht, inwieweit ein Unternehmen in der Lage war bzw. in der Lage ist, seine ökonomischen Ziele zu erreichen. Zu unterscheiden sind die betriebswirtschaftlichen Ziele Liquidität, Erfolg und Erfolgspotenzial.

Mit dem **Liquiditätsziel** wird die Aufrechterhaltung der Zahlungsbereitschaft des Unternehmens untersucht. Neben der Liquidität tritt als weitere ökonomische Zielgröße der

Unternehmenserfolg, der als periodisierte Größe eine Vorsteuerungsfunktion übernimmt. Das **Erfolgspotenzial** lässt sich als ein Bündel nachhaltig wirksamer Wettbewerbsvorteile ansehen, die notwendig sind, um in den nachfolgenden Perioden Erfolge erzielen zu können.

In der **finanzwirtschaftlichen Bilanzanalyse** wird durch eine Untersuchung der Liquidität und der Struktur des Vermögens sowie des Kapitals geklärt, ob das Unternehmen in der Lage ist, seinen Zahlungsverpflichtungen nachzukommen und ob die Finanzierung in einem angemessenen Verhältnis zur Verwendung des Kapitals steht. Die **erfolgswirtschaftliche Bilanzanalyse** hingegen untersucht die Qualität der von einem Unternehmen erwirtschafteten Erfolge und die zukünftigen Aussichten derselben.

Die Bilanzanalyse unterscheidet sich von der **Betriebsanalyse** durch die zur Verfügung stehenden Informationen. Da die Bilanzanalyse nur auf externen Informationen beruht, ist ihre Aussagekraft gegenüber der Betriebsanalyse eingeschränkt, weil diese auch auf internen Quellen beruht (vgl. Brösel 2014, S. 3).

Als wichtigste Informationsquelle dient der **publizierte Jahresabschluss**, der nach §§ 325 ff. HGB von sämtlichen Kapitalgesellschaften sowie Personengesellschaften, in denen keine natürlichen Personen als persönlich haftende Gesellschafter beteiligt sind, veröffentlicht werden muss. Er besteht aus **Bilanz, Gewinn- und Verlustrechnung** sowie dem **Anhang**. Nach einer Verschärfung der Veröffentlichungspflichten, die unter anderem die Festsetzung von Ordnungsgeldern zur Befolgung von Offenlegungspflichten vorsieht (vgl. Verspay 2014, S. 180), kommt mittlerweile ein Großteil der Unternehmen seiner Aufgabe nach, Jahresabschlüsse im elektronischen Bundesanzeiger zu publizieren.

Für kleine und mittlere Kapitalgesellschaften gelten nach § 267 HGB Erleichterungen. Ab einem Umsatz von EUR 40 Mio., einer Bilanzsumme von EUR 20 Mio. und einer Größe von 250 Mitarbeitern und mehr muss der vollständige Jahresabschluss veröffentlicht werden, wobei zwei der drei genannten Grenzwerte überschritten werden müssen (vgl. Tab. 5.5).

Praxisbeispiel: Verstöße gegen die Publizitätspflicht

Seit dem Jahr 2008 müssen alle publizitätspflichtigen Unternehmen ihre Abschlüsse spätestens ein Jahr nach Ende des Geschäftsjahres veröffentlichen. Doch von den 1,1 Mio. betroffenen Unternehmen verweigerten nach Angaben des Handelsblatts ca. 190.000 Unternehmen die Preisgabe ihrer Daten. Die Motive liegen insbesondere in befürchteten Wettbewerbsnachteilen durch die Transparenz der Unternehmensdaten. Kunden könnten bessere Konditionen mit dem Verweis auf den Jahresabschluss erwarten, oder die Konkurrenz erlangt wertvolle Informationen über den Wettbewerber. Im Jahr 2015 setzte das Bundesamt für Justiz ca. 55.000 Ordnungsgelder fest.

Quelle: Handelsblatt vom 06.04.2016, S. 16

Tab. 5.5 Umschreibung der Größenklassen nach § 267 HGB. (Quelle: HGB)

Schwellenwerte gemäß § 267 HGB	Bilanzsumme (EUR)	Umsatzerlöse (EUR)	Arbeitnehmer
Kleine Kapitalgesellschaften	6,0 Mio.	12,0 Mio.	50
Mittelgroße Kapitalgesellschaften	19,25 Mio.	40,0 Mio.	250

Schwellenwerte ab 01. Juli 2015

5.2.1.1 Grenzen der Bilanzanalyse

Allerdings weist die Bilanzanalyse einige **Grenzen** auf, die an dieser Stelle kurz angesprochen werden müssen (vgl. Coenenberg et al. 2016, S. 1029 ff., Brösel 2014, S. 31 ff.). Die Informationen des Jahresabschlusses beziehen sich auf einen **vergangenen Zeitraum,** der meist ein Jahr umfasst. Auch wenn durch den Vergleich mehrerer Jahresabschlüsse Extrapolationen vorgenommen werden, können diese Ergebnisse aufgrund der steigenden Marktdynamik nur begrenzt aussagefähig sein. Auch der von großen und mittleren Kapitalgesellschaften offenzulegende Lagebericht ist aufgrund der Prognoseproblematik begrenzt objektiv.

Die offengelegten Jahresabschlussbestandteile umfassen zudem nicht alle für die Unternehmensbeurteilung relevanten Daten. Alle **nicht quantifizierbaren Daten** wie z. B. das technische Know-how, Innovationsprojekte oder die Marktstellung fehlen. Ein Aspekt, der insbesondere bei mittelständischen Unternehmen eine Rolle spielt, ist das **verspätete Vorliegen** der Jahresabschlüsse (vgl. Brösel 2014, S. 34). Zwischen der Analyse und dem Bilanzstichtag vergehen mindestens drei (oder sechs) Monate. Bis bspw. Banken über einen Abschluss verfügen, kann ein noch längerer Zeitraum vergehen.

Durch **Bilanzpolitik** kann das durch den Jahresabschluss vermittelte Bild beeinflusst werden. Neben den gesetzlich eingeräumten Ansatz- und Bewertungswahlrechten existieren Ermessensspielräume, die durch das Management genutzt werden können. Ein mögliches Ziel ist die Bildung bzw. Auflösung stiller Reserven. Darüber hinaus gilt nach HGB das **Vorsichtsprinzip** in der Erfolgs- und Vermögensermittlung, was zu einer Unterbewertung des reinen Vermögens bzw. Vorverrechnung von Aufwendungen führen kann.

Um die Vergleichbarkeit von Jahresabschlüssen herzustellen, ist es daher zweckmäßig, eine **Aufbereitung der Daten** durch Umstrukturierungen, Zusammenfassungen, Aufspaltungen und Saldierungen für einzelne Posten vorzunehmen. Mittlerweile stehen vielfältige Instrumente (Tools) zur Verfügung, die auf Tabellenkalkulationsprogrammen basieren, die diese Anpassungen automatisch vornehmen. Die in der Folge verwendeten Kennzahlen und die entsprechenden Aufbereitungen werden jeweils gesondert ausgewiesen.

5.2.1.2 Methoden der Bilanzanalyse

Für die Verdichtung der gewonnenen Informationen stehen verschiedene Methoden zur Verfügung (vgl. Coenenberg et al. 2016, S. 1027 ff.).

- Das erste Kriterium, nach dem die Daten beurteilt werden können, ist die Anwendung von **Vergleichsmaßstäben.** Hierfür bieten sich zum einen Betriebsvergleiche mit Unternehmen gleicher Größe oder Branche an. Von einem „Benchmarking" kann allerdings nur gesprochen werden, wenn die Ergebnisse am Branchenprimus gemessen werden. Die Informationen hierfür stehen allerdings selten zur Verfügung. Für den Durchschnittsvergleich mit der Branche existieren unterschiedliche Datenbasen. Neben den Bilanzanalysen der Bundesbank verfügen auch Sparkassen und Geschäftsbanken über eine Reihe von Publikationen, die Daten aus Jahresabschlüssen beinhalten. Sollte ein Betriebsvergleich oder Benchmarking mit einem speziellen Unternehmen stattfinden, bietet sich der elektronische Bundesanzeiger als Quelle an.

- Bei der Methode des **Zeitvergleichs** werden vergangene Perioden mit aktuellen Perioden verglichen. Hiermit werden unter anderem die Wirkungen von bilanzpolitischen Maßnahmen deutlich. Auch die Ergebnisse von Managemententscheidungen können durch die Analyse sichtbar werden.
- Eine weitere Analysemethode ist der Vergleich von **Ist- und Soll-Informationen**. Hieraus ließen sich theoretisch Rückschlüsse auf die Prognosequalität erzielen. Da Soll-Daten jedoch nur in den seltensten Fällen vorhanden sind, muss auf diese Analyse in der Praxis meist verzichtet werden. Ermöglicht wird sie ausnahmsweise, wenn bspw. Gründer eine integrierte Planung angefertigt haben oder Unternehmen für externe Fremd- oder Eigenkapitalgeber einen Businessplan verfassen mussten.

Zur **Verdichtung von Informationen** bietet sich die Errechnung von Verhältniszahlen an. Diese werden als relative Kennzahlen bezeichnet (vgl. Brösel 2014, S. 77 ff.). Im Unterschied zu Grundzahlen, denen die Aussagekraft fehlt, da kein geeigneter Vergleichsmaßstab vorhanden ist, erhöht sich der Informationsgehalt durch die Bildung von Gliederungs- oder Beziehungszahlen.

Von **Gliederungszahlen** wird gesprochen, wenn Teilgrößen einer entsprechenden Gesamtgröße gegenübergestellt werden. Damit zeigen sie das relative Gewicht einer einzelnen Größe im Verhältnis zum Ganzen. Ein Beispiel für eine Gliederungszahl ist die Eigenkapitalquote (siehe Abschn. 5.1.1.1). Im Unterschied hierzu entstehen **Beziehungszahlen** dadurch, dass verschiedene Grundgesamtheiten aufeinander bezogen werden, die in einem sachlogischen Zusammenhang stehen. Bei der Kennzahl „Lagerdauer" wird bspw. eine Bestandsgröße aus der Bilanz dem Materialaufwand aus der GuV gegenübergestellt.

Zur Verdichtung von Kennzahlen werden darüber hinaus **statistisch-mathematische Verfahren** angewandt. Zu diesen Methoden gehören die Diskriminanzanalyse oder auch Ansätze der neuronalen Netze, die auf künstlicher Intelligenz basieren. Aus der Fülle möglicher Kennzahlen werden im Folgenden diejenigen ausgewählt, die aufgrund von Erfahrungen, empirischen Untersuchungen oder Plausibilitätsüberlegungen als repräsentativ angesehen werden.

Die im Folgenden verwendeten Kennzahlen in Anlehnung an Coenenberg et al. (2016) finden sich in ähnlicher Zusammensetzung auch in Controllingpublikationen wieder, in denen unterschiedliche Kennzahlensysteme vorgestellt werden (vgl. bspw. Baumöl et al. 2017; Amann und Petzold 2014, S. 155 ff.)

5.2.2 Finanzwirtschaftliche Analyse

Unter den Begriff der finanzwirtschaftlichen Analyse werden die Vermögens-, Finanzierungs- und Liquiditätsanalyse zusammengefasst (vgl. Coenenberg et al. 2016, S. 1067 ff.).

5.2.2.1 Vermögensanalyse

Die **Investitionsanalyse** zielt auf die Zusammensetzung des Vermögens sowie die Dauer der Bindung ab. Mit dem Vermögen ist die Summe aller im Eigentum des Unternehmens stehenden Gegenstände und identifizierbaren immateriellen Ressourcen gemeint. Die Vermögensbindung ist entscheidend für den Kapitalbedarf und damit auch für die finanzielle Stabilität eines Unternehmens. Mit abnehmender Frist der Vermögensbindung sind das Liquiditätspotenzial und die Dispositionselastizität erhöht und damit auch die Anpassungsfähigkeit an Beschäftigungs- und Strukturänderungen.

Hierfür werden **Intensitätskennzahlen** gebildet, die einzelne Vermögensteile in Relation zueinander setzen (vgl. Brösel 2014):

$$Anlagenintensität = \frac{Anlagevermögen}{Gesamtvermögen} \times 100$$

Die Anlagenintensität gibt an, wie hoch der Anteil des Anlagevermögens am Gesamtvermögen ist.

$$Umlaufintensität = \frac{Umlaufvermögen}{Gesamtvermögen} \times 100$$

Die Umlaufintensität gibt die Verweildauer des Umlaufvermögens im Unternehmen an.

Der Vergleich dieser Kennzahlen mit Branchen- und Gruppendurchschnittswerten verdeutlicht Auffälligkeiten, die auf Stärken oder Schwächen des Unternehmens hinweisen können (vgl. Lachnit und Müller 2017, S. 269).

Die in Tab. 5.6 dargestellten Kennziffern machen erste Unterschiede der Branchen sowie der Größenklassen deutlich. Auf den ersten Blick ist sichtbar, dass im verarbeitenden

Tab. 5.6 Intensitätskennziffern nach Wirtschaftsbereichen und Umsatzgrößenklassen im Jahr 2015. (Quelle: www.bundesbank.de)

		Verarbeitendes Gewerbe		
	Unternehmen mit Umsätzen von … Mio. €			
	Weniger als 2	**2 bis unter 10**	**10 bis unter 50**	**50 und mehr**
Anlagenintensität	31,9	29,8	26	15
Vorratsintensität	26	29,4	27,8	14,5
Forderungsintensität	25,7	24,5	29,4	31,6
		Großhandel		
	Unternehmen mit Umsätzen von … Mio. €			
	Weniger als 2	**2 bis unter 10**	**10 bis unter 50**	**50 und mehr**
Anlagenintensität	17,4	17,7	15,3	10,5
Vorratsintensität	29,1	33,5	31,1	22,2
Forderungsintensität	33,7	32	37,8	48
		Dienstleistung		
	Unternehmen mit Umsätzen von … Mio. €			
	Weniger als 2	**2 bis unter 10**	**10 bis unter 50**	**50 und mehr**
Anlagenintensität	36,3	28,3	25,2	27,7
Vorratsintensität	11,9	19,4	15,4	10,1
Forderungsintensität	30,2	31	38,6	40

Tab. 5.7 Umschlagshäufigkeit und -dauer der Forderungen nach Unternehmensgrößenklassen und Wirtschaftszweigen im Jahr 2015. (Quelle: www.bundesbank.de)

	KMU	GU	Verarbeitendes Gewerbe	Großhandel	Unternehmensnahe Dienstleistungen
Umschlagshäufigkeit	11,82	16,80	15,57	14,68	6,53
Umschlagsdauer	30,46	21,42	23,12	24,52	55,12

Gewerbe durch die höhere Anlagenintensität ein geringeres Flexibilitätspotenzial gegeben ist als in den Wirtschaftszweigen Handel und Dienstleistung.

Weitere aussagekräftige Größen zur Analyse des Vermögens sind **Umschlagshäufigkeit und -dauer** (vgl. Brösel 2014, S. 130 ff.; Coenenberg et al. 2016, S. 1071 ff.). Die Umschlagshäufigkeit gibt an, wie oft ein Vermögensposten umgeschlagen wurde. Der reziproke Wert zeigt, in welcher Zeit der Bestand einmal umgeschlagen wird (Umschlagsdauer). Zu den beliebtesten Umschlagshäufigkeiten gehören die Umschlagshäufigkeit des Anlagevermögens, der Roh-, Hilfs- und Betriebsstoffe sowie der Forderungen. Exemplarisch seien hier die Umschlagshäufigkeiten und -dauer der Forderungen angeführt:

$$Umschlagshäufigkeit\,der\,Forderungen = \frac{Umsatzerlöse\,der\,Periode}{Bestand\,an\,Forderungen\,aus\,Lieferungen\,und\,Leistungen}$$

$$Umschlagsdauer\,der\,Forderungen = \frac{Bestand\,an\,Forderungen\,aus\,Lieferungen\,und\,Leistungen}{Umsatzerlöse\,der\,Periode} \times 360$$

Eine verlängerte Bindungsdauer der Vermögensgegenstände verursacht finanzielle Belastungen, da den Vermögensgegenständen Kapital zur Finanzierung gegenübersteht. Die Tab. 5.7 zeigt den Vergleich dieser Kennzahlen nach Größenklassen und Wirtschaftszweigen. Tendenziell ist die Umschlagsdauer in Großunternehmen niedriger als in mittelständischen Unternehmen. Die Unterschiede zwischen verschiedenen Wirtschaftszweigen sind dagegen auf die unterschiedliche Realisationsgeschwindigkeit der Forderungen zurückzuführen.

5.2.3 Liquiditätsanalyse

Im Rahmen der Liquiditätsanalyse wird zwischen der statischen und der dynamischen Liquiditätsanalyse unterschieden. Die statische Liquiditätsanalyse knüpft an Bestandsgrößen an, während die dynamische Liquiditätsanalyse zusätzlich den Cashflow aus laufender Geschäftstätigkeit in die Betrachtungen einbezieht (vgl. Coenenberg et al. 2016, S. 1082 ff.).

5.2.3.1 Statische Liquiditätsanalyse

In der **statischen Liquiditätsanalyse** werden Aktivposten als Erwartungen künftiger Einnahmen interpretiert, während Passivposten Erwartungen künftiger Ausgaben darstellen. Für die Erhaltung der Liquidität gilt der Grundsatz der Fristenkongruenz, wonach die Fälligkeitstermine der Posten korrespondieren müssen. Mit dieser Interpretation sind allerdings einige Probleme verbunden.

Die genauen **Fälligkeitstermine** der Schulden, aber auch die Bindungsdauer von Vermögensteilen sind nicht immer bekannt. Darüber hinaus stimmen die Ansätze der Verbindlichkeiten und Vermögensposten der Höhe nach nicht genau mit den späteren Aus- bzw. Einzahlungen überein. Letztlich bildet die Bilanz nicht alle Einnahmen und Ausgaben (z. B. Löhne und Gehälter) ab. Dennoch zeigt die statische Liquiditätsanalyse ein Zustandsbild, das als Ausgangsbasis dienen kann und im Zeit- sowie im Branchenvergleich Tendenzaussagen zulässt (vgl. Coenenberg et al. 2016, S. 1084 f.).

Zu den häufig verwendeten liquiditätsanalytischen Kennzahlen gehören zum einen die Deckungsgrade, zum andern die **Liquiditätsgrade i. e. S.** Für die langfristige Deckung von Zahlungsverpflichtungen durch Zahlungsmöglichkeiten werden horizontale Deckungsgrade verwendet. Der typischerweise verwendete Deckungsgrad II wird durch Addition des Eigenkapitals und des langfristigen Fremdkapitals im Vergleich zum Anlagevermögen ermittelt.

Für das zu verwendende bilanzielle Eigenkapital werden in der Literatur unterschiedliche Wege zur Berechnung vorgeschlagen. Inhaltlich übereinstimmend ist dabei die Stoßrichtung der Aufbereitung, die auf die Saldierung von Aktiv- sowie Passivposten zielt. Wesentlich ist, dass bei dem Vergleich von Unternehmen und Branchen immer eine einheitliche Vorgehensweise gewählt wird. Da im Folgenden auf die Vergleichsdaten der Bundesbank referenziert wird, gilt das Ermittlungsschema der bereinigten Eigenmittel laut Deutscher Bundesbank (2016).

In der Praxis wird für den Deckungsgrad II eine Größenordnung >100 % erwartet (Brösel 2014, S. 138 ff.), denn so ist gewährleistet, dass für langfristig gebundenes Vermögen dauerhaft zur Verfügung stehendes Kapital vorhanden ist.

$$Deckungsgrad\ II = \frac{Eigenkapital + langfristiges\ Fremdkapital}{Anlagevermögen} \times 100$$

Die Liquiditätsgrade i. e. S. sind als **kurzfristige horizontale Deckungsgrade** zu verstehen. In der Praxis werden unterschiedliche Kennzahlen verwendet, wobei die Art und der Umfang der einbezogenen Positionen variieren können. Für die Liquiditätsgrade werden immer wieder genormte Verhältniszahlen gefordert – meist orientiert an einer Größenordnung von 100 % (vgl. Brösel 2014, S. 140 ff.). Gegen die Interpretation dieser Kennzahlen als Ausdruck der Zahlungsfähigkeit eines Unternehmens werden erhebliche Einwände vorgebracht. Nichtsdestotrotz werden Unternehmen immer wieder mit diesen Regeln konfrontiert, auch wenn einer sachgemäßen Betrachtung der aktuellen Liquidität eine dynamische Analyse (Cashflow) zugrunde liegen sollte (vgl. Lachnit und Müller 2017, S. 290).

$$Liquidität\ II.\ Grades = \frac{Monetäres\ Umlaufvermögen}{Kurzfristiges\ Fremdkapital} \times 100$$

Wird unterstellt, dass Unternehmen ihre Bilanzpolitik danach ausrichten, solche Kennzahlen zu erfüllen, kann die Liquiditätsanalyse einen zusätzlichen Hinweis auf Finanzprobleme geben, die sich darin äußern, dass es dem Bilanzierenden nicht gelingt, das Unternehmen zum Bilanzstichtag an die bilanzpolitischen Idealvorstellungen heranzuführen (vgl. Brösel 2014, S. 128).

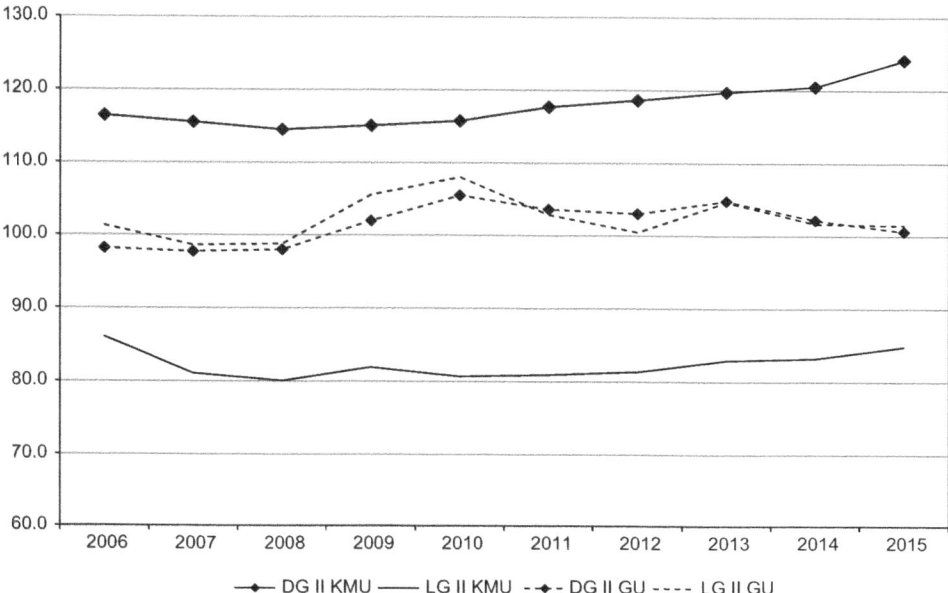

Abb. 5.13 Deckungsgrade von KMU und Großunternehmen im Zeitverlauf. (Quelle: www. bundesbank.de)

Kleine und mittlere Unternehmen weisen sowohl im Deckungsgrad II als auch im Liquiditätsgrad II niedrigere Werte aus als Großunternehmen (siehe Abb. 5.13). Dies liegt im Falle des Deckungsgrads II zum einen an der niedrigeren Anlagenintensität großer Unternehmen und zum anderen an der geringeren Eigenkapitalausstattung der KMU.

5.2.3.2 Dynamische Liquiditätsanalyse

Bereits im vorherigen Abschnitt wurde darauf hingewiesen, dass die statische Liquiditätsanalyse nur eine Momentaufnahme darstellt und keine Auskünfte über Mittelherkunft und -verwendungen gibt. Die **stromgrößenorientierte Liquiditätsanalyse** geht der Frage nach, welche Finanzmittel aus dem Betriebsprozess erwirtschaftet und wie diese verwendet wurden (vgl. auch zum Folgenden Coenenberg et al. 2016, S. 1091 ff.). Bei der externen Jahresabschlussanalyse wird insbesondere der Cashflow bezüglich der Innenfinanzierungskraft und der Verschuldung des Unternehmens analysiert.

Entsprechend dem Modell der **Kapitalflussrechnung** lässt sich der gesamte Cashflow eines Unternehmens in drei Bereiche untergliedern (siehe Tab. 5.8):

Die Summe dieser drei Teilcashflows gibt den gesamten Mittelzufluss bzw. -abfluss des Unternehmens wieder. Das Ergebnis wird als Veränderung des sogenannten Finanzmittelfonds bezeichnet.

Die **Ermittlung des Cashflows** kann entweder **direkt oder indirekt** erfolgen (s. Tab. 5.9). Im Rahmen der direkten Ermittlung werden einnahmewirksame Erträge zu den Umsatzerlösen addiert und die ausgabewirksamen Aufwendungen abgezogen. Bei Anwendung des

Tab. 5.8 Teilbereiche des Cashflows. (Quelle: Coenenberg et al. 2016, S. 1091 ff.)

Operativer Cashflow	Zahlungsüberschuss aus der laufenden Geschäftstätigkeit
Investitionscashflow	Mittelabfluss für Investitionen abzüglich der aus den Investitionen erzielten Mittelzuflüsse
Finanzierungscashflow	Mittelzu- und -abfluss aus der Außenfinanzierung mit Eigen- und Fremdkapital

Tab. 5.9 Ermittlung des vereinfachten Cashflows. (Quelle: Coenenberg et al. 2016, S. 1094)

	Jahresüberschuss/-Fehlbetrag
+	Abschreibungen auf immaterielle Vermögensgegenstände des Anlagevermögens, Sachanlagen und aktivierte Gang- und Erweiterungsaufwendungen
–	Zuschreibungen auf Vermögensgegenstände des Umlaufvermögens, soweit diese die in der Kapitalgesellschaft übliche Abschreibung überschreiten
+	Außerplanmäßige Abschreibungen
+	Abschreibung auf Finanzanlagen und auf Wertpapiere des Umlaufvermögens
–	Zuschreibungen auf Gegenstände des Anlagevermögens
–	Zuschreibungen auf Gegenstände des Umlaufvermögens
+	Zunahme der Rückstellungen für Pensionen und ähnliche Verpflichtungen
–	Abnahme der Rückstellungen für Pensionen und ähnliche Verpflichtungen
=	Vereinfachter Cashflow

Gesamtkostenverfahrens ist dieser Ermittlungsweg im Rahmen der externen Analyse anwendbar. Beim Umsatzkostenverfahren ist wegen der Funktionsgliederung eine Isolierung von ausgabewirksamen Aufwendungen nicht möglich. Aus diesem Grund wird typischerweise die indirekte Methode bevorzugt.

Der vereinfachte Cashflow wird unter Bezugnahme auf das GuV-Gliederungsschema gemäß Tab. 5.9 berechnet:

Der Cashflow als Indikator findet in vielen Kennzahlen seinen Niederschlag. Insbesondere sollen Aussagen über die Innenfinanzierungskraft und die Verschuldungsfähigkeit gewonnen werden. Die Innenfinanzierungskraft wird anhand der beiden folgenden Kennzahlen gemessen:

$$Investitionsdeckung = \frac{Cashflow}{Nettoinvestitionen\ in\ Anlagevermögen}$$

$$Investitionsgrad = \frac{Nettoinvestitionen\ in\ Anlagevermögen}{Cashflow}$$

Je höher die **Investitionsdeckung** ist, desto günstiger ist die finanzwirtschaftliche Situation zu beurteilen. Wenn die Investitionsdeckung über 100 % liegt, dann wird ein darüber hinaus frei verfügbarer Cashflow erzielt, der beispielsweise zur Schuldentilgung genutzt werden kann. Allerdings kann eine solch vereinfachte Interpretation auch zu falschen Schlüssen führen. Ein hoher Kennzahlenwert kann auch in niedrigen Investitionen in das Anlagevermögen begründet liegen. Aus diesem Grund muss die Interpretation immer im Zusammenhang mit anderen Kennzahlen erfolgen (wie z. B. der Wachstumsquote des Anlagevermögens).

Der Cashflow gilt darüber hinaus auch als ein Indikator für die **Schuldendienstfähig-
keit**, wenn man davon ausgeht, dass Verbindlichkeiten nur aus selbst erwirtschafteten
Mitteln gedeckt werden können. Als häufig verwendeter Maßstab gilt die Kennzahl des
dynamischen Verschuldungsgrads:

$$dynamischer\ Verschuldungsgrad\ /\ Tilgungsdauer = \frac{Effektivverschuldung\ bzw.\ Netto - Finanzschulden}{Cashflow}$$

Der **dynamische Verschuldungsgrad** gibt an, wie viele Jahre zur vollständigen Tilgung
der Effektivschulden aus dem selbst erwirtschafteten Cashflow nötig sind. Die Ermittlung der Effektivverschuldung oder der Nettofinanzschulden wird unterschiedlich ge-
handhabt. Sie unterscheiden sich sowohl bzgl. der zu verwendenden Passivposten zur
Ermittlung der Verschuldung als auch bei den zu berücksichtigenden Aktivposten, um die
die Schulden korrigiert werden. Typischerweise werden die kurz-, mittel- und langfristigen Verbindlichkeiten sowie die Pensionsrückstellungen und das monetäre Umlaufvermögen berücksichtigt.

Die durchschnittliche **Schuldentilgungsdauer** ist stark branchenabhängig. Im verarbeitenden Gewerbe liegt sie fast doppelt so hoch wie im Dienstleistungssektor. Dieser
Kennzahl wird aufgrund von empirischen Untersuchungen eine hohe Prognosefähigkeit
für die Bestimmung der Kreditwürdigkeit zugeschrieben (vgl. Brösel 2014, S. 160 ff.).

Dem Cashflow ähnlich ist im Übrigen der **EBITDA**. Diese aus der angelsächsischen
Praxis stammende Kennzahl hat sich auch international verbreitet. Im Unterschied zum
vereinfachten Cashflow misst der EBITDA den Cashflow des unverschuldeten Unternehmens. Darüber hinaus sind zur Ermittlung des EBITDA lediglich die Abschreibungen,
aber nicht die langfristigen Rückstellungen oder andere zahlungsunwirksame Aufwendungen und Erträge bereinigt (vgl. Coenenberg et al. 2016, S. 1097).

Einschränkend sollte noch einmal darauf hingewiesen werden, dass es sich beim vereinfachten Cashflow nicht um den periodenbezogenen zahlungsorientierten Überschuss
aus dem Geschäft, sondern nur um einen grob gemessenen Indikator der Finanzierungskraft handelt. Er eignet sich allerdings als eine einfache und leicht berechenbare Größe für
Kennzahlenanalysen der Finanzierungskraft.

5.2.3.3 Finanzierungsanalyse

In der Finanzierungsanalyse werden Aussagen über die **Kapitalstruktur eines Unternehmens** generiert. Sie soll Aussagen über Quellen und Zusammensetzung nach Art, Sicherheit und Fristigkeit des Kapitals geben (vgl. Coenenberg et al. 2016, S. 1075). Im Mittel-
punkt der Kapitalstrukturanalyse steht der Verschuldungsgrad eines Unternehmens, der im
Allgemeinen anhand folgender Kennzahlen gemessen wird:

$$Statischer\ Verschuldungsgrad = \frac{Fremdkapital}{Eigenkapital} \times 100\ \%$$

$$Eigenkapitalquote = \frac{Eigenkapital}{Gesamtkapital} \times 100\ \%$$

In der deutschen Analysepraxis wird im Regelfall die **Eigenkapitalquote** verwendet – insbesondere, weil sie im Rahmen der Kreditwürdigkeitsprüfung durch Finanzinstitute eine wesentliche Rolle spielt. Eine hohe Eigenkapitalquote beugt der Gefahr einer Überschuldung vor, da das Eigenkapital als Verlustpuffer dient. Immer wieder wurde versucht, ein optimales Verhältnis von Eigen- und Fremdkapital durch den Einsatz von Zielfunktionen zu erreichen. Diese Überlegungen basieren auf einer Grenzwertbetrachtung. Danach ist der Gewinn des Unternehmens dann maximal, wenn das Vermögen einen Umfang erreicht hat, bei dem der Grenzertrag des Vermögens den Grenzkosten der (Eigen- und Fremd-)Finanzierung entspricht (vgl. Brösel 2014).

Hier ist ein unmittelbarer Zusammenhang mit dem **Leverage-Effekt** zu sehen. Demnach ist eine Erhöhung des Fremdkapitalanteils so lange sinnvoll, wie die Investitionsrendite über den Fremdkapitalzinsen liegt. Dadurch kann die Eigenkapitalrendite gesteigert werden. Allerdings ist das Risiko eines hohen Fremdkapitalanteils einzubeziehen, da Erträge von Investitionen Unsicherheiten unterliegen (vgl. Lachnit und Müller 2017, S. 279 ff.).

Insofern lässt sich tendenziell die Aussage ableiten, dass mit einer zunehmenden Varianz der Erträge ein höherer Eigenkapitalanteil notwendig ist, wenn der Bestand des Unternehmens durch die Risikotragkraft des Eigenkapitals abgedeckt werden soll. Für mittelständische Unternehmen kann aus diesen Überlegungen die Schlussfolgerung gezogen werden, dass aufgrund des **höheren Insolvenzrisikos** (vgl. Schmidt 1995, S. 53) grundsätzlich eine höhere Eigenkapitalquote erzielt werden sollte. Die vorliegenden Daten scheinen diesen Überlegungen jedoch zunächst zu widersprechen (siehe Abschn. 5.1.1.1). Die Eigenkapitalquote mittelständischer Unternehmen liegt unter den vergleichbaren Werten großer Unternehmen, allerdings hat sich die vorhandene Lücke in der letzten Dekade zunehmend geschlossen (vgl. Pahnke et al. 2015).

5.2.4   Erfolgswirtschaftliche Analyse

Die erfolgswirtschaftliche Bilanzanalyse zielt auf die Beurteilung der **Ertragskraft eines Unternehmens** ab. Die betragsmäßige Analyse versucht, betriebswirtschaftlich sinnvolle Erfolgsgrößen und entsprechende Rentabilitätsgrößen zu ergründen. Die strukturelle Analyse betrachtet demgegenüber die **Erfolgsquellen** sowie die **Aufwands- und Ertragsstruktur** eines Unternehmens. Entscheidend ist nicht nur der Blick in die Vergangenheit, sondern auch die Beurteilung der Fähigkeit eines Unternehmens, in der Zukunft nachhaltig Gewinne zu erzielen.

Dieser Teil der Bilanzanalyse bleibt ebenfalls nicht unberührt von den Interpretationsproblemen der Informationen aus dem Jahresabschluss. Neben der Diskrepanz zwischen betriebswirtschaftlicher und bilanzrechtlicher Auffassung der Erfolgsgrößen ergeben sich insbesondere bilanzpolitische Spielräume im Ausweis des Jahresergebnisses (vgl. Brösel 2014, S. 204 ff.). Hinzu kommt, dass die Definition von Erfolg, wie bereits an anderer Stelle diskutiert, ganz wesentlich von den Zielsetzungen der Eigentümer beeinflusst wird.

5.2.4.1 Rentabilitätsanalysen

Wenn eine Ergebnisgröße zu einer dieses Ergebnis beeinflussenden Größe in Relation gesetzt wird, handelt es sich um **Rentabilität**. Für Analysen kommen einerseits das zur Erzielung eingesetzte Kapital oder Vermögen, andererseits der Umsatz in Betracht. Entsprechend wird Kapital- und Vermögensrentabilität bzw. Umsatzrentabilität unterschieden (vgl. Coenenberg et al. 2016, S. 1153 ff.).

Bei der **Kapitalrentabilität** wird zwischen Eigen- und Gesamtkapitalrentabilität unterschieden.

$$Eigenkapitalrentabilität = \frac{Jahresüberschuss}{Eigenkapital} \times 100\ \%$$

$$Gesamtkapitalrentabilität = \frac{Jahresüberschuss + Zinsen\ und\ ähnliche\ Aufwendungen}{Gesamtkapital} \times 100\ \%$$

Aus Sicht aller Kapitalgeber ist die Analyse der Gesamtkapitalrentabilität (im angelsächsischen Sprachgebrauch auch als **Return on Investment** – ROI bezeichnet) sinnvoller. Bei dieser Größe wird das Gesamtergebnis einer Unternehmung betrachtet, also auch der dem Fremdkapital zufließende Zinsaufwand. Mit dieser Kennzahl wird der Einfluss der Finanzierungsstruktur ausgeglichen.

Die vorliegenden Ergebnisse scheinen insofern eine eindeutige Sprache zu sprechen, als dass die Rentabilität kleiner und mittlerer Unternehmen deutlich über den entsprechenden Werten von Großunternehmen liegt (siehe Abb. 5.14). Dieser empirische Fakt muss

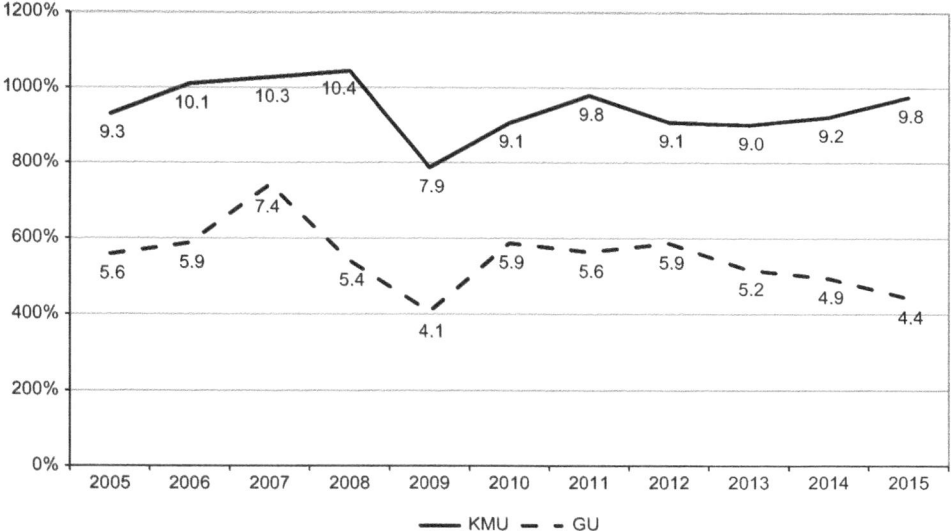

Abb. 5.14 Vergleich der Gesamtkapitalrentabilität zwischen KMU und Großunternehmen. (Quelle: www.bundesbank.de)

allerdings mit einigen Einschränkungen betrachtet werden. Zum einen liegt den Daten ein Mittelstandsverständnis zugrunde, das einzig auf einem quantitativen Kriterium beruht. Zum anderen kann eine rein deskriptive Analyse an dieser Stelle nicht ausreichen, da eine Reihe von anderen Variablen – wie bspw. Rechtsform oder Branche – das Ergebnis beeinflussen können.

Allerdings stellen **Rentabilitätsunterschiede** zwischen Unternehmensgrößen eine interessante, wenn auch ungeklärte Frage der Betriebswirtschaftslehre dar. Schmidt (1995) verweist auf eine Reihe von Argumenten, die allerdings nicht in eine einheitliche Richtung weisen. **Organisationstheoretisch** ließe sich argumentieren, dass durch die fehlende Trennung von Verfügungsrechten die Kosten von eigentümergeführten Unternehmen niedriger sind. **Finanzierungstheoretische Argumente** jedoch, die unter anderem auf den fehlenden Zugang zum organisierten Kapitalmarkt verweisen, sprechen gegen eine höhere Rentabilität mittelständischer Unternehmen. **Gleichgewichtstheoretisch** wiederum müssten Rentabilitätsunterschiede im Marktgleichgewicht einer Wettbewerbswirtschaft eingeebnet werden. Unter **Risikoaspekten** könnte eine höhere Rendite von KMU dadurch gerechtfertigt sein, dass sie einem höheren Risiko unterliegen, den Selektionsprozess am Markt nicht zu überstehen. Letztlich greift die rein monetäre Betrachtung des Erfolgs zu kurz, da Eigentümerunternehmer eine Nutzenfunktion haben, die deutlich stärker nichtfinanzielle Bestandteile enthält als bei vergleichbaren angestellten Managern. Für einen Datensatz von mittelständischen Industrieunternehmen weist Schmidt (1995) mithilfe von multivariablen Analysemethoden nach, dass kleine und mittlere Unternehmen trotz höheren Risikos keine signifikant höhere Rentabilität aufweisen.

Unter Einbeziehung der qualitativen Merkmale, die bereits von Schmidt (1995) bspw. durch eine organisationstheoretische Argumentation einbezogen wurden, kann auf die Ergebnisse der Forschung zu Familienunternehmen zurückgegriffen werden. Auch hier gibt es eine lang andauernde Kontroverse über mögliche Rentabilitätsunterschiede von Familienunternehmen und Nicht-Familienunternehmen. Nach wie vor existiert **kein wissenschaftlicher Konsens**, ob der Einfluss durch eine Eigentümerfamilie die Performanz eines Unternehmens positiv oder negativ beeinflusst (vgl. Pindado und Requejo 2015, S. 288)

5.2.5 Analyse der Aufwands- und Ertragsstruktur

Bereits im vorangegangenen Abschnitt wurden Kosten und implizit die **Struktur der Aufwendungen** von Unternehmen angesprochen. Letztendlich dient diese Analyse dazu, die Verhältnisse der einzelnen Produktionsfaktoren und die Bedeutung der einzelnen Komponenten im Wertschöpfungsprozess eines Unternehmens abzubilden. Grundlage der folgenden Kennzahlen bildet das Gesamtkostenverfahren, das vor allem bei kleinen und mittleren Unternehmen weitverbreitet ist (vgl. Coenenberg et al. 2016, S. 1148). Üblicherweise werden die folgenden Kennzahlen verwendet:

$$Personalintensität = \frac{Personalaufwand}{Gesamtleistung} \times 100\%$$

$$Materialintensität = \frac{Materialaufwand}{Gesamtleistung} \times 100\%$$

Diese Kennzahlen zeigen die Empfindlichkeit eines Unternehmens gegenüber Faktor-preisschwankungen. Ein **personalintensiver Betrieb** ist zwangsläufig sensibel gegenüber Lohnsteigerungen. Ein **materialintensiver Betrieb** reagiert stärker auf Rohstoffpreis-schwankungen. Im Zeitverlauf kann beobachtet werden, inwieweit Steigerungen einer Kennzahl durch die Verringerung der anderen Kennzahl kompensiert werden können. Ein Ansteigen beider Kennzahlen ist als Signal für eine strukturell verschlechterte Ertragskraft zu werten (vgl. Coenenberg et al. 2016, S. 1149). Die Materialintensität liefert auch einen Hinweis auf die vertikale Integration. Ein höherer Anteil des Materialaufwands weist auf einen höheren Anteil zugekaufter Materialien; für die Personalintensität gilt die umge-kehrte Interpretation.

Die Daten der Bundesbank (vgl. Tab. 5.10) liefern empirische Evidenz für eine **unter-schiedliche Fertigungstiefe** bei KMU und Großunternehmen. Während Großunterneh-men stärker zum Zukauf von Material und Komponenten tendieren (Outsourcing), schei-nen kleine und mittlere Unternehmen einen höheren Eigenfertigungsanteil zu haben. Die Tatsache, dass der Materialaufwand in Großunternehmen seit dem Jahr 2000 um etwa sechs Prozentpunkte gestiegen ist, liefert einen Hinweis für diese verstärkten **Outsour-cingtendenzen** in Großunternehmen.

Bei kleinen und mittleren Unternehmen lässt sich diese Tendenz nicht beobachten. Große Unternehmen können damit flexible Produktionsstrukturen verwirklichen, die ih-nen eine bessere Markt- und Wettbewerbsposition sichern sollen. Kleinen und mittleren Unternehmen werden hingegen die Risiken für Investitionen in der Zulieferpyramide übertragen. Dies liefert einen argumentativen Hintergrund dafür, dass die Entwicklung der Steigerung des Materialaufwands bei Großunternehmen nicht nur durch andere Einfluss-faktoren wie etwa Materialpreissteigerungen ausgelöst wurde.

Tab. 5.10 Struktur der Erfolgsrechnung bei KMU und Großunternehmen im Jahr 2015. (Quelle: www. bundesbank.de)

	KMU	GU
Gesamtleistung	100,00	100,00
Materialaufwand	50,57	72,34
Personalaufwand	24,76	12,48
Abschreibungen	3,33	2,80
Zinsaufwendungen	1,00	1,51
Übrige Aufwendungen inkl. Betriebssteuern	17,84	14,45
Steuern vom Einkommen und Ertrag	1,16	0,69
Jahresergebnis	5,03	1,78

5.2.6   Besonderheiten in den Bilanzstrukturen mittelständischer Unternehmen

Im vorhergehenden Abschnitt wurden bereits Differenzen der Unternehmensgrößenklassen bzgl. einzelner Kennzahlen und Bilanzpositionen erläutert. Dieser Abschnitt stellt eine pointierte Zusammenfassung dar. Die Besonderheiten in Bilanzstrukturen unterschiedlicher Unternehmensgrößenklassen standen bisher nicht im Fokus der Bilanzanalyse. Erst mit der Entwicklung geeigneter Datenbasen in den vergangenen Jahren wurde ein Fundament für tiefer gehende Analysen geschaffen. Als empirische Basis dienen die Informationen der Deutschen Bundesbank und des elektronischen Bundesanzeigers, aber auch Datenbanken von Dienstleistungsunternehmen (bspw. Creditreform). Allerdings verfügt jede dieser Datenbasen über eigene Stärken und Schwächen. So kritisiert bereits Schmidt (1995, S. 156) für den Datensatz der Bundesbank, dass nur solche Gesellschaften aufgenommen werden, die einer Bonitätsprüfung durch die Bundesbank standgehalten haben, und hält folglich die Kapitalgesellschaften für überrepräsentiert. Bei der Definition der Umsatzgrößenklassen handelt es sich zudem um eine rein quantitative Abgrenzung nach einem Kriterium, das dem hier verwendeten Mittelstandverständnis nicht standhalten kann.

Nichtsdestotrotz erlauben die Bilanzdaten der Deutschen Bundesbank einen Blick auf die wesentlichen Unterschiede in den Bilanzstrukturen zwischen KMU und Großunternehmen (s. Abb. 5.15).

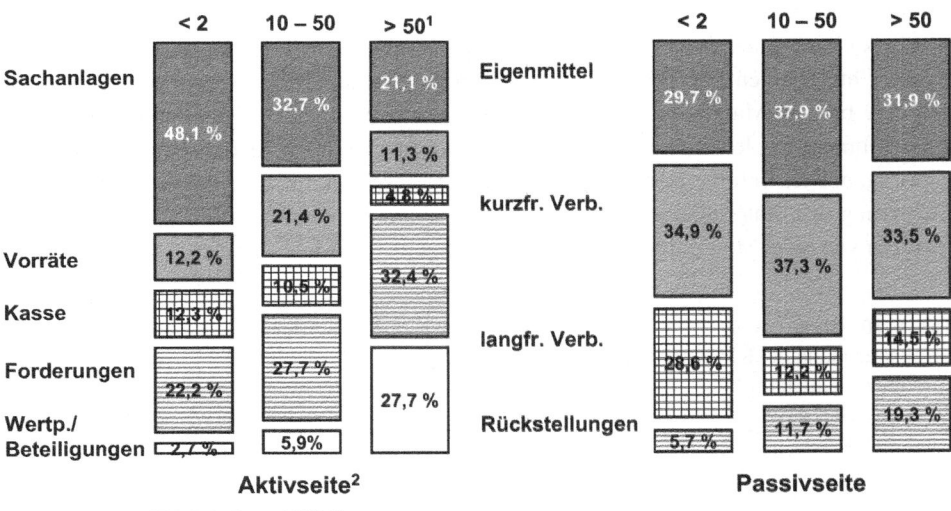

Abb. 5.15 Verhältniszahlen der Bilanzen von KMU und Großunternehmen im Jahr 2016. (Quelle: www.bundesbank.de)

Aktiva

Auf der **Aktivseite** liegt ein wesentlicher Unterschied zwischen den Unternehmensgrößenklassen im **Anteil des Anlagevermögens** an der Bilanzsumme. Je kleiner ein Unternehmen ist – gemessen am Umsatz –, desto größer ist der im Anlagevermögen gebundene Anteil des Kapitals. In dieser Kennzahl schlagen sich die bereits mehrfach angesprochenen Größendegressionseffekte sowie Unteilbarkeiten nieder. In Großunternehmen ist in der vergangenen Dekade ein Rückgang des Anteils des Anlagevermögens an der Bilanzsumme zu beobachten. Dahinter verbergen sich die Outsourcingtendenzen der Großunternehmen sowie die Verwendung von Finanzierungssurrogaten. Wertschöpfung wird zunehmend auf Zulieferer verlagert, die in der Folge ihrerseits einen höheren Anteil gebundenen Anlagevermögens ausweisen.

Diese strategische Ausrichtung kann zugleich die Unterschiede in den **Vorräten** erklären. Mittelständische Unternehmen dienen den Großunternehmen nicht nur als Wertschöpfungspartner, sondern zugleich als Lagerdienstleister. Die höheren und in den vergangenen Jahren stark angestiegenen Kassenpositionen sind bei mittelständischen Unternehmen ein Ausdruck des gestiegenen Geschäftsvolumens und eines gewachsenen Sicherheitsbedürfnisses.

Obwohl der **Anteil der Forderungen** in allen Größenklassen ähnlich ausgeprägt ist, sind in der Struktur Unterschiede festzustellen. Während in kleinen und mittleren Unternehmen insbesondere Forderungen aus Lieferungen und Leistungen enthalten sind, sind es bei großen Unternehmen insbesondere Forderungen gegen verbundene Unternehmen. Dies macht Konzernverflechtungen in großen Firmen deutlich. Sie spiegeln sich auch in der Position Wertpapiere und Beteiligungen wider, die naturgemäß in mittelständischen Unternehmen eine geringe Bedeutung haben.

Praxisbeispiel: Passivstruktur eines großen Familienunternehmens

Die Bilanzstrukturen von großen Familienunternehmen bilden insbesondere das Unabhängigkeitsstreben der Eigner ab. Aus diesem Grund finden sich nicht selten Unternehmen, die nahezu hundertprozentig eigenfinanziert sind. Die Kapitalstruktur dieser Unternehmen widerspricht dem landläufigen Vorurteil, dass sich mittelständische Unternehmen durch eine niedrige Eigenkapitalquote auszeichnen.

Ein solches Beispiel zeigt die in Tab. 5.11 dargestellte (deutlich vereinfachte) Passivseite der Bilanz eines großen Familienunternehmens mit knapp unter EUR 85 Mio. Umsatz. Würde in diese Struktur nur das Eigenkapital in die Berechnung des Haftkapitals einbezogen, so ergäbe dies einen Wert von ca. 38 %. Wird jedoch berücksichtigt, dass zusätzlich im aktuellen Jahr Verbindlichkeiten gegenüber Gesellschaftern von EUR 66 Mio. bestehen und diese in die Berechnung des Haftkapitals mit einbezogen werden, so entsteht eine bereinigte Eigenmittelquote von über 88 %. Ein weiterer offensichtlicher Unterschied liegt in den niedrigen Verbindlichkeiten gegenüber Kreditinstituten. Verbindlichkeiten bestehen gegenüber Lieferanten sowie verbundenen Unternehmen. Die vorliegende Bilanzstruktur führt aus Sicht der Eigentümer des Unternehmens zu einer nahezu vollständigen Unabhängigkeit gegenüber Externen.

Tab. 5.11 Passivstruktur eines großen Familienunternehmens

A. Eigenkapital	2016	2015
I. Kapitalanteile der Kommanditisten	3.000.000,00	3.000.000,00
II. Rücklagen der Kommanditisten	500.000,00	500.000,00
III. Konzern-Bilanzgewinn	43.000.000,00	40.000.000,00
IV. Ausgleichsposten für Anteile anderer Gesellschafter	700.000,00	900.000,00
Summe Eigenkapital	**47.200.000,00**	**44.400.000,00**
B. Rückstellungen		
1. Rückstellungen für Pensionen	700.000,00	700.000,00
2. Steuerrückstellungen	2.000.000,00	1.000.000,00
3. Sonstige Rückstellungen	2.600.000,00	2.000.000,00
Summe Rückstellungen	**5.300.000,00**	**3.700.000,00**
C. Verbindlichkeiten		
1. Verbindlichkeiten gegenüber Kreditinstituten	200.000,00	600.000,00
2. Verbindlichkeiten aus Lieferungen und Leistungen	3.300.000,00	2.000.000,00
3. Verbindlichkeiten gegenüber Gesellschaftern	66.000.000,00	64.000.000,00
4. Sonstige Verbindlichkeiten	6.000.000,00	5.800.000,00
Summe Verbindlichkeiten	**75.500.000,00**	**72.400.000,00**
Summe Passiva	*128.000.000,00*	*120.500.000,00*

Passiva

Die wohl bedeutendste Veränderung in den Bilanzkennziffern zeigt sich in den Eigenmitteln, bei denen wir nahezu eine Umkehrung der vergangenen Verhältnisse beobachten können. Unternehmen mittlerer Größe weisen mittlerweile eine **höhere Eigenmittelquote** aus als Großunternehmen. Die Nivellierung der Unterschiede ist damit zu erklären, dass mittelständische Unternehmen im Zeitraum zwischen 1997 und 2015 ihre Eigenmittelausstattung in absoluten Größen mehr als verfünffacht haben. Der korrespondierende Wert bei Großunternehmen ist um das Zweieinhalbfache gestiegen. In diesem Zeitraum hat sich die Bilanzsumme bei mittelständischen Unternehmen um 50 % erhöht, während Großunternehmen ihre Bilanzsumme auf das Doppelte ausgeweitet haben. Dies zeugt von einem erheblichen Aufholprozess in der Eigenmittelausstattung von mittelständischen Unternehmen. Werden in die Betrachtungen auch große Familienunternehmen einbezogen, dann weisen auch diese in vergleichenden Untersuchungen eine Eigenmittelquote auf, die über dem Wert von Großunternehmen liegt (vgl. Haunschild und Wallau 2009, S. 33).

Ein weiterer augenfälliger Unterschied liegt im **Anteil der Rückstellungen** an der Bilanzsumme. Dieser lag bei kleinen Unternehmen bei 5,7 %, bei mittelgroßen Unternehmen bei 11,7 % und bei großen Unternehmen bei 19,3 %. In der Gruppe der kleinen Unternehmen spielen insbesondere die Pensionsrückstellungen mit 1 % gegenüber den Großunternehmen mit 6,4 % eine geringe Rolle. Ausschlaggebend hierfür ist, dass kleinere Unternehmen aus verschiedenen Gründen die Direktversicherung und die Beitragszahlung an Pensionskassen als Form der betrieblichen Alterssicherung gegenüber der

Direktzusage bevorzugen, die allein zur Bildung von Pensionsrückstellungen berechtigt (vgl. Deutsche Bundesbank 2003, S. 45). Diese Aussage gilt im Übrigen auch für große Familienunternehmen.

5.2.7 Fallstudie: Jahresabschlussanalyse der NanoXcoating GmbH

Die NanoXcoating GmbH hat in den ersten Jahren ihrer Geschäftstätigkeit ein deutliches Wachstum erlebt. Der Umsatz ist in wenigen Jahren auf einen Wert von EUR 36 Mio. angestiegen. Durch seine patentierte Technologie und eine engagierte Wachstumsstrategie konnte das Unternehmen sich einen Platz im Kreis der etablierten Automobilzulieferer erarbeiten.

Noch ist ein Ende dieses Wachstumspfades nicht abzusehen. Für das kommende Geschäftsjahr sind erhebliche Investitionen in Anlagen und Maschinen geplant. Diese sollen unter anderem durch Bankdarlehen finanziert werden. Um einen ersten Überblick zu erlangen und die anstehenden Gespräche vorzubereiten, soll eine Jahresabschlussanalyse durchgeführt werden.

Zur Beurteilung des Unternehmens stehen Ihnen die Informationen aus Tab. 5.12 und 5.13 zur Verfügung:

Fragen
- Nehmen Sie eine Analyse des Jahresabschlusses der NanoXcoating GmbH vor!
- Welche Ansatzpunkte sehen Sie für eine Verbesserung der Kennzahlen aus Sicht des Eigentümers der NanoXcoating GmbH?

Tab. 5.12 Verkürzte und vereinfachte GuV der NanoXcoating GmbH für die Geschäftsjahre 2016 und 2017

		2016	2017
	Umsatzerlöse	29.553.000	36.207.000
	Erhöhung/Verminderung Erzeugnisbestände	327.000	679.500
	Andere aktivierte Eigenleistungen	32.000	47.000
Gesamtleistung		**29.912.000**	**36.933.500**
	Sonstige betr. Erträge	110.000	171.000
	Materialaufwand	−16.788.000	−20.542.000
	Personalaufwand	−7.865.000	−9.057.000
	Abschreibungen	−1.300.600	−1.483.500
	Sonstige betr. Aufwendungen	−3.256.000	−3.618.500
Betriebsergebnis		**812.400**	**2.403.500**
Finanzergebnis		**−339.554**	**−314.000**
Ergebnis d. gew. Geschäftstätigkeit		472.846	2.089.500
Außerordentliches Ergebnis		−	−
	Steuern vom Einkommen und Ertrag	−141.854	−626.850
	Sonstige Steuern	−25.000	−28.000
Jahresüberschuss/Jahresfehlbetrag		**305.992**	**1.434.650**

Tab. 5.13   Verkürzte und vereinfachte Bilanz der NanoXcoating GmbH für die Geschäftsjahre 2016 und 2017

		2016	2017
A.	**Anlagevermögen:**		
I.	**Immaterielle Vermögensgegenstände:**		
1.	Gewerbl. Schutzrechte etc.	118.500	118.500
2.	Geschäfts- oder Firmenwert	–	–
3.	Geleistete Anzahlungen	–	–
	Summe immaterielle Anlagen	118.500	118.500
II.	**Sachanlagen:**		
1.	Grundstücke	1.289.000	1.149.020
2.	Technische Anlagen und Maschinen	2.567.000	3.515.000
3.	Andere Anlagen, BuG	382.900	438.014
4.	Geleistete Anzahlungen/Anlagen im Bau	–	–
	Summe Sachanlagen	4.238.900	5.102.034
III.	**Finanzanlagen:**	–	–
	Summe Anlagevermögen	**4.357.400**	**5.220.534**
B.	**Umlaufvermögen:**		
I.	**Vorräte:**		
1.	Roh-, Hilfs- und Betriebsstoffe	820.690	907.608
2.	Unfertige Erzeugnisse bzw. Leistungen	1.134.500	1.348.500
3.	Fertige Erzeugnisse u. Waren	1.725.400	1.535.500
4.	Geleistete Anzahlungen	23.500	–
	Summe Vorräte	**3.704.090**	**3.791.608**
II.	**Forderungen u. sonst. VG:**		
1.	Forderungen aus LuL	3.846.642	4.871.500
2.	Forderungen gegen verb. U.	–	–
3.	Forderungen gegen U. mit Bet.-Verh.	–	–
4.	Sonstige Vermögensgegenstände	290.000	330.000
	Summe Forderungen u. sonst. VG	**4.136.642**	**5.201.500**
III.	**Wertpapiere:**		
1.	Anteile an verb. U.	–	–
2.	Eigene Anteile	–	–
3.	Sonstige Wertpapiere	–	–
	Summe Wertpapiere	–	–
IV.	**Schecks, Kasse, Bank etc.**	**235.000**	**401.000**
	Summe Umlaufvermögen	**8.075.732**	**9.394.108**
C.	**Rechnungsabgrenzungsposten:**	–	–
Total Aktiva		**12.433.132**	**14.614.642**

(Fortsetzung)

Tab. 5.13   (Fortsetzung)

		2016	2017
A.	**Eigenkapital**		
I.	**Gezeichnetes Kapital**	**1.150.000**	**1.150.000**
II.	**Kapitalrücklage**	–	–
III.	**Gewinnrücklagen:**		
1.	Gesetzliche Rücklage	–	–
2.	Rücklage für eigene Anteile	–	–
3.	Satzungsmäßige Rücklage	–	–
4.	Andere Gewinnrücklagen	700.000	700.000
	Summe Gewinnrücklagen	700.000	700.000
IV.	**Gewinnvortrag/Verlustvortrag**	–	305.992
V	**Jahresüberschuss/Jahresfehlbetrag**	**305.992**	**1.434.650**
B.	**Stille Beteiligung**	**1.500.000**	**1.500.000**
	Summe Eigenkapital	**3.655.992**	**5.090.642**
C.	**Rückstellungen:**		
1.	Rückstellungen für Pensionen u. Ä.	74.500	79.500
2.	Steuerrückstellungen	230.000	237.000
[-]	Rückstellungen für latente Steuern	–	–
3.	Sonstige Rückstellungen	927.000	1.023.500
	Summe Rückstellungen	**1.231.500**	**1.340.000**
D.	**Verbindlichkeiten:**		
1.	Anleihen	–	–
2.	Verbindlichkeiten gg. Kreditinstituten	3.582.950	3.852.500
3.	Erhaltene Anzahlungen	147.000	147.000
4.	Verb. aus LuL	2.320.000	2.560.500
5.	Verb. aus Wechseln	975.000	1.031.000
6.	Verb. gegen verb. Unternehmen	–	–
7.	Verb. gegen U. mit Bet.-Verh.	–	–
8.	Sonstige Verb.	520.690	593.000
	Summe Verbindlichkeiten	**7.545.640**	**8.184.000**
E.	**Rechnungsabgrenzungsposten:**	–	–
Total Passiva		**12.433.132**	**14.614.642**

5.3   Corporate Governance im Mittelstand

Der Begriff Corporate Governance beherrscht seit einigen Jahren die Diskussionen über gute Wege in der Unternehmensführung in Deutschland. Diese Welle hat den Mittelstand erreicht, und es stellt sich die Frage, wie sich die Corporate Governance von Konzernen und eignergeführten Unternehmen unterscheidet. Vor dem Hintergrund veränderter Rahmenbedingungen insbesondere auf den Finanzmärkten ist auch zu fragen, welche Prinzipien guter Unternehmensführung für mittelständische Unternehmen definiert werden können.

Wenn Sie diesen Abschnitt durchgearbeitet haben, können Sie

- den Begriff der Corporate Governance in den globalen Kontext stellen,
- die Anwendung der Principle-Agent- und der Stewardship-Theorie auf das Corporate-Governance-Phänomen vornehmen und kritisch reflektieren,
- Unterschiede in der Corporate Governance in Großunternehmen und KMU erklären sowie
- Instrumente einer guten Corporate Governance in Familienunternehmen beschreiben.

5.3.1   Definitionen und Regelungen von Corporate Governance

Nach dem Jahrtausendwechsel entzündete sich in der Folge einer Reihe von Börsenskandalen eine Diskussion um die Unternehmensführung in Großunternehmen. **Unternehmenskrisen** von Enron über Parmalat bis Worldcom mit milliardenschweren Schäden für die Aktionäre waren die Höhepunkte einer von Managementinteressen getriebenen Unternehmensführung, die erhebliche Kritik an den existierenden Strukturen in Aktiengesellschaften auslösten. Auch in Deutschland gab es gerade zu den Zeiten des **New-Economy-Booms** eine Reihe ähnlicher Fälle, die aber auch traditionell geführte börsennotierte Unternehmen in den Sog dieser Diskussion führte. In nahezu regelmäßigen Abständen taucht diese Diskussion im Zuge von Skandalen – wie bspw. dem **Dieselskandal** bei VW – in den Medien und in der Fachpresse erneut auf.

Der Gesetzgeber sah sich bereits mehrfach zum Handeln gezwungen, und es wurden eine Reihe von gesetzlichen Regulierungen erlassen (vgl. Welge und Eulerich 2014, S. 113 ff.). Von der Regierungskommission wurde mit dem **Deutschen Corporate Governance Kodex (DCGK)** ein Regelwerk verabschiedet, das auch Eingang in die Gesetzgebung gefunden hat (Regierungskommission Deutscher Corporate Governance Kodex, 2002).

▶ Corporate Governance wird dabei verstanden als das System der Entscheidungs-, Einfluss- und Kontrollstrukturen eines Unternehmens einschließlich seiner Beziehungen zu den wichtigsten Interessengruppen (vgl. Witt 2003, S. 1 ff.). Damit werden sowohl die internen Führungs- und Leitungsstrukturen als auch die Außenbeziehungen des Unternehmens angesprochen.

Ein wesentlicher Kritikpunkt an der deutschen Unternehmensverfassung ist die „mäßige Orientierung an Shareholderinteressen" (vgl. Welge und Eulerich 2014, S. 137). Der DCGK verfolgt daher das Ziel, die Unternehmensführung anhand von nationalen und internationalen Standards transparent und nachvollziehbar zu gestalten und das Vertrauen der Anleger wieder herzustellen. Die Regulierungen betreffen dabei nicht nur die viel diskutierte Offenlegung der Vorstandsvergütungen, sondern auch den Umgang mit den Aktionären und das Zusammenspiel zwischen Aufsichtsrat und Vorstand. Darüber hinaus existieren Regeln für die Transparenz und die Abschlussprüfung (vgl. DCGK 2018).

5.3.2 Governance-Probleme im Großunternehmen

Vor dem Hintergrund der vielgestaltigen Praxis der Unternehmensführung und Kontrolle stellt sich die Frage, ob die Formulierung einheitlicher Standards möglich ist. Einen Ansatzpunkt liefert die Agency-Theorie, in der das Verhältnis zwischen Auftraggeber (**Principal**) und Auftragnehmer (**Agent**) untersucht wird. Diese Theorie bildet vielfach den Ausgangspunkt der ökonomischen Analyse der Corporate Governance in Unternehmen. In (börsennotierten) Großunternehmen geht man davon aus, dass durch die Trennung zwischen Eigentümern und Management genau eine solche Agency-Beziehung entsteht (vgl. Kieser und Ebers 2014).

So kann der Eigentümer bereits im Vorfeld des Vertragsabschlusses über persönliche Eigenschaften getäuscht werden und sieht sich im alltäglichen Geschäft mit einem Manager konfrontiert, der seinen Aufgaben nicht gerecht werden kann (**Hidden Characteristics**). Darüber hinaus entstehen Anreize, vor allem Investitionen zu realisieren, die sich bereits vor Ablauf des individuellen Zeitvertrages amortisieren, um Argumente für eine Verlängerung des Anstellungsverhältnisses zu haben. Oder aber ein Manager entwirft Vergütungssysteme, die vor allem seinen Interessen dienen (**Hidden Intentions**). Nicht zuletzt fällt es einem Aktionär schwer, zu beurteilen, ob die Unternehmensergebnisse den Anstrengungen des Managements, einer guten Konjunkturlage oder gar dem Zufall entspringen (**Hidden Action** oder **Hidden Information**). Insgesamt kann dies dazu führen, dass die Erträge des Eigentümers erheblich verringert werden. In diesem Zusammenhang entstehen die bereits angesprochenen Wohlfahrtsverluste (vgl. bspw. Welge und Witt 2013).

Um sicherzustellen, dass der Manager tatsächlich in seinem Interesse handelt, ist der Aktionär daher gezwungen, Systeme zu installieren, die seine Interessen schützen. Dies kann zum einen auf Basis vertraglicher Gestaltung erfolgen, die eine **Interessenangleichung** durch geeignete Ergebnisbeteiligung des Managers vorsieht. Eine zweite Möglichkeit ist die Einführung von Kontrollsystemen, die es dem Eigentümer ermöglichen sollen, die Anstrengungen und Ergebnisse der Arbeit des Managements zu kontrollieren. Wesentliches Ziel eines Corporate-Governance-Systems ist es, die aus den Agency-Problemen resultierenden Kosten zu minimieren. Die normierte Ausgestaltung eines solchen Systems der guten Unternehmensführung und -kontrolle stellt beispielsweise der Deutsche Corporate Governance Kodex dar.

5.3.3   Governance-Probleme im Mittelstand

Es mag zunächst einmal überraschen, dass Agency-Probleme, die an dem Konflikt zwischen Management und Anteilseignern anknüpfen, in mittelständischen Unternehmen von Relevanz sein können. Im Mittelstand sollte dieser Konflikt ausgeschlossen sein, da wir in der definitorischen Abgrenzung dieser Unternehmen von einer **Einheit von Eigentum und Leitung** ausgehen. In der empirischen Forschung konnte entsprechend nachgewiesen werden, dass in eigentümergeführten Unternehmen die klassischen Agency-Probleme weniger virulent sind (vgl. Anderson und Reeb 2003).

Bereits die Definition des Mittelstandes zeigte allerdings, dass wir es in der Realität auch in mittelständischen Unternehmen mit einer vielgestaltigen Struktur der Leitungs- und Eigentumsverhältnisse zu tun haben. Für diese Situationen bietet die Agency-Theorie genauso ein geeignetes Analyseraster an. In der Erweiterung des klassischen Verhältnisses zwischen Manager und Eigentümer wird die Agency-Beziehung auf andere Gruppen im und um das Unternehmen bezogen. Hierbei kann man im mittelständischen Unternehmen vor allem vier Interessenkonflikte untersuchen (siehe Abb. 5.16):

- Es kann auch im typischen mittelständischen Unternehmen zu einer **Trennung von Eigentum und Leitung** kommen, wenn ein angestellter Geschäftsführer von den Anteilseignern mit der Führung betraut wird. Dieser Fall wird seltener in KMU mit weni-

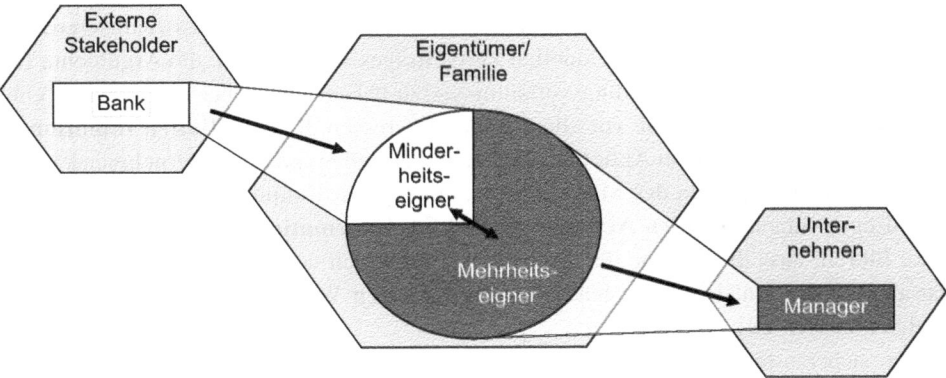

Abb. 5.16 Corporate-Governance-Geflecht im Mittelstand. (Quelle: eigene Darstellung)

ger als 500 Mitarbeitern auftreten, häufiger aber in großen Familienunternehmen, bei denen der Generationswechsel schon stattgefunden hat und die Eigentümer auf externe Manager zurückgreifen.

- Weitere Informationsasymmetrien und daraus resultierende Interessenunterschiede können auch im Verhältnis zu **externen Kapitalgebern** – typischerweise Banken – auftreten. Konzerne weisen gegenüber mittelständischen Unternehmen zumeist eine höhere Transparenz auf, da ein ausdifferenziertes externes Rechnungswesen vorhanden ist (vgl. Welge und Witt 2013).
- In Unternehmen mit einem breit gestreuten Familienbesitz oder gar externen Eigenkapitalgebern kann es zu weiteren Interessendivergenzen kommen. Entscheidend ist die Differenz zwischen **Mehrheits- und Minderheitseigentümern**, deren Interessen von einem unterschiedlichen Planungshorizont oder aber von unterschiedlichen strategischen Vorstellungen geprägt sein können (vgl. Gómez-Mejía et al. 2001).
- In der amerikanischen Family-Business-Forschung wird ein weiteres Phänomen diskutiert, das zu Agency-Problemen führen kann. Das Konzept des sogenannten **asymmetrischen Altruismus** betont die möglichen Unterschiede in Kompetenz und Motivation innerhalb von Eigentümerfamilien, zu einer positiven Unternehmensentwicklung beizutragen (vgl. Chrisman et al. 2004).

Praxisbeispiel: Das Ende des Bankhauses Sal. Oppenheim

Über Jahrhunderte hatte das Bankhaus Sal. Oppenheim unzählige Krisen und Katastrophen überstanden. Doch im Jahr 2010 endete die erfolgreiche Geschichte des privaten Bankhauses. Fehlinvestitionen gepaart mit einer Portion Übermut hatten das Unternehmen in eine Schieflage gebracht. Insbesondere die Übernahme der BHF-Bank war ein Lehrstück in Sachen Corporate Governance. Der persönlich haftende Gesellschafter Graf von Krockow rief nach eigenen Angaben seine Mutter an und fragte sie, ob genügend Geld in der Kasse vorhanden sei, um die BHF zu übernehmen. Diese fragte zurück, ob der Sohn sich die Übernahme des Bankhauses zutraue. Nach beidseitiger Zustimmung war der Deal perfekt! Mit einem Telefonat waren Investitionsausschuss und Aufsichtsrat erledigt. Die nachfolgende Schieflage des Bankhauses Sal. Oppenheim lässt sich unter anderem durch die fehlende Unternehmenskontrolle erklären.

Quelle: Handelsblatt vom 24.12.2010, S. 42

So kann beispielsweise die Auswahl von Führungskräften aus der Familie weniger auf fachlichen Kriterien, sondern rein auf der Grundlage von Familienbanden erfolgen. Altruistisches Verhalten äußert sich in der Folge in einer größeren Toleranz der Familie gegenüber offensichtlichem **Fehlverhalten von Familienmitgliedern** in der Unternehmensleitung. Empirisch wurde demzufolge auch nachgewiesen, dass eine familieninterne Nachfolge ohne Qualifikationsanforderungen zu negativer Performanz des Unternehmens beiträgt (vgl. Pindado und Requejo 2015).

Daraus resultierend kann jede Form der Ausgestaltung der Eigentums- und Leitungsstrukturen unterschiedliche **Agency-Kosten** auslösen (siehe Tab. 5.14). In einem

Tab. 5.14 Agency-Kosten in unterschiedlichen Unternehmenstypen. (Quelle: Reinemann 2008)

Typ/Kosten	Eigentümer/ Manager	Eigentümer/ Fremdkapitalgeber	Mehrheits-/ Minderheitseigner	Asymmetrischer Altruismus
Großunternehmen	++	–	+	–
Große Familienunternehmen	+/–	0	+	+
Kleine und mittlere Unternehmen	–	+	–	+

+ = hoch, 0 = kein Einfluss, – = niedrig

Großunternehmen sind aufgrund der Trennung von Eigentum und Leitung die Agency-Kosten aus der Eigentümer/Manager-Beziehung sehr hoch. Die Kosten der Eigentümer/Fremdkapitalgeber-Beziehung fallen hingegen wegen der hohen Transparenz großer Konzerne geringer aus. Mehrheits-/Minderheitseigner-Konflikte können hingegen zu hohen Agency-Kosten führen, wie die Beispiele von feindlichen Übernahmen zeigen. Probleme aus dem asymmetrischen Altruismus sind hingegen bei Konzernen mit einer breit gestreuten Anlegerschaft nicht zu erwarten.

In **großen Familienunternehmen** und KMU sieht die Situation hingegen anders aus. Während in kleinen Unternehmen selten eine Trennung von Eigentum und Leitung vorzufinden ist, kann dies in großen Familienunternehmen deutlich häufiger der Fall sein. Auch hier sind dementsprechende Informationsasymmetrien zwischen Eigentümer und Management vorhanden.

Während die mangelnde Transparenz in **KMU** häufig zu Konflikten zwischen Fremdkapitalgebern und Eigentümern führen kann, gibt es mittlerweile eine erhebliche Zahl großer Familienunternehmen, die über eine höchst professionelle Steuerung der Bankbeziehung verfügen (vgl. Reinemann und Boeschen 2008). An dieser Stelle lässt sich dementsprechend keine generalisierende Aussage über die Agency-Kosten treffen.

Nahezu umgekehrt verhalten sich die Agency-Probleme im Verhältnis von Mehrheits- und Minderheitseigentümern. Während sich viele KMU im Eigentum einzelner oder weniger Personen befinden, haben wir es bei großen Familienunternehmen häufig mit verschiedenen Familienstämmen zu tun, und die Anzahl der Eigentümer kann in die Hunderte gehen.

Agenturprobleme aus dem asymmetrischen Altruismus sind sowohl bei kleinen Unternehmen als auch bei großen Familienunternehmen zu erwarten. Hier sei noch einmal der Generationswechsel angesprochen, der beide Unternehmenstypen gleichermaßen betrifft.

5.3.4 Weiterentwicklungen der Agency-Theorie

Deutsche Publikumsgesellschaften mit einer breit gestreuten Anteilsstruktur sind eher als Ausnahme anzusehen. Auch eine Unternehmensausrichtung auf die (alleinigen) Interessen der Anteilseigner greift zu kurz, vielmehr wird eine Orientierung an den Interessen der **Stakeholder** angestrebt. Die Analysen auf Basis der Agency-Theorie sind dementsprechend nicht unwidersprochen geblieben. Dies betrifft insbesondere das **pessimistische Menschen-bild**, das den Akteuren jederzeit nutzenmaximierendes Verhalten unterstellt.

In mittelständischen Unternehmen sind Interessendivergenzen – wie bereits erwähnt – auf den ersten Blick ausgeschlossen, da durch die Einheit von Eigentum und Leitung nicht nur die Wahrscheinlichkeit einer breit gestreuten Anteilsstruktur sinkt, sondern auch Interessenskonflikte nicht entstehen sollten. Kontrollprobleme und entsprechende Mechanismen erscheinen somit obsolet (vgl. Kraus et al. 2011). Die zumeist abweichenden Organisationsformen (sowie Unternehmensgrößen) von Mittelstand und Publikumsge-sellschaften tragen gleichermaßen zur Unterschiedlichkeit der Eigentums- und Kontroll-strukturen bei (vgl. Welge und Witt 2013, S. 189).

Die **Stewardship-Theorie** ermöglicht den Blick auf Situationen, in denen das Ma-nagement nicht rein durch individuelle Motive getrieben ist, sondern im Einklang mit den Zielen des Principals handelt (vgl. Davis et al. 1997, S. 21). Die Stewardship-Theorie kann hierbei als ein komplementärer Ansatz angesehen werden, der sich genau in diesen Annah-men über das menschliche Verhalten von der Agency-Theorie unterscheidet. Diese Diffe-renzen führen zu wesentlichen Unterschieden in den Konsequenzen für die Ausgestaltung von Governance-Systemen.

Nach weitverbreiteter Ansicht folgen Eigentümerunternehmen eher einem an der Stewardship-Theorie orientierten Modell, als dies in managergeführten Unternehmen der Fall ist. Dieses Verhalten manifestiert sich über die **Kontinuität des Unternehmens und seiner Mission**, der kollektiven Orientierung am Wohl der Mitarbeiter und der engen Ver-bindung zu Stakeholdern, insbesondere den langfristigen Kundenbeziehungen (vgl. Miller et al. 2008). Darüber hinaus orientieren sie sich an langfristigen Zielen (vgl. Block 2009) und verhalten sich proorganisatorischer (vgl. Gibb Dyer und Whetten 2006; Block und Wagner 2013). Diese Merkmale implizieren gleichzeitig andere Merkmale der Stewardship-Theorie, denn bspw. kann durch **proorganisatorisches Verhalten** Vertrauen wachsen und eine kollektivistische Kultur entstehen. Dies dient zugleich als Erklärung für die vielfälti-gen gesellschaftlichen Aktivitäten mittelständischer Unternehmen (vgl. Reinemann und Ludwig 2015).

Die Einräumung von Vertrauen kann als ein Signal für das **Commitment in einer sozia-len Beziehung** verstanden werden und bringt gleichermaßen eine hohe Wertschätzung ge-genüber der Person des Agenten zum Ausdruck. Zudem kann der Verzicht auf Überwachung und Kontrollen den Abbau von Rechtfertigungsdruck bewirken und die Leistungsmotivation der Manager erhöhen. Es kommt zu einer „Quidproquo"-Situation, in der Principal und Agent sich gegenseitiges Vertrauen schenken. Im Falle eines wahrgenommenen Entzugs von Vertrauen, der aus der Einführung von Kontrollmaßnahmen geschlossen werden könnte, ist dagegen mit einer gegensätzlichen Reaktion zu rechnen (vgl. Nippa und Grigoleit 2006).

Allerdings blieben auch diese positiven Attributionen der Stewardship-Merkmale auf eigentümergeführte Unternehmen nicht unwidersprochen. So fanden Neckebrouck et al. (2018) anhand eines Datensatzes für belgische Eigentümerunternehmen heraus, dass diese ihren Mitarbeitern schlechtere Arbeitsbedingungen offerieren und zugleich durch höhere Fluktuation gekennzeichnet sind.

5.3.5   Erfolgreiche Corporate Governance im Mittelstand

In Theorie und Praxis ist eine breite Diskussion entstanden, ob es für mittelständische Unternehmen allgemein anerkannte Prinzipien guter Unternehmensführung und -kontrolle geben kann. Die bisherigen Ansätze knüpfen dabei entweder an einem bestimmten Teilsegment des Mittelstandes an oder adressieren ein bestimmtes Problem der Unternehmensführung im Mittelstand (vgl. zum Beispiel Weissenberger-Eibl und Spieth 2006).

Aufgrund der Heterogenität und der vielgestaltigen Entwicklungsverläufe mittelständischer Unternehmen sind die Anforderungen an die Corporate Governance immer wieder an die Gegebenheiten anzupassen. Ein kleines und junges Unternehmen benötigt bspw. Strukturen mit klaren Kompetenzen für die Geschäftsführung. Bei mittleren und fokussierten Unternehmen können ein **Beirat** und ein **Risikomanagement** die Leitung des Unternehmens unterstützen und damit den Erfolg des Unternehmens erhalten. Ein mittleres oder gar großes Unternehmen, welches diversifizierte Geschäftsfelder und Regionen bearbeitet, muss diese Voraussetzungen in jedem Fall erfüllen. In solchen Unternehmen kann auch über eine klassische **Holdingstruktur** nachgedacht werden (vgl. Koeberle-Schmid 2015, S. 729).

Systematisch lassen sich die notwendigen Regelungsbereiche **drei Sphären der Corporate Governance** im Mittelstand zuordnen. Dies sind die Beziehungen zu externen Anspruchsgruppen, das Verhältnis der Familiengesellschafter zueinander sowie die internen Strukturen (ähnlich Hausch 2004). Zusammengefasst ergeben sich hieraus die drei Säulen der Corporate Governance im Mittelstand (siehe Abb. 5.17).

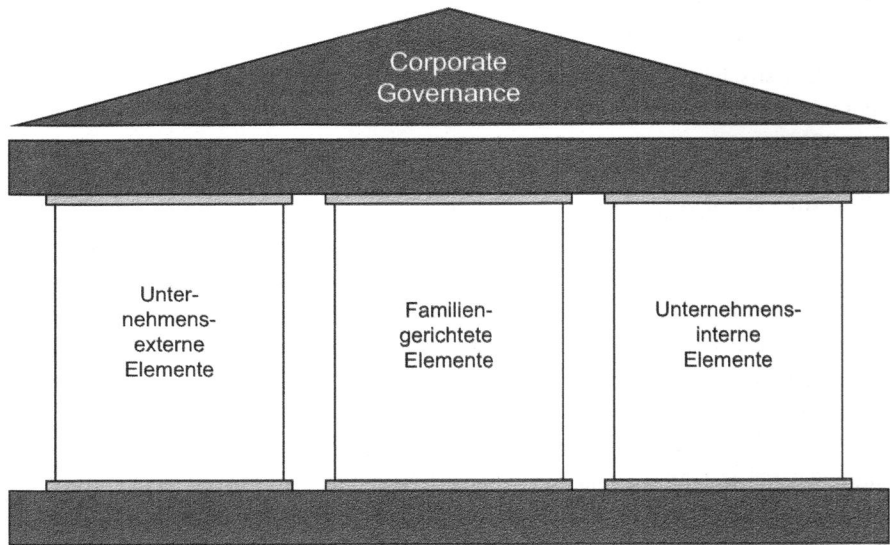

Abb. 5.17   Drei Säulen der Corporate Governance im Mittelstand. (Quelle: Reinemann 2008)

5.3.5.1 Unternehmensexterne Elemente

Mittelständische Unternehmen sehen sich mit vielfältigen externen Anspruchsgruppen konfrontiert. Nicht erst seit den Diskussionen um Basel II und den hiermit verbundenen **Transparenzanforderungen** ist das Verhältnis zu Banken von besonderer Bedeutung. Dem Spannungsverhältnis zwischen der Sicherung der Unabhängigkeit des Unternehmens und der Berücksichtigung der externen Interessen kann im Corporate Governance System durch unterschiedliche Maßnahmen Rechnung getragen werden.

Die Verbundenheit zwischen Eigentümern und Unternehmen drückt sich hier insbesondere in einem hohen **Unabhängigkeitsbestreben** aus. Eine Präferenz für die Erhaltung der Anteilsmehrheit in der Familie und die Senkung des Bankeneinflusses durch die Erhöhung der Eigenkapitalquote sind Ziel vieler mittelständischer Unternehmen (siehe auch Abschn. 5.1.1). Dies schlägt sich auch in der nach wie vor breiten Ablehnung externen Eigenkapitals (Private Equity) nieder. Daher zählen die interne Eigenmittelfinanzierung und die klassische Hausbankfinanzierung immer noch zu den wichtigsten Finanzierungsquellen des Mittelstands. Aufgrund der besonderen Stellung der Hausbanken kommt der offenen Kommunikation mit den Finanzierungspartnern eine immer größere Bedeutung zu.

Es wäre jedoch zu kurz gegriffen, die externen Anspruchsgruppen mittelständischer Unternehmen auf Banken zu reduzieren. Vielmehr haben Familienunternehmen gerade im regionalen Umfeld eine nicht zu unterschätzende Bedeutung für das gesamte Gemeinwesen. Die Wahrnehmung dieser gesellschaftlichen Verantwortung wird unter dem Begriff **Corporate Social Responsibility** zusammengefasst. Verstanden wird hierunter jegliche Übernahme gesellschaftlicher Verantwortung, die über gesetzliche Erfordernisse hinausgeht (vgl. Bassen et al. 2005). Zu dieser freiwilligen Übernahme gesellschaftlicher Verantwortung zählt bspw. das Engagement für soziale, umweltpolitische, kulturelle sowie wissenschaftliche Vorhaben. Die Kreditanstalt für Wiederaufbau (2011) hat in einer Studie für Deutschland ermittelt, dass mittelständische Unternehmen von 2006 bis 2008 ca. EUR 6 Mrd. für CSR-Maßnahmen aufgewendet haben.

Familienunternehmen zeigen erhöhtes Engagement bei gesellschaftlicher Verantwortung und priorisieren die Bedürfnisse ihrer Stakeholder in einer Weise, die sich von anderen Unternehmenstypen unterscheidet. Dieser Befund kann auf die Sorge der Eigentümer um den sozioemotionalen Reichtum, der mit ihrem Unternehmen verbunden ist, zurückgeführt werden. Auch die Gefahr eines Spillovers bei einem negativen Ruf des Unternehmens auf die Familie, erklärt den sorgsamen Umgang mit dem unmittelbaren Umfeld (Block und Wagner 2013).

5.3.5.2 Familiengerichtete Elemente

Die familiengerichteten Elemente der Corporate Governance sind ein wesentliches Unterscheidungsmerkmal zwischen Großunternehmen und Mittelstand. Während große Konzerne zumeist durch eine anonyme Anlegerschaft aus privaten und institutionellen Investoren finanziert werden, sind mittelständische Unternehmen eng mit einer Person oder einer Familie verbunden. Seine Ausprägung in der Corporate Governance findet diese Besonderheit unmittelbar in der Präferenz für die **Übergabe** der Unternehmensleitung **innerhalb der Familie**. Weitere familiengerichtete Elemente sind dem Ausgleich der Unternehmens- und Familieninteressen zuzuordnen.

Insbesondere bei der Stabübergabe der Generationen darf die Präferenz für die Übergabe an Familienmitglieder nicht ohne die Berücksichtigung wesentlicher Anforderungen an die Qualifikation und Erfahrung der Nachfolger vonstattengehen. In der Literatur zu Familienunternehmen ist unstrittig, dass die Nachfolger in einem Familienunternehmen **spezifische Kompetenzen** benötigen, um den zuvor beschriebenen Nachfolgeprozess erfolgreich umzusetzen (vgl. DeNoble et al. 2007). Besonders betont wird in der Literatur die Fähigkeit des Nachfolgers, die Harmonie in der Familie, sowohl bei den aktiven wie auch bei den passiven Gesellschaftern, zu erhalten (vgl. bspw. Chrisman et al. 1998). Bedeutsam ist darüber hinaus das Humankapital bzw. die personenbezogenen Kompetenzen des Nachfolgers und deren Einfluss auf den Übergabeprozess bzw. die Entwicklung des Unternehmens nach dem Generationenübergang. Das Humankapital kann differenziert werden in implizites betriebspezifisches Wissen („tacit knowledge"), Branchenwissen und generelles Managementwissen (vgl. DeNoble et al. 2007).

Geeignete **Auswahlprozeduren** unter potenziellen Nachfolgern sind somit eine weitere wesentliche Anforderung an ein Corporate-Governance-System größerer Familiengesellschaften. Vor diesem Hintergrund ist auch eine frühzeitige Auseinandersetzung mit den möglichen Nachfolgealternativen angezeigt.

Durch die Etablierung einer passenden **Family Business Governance** wird neben dem ökonomischen Wert auch ein sozioemotionaler Wert geschaffen. Die Eigentümerfamilie sollte sich auf gemeinsame Werte und Ziele verständigen, die von Generation zu Generation weitergetragen werden. Mit diesen gemeinsamen Grundwerten kann ein gutes und konfliktfreies Familienklima erzielt werden. Wenn dies durch Traditionen und Rituale unterstützt wird, kann eine hohe Identifikation mit dem Familienunternehmen entstehen. Um diese Ziele dauerhaft zu sichern, können Institutionen wie bspw. ein Familienrat die Transparenz und Überprüfbarkeit der Entscheidungen unterstützen (vgl. Koeberle-Schmid 2015, S. 732).

Insgesamt sollte die **Sicherung des Unternehmens** immer Priorität vor den Einzelinteressen der Gesellschafter haben. Dies gilt nicht nur für den Nachfolgefall, sondern auch für die Regelung möglicher Konflikte im Gesellschafterkreis. Aus diesem Grund dient auch eine regelmäßige Revision der Gesellschaftsverhältnisse einer nachhaltig ausgerichteten Unternehmensentwicklung. Letztendlich sollte dies auch durch Notfallpläne für unvorhergesehene Nachfolgefälle unterstützt werden.

5.3.5.3 Unternehmensinterne Elemente

Die unternehmensinternen Elemente der Corporate Governance lassen sich als ein Ausdruck der **Professionalität in der Unternehmensführung** interpretieren, die den mittelständischen Unternehmen aufgrund ihrer Größe und der damit fehlenden Ausdifferenzierung der Managementfunktionen häufig abgesprochen wird. Doch gerade in eignergeführten Unternehmen ist es aufgrund der Gesellschaftsstrukturen möglich, eine an langfristigen Zielen orientierte Unternehmenspolitik zu betreiben, die nicht durch Quartalsrhythmen geprägt ist.

In der Forschung wird zunehmend die Bedeutung der **langfristigen Orientierung** unternehmerischer Entscheidungen betont. Viele empirische Ergebnisse zu Mittelstand und Familienunternehmen zeigen, dass diese durch eine hohe Führungskontinuität und langfristige Orientierung geprägt sind. Nach Block (2009) erklärt sich die langfristigere Orientierung von Familienunternehmen in erster Linie durch die überwiegend langen Amtszeiten von Eigentümern und durch das Generationendenken (siehe auch Miller und Le Breton-Miller 2005). Das Unternehmen und seine Ressourcen sollen selbst in Krisenzeiten erhalten bleiben und an die nächste Generation weitergegeben werden. In mittelständischen Unternehmen sind allein aufgrund der Eigentumsverhältnisse langfristige Anstellungsverhältnisse prägend (vgl. Keese et al. 2010), die eine Orientierung an langfristigen Zielen zulassen.

Die langfristige Orientierung in der Unternehmensführung sollte sich in größeren Familienunternehmen in einem breiten Einsatz vielfältiger betriebswirtschaftlicher Instrumentarien ausdrücken. Hierzu zählen unter anderem die **mittel- und langfristige Planung**, das **Risikomanagement** oder auch die **Delegation** von Verantwortung auf die zweite Führungsebene. Eine verstärkte Orientierung an betriebswirtschaftlichen Zielgrößen wird für viele mittelständische Unternehmen immer mehr zur Herausforderung (vgl. Reinemann und Boeschen 2008).

Abseits der fehlenden rechtlichen Regulierung für Aufsichtsorgane in den meisten mittelständischen Unternehmen kann die Existenz eines Beirates zur guten Unternehmensführung beitragen (siehe Abb. 4.7). Neben die Funktion als beratendes Organ können auch die Stabilisierung der Gesellschafterverhältnisse und das Schaffen von Netzwerken treten.

Der Beirat kann mit rein beratenden Aufgaben, aber auch mit tatsächlichen Entscheidungskompetenzen ausgestattet sein. In einigen mittelständischen Unternehmen verfügt der Beirat bspw. über Mitspracherechte bei der Auswahl von Führungskräften, insbesondere auch bei der familieninternen Nachfolge (s. Abb. 5.18). In kleineren Unternehmen kann die Unterstützung durch externe Berater ein geeignetes Substitut sein.

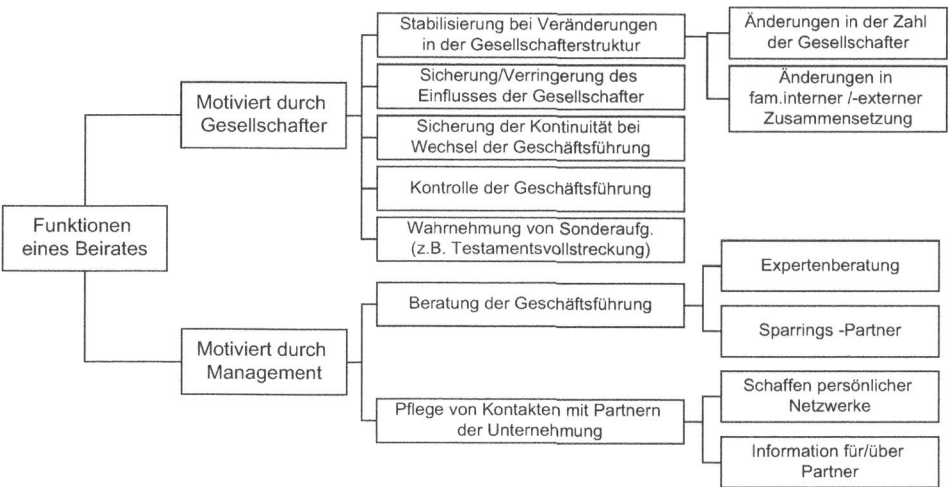

Abb. 5.18 Funktionen des Beirates in mittelständischen Unternehmen. (Quelle: Hausch 2004, S. 75)

5.3.6 Ein Corporate Governance Kodex für den Mittelstand?

Es war weder das Ziel dieses Kapitels, noch erscheint es sinnvoll, einen einheitlichen Corporate Governance Kodex für mittelständische Unternehmen zu entwerfen. Die **Heterogenität der mittelständischen Unternehmen** ist dafür zu groß. Vielmehr ist es aus Sicht eines jeden Unternehmens notwendig, eigene Vorstellungen über die Corporate Governance zu entwickeln, die an die Gesellschafterstruktur und die Unternehmensgröße angepasst sind. Konzepte für gute Unternehmensführung und -kontrolle gibt es im Mittelstand insofern nicht von der Stange. Allerdings zeigen empirische Untersuchungen den Trend zu einer tiefen Auseinandersetzung mit der Corporate Governance und die Tendenz, verstärkt Systeme und Instrumente in den Unternehmen umzusetzen (vgl. Reinemann und Boeschen 2008).

Vor diesem Hintergrund wurde auch ein spezieller **Kodex für Familienunternehmen** entworfen, der allerdings keine konkreten Empfehlungen im Sinne allgemeingültiger Patentlösungen bietet. Vielmehr soll er verdeutlichen, welche Fragestellungen für die spezifische Ausgestaltung der Governance in Familienunternehmen beantwortet werden sollten (vgl. Koeberle-Schmid 2015, S. 733 ff.).

Unstrittig ist in jedem Fall, dass eine an den Unternehmenstyp **angepasste Corporate Governance** die Unternehmensexistenz sichert und die Performanz des Unternehmens erhöht (vgl. Pindado und Requejo 2015, S. 292). Eine unmittelbare Auswirkung guter Corporate Governance lässt sich in der Bankbeziehung im Ratingprozess erzielen. Wesentliche Merkmale der drei Säulen werden in den qualitativen Merkmalen des Ratings bewertet und gehen somit in das Scoringergebnis des Unternehmens ein. Somit besteht zwischen der Corporate Governance und den Kreditkonditionen zumindest eine mittelbare Beziehung.

Wiederholungsfragen

1. Welche Restriktionen wirken bei den Finanzierungsentscheidungen mittelständischer Unternehmen?
2. Was versteht man unter der Hackordnung beim Einsatz von Finanzierungsinstrumenten?
3. Welche negativen Folgen hat eine zu geringe Eigenkapitalausstattung?
4. Gibt es in Deutschland eine Kreditklemme für den Mittelstand?
5. Was versteht man unter dem Stichwort „Disintermediation"?
6. Kennzeichnen Sie die Strukturveränderungen im Finanzmarkt, die zu einem erschwerten Kreditzugang von KMU führen können!
7. Wie wird nach Basel II das aus Bankensicht vorzuhaltende Eigenkapital bestimmt?
8. Aus welchen Faktoren ergibt sich das Ratingurteil bei bankinternen Verfahren?
9. Welche Chancen und Risiken ergeben sich aus den Basel-II-Regelungen für den Mittelstand?
10. An welchen Bilanzpositionen setzen die alternativen Finanzierungsformen für den Mittelstand an?

11. Aus welchen Gründen ist das Leasing zu einer der wichtigsten Finanzierungsalternativen für mittelständische Unternehmen geworden?

12. Warum rangiert das Factoring in der Beliebtheit der alternativen Finanzierungsinstrumente deutlich hinter dem Leasing?

13. Wie kann Working-Capital-Management zur Lösung des Finanzierungsproblems in Unternehmen beitragen?

14. Welche Kennzahlen dienen zur Beurteilung des Working Capitals?

15. Nennen Sie wesentliche Instrumente des Working-Capital-Managements!

16. Welche Aufgaben übernehmen Kapitalbeteiligungsgesellschaften?

17. Welche Merkmale kennzeichnen mezzanine Finanzierungsformen?

18. Nennen Sie die Voraussetzungen, unter denen mezzanines Kapital im Ratingprozess als wirtschaftliches Eigenkapital bewertet wird!

19. Wodurch zeichnen sich öffentliche Fördermittel als Finanzierungsinstrument aus?

20. Welche Ziele werden in der Bilanzanalyse verfolgt?

21. Warum ist die Aussagefähigkeit der externen Bilanzanalyse begrenzt?

22. Mit welchen Methoden werden die Informationen der Bilanzanalyse verdichtet?

23. Nennen Sie die Bestandteile der finanzwirtschaftlichen Analyse!

24. Aus welchen Gründen ist die Sachanlageintensität im verarbeitenden Gewerbe höher als in Dienstleistung und Handel?

25. Diskutieren Sie das Für und Wider der Aussagefähigkeit von Liquiditätsgraden!

26. Aus welchen theoretischen Gründen sollten kleine und mittlere Unternehmen eine höhere Eigenkapitalquote ausweisen als Großunternehmen?

27. Welche Kernbestandteile gehören zur erfolgswirtschaftlichen Analyse von Unternehmen?

28. Warum wird die Gesamtkapitalrendite der Eigenkapitalrendite zur Beurteilung des Erfolgs von Unternehmen vorgezogen?

29. Welche Unterschiede zwischen kleinen und mittleren Unternehmen und Großunternehmen lassen sich auf der Aktiv- und Passivseite der Bilanz feststellen?

30. Was versteht man unter Corporate Governance?

31. Welche Inhalte des DCGK lassen sich mit der Principal-Agent-Theorie erklären?

32. Wie unterscheiden sich die Agency-Kosten zwischen KMU, großen Familienunternehmen und Großunternehmen?

33. Was gehört zu einer guten Corporate Governance im Mittelstand?

34. Mittelständische Unternehmen werden häufig als Musterfall für das Fehlen von Agency-Kosten angesehen. Erläutern Sie anhand eines konkreten Beispiels, in welchen Fällen solche Probleme dennoch auftreten können!

35. Welche Parameter müssen beim Vergleich der Agency-Kosten zwischen Familienunternehmen und Nicht-Familienunternehmen herangezogen werden?

36. Warum werden die Ansätze der Agency-Theorie immer wieder kritisiert?

37. Auf welchen Säulen ruht die Corporate Governance im Mittelstand?

38. Halten Sie die Formulierung eines einheitlichen Corporate Governance Kodex für den Mittelstand für sinnvoll?

Literatur

Achleitner, A. K.; Schraml, S. C.; Tappeiner, F. (2011): Private Equity in Familienunternehmen: Erfahrungen mit Minderheitsbeteiligungen, Stiftung Familienunternehmen, München.

Amann, K.; Petzold, J. (2014): Management und Controlling: Instrumente – Organisation – Ziele, Wiesbaden.

Anderson, R. C.; Reeb, D. M. (2003): Founding-family ownership and firm performance: evidence from the S&P 500, in: The journal of finance, 58(3), 1301–1328.

Arens, M. (2009): Bankinternes Rating leistungswirtschaftlicher Risiken bei kleinen und mittleren Unternehmen, München.

Bannier, E., Grote, M. H. (2008): Equity gap? – Which equity gap?: on the financing structure of Germany's Mittelstand, Frankfurt School of Finance & Management, Working Paper No. 106, Frankfurt a. M.

Barth, Th.; Stehr, U.; Allmendinger, D. (2002): Auswirkungen von Basel II auf die Finanzierung mittelständischer Unternehmen, in: WISU – Das Wirtschaftsstudium, S. 1259–1267.

Bassen, A.; Jastram, S.; Meyer, K. (2005): Corporate Social Responsibility. Eine Begriffserläuterung, in: Zeitschrift für Wirtschafts- und Unternehmensethik, 6(2), 231–236.

Baumöl, U.; Kißler, M.; Reichmann, T. (2017): Controlling mit Kennzahlen: Die systemgestützte Controlling-Konzeption, München.

Becker, W.; Ulrich, P.; Botzkowski, T. (2015): Finanzierung im Mittelstand, Wiesbaden.

Berthold, F. (2010): Familienunternehmen im Spannungsfeld zwischen Wachstum und Finanzierung, Schriften zu Familienunternehmen Band 4, Lohmar.

Block, J. H. (2009): Long-term Orientation of Family Firms: An Investigation of R&D Investments, Downsizing Practices, and Executive Pay, Wiesbaden.

Block, J., Wagner, M. (2013): The effect of family ownership on different dimensions of corporate social responsibility: Evidence from large US firms, in: Business Strategy and the Environment, https://doi.org/10.1002/bse.1798.

BMWi (2007): Der Mittelstand in der Bundesrepublik Deutschland: Eine volkswirtschaftliche Bestandsaufnahme, Dokumentation Nr. 561, Berlin.

Börner, C. (2006): Finanzierung, in: Pfohl, H.-Chr. (Hrsg.): Betriebswirtschaftslehre der Mittel- und Kleinbetriebe, Berlin, 297–329.

Börner, C.; Grichnik, D.; Reize, F. (2010): Finanzierungsentscheidungen mittelständischer Unternehmen – Einflussfaktoren der Fremdfinanzierung deutscher KMU, in: zfbf, März, 227–250.

Brackschulze, K.; Mayer-Friedrich, M. D.; Müller, S. (2011). Finanzierung mittelständischer Unternehmen nach Basel III, München.

Brösel, G. (2014): Bilanzanalyse, 15. Auflage, Berlin.

Chrisman, J.J.; Chuas, J.H.; Litz, R.A. (2004): Comparing the Agency Costs of Family and Non-Family Firms: Conceptual Issues and Exploratory Evidence, in: Entrepreneurship: Theory and Practice, 28(4), 335–354.

Chrisman, J. J.; Chua, J. H.; Sharma, P. (1998): Important attributes of successors in family businesses: An exploratory study, in: Family Business Review, 11(1), 19–34.

Coenenberg, A., Haller, A., Schultze, W. (2016): Jahresabschluss und Jahresabschlussanalyse, 24. Auflage, Stuttgart.

Daube, C. H.; Dobernig, H.; Becker, M.; Peskes, M. (2017): Mittelstandsfinanzierung: Rahmenbedingungen, Status Quo und Entwicklung, Hamburg.

Davis, J. H.; Schoorman, F. D.; Donaldson, L. (1997): Toward a stewardship theory of management, in: Academy of Management review, 22(1), 20–47.

DCGK (2018): Deutscher Corporate Governance Kodex, URL: https://www.dcgk.de/de/

DeNoble, A.; Ehrlich S.; Singh, G. (2007): Toward the Development of a Family Business Self-Efficacy Scale: A Resource-Based Perspective, in: Family Business Review, 20(2). 127–140.

Deutsche Bundesbank (2016): Ertragslage und Finanzierungsverhältnisse deutscher Unternehmen im Jahr 2015, Frankfurt.

Deutsche Bundesbank (2003): Zur wirtschaftlichen Situation kleiner und mittlerer Unternehmen in Deutschland, in: Deutsche Bundesbank Monatsbericht Oktober 2003, 29–55.

Deutsche Bundesbank (2004): Neue Eigenkapitalanforderungen für Kreditinstitute, in: Monatsbericht September 2004, 75–100.

Deutsche Bundesbank (2017): Tendenzen in den Finanzierungsstrukturen deutscher nichtfinanzieller Unternehmen im Spiegel der Unternehmensabschlussstatistik, in: Monatsbericht Juli 2017, Frankfurt, 61–73.

Deutsche Bundesbank (2018): Verhältniszahlen aus Jahresabschlüssen deutscher Unternehmen, div. Jahrgänge, Frankfurt.

Deutscher Factoring Verband (2018): Jahresbericht 2017, Berlin.

Dorgan, S. J.; Dowdy, J.J.; Rippin, T.M. (2006): Who should and shouldn't run the family business, in: The McKinsey Quarterly, H. 3, 13–15.

Drukarczyk, J. (2003): Finanzierung, 9. Auflage, Stuttgart

Espel, Ph. (2008): Privates Beteiligungskapital im deutschen Mittelstand, Wiesbaden.

Fueglistaller, U.; Müller, Chr.; Volery, Th. (2016): Entrepreneurship, 4. Aufl., Wiesbaden

Gerstenberger, J. (2018): Leasing – Bedeutung steigt, allerdings dominieren Fahrzeuge, KfW Research Fokus Volkswirtschaft, Nr. 222, Frankfurt.

Gibb Dyer, W., Whetten, D. A. (2006): Family Firms and Social Responsibility: Preliminary Evidence from the S&P 500, in: Entrepreneurship Theory and Practice, 30(6), 785–802.

Gómez-Mejía, L. R.; Núñez-Nickel, M.; Gutierrez, I. (2001): The Role of Family Ties in Agency Contracts, in: Academy of Management Journal, 44(1), 81–95.

Grichnik, D. (2003): Finanzierungsverhalten mittelständischer Unternehmen im internationalen Vergleich, in: Kienbaum, J., Börner, Ch. J. (Hrsg.): Neue Finanzierungswege für den Mittelstand, Wiesbaden, S. 75–112.

Haghani, S.; Holzamer, M. (2015): Finanzierung im Mittelstand, Instrumente und Übersicht, in: Becker, W.; Ulrich, P. (Hrsg.): BWL im Mittelstand, Stuttgart, 374–393

Haunerdinger, M, Probst, H.-J. (2006): Finanz- und Liquiditätsplanung in kleinen und mittleren Unternehmen, München.

Haunschild, L., Wallau, F. (2009): Die größten Familienunternehmen in Deutschland, IfM-Materialien Nr. 192, Bonn.

Hausch, K. (2004): Corporate Governance im deutschen Mittelstand, Wiesbaden.

Heesen, B.; Moser, O. (2013): Working Capital Management: Bilanzierung, Analytik und Einkaufsmanagement, Wiesbaden.

Heitzer, B., Wilde, J. (2008): Die Bedeutung der Hausbankbeziehung für die Finanzierung mittelständischer Unternehmen, Arbeitspapier, Bonn.

Irsch, N. (2007): Die Mittelstandsförderung der KfW Mittelstandsbank – Strategie und Produkte, in: Haasis, H.; Fischer, Th. R.; Simmert, D. B. (Hrsg.): Mittelstand hat Zukunft, Wiesbaden, 313–328.

Keese, D., Hauer, A., Tänzler, J.-K. (2010): Die Verweildauer des Managements von Familienunternehmen und Unternehmen im Streubesitz, Arbeitspapier der Stiftung Familienunternehmen, Stuttgart.

KfW (2018): Unternehmensbefragung, Frankfurt a.M.

KfW (2018a): KfW-Förderreport 2017, Frankfurt a.M.

KfW (2011): Corporate Social Responsibility im deutschen Mittelstand, KfW-Research-Standpunkt Nr. 7, Frankfurt a.M.

KfW (2006): Mittelstandsmonitor, Frankfurt a. M.

KfW (2006a): Investitionsfinanzierung im Mittelstand, Mittelstands- und Strukturpolitik Nr. 33, Frankfurt

KfW (2003): Mittelstandsmonitor, Frankfurt a. M.

Kieser, A.; Ebers, M. (2014): Organisationstheorien. 7., Auflage, Stuttgart.

Klein, S.(2004): Familienunternehmen, 2. Auflage, Wiesbaden.

Koeberle-Schmid, A. (2015): Family Business Governance im Mittelstand, in: Becker, W. und Ulrich, P. (Hrsg.): BWL im Mittelstand: Grundlagen – Besonderheiten – Entwicklungen, Stuttgart, 728–750.

Krämer, F.; Kraus, T. (2010): Fällige Mezzaninefinanzierungen – Chance zur Neugestaltung der Finanzierungsstruktur, in: IKB Unternehmerthemen, Juli 2010, 21–25.

Kraus, S., Filser, M., Götzen, T., Harms, R. (2011): Familienunternehmen: Zum State-of-the-Art der betriebswirtschaftlichen Forschung, in: Betriebswirtschaftliche Forschung und Praxis, 63 (6), S. 587–605.

Kümmel, J.; Hanke, M.; Gotzelna, U. (2013): Basel III und die Finanzierung von KMU, in: Wisu – Das Wirtschaftsstudium 5(13), 668–673.

Lachnit, L.; Müller, S. (2017): Bilanzanalyse, 6. Auflage, Wiesbaden.

Meyer, C.-A. (2007): Working capital und Unternehmenswert: Eine Analyse zum Management der Forderungen und Verbindlichkeiten aus Lieferungen und Leistungen, Wiesbaden.

Michiels, A.; Molly, V. (2017): Financing Decisions in Family Businesses: A Review and Suggestions for Developing the Field, in: Family Business Review, 30(4) 369–399.

Miller, D., Le Breton-Miller, I., Scholnick, B. (2008): Stewardship vs. Stagnation: An Empirical Comparison of Small Family and Non-Family Businesses, in: Journal of Management Studies, 45(1), 51–78.

Miller, D., Le Breton-Miller, I. (2005): Managing for the Long Run: Lessons in Competitive Advantage from Great Family Businesses, Boston.

Neckebrouck, J.; Schulze, W.; Zellweger, T. (2018). Are family firms good employers?, in: Academy of Management Journal, 61(2), 553–585.

Nippa, M; Grigoleit, J. (2006): Corporate Governance ohne Vertrauen? Ökonomische Konsequenzen der Agency-Theorie, Freiberger Arbeitspapiere # 01/2006.

Pahnke, A.; Schröder, C.; Leonhardt, F.; Wiedemann, A. (2015): Finanzierungsstrukturen und -strategien kleiner und mittlerer Unternehmen: Eine Bestandsaufnahme, IfM Materialien Nr. 242, Bonn.

Perridon, L.; Steiner, M.; Rathgeber, A. W. (2017): Finanzwirtschaft der Unternehmung, 15. Auflage, München.

Pindado, J.; Requejo, I. (2015): Family business performance from a governance perspective: A review of empirical research, in: International Journal of Management Reviews, 17(3), 279–311.

Portisch, W. (2008): Finanzierung im Unternehmenslebenszyklus, München.

Reinemann, H. (2008): Corporate Governance im Mittelstand, in: WISU, H. 5, 705–711.

Reinemann, H.; Boeschen, V. (2008): Corporate Governance im Mittelstand, Begleitstudie zum Axia Award der Deloitte Wirtschaftsprüfung, München 2008.

Reinemann, H. (2007): Erfolgspotenziale mittelständischer Unternehmen im Innovationswettbewerb, in: WISU – Das Wirtschaftsstudium, 07(2), 217–221.

Reinemann, H.; Ludwig, D. (2015): Die qualitative Dimension des Mittelstandsbegriffs, in: Becker, W. und Ulrich, P. (Hrsg.): BWL im Mittelstand: Grundlagen – Besonderheiten – Entwicklungen, Stuttgart, 38–52.

Reize, F. (2010): Gibt es eine Kreditklemme im Mittelstand?, KfW-Research Standpunkt Nr. 2, Frankfurt a. M.

Ritter, M. (2018): Factoring für den Mittelstand, in: Dimler, N., Karcher, B., & Peter, J. (Hrsg.): Unternehmensfinanzierung im Mittelstand, Wiesbaden, 101–115.

Schmidlin, N. (2013): Unternehmensbewertung & Kennzahlenanalyse: Praxisnahe Einführung mit zahlreichen Fallbeispielen börsennotierter Unternehmen, München.

Schmidt, A. G. (1995): Der Einfluss der Unternehmensgröße auf die Rentabilität von Industrieun-ternehmen, Wiesbaden.

Schmidt, A. G.; van Elkan, M. (2006): Der gesamtwirtschaftliche Nutzen der deutschen Bürg-schaftsbanken, Trier.

Schöning, S.; Gatzka, M. (2006): Private Equity und Venture Capital: Heuschrecken oder Rettung des deutschen Mittelstands?(I), in: Wisu – Das Wirtschaftsstudium 11(06), 1399–1404.

Schumacher, M. (2006): Rating für den deutschen Mittelstand, Wiesbaden.

Steiner, M.; Starbatty, N. (2004): Bedeutung von Ratings in der Unternehmensfinanzierung, in: Ach-leitner, A.-K. (Hrsg.): Praxishandbuchratings: Antworten auf die Herausforderungen Basel II, Wiesbaden.

Velte, P. (2010): Stewardship-Theorie, in: Zeitschrift für Planung & Unternehmenssteuerung, 20(3), 285–293.

Verspay, H. P. (2014): Geschäftsführer – GmbH-Handbuch für den Mittelstand, Berlin, Heidelberg.

Waschbusch, G.; Staub-Ney, N. (2015): Finanzierung mittelständischer Unternehmen – eine Be-trachtung der Besonderheiten vor dem Hintergrund konjunktureller Auf- und Abwärtsbewegun-gen, in: Becker, W.; Ulrich, P. (Hrsg.): BWL im Mittelstand, Stuttgart, 393–410

Weissenberger-Eibl, M.; Spieth, P. (2006): Family Business Governance, in: Zeitschrift für Corpo-rate Governance, 1. Jg., H. 4, S. 127–133.

Weidemann, J. F. (2018): A state-of-the-art review of corporate cash holding research, in: Journal of Business Economics, 88(6), 765–797.

Welge, M. K.; Eulerich, M. (2014): Corporate-Governance-Management: Theorie und Praxis der guten Unternehmensführung, Wiesbaden.

Welge, M.; Witt, P. (2013): Corporate Governance in kleinen und mittleren Unternehmen, in Corpo-rate Governance in mittelständischen Unternehmen, ZfB Special Issue 2/2013, 185–205.

Wöhe, G.; Bilstein, J.; Ernst, D.; Häcker, J. (2013). Grundzüge der Unternehmensfinanzierung, München.

Witt, P. (2003): Corporate Governance Systeme im Wettbewerb, Wiesbaden.

Zirkler, B.; Hofmann, J.; Schmolz, S. (2015): Basel III in der Unternehmenspraxis, Wiesbaden

Auch wenn sich ein Unternehmen auf einem langfristig stabilen Entwicklungspfad befindet, so kann es doch zu einem revolutionären Veränderungsereignis kommen. Dieser Begriff ist in seinem ursprünglichen Wortsinn zu verstehen und kann durch interne oder externe Einflüsse ausgelöst werden. Eng verknüpft ist diese Wendephase mit dem Risikobegriff, denn ein solches Veränderungsereignis kann zu einer Rückkehr auf den Wachstumspfad oder in den Niedergang führen.

Die klassische Herausforderung der Wendephase ist die Turnaroundsituation. Sie wird verstanden als eine krisenhafte Entwicklung, die den Bestand eines Unternehmens gefährden kann. Als die zweite klassische Wendesituation, der in diesem Lehrbuch ein weiteres Kapitel gewidmet ist, kann die Nachfolgesituation bewertet werden. In diesem Prozess kommt es zu einem Wechsel der wesentlichen Unternehmerperson, was zu einer deutlichen Veränderung im Unternehmen führen kann.

6.1 Unternehmenskrisen und deren Bewältigung

Im Lebenszyklus von Unternehmen kommt es nahezu zwangsläufig zu **Krisenphasen**. Diese ungeplanten Abweichungen stellen die Unternehmensführung vor erhebliche Herausforderungen. In diesem Abschnitt werden unterschiedliche Krisenphänomene – insbesondere die Insolvenz – untersucht und die Handlungsmöglichkeiten des Managements und der Stakeholder zur Überwindung solcher Krisen diskutiert.

© Springer Fachmedien Wiesbaden GmbH, ein Teil von Springer Nature 2019   235
H. Reinemann, *Mittelstandsmanagement*,
https://doi.org/10.1007/978-3-658-25355-4_6

Lernziele
Wenn Sie diesen Abschnitt durchgearbeitet haben, können Sie

* die aktuelle Situation des Insolvenzgeschehens beschreiben und erklären,
* Krisenmodelle und Ursachen erläutern sowie
* Konzepte und Instrumente der leistungs- und finanzwirtschaftlichen Sanierung charakterisieren und anwenden.

6.1.1 Unternehmenskrisen

Unternehmenskrisen werden in der betriebswirtschaftlichen Literatur als ungeplante und ungewollte Prozesse begriffen, die Unternehmen substanziell gefährden. Hierbei entwickeln sich Erfolgspotenziale, Vermögen und/oder Liquidität des Unternehmens so ungünstig, dass die Existenz des Unternehmens bedroht ist (vgl. Sasse und Stein 2015, S. 691). Krisen sind als ein **zyklisch auftretender Normalzustand** zu begreifen, den jedes Unternehmen nach einem evolutionären Entwicklungsprozess in unregelmäßigen Abständen bewältigen muss.

Der Begriff der Krise ist **ambivalent**, denn Krisen werden sowohl einzelwirtschaftlich als auch gesamtwirtschaftlich als **Risiko und Chance** betrachtet. Aus Sicht des Unternehmens ergibt sich in der Krise die Möglichkeit der grundsätzlichen Neuausrichtung; gesamtwirtschaftlich betrachtet gehören Krisen und letztendlich das Ausscheiden von Unternehmen aus dem Marktprozess zum natürlichen Fluktuationsgeschehen und damit auch zum wirtschaftlichen Strukturwandel.

Aus inhaltlicher Sicht lassen sich in einem einfachen Modell **drei Krisenphasen** unterscheiden (vgl. Sasse und Stein 2015, S. 691 f. und Abb. 6.1). Die **strategische Krise** ist

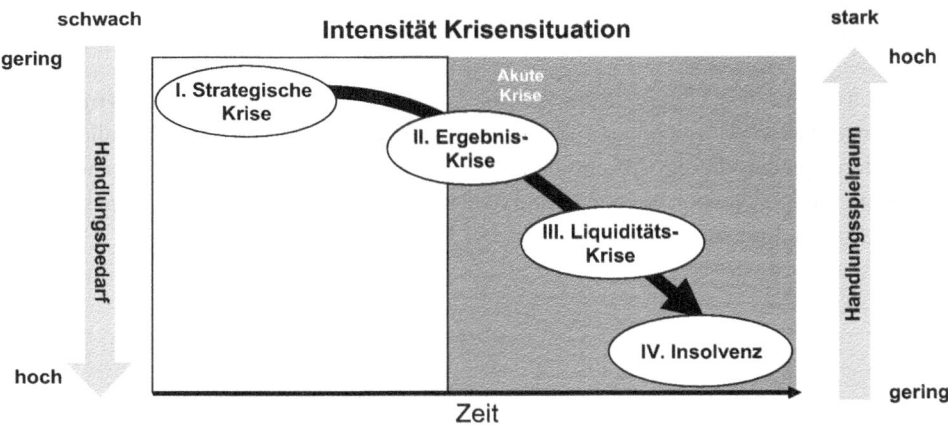

Abb. 6.1 Krisenphasen. (Quelle: eigene Darstellung)

dadurch gekennzeichnet, dass ein Unternehmen (noch) gute Unternehmensergebnisse vorweisen kann, die strategische Positionierung des Unternehmens ist allerdings ungünstig (bspw. veraltetes Produktportfolio). Da noch kein Handlungsdruck für das Management besteht, wird diese Phase weder intern noch extern ausreichend wahrgenommen.

Charakteristisch für die **Erfolgskrise** ist eine zunehmende Verschlechterung der Ergebnissituation, die Liquidität ist weiterhin ausreichend vorhanden. Im Zeitablauf führt diese Entwicklung allerdings zur Aufzehrung des Eigenkapitals und einer Verschlechterung der Bilanzrelationen. Diese Unternehmenssituation kann gegenüber Dritten nur noch unzureichend verdeckt werden und führt zu einer Bonitätsverschlechterung und damit auch zu erhöhten Finanzierungskosten.

In der **Liquiditätskrise** ist die Zahlungsfähigkeit des Unternehmens gefährdet, woraus sich eine kurzfristige Existenzbedrohung ergibt (vgl. Crone und Werner 2017, S. 9). Liquiditätsengpässe sind von den Geschäftspartnern (insbesondere Banken) direkt erkennbar und führen zu Konsequenzen wie bspw. Lieferstopp durch die Lieferanten. Als letzte Konsequenz führt die Liquiditätskrise in die **Insolvenz**, deren Auslöser und Folgen in Abschn. 6.1.2 diskutiert werden.

Dieses einfache Krisenmodell kann durch die sogenannte **Stakeholderkrise** sowie die **Produkt-/Absatzkrise** ergänzt werden. Relevante Stakeholder der Unternehmenskrise sind neben Gesellschaftern regelmäßig auch Banken, Lieferanten, Kunden und Mitarbeiter. Stakeholderkrisen können bspw. zu Kreditkündigungen führen oder steigende Personalkosten durch Krankenstand oder eine hohe Fluktuation auslösen. Eine Produkt-/Absatzkrise ist regelmäßig eine Folge falscher strategischer Entscheidungen. Diese Krise äußert sich in der Verschlechterung von Absatzzahlen und/oder sinkenden Margen von Produkten.

Ein enger Zusammenhang besteht zwischen den Krisenphasen und den **Handlungsmöglichkeiten des Managements**. Wie bereits beschrieben, wird der Handlungsbedarf in der strategischen Krise durch das Management und die übrigen Stakeholder meist gar nicht erkannt. Dieser Handlungsbedarf nimmt im Zeitablauf und mit zunehmender Krisenintensität allerdings deutlich zu. Für den Handlungsspielraum ergibt sich der umgekehrte Zusammenhang.

Praxisbeispiel: Autozulieferer Karmann

Der Weg von einer strategischen Krise bis in die Insolvenz lässt sich an der Geschichte des Automobilzulieferers und Familienunternehmens Karmann nachvollziehen. Zu Beginn des neuen Jahrtausends stellten viele Automobilhersteller ihre Strategie bei der Herstellung von Nischenmodellen um. Während früher die Fertigungstechnologien der großen Hersteller die profitable Produktion von Modellen mit geringen Stückzahlen nicht zuließen, konnte in dieser Zeit eine Wende beobachtet werden.

Auch Kleinserien wurden zunehmend selbst umgesetzt. Für Karmann, den Zulieferer von Cabriodächern und Hersteller von Nischenmodellen, war dies eine ernste Bedrohung. Einhergehend mit Beschäftigungssicherungsvereinbarungen bei den großen Automobilmarken ging die Zahl der ausgeschriebenen Großaufträge erheblich zurück.

In der Folge sanken die Auslastung der Werke und die Profitabilität des Unternehmens, was nach vergeblichen Verkaufsversuchen letztendlich in die Insolvenz des Unternehmens führte. Trotz der guten technologischen Position und der branchenweit geschätzten Fachkräfte war das Unternehmen nicht mehr zu retten. Nach und nach wurden einzelne Teile des Unternehmens an Kunden oder andere Erwerber veräußert.
Quelle: Handelsblatt, 28.02.2011, S. 26

In einer strategischen Krise, die von ihrer Intensität eher als latent bezeichnet werden kann, sind die Spielräume des Managements noch sehr ausgeprägt, da bspw. liquide Mittel in ausreichendem Maß vorhanden sind. In der Liquiditätskrise sind die Handlungsalternativen des Unternehmens begrenzt und das Management ist zumeist auf externe Hilfe angewiesen. Aus empirischen Untersuchungen ist allerdings bekannt, dass die Unternehmenskrise in der Mehrzahl der Fälle erst in der Liquiditätskrise erkannt wird (vgl. KPMG 2002, S. 14). Dieses Phänomen wird insbesondere bei mittelständischen Unternehmen durch die schleppende Informationsversorgung der Banken unterstützt.

6.1.2 Insolvenz als Krisenphänomen

6.1.2.1 Insolvenzverfahren

In den gängigen Modellen gilt die Insolvenz als zeitlicher Endpunkt der Krisenentwicklung. Die Insolvenzordnung (InsO) kennt drei verschiedene Eröffnungsgründe (vgl. Sasse und Stein 2015, S. 693 f.; §§ 16 ff. InsO). Die **Zahlungsunfähigkeit** ist der allgemeine Eröffnungsgrund, d. h., sie kommt bei Schuldnern aller Art in Betracht. Ein Schuldner ist zahlungsunfähig, wenn er nicht in der Lage ist, seine Zahlungspflichten zu erfüllen (vgl. Crone und Werner 2017, S. 33 ff.).

Der Tatbestand der **Überschuldung** kommt nur für juristische Personen in Betracht und beschreibt eine Situation, in der das Vermögen des Schuldners die bestehenden Verbindlichkeiten nicht mehr deckt. Als dritter Grund für die Insolvenzeröffnung existiert die **drohende Zahlungsunfähigkeit**, die auf Schuldnereigenantrag erfolgt. Dieser Eröffnungsgrund beschreibt eine Unternehmenssituation, in der der Schuldner voraussichtlich nicht in der Lage ist, seine bestehenden Zahlungspflichten zu erfüllen.

Mit der Reform des Insolvenzrechts im Jahr 1999 wurde kein grundsätzlicher Wechsel in den Zielen einer Insolvenz eingeleitet. Immer noch stehen die **Gläubigerinteressen** im Vordergrund des Verfahrens. Allerdings wurden systematische Änderungen durchgeführt, die eine Erhöhung der Verwertungsoptionen zum Ziel hatten. Wesentlich ist in diesem Zusammenhang die Einführung des Insolvenzplanverfahrens, nach dem eine Eigensanierung durch die bisherige Unternehmensführung erfolgen kann. Der zweite Weg zur Sicherung des Unternehmens ist die Übertragung des Unternehmens an einen neuen Eigentümer.

Mit der Umsetzung dieser Reform war die Erwartung verknüpft, dass sich der Sanierungsgedanke im Insolvenzrecht durchsetzen könnte; diesen Erwartungen wurde das neue Gesetz nur teilweise gerecht. Da die Form der Sanierung eines Unternehmens in der

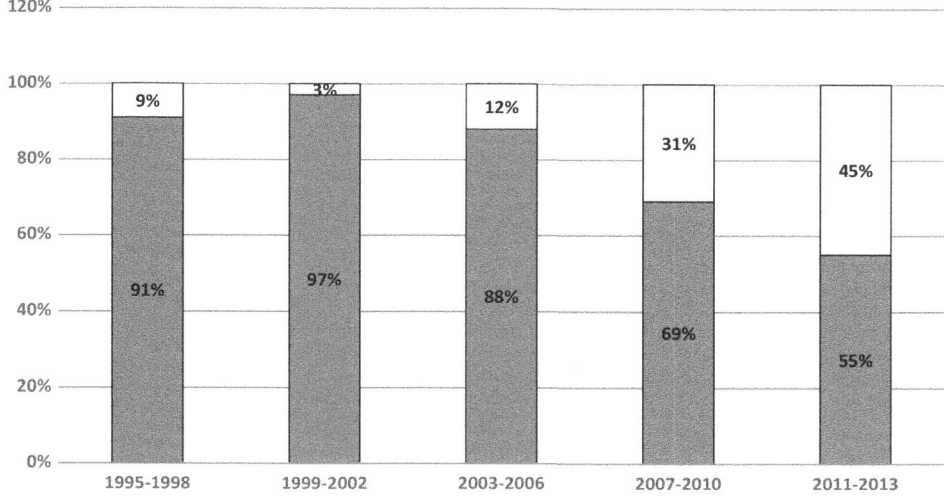

Abb. 6.2   Verteilung der Sanierungen auf Sanierungsformen. (Quelle: Wagner 2016, S. 6)

amtlichen Statistik nicht erfasst wird, muss zur Quantifizierung der Sanierungsformen auf empirische Untersuchungen zurückgegriffen werden. Das ZEW hat auf Basis eines Unternehmenspanels ermittelt, dass der **Anteil der Sanierungen** nach Einführung des Insolvenzrechts 1999 von 3 % auf durchschnittlich 7–8 % gestiegen ist. Während in der Vergangenheit eine absolute **Dominanz der übertragenden Sanierung** festzustellen war, hat sich dieses Bild in den vergangenen Jahren verändert. Mittlerweile wird fast die Hälfte der Verfahren als Vergleichs- oder Insolvenzplanverfahren durchgeführt (siehe Abb. 6.2).

6.1.2.2 Empirisches Bild von Unternehmensinsolvenzen

In den empirischen Daten zum Insolvenzgeschehen lassen sich insbesondere konjunkturelle Entwicklungen deutlich wiederfinden. **Insolvenzen** sind ein sog. **Spätindikator**, d. h., sie folgen der Konjunktur mit zeitlichem Versatz. Diese verspätete Wirkung von Abschwüngen lässt sich dadurch erklären, dass die Unternehmen zunächst angesammelte Eigenkapital- bzw. Liquiditätspolster aufbrauchen, bevor eine Insolvenz angemeldet wird.

In der aktuellen Konjunktursituation lässt sich dieses Bild an empirischen Daten verdeutlichen. Dank einer stabil positiven Wirtschaftsentwicklung ist die Zahl der Insolvenzen seit dem Jahr der Weltwirtschafts- und Finanzkrise 2009 stetig zurückgegangen. Von fast 33.000 Unternehmensinsolvenzen ist der Wert auf nunmehr unter 22.000 zurückgegangen (siehe Abb. 6.3). Ein ähnliches Bild lässt sich auch bei den Gesamtinsolvenzen beobachten, die zusätzlich Verbraucherinsolvenzen und sonstige Insolvenzen beinhalten.

Strukturell hat sich am Bild der Insolvenzen allerdings wenig verändert: Es sind insbesondere kleinere und jüngere Unternehmen, die ein höheres Insolvenzrisiko aufweisen (vgl. Abb. 6.4). Man spricht in diesem Zusammenhang auch von der **„liability of smallness"** bzw. **„liability of newness"** (vgl. Kolb und Welter 2008; Fritsch 2016, S. 100)

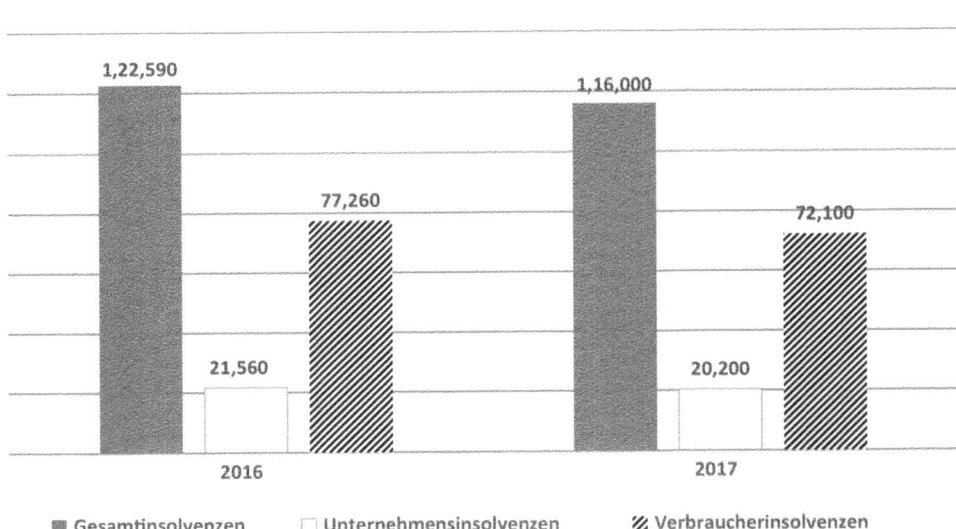

Abb. 6.3 Insolvenzen in den Jahren 2016 und 2017 im Vergleich. (Quelle: Creditreform 2018, S. 1)

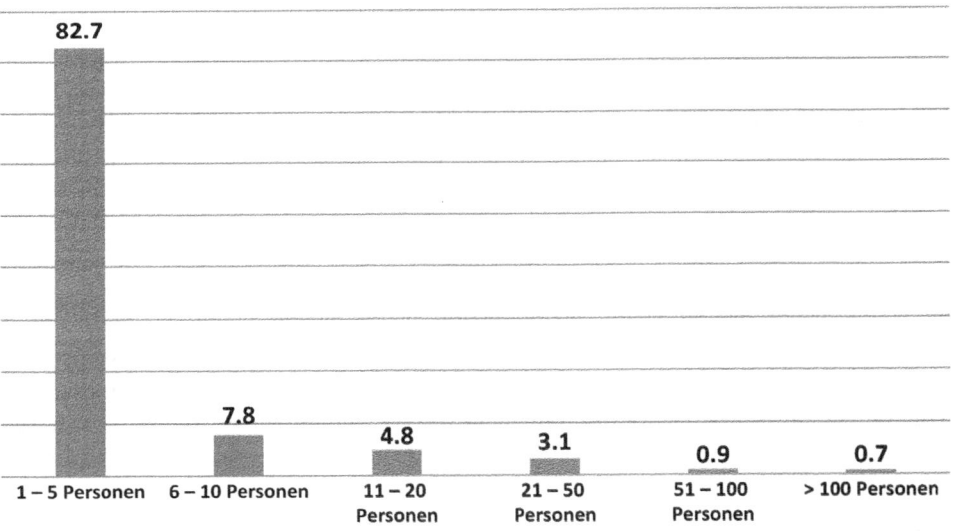

Abb. 6.4 Unternehmensinsolvenzen nach Mitarbeiterzahlen im Jahr 2017. (Quelle: Creditreform 2017, S. 8)

Nach Berechnungen der Creditreform verursachten Insolvenzen in Deutschland im Jahr 2016 einen **volkswirtschaftlichen Schaden** von EUR 27,5 Mrd. Bezogen auf Unternehmenszusammenbrüche ist insbesondere die Zahl der **betroffenen Arbeitsplätze** von Bedeutung. Für das Jahr 2016 liegt der Wert bei 221.000 Arbeitnehmern. Während der volkswirtschaftliche Schaden gegenüber dem Vorjahr gestiegen ist, ist die

Zahl der Arbeitsplatzverluste zurückgegangen. Creditreform führt den erhöhten Schaden insbesondere auf ausgefallene Mittelstandsanleihen zurück (vgl. Creditreform 2017, S. 4 ff.).

Mit dieser Entwicklung sind auch erhebliche Konsequenzen für die **öffentlichen Haushalte** verbunden. Für das Insolvenzgeld, das den betroffenen Arbeitnehmern in den ersten drei Monaten des Verfahrens gezahlt wird, musste die Bundesagentur für Arbeit im Jahr 2016 ca. EUR 1,7 bis 1,8 Mrd. aufwenden, was einer Steigerung von 174 % gegenüber dem Vorjahr entspricht.

6.1.3 Krisenursachen

Für eine Unternehmenskrise sind vielfältige Ursachen denkbar, die unabhängig voneinander auftreten können oder in einem gegenseitigen Abhängigkeitsverhältnis stehen (vgl. Kehrei und Leker 2009, S. 200). **Erfolgswirtschaftliche Ursachen** basieren auf Verwerfungen, die in den Funktionsbereichen einer Unternehmung auftreten. **Finanzwirtschaftliche Ursachen** können hingegen in der mangelnden Abstimmung von Einnahmen und Ausgaben liegen. **Individuelle Fehlleistungen** aufseiten der Unternehmensführung, die auf mangelnder Qualifikation oder der Persönlichkeitsstruktur basieren, können ebenfalls zu Unternehmenskrisen führen.

Grundsätzlich gibt es demnach keine idealtypische Krise. Allerdings lassen sich aus der Vielfalt der Krisenauslöser Ursachenbündel bilden (siehe Tab. 6.1):

Tab. 6.1 Hierarchisch gegliederte Krisenursachen. (Quelle: Hauschildt 1988)

In der Person des Unternehmers	- Unerfahrenheit/Unfähigkeit
	- Verschwendung/Spekulation
	- Familie/Krankheit/Tod
	- Führungsmängel
	- Autoritäre Zentralisierung
	- Entscheidungsschwäche
	- Fehlende Koordination
	- Fehlende Kontrolle
In der Unternehmensverfassung	- Rechtsform
	- Verbund
	- Organisation
	- Information
	- Beziehungen zu den Arbeitnehmern
Erfolgswirtschaftliche Krisenursachen	- Im Absatzbereich
	- Im Investitionsbereich
	- Im Produktions- und Logistiksektor
	- Im Beschaffungsbereich
Finanzwirtschaftliche Krisenursachen	- Nicht erwarteter Einnahmeausfall
	- Fehlende Koordination von Einnahmen und Ausgaben
	- Nicht erwarteter Ausgabenanfall

Im Krisenfall können die besonderen **Charakteristika von Familienunternehmen** zu einer verspäteten Identifikation bzw. Auseinandersetzung mit der Situation führen. Die patriarchalische Leitungsstruktur führt unter Umständen zu einer mangelnden Reflexionsfähigkeit, bis zu einem Ignorieren der Vorgänge im Unternehmen, die Krisen auslösen (vgl. Schäfer und Ringlstetter 2009, S. 208). Das häufig mangelhafte Controlling und nicht existente Frühwarnsysteme in mittelständischen Unternehmen verschärfen diese Situation zusätzlich. Hieraus können eine mangelnde Informationsverarbeitungskapazität und damit eine zu späte Erkennung der Krisenursachen resultieren.

Unabhängig von der Vielfalt der möglichen Krisenursachen gehört es zum notwendigen Umgang mit der Krise, die Ausgangspunkte zu identifizieren und an den Schwachstellen anzusetzen. Insofern ist die Krisendiagnose einer der wesentlichen Inhalte eines Sanierungskonzepts.

6.1.4 Sanierung und Restrukturierung mittelständischer Unternehmen

Die Sanierung von Unternehmen ist zweifelsohne eine der schwierigsten und herausforderndsten unternehmerischen Aufgaben. Sie erfordert einerseits die Erkennung der mit der Unternehmenskrise verbundenen Risiken, andererseits aber auch die konsequente Nutzung der vorhandenen Chancen, um die Insolvenz abzuwenden (vgl. Klingebiel 2001, S. 69).

Die besondere Struktur mittelständischer Unternehmen ist sowohl mit **Vor- als auch Nachteilen** verknüpft (siehe Tab. 6.2): Die Einheit von Eigentum und Leitung führt in diesem Unternehmen zum einen zu schnellen Entscheidungswegen, und zum anderen existieren übersichtliche Organisationsstrukturen. Gerade kleine und mittlere Unternehmen verfügen über ein eingeschränktes Kunden- und Produktportfolio, was die Transparenz fördert und die Umsetzung von Veränderungen erleichtert. Empirisch bewährt hat sich die These einer hohen Loyalität der Mitarbeiterinnen und Mitarbeiter in eigentümergeführten Unternehmen. Dies führt nicht nur bei positiver Unternehmensentwicklung zu hoher Beschäftigungsstabilität (vgl. Block 2009). Letztendlich erweisen sich enge Stakeholderverbindungen gerade in Krisensituationen als vorteilhaft. Dies bezieht sich nicht nur auf Kunden und Lieferanten, sondern bspw. auch auf die Hausbank. Die Stabilität dieser Beziehungen hat sich nicht zuletzt in der Finanz-und Wirtschaftskrise der Jahre 2008 und

Tab. 6.2 Vor- und Nachteile von mittelständischen Unternehmen im Sanierungsprozess (Quelle: eigene Darstellung)

Vorteile	Nachteile
- Schnelle Entscheidungswege	- Verspätete Identifikation der Krisensituation
- Übersichtliche Organisationsstrukturen	- Mangelnde Reflexionsfähigkeit
- Übersichtliches Kunden- und Produktportfolio	- Beziehungskonflikte in der Familie
- Hohe Loyalität	- Fehlende Infomationsverarbeitungskapazitäten
- Enge Stakeholderverbindungen	- Fehlende Diversifizierung

2009 erwiesen. So gibt es empirische Hinweise, dass die Kreditrationierung in dieser Krise die Familienunternehmen im Vergleich zu Nicht-Familienunternehmen weniger getroffen hat (vgl. D'Aurizio et al. 2015).

Allerdings werden Krisensituationen in mittelständischen Unternehmen häufig verdrängt, bis die Liquiditätskrise eingetreten ist. Hier spielt die lange und erfolgreiche Historie eigentümergeführter Unternehmen eine Rolle, die zu einer mangelnden Reflexionsfähigkeit führt. Die Überschneidung der Sphären von Unternehmen und Familie kann zu einer Verschärfung der Krise durch Beziehungskonflikte innerhalb der Gesellschafter führen. Darüber hinaus zeichnen sich die mittelständischen Unternehmen durch eine häufige Überlastung der Leitungsspitze aus, was in einer Krise zu fehlenden Informationsverarbeitungskapazitäten führt. Nicht zuletzt ist die als Vorteil genannte Übersichtlichkeit von Kunden- und Leistungsportfolios mit einer geringen Diversifizierung verbunden, die die Überlebensfähigkeit von kleinen und mittleren Unternehmen infrage stellen kann.

In der Krise kommt dem **Sanierungsmanagement** zentrale Bedeutung zu. Hiermit werden alle Maßnahmen zur Planung, Durchsetzung und Kontrolle eines Sanierungskonzepts bezeichnet, die zur Bewältigung der Krisensituation dienen. Das Sanierungsmanagement setzt konsequenterweise an zwei wesentlichen Punkten an, die im Folgenden näher erläutert werden:

- Leistungswirtschaftliche Sanierung
  - Operative Maßnahmen der Ergebnisverbesserung
  - Strategische Neuorientierung
- Finanzwirtschaftliche Sanierung

Ein wesentliches Instrument, um über das Fortbestehen eines Krisenunternehmens zu entscheiden, ist das **Sanierungskonzept** (vgl. Crone und Werner 2017, S. 71 ff.). In den vergangenen Jahren wurden erhebliche Anstrengungen in Forschung und Praxis unternommen, Sanierungskonzepte zur einfacheren Analyse zu standardisieren. So haben das Institut der deutschen Wirtschaftsprüfer und das Institut zur Standardisierung von Sanierungskonzepten Vorschläge für die Struktur dieser Berichte erarbeitet. Der Standard IDW S6 befindet sich seit 2016 in einer Überarbeitungsphase und soll in Kürze beschlossen werden, mit dem Ziel, diesen Standard insbesondere an die Anforderungen kleiner und mittlerer Unternehmen anzupassen. Gemeinsam ist den Ansätzen die Übereinstimmung in den wesentlichen inhaltlichen Bereichen:

- Beschreibung des Unternehmens,
- Analyse des Unternehmens,
  - Krisenursachenanalyse,
  - Lagebeurteilung,
- Leitbild des sanierten Unternehmens,
- Maßnahmen zur Sanierung des Unternehmens,
- Planverprobung.

Das Instrument des Sanierungskonzepts dient im Wesentlichen dazu, die Sanierungsfähigkeit und -würdigkeit zu beurteilen. **Sanierungsfähig** bedeutet in diesem Kontext, dass es hinreichend wahrscheinlich geeignete Maßnahmen zur Ausstattung des Unternehmens mit genügenden liquiden Mitteln gibt. Die **Sanierungswürdigkeit** beinhaltet hingegen eine subjektive Komponente, nach der die beteiligten Akteure zu prüfen haben, ob eine Weiterführung des Unternehmens sinnvoll erscheint (bspw. aus Rentabilitätsgesichtspunkten) und auch gewünscht ist (vgl. Crone 2007, S. 74 und 85).

6.1.4.1 Leistungswirtschaftliche Sanierung

Die leistungswirtschaftliche Sanierung kann vor dem Hintergrund der zeitlichen und der inhaltlichen Dimension betrachtet werden. Neben der inhaltlichen Qualität der Maßnahmen erweist sich der **Faktor Zeit** als grundlegend (vgl. Klingebiel 2001, S. 69). Aus diesem Grund sind Sanierungskonzepte in einer typischen zeitlichen Taktung umzusetzen. In einer ersten Phase besteht die Aufgabe des Sanierungsmanagements in der Umsetzung eines **Sofortprogramms** (siehe Abb. 6.5). Inhaltlicher Schwerpunkt dieser Maßnahmen ist die Sicherung der Liquidität (vgl. Crone und Werner 2017, S. 91). Zu diesem Zweck werden einerseits nicht notwendige Ausgaben verhindert (z. B. Investitionsstopp) und andererseits zusätzliche Einnahmen generiert (z. B. Sonderverkaufsaktionen).

Diese erste Phase wird innerhalb weniger Wochen in einer ambitionierten zeitlichen Taktung umgesetzt. Danach kann mit der Implementierung der grundlegenden **Konsolidierungsmaßnahmen** begonnen werden, die dem Ziel der Wiedererlangung einer profitablen Wertschöpfung dienen. In dieser Phase werden Maßnahmen zur Verbesserung der Aufbau- und Ablauforganisation einbezogen.

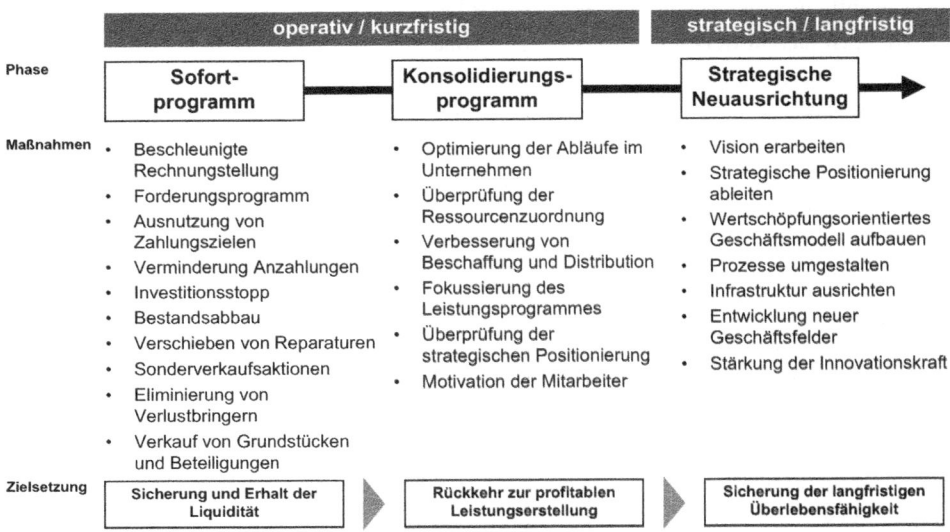

Abb. 6.5 Zeitliche Abfolge der Maßnahmen einer Unternehmenssanierung. (Quelle: eigene Darstellung)

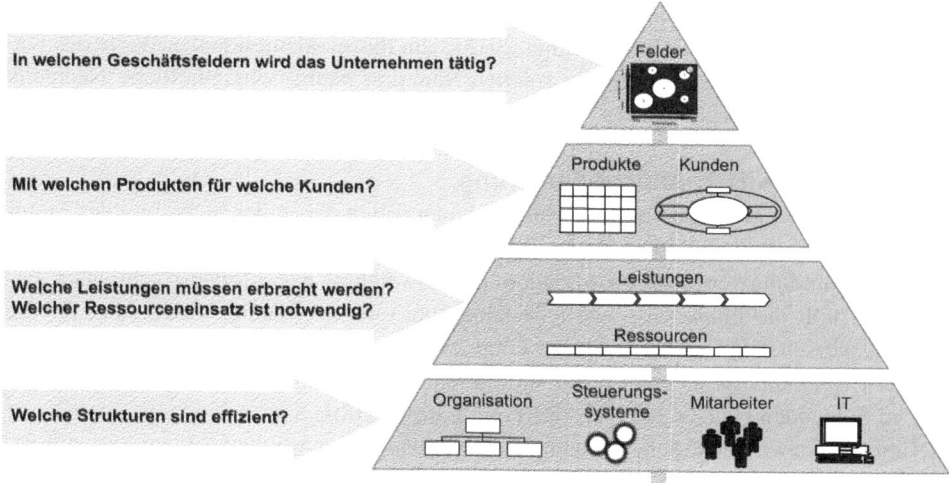

Abb. 6.6 Zentrale Fragestellungen der strategischen Neuorientierung. (Quelle: eigene Darstellung)

Wesentlicher Bestandteil der Unternehmenssanierung muss jedoch immer eine Über-prüfung und zumeist auch eine Revision der **Strategischen Positionierung** sein. Diese Erkenntnis folgt dem Befund, dass der Ausgangspunkt einer wirtschaftlichen Notlage immer eine strategische Krise ist. Aus diesem Grund müssen die in folgender Abb. 6.6 gestellten, zentralen Fragen beantwortet werden:

Die grundlegende strategische Neuausrichtung führt bei Mehrproduktunternehmen nahezu immer zu einer Bereinigung des bestehenden Portfolios. Unter strikten Profitabi-litätsgesichtspunkten werden einzelne Geschäftsbereiche, Produktgruppen oder auch Kunden(gruppen) eliminiert. Dies muss allerdings unter Berücksichtigung möglicher Umsatz- und Deckungsbeitragsinterdependenzen erfolgen.

Neben dem Spektrum der Wertschöpfung in Bezug auf die Produkte, werden die Wert-schöpfungstiefe und die hiermit verbundene Ressourcenallokation untersucht. Auch hier wird in der Mehrzahl der Fälle eine Verringerung der Wertschöpfungsstufen umgesetzt. Allerdings kann auch die Erweiterung der Wertschöpfung zu einer Erhöhung der Profita-bilität führen, wenn wirtschaftliche Aktivitäten integriert werden, die einen dauerhaften Wettbewerbsvorteil begründen können. Abschließend muss bestimmt werden, welche Strukturen in Bezug auf Aufbauorganisation, Controlling, Mitarbeiter und Informations-technologie die strategische Ausrichtung optimal stützen können.

Die Erfahrung zeigt, dass die Umsetzung der strategischen Neuorientierung gerade für mittelständische Unternehmen besonders schmerzlich ist und daher in Sanierungsprojek-ten in den Hintergrund tritt. Dies steht unter anderem mit den qualitativen Merkmalen mittelständischer Unternehmen in engem Zusammenhang. Durch die enge Verbindung zwischen Unternehmer und Unternehmen sowie der Region sehen sich die meisten Eigen-tümer gerade bei ihren Stammwerken nicht in der Lage, konsequente Sanierungsmaßnah-men umzusetzen. Die Eigentümer befürchten bei einschneidenden Maßnahmen einen

Imageverlust des Unternehmens in der Region, der sich auch auf das Image der Familie auswirken kann (vgl. Block und Wagner 2013). Um die sozioemotionalen Werte des Unternehmens zu schützen, werden in solchen Situation häufig wirtschaftliche Nachteile bzw. Verluste in Kauf genommen.

6.1.4.2 Finanzwirtschaftliche Sanierung

Die finanzwirtschaftlichen Sanierungsmaßnahmen sollen neben der Sicherung der Liquidität zu einer Sicherung und Stärkung der Eigenkapitalbasis dienen, damit der Tatbestand der Überschuldung vermieden wird. Durch die Abwendung der insolvenzrechtlichen Tatbestände stellt die finanzwirtschaftliche Sanierung eine notwendige Bedingung für die leistungswirtschaftliche Sanierung dar. Ohne eine gesicherte Liquidität und eine ausreichende Eigenkapitalbasis kann keine strategische Neuorientierung gelingen (vgl. hierzu und im Folgenden Heitzer 2015, S. 83 ff. und Lafrenz 2004, S. 65 f.).

Unter finanzwirtschaftlichen Maßnahmen werden – unter weiter Auslegung des Finanzierungsbegriffs – neben Maßnahmen der langfristigen Kapitalbeschaffung zum einen Maßnahmen mit Wirkung auf Kapitalabfluss und -umschichtung auf der Passivseite der Bilanz und zum anderen Maßnahmen zur Umschichtung von Vermögen in liquide Mittel auf der Aktivseite der Bilanz subsumiert.

Es handelt sich insofern sowohl um Maßnahmen, die zu einem **Liquiditätszufluss** führen, als auch um Maßnahmen ohne Liquiditätszufluss im Sinne einer **Bilanzbereinigung**. Eine weitere wichtige Unterscheidung ist die in **autonome und heteronome Maßnahmen**. Autonome Maßnahmen befinden sich im Entscheidungsspielraum des Managements bzw. der Eigentümer und bedürfen nicht der Mitwirkung anderer Interessengruppen. Heteronome Maßnahmen müssen hingegen mithilfe der betroffenen Parteien umgesetzt werden (siehe Abb. 6.7).

Die besondere Struktur mittelständischer Unternehmen führt häufig dazu, dass nicht alle finanzwirtschaftlichen Sanierungsmaßnahmen in Erwägung gezogen werden. Das Interesse der Eigentümer, die Kontrolle über das Unternehmen zu erhalten, sowie das Erzielen von lediglich niedrigen Gewinnen stehen der Zuführung von Eigenkapital von Dritten entgegen (vgl. Schäfer und Ringlstetter 2009, S. 207).

Eine besondere Rolle kommt im Rahmen der finanzwirtschaftlichen Sanierung den finanzierenden Kreditinstituten zu. Grundsätzlich ergeben sich im Umgang mit Krisenengagements drei Handlungsalternativen (vgl. Lützenrath und Keller 2003; vertiefend siehe Ringelspacher 2017, S. 279 ff.):

- Durch **Kündigung des Kreditengagements** können Banken das Risiko von Ausfällen und Abschreibungen reduzieren. Neben der ordentlichen Kündigung, die ein Risiko der Verschlechterung der wirtschaftlichen Lage des Unternehmens innerhalb der Kündigungsfrist beinhaltet, besteht die Möglichkeit der außerordentlichen Kündigung. Diese ermöglicht die fristlose Fälligstellung der Kredite.
- Das **Stillhalten** ist eine passive Form der Sanierungsstrategie und dann sinnvoll, wenn das Kreditinstitut an die Selbstheilungskräfte des Unternehmens glaubt. Neben dem Verzicht auf die Ausübung der vertraglichen Kündigungsrechte umfasst der

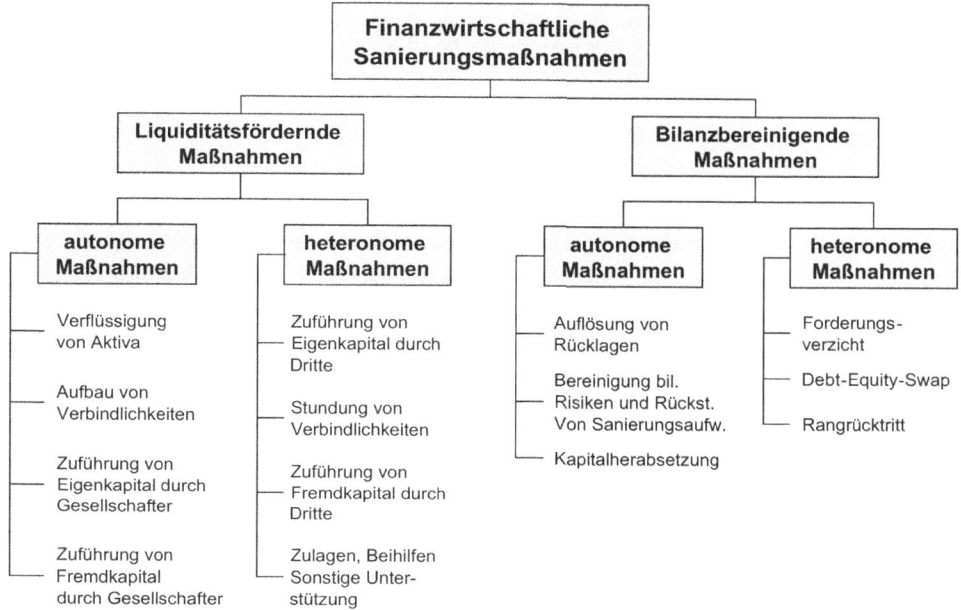

Abb. 6.7 Maßnahmen der finanzwirtschaftlichen Sanierung. (Quelle: Lafrenz 2004, S. 65)

Stillhaltebegriff auch die Aufrechterhaltung der Kreditlinien, die Stundungsabrede, die Prolongation eines „Rollover"-Kredits sowie die Inanspruchnahme einer nicht ausgeschöpften Kreditlinie.
- Gerade in einer manifesten Liquiditätskrise sind die Unternehmen auf heteronome finanzwirtschaftliche Sanierungsmaßnahmen angewiesen. Durch eine **aktive Begleitung** durch die Bank können diese Maßnahmen sichergestellt werden. Dabei steht das gesamte in Abb. 6.7 genannte Instrumentarium zur Verfügung.

In Anbetracht der zumeist geringen Ressourcenausstattung der mittelständischen Unternehmen mit der notwendigen Managementkapazität benötigen Eigentümer neben der Unterstützung durch Kreditinstitute zumeist externe Beratung, um der Krisensituation Herr zu werden. In diesem Kontext wird die allseits diskutierte Beratungsresistenz von KMU zu einem wesentlichen Stolperstein bei der Überwindung von Krisensituationen.

6.1.5 Fallstudie Sanierung NanoXcoating

Die folgende Fallstudie greift auf eine Vielzahl von Inhalten der bisherigen Kapitel zurück. In der Sanierung sind umfangreiche Kenntnisse aus den Bereichen Jahresabschlussanalyse, strategische Unternehmensführung, Innovationsmanagement und Restrukturierung notwendig.

Einleitung

Das hatte der Geschäftsführer NanoXcoating nicht erwartet. In kürzester Zeit sind die Umsätze des Unternehmens eingebrochen. Die ersten zwei Quartale des Jahres 2008 verliefen in den gewohnten Bahnen. Die Umsatzsteigerungen lagen im zweistelligen Prozentbereich, und ein weiterer Wachstumspfad schien vorgezeichnet.

Nachdem die Finanzmarktkrise auf die Realwirtschaft durchgeschlagen hatte, traf es insbesondere die Automobilhersteller und in der Folge natürlich auch die Automobilzulieferer. Die Produktionsauslastung lag zwischenzeitlich nur noch bei 50 %.

Erstmalig geht der Weg nicht mehr nach oben, sondern nach unten. Eine Situation, mit der sich das Team der Geschäftsleitung seit der Gründung des Unternehmens noch nicht auseinandersetzen musste. Erschwerend kommt hinzu, dass die Hausbank ein Gespräch über die finanzielle Situation des Unternehmens anberaumt hat. Neben dem Leiter der Firmenkundenabteilung ist auch ein Vorstandsmitglied der Bank zum Gespräch angemeldet.

Entscheidungssituation

Die Ergebnisse der NanoXcoating haben sich dramatisch verschlechtert. Zwar konnte über das gesamte Jahr 2008 der Umsatz stabil gehalten werden, aber das Jahresergebnis ist negativ (vgl. Tab. 6.3).

Eigentlich war das Unternehmen auf Expansion vorbereitet. An einigen Stellen wurden Mitarbeiter eingestellt, der größte Teil des zusätzlichen Bedarfs wurde jedoch durch Leiharbeiter gedeckt. Derzeit werden 270 Mitarbeiter fest beschäftigt, und es kommen je nach Auftragssituation bis zu 50 Leiharbeiter hinzu. Dies und erhebliche Materialpreiserhöhungen haben die wesentlichen Aufwandspositionen nach oben getrieben. Wenn die erwarteten Umsatzsteigerungen auf insgesamt EUR 45 Mio. eingetreten wären, sähe das Jahresergebnis vollkommen anders aus.

Auch die Bilanz spiegelt den gewählten Wachstumspfad wider (s. Tab. 6.4). Zur Ausweitung der Produktionskapazitäten wurden im Jahr 2008 erhebliche Investitionen in den Maschinenpark getätigt. Die Investitionen waren kreditfinanziert. Dies ließ die Verbindlichkeiten gegenüber Kreditinstituten erheblich ansteigen. 50 % der Verbindlichkeiten waren und sind kurzfristig. Das positive Jahresergebnis im Jahr 2007 wurde erstmalig an die Anteilseigner ausgeschüttet. Aus diesem Grund ist das Eigenkapital durch den Jahresfehlbetrag zusammengeschmolzen.

Situation zu Beginn des Geschäftsjahres 2009

Auch wenn sich erste zaghafte Ansätze einer wirtschaftlichen Erholung andeuten, ist für das gesamte Geschäftsjahr 2009 mit einem erheblichen Umsatzrückgang zu rechnen. Derzeit fühlt sich allerdings niemand in der Lage, genaue Planzahlen für das Geschäftsjahr zu definieren. Das Absatzminus wird sich zwischen 20 und 40 % einpendeln.

Die Konzentration der NanoXcoating auf das Zulieferergeschäft hat sich in der aktuellen Marktsituation als nachteilig erwiesen. In den letzten Geschäftsjahren wurden zaghafte Versuche unternommen, die eigenen Kernkompetenzen auf andere Anwendungsfelder zu übertragen. Allerdings liegt der Gesamtumsatz der übrigen Geschäftsfelder nur bei etwa 10 % des Gesamtumsatzes.

Tab. 6.3 Vereinfachte GuV der NanoXcoating der Jahre 2007 und 2008

	2007	2008
Umsatzerlöse	36.207.000	36.799.000
Erhöhung/Verminderung Erzeugnisbestände	679.500	1.993.500
Andere aktivierte Eigenleistungen	47.000	143.500
Gesamtleistung	**36.933.500**	**38.936.000**
Sonstige betr. Erträge	171.000	254.464
Materialaufwand	−20.542.000	−23.886.884
Rohergebnis	**16.562.500**	**15.303.580**
Personalaufwand	−9.057.000	−9.506.054
Abschreibungen	−1.483.500	−1.648.500
Sonstige betr. Aufwendungen	−3.618.500	−3.948.000
Betriebsergebnis	**2.403.500**	**201.026**
Erträge aus Beteiligungen	0	0
Erträge aus anderen WP/Beteiligungen	0	0
Sonstige Zinsen u. ähnliche Erträge	25.500	37.157
Abschreibungen auf Finanzanlagen	0	0
Zinsen u. ähnliche Aufwendungen	−339.500	−467.378
Finanzergebnis	**−314.000**	**−430.222**
Ergebnis d. gew. Geschäftstätigkeit	**2.089.500**	**−229.196**
Außerordentliche Erträge	0	0
Außerordentliche Aufwendungen	0	0
Außerordentliches Ergebnis	**0**	**0**
Steuern vom Einkommen und Ertrag	−344.000	0
Sonstige Steuern	−18.500	−19.481
Jahresüberschuss/Jahresfehlbetrag	**1.727.000**	**−248.676**

Für das Treffen der zweiten Führungsebene mit dem geschäftsführenden Gesellschafter wurden zwei Themen definiert:

- Bestimmung geeigneter Maßnahmen zur Kostenreduktion und
- Diskussion möglicher neuer Geschäftsfelder zur Generierung zusätzlicher Umsätze.

Vorab wurde bereits ein Dokument des Bundesministeriums für Bildung und Forschung versandt, in dem die Chancen der Nanotechnologie für einzelne Branchen beschrieben sind (siehe Tab. 6.5).

Aufgabenstellung

Die derzeitige Krise der NanoXcoating wird sicherlich nicht von Dauer sein. Der Durchbruch der Nanotechnologie wird nicht aufzuhalten sein. Spätestens mit der Markteinführung neuer Modelle ist ein verstärkter Einsatz nanotechnologischer Produkte zu erwarten. Nichtsdestotrotz ist in der derzeitigen Situation ein Umsteuern nicht zu vermeiden.

Für das Treffen mit der Hausbank möchte der Eigentümer bereits erste Ansätze für die Überwindung der aktuellen Krisensituationen vorlegen können.

Tab. 6.4 Vereinfachte Bilanz der NanoXCoating

		2007	2008
A.	**Anlagevermögen:**		
I.	Immaterielle Vermögensgegenstände:		
1.	Gewerbl. Schutzrechte etc.	118.500	87.603
2.	Geschäfts- oder Firmenwert	–	–
3.	Geleistete Anzahlungen	–	1.500
	Summe immaterielle Anlagen	**118.500**	**89.103**
II.	Sachanlagen:		
1.	Grundstücke	1.671.500	1.601.738
2.	Technische Anlagen und Maschinen	3.515.000	4.975.000
3.	Andere Anlagen, BuG	473.000	552.547
4.	Geleistete Anzahlungen/Anlagen im Bau	25.500	–
	Summe Sachanlagen	**5.685.000**	**7.129.285**
III.	**Finanzanlagen:**	**–**	**–**
	Summe Anlagevermögen	**5.803.500**	**7.218.387**
B.	**Umlaufvermögen:**		
I.	**Vorräte:**		
1.	Roh-, Hilfs- und Betriebsstoffe	887.500	1.014.554
2.	Unfertige Erzeugnisse bzw. Leistungen	1.348.500	1.714.910
3.	Fertige Erzeugnisse u. Waren	1.535.500	1.524.774
4.	Geleistete Anzahlungen	23.500	55.734
	Summe Vorräte	**3.795.000**	**4.309.972**
II.	**Forderungen u. sonst. VG:**		
1.	Forderungen aus LuL	4.071.500	3.673.029
2.	Forderungen gegen verb. U.	–	–
3.	Forderungen gegen U. mit Bet.-Verh.	–	–
4.	Sonstige Vermögensgegenstände	530.000	503.426
	Summe Forderungen u. sonst. VG	**4.601.500**	**4.176.455**
III.	**Wertpapiere:**		
1.	Anteile an verb. U.	–	–
2.	Eigene Anteile	–	–
3.	Sonstige Wertpapiere	–	–
	Summe Wertpapiere	**–**	**–**
IV.	**Schecks, Kasse, Bank etc.**	**401.000**	**51.517**
	Summe Umlaufvermögen	**8.797.500**	**8.537.944**
C.	**Rechnungsabgrenzungsposten:**	**–**	**–**
Total Aktiva		**14.601.000**	**15.756.332**

(Fortsetzung)

Tab. 6.4 (Fortsetzung)

		2007	2008
A.	Eigenkapital		
I.	Gezeichnetes Kapital	1.150.000	1.150.000
II.	Kapitalrücklage	–	–
III.	Gewinnrücklagen:		
1.	Gesetzliche Rücklage	–	–
2.	Rücklage für eigene Anteile	–	–
3.	Satzungsmäßige Rücklage	–	–
4.	Andere Gewinnrücklagen	700.000	700.000
	Summe Gewinnrücklagen	700.000	700.000
IV.	Gewinnvortrag/Verlustvortrag	–	–
V	Jahresüberschuss/Jahresfehlbetrag	1.727.000	−248.676
B.	Stille Beteiligung	1.500.000	–
	Summe Eigenkapital	5.070.000	1.601.324
C.	Rückstellungen:		
1.	Rückstellungen für Pensionen u. Ä.	79.500	78.558
2.	Steuerrückstellungen	237.000	–
[-]	Rückstellungen für latente Steuern	–	–
3.	Sonstige Rückstellungen	1.023.500	918.840
	Summe Rückstellungen	1.340.000	997.398
D.	Verbindlichkeiten:		
1.	Anleihen	–	–
2.	Verbindlichkeiten gg. Kreditinstituten	3.852.500	7.573.645
3.	Erhaltene Anzahlungen	147.000	53.150
4.	Verb. aus LuL	2.560.500	2.198.956
5.	Verb. aus Wechseln	1.031.000	2.162.754
6.	Verb. gegen verb. Unternehmen	–	–
7.	Verb. gegen U. mit Bet.-Verh.	–	–
8.	Sonstige Verb.	593.000	1.169.105
	Summe Verbindlichkeiten	8.184.000	13.157.610
E.	Rechnungsabgrenzungsposten:	0	0
Total Passiva		14.601.000	15.756.332

- Analysieren Sie hierfür die Unternehmenssituation mithilfe der Ihnen bekannten Kennzahlen!
- Erarbeiten Sie in Grundzügen ein Sanierungskonzept!
- Diskutieren Sie die Vorgehensweise in diesem Sanierungsprojekt!

Marktsituation

Die Automobilzulieferindustrie war im Zuge der Weltwirtschaftskrise in den Jahren 2008 und 2009 besonders stark betroffen (vgl. zum Folgenden IKB 2009 und 2010). Diese Jahre werden in die Geschichte eingehen, da es zu einem zuvor nicht gekannten Umsatzrückgang und in der Folge zu einem erheblichen Einbruch der Ergebnisse gekommen ist. Trotz des

Tab. 6.5 Anwendungsfelder der Nanotechnologie. (Quelle: BMBF 2007, S. 12)

Medizin	- Minimalinvasive, hoch selektive Krebsbehandlung - Lang anhaltende, langsam wirkende Behandlung für Diabetes und Neurodermitis - Spezifische Medikamente mit geringeren Nebenwirkungen - Präventive Diagnostiksysteme für Heimanwender
Optik	- Energiesparende Lichtsysteme mit Radius Tier barer Farbwahl - Abhörsichere Datenaustauschsysteme - Leistungsstarke Komponenten für Konsumelektronik
Energietechnik	- Kostengünstigere Solarzellen und leistungsstarke Fotovoltaikkomponenten - Effiziente Speichermedien - Isolierte Systeme für Fenster und Gebäude - Thermoelektrik für Energierückgewinnung
Umwelttechnik	- Korrosion beständige Komponenten für Alltagsprodukte - Energie effiziente Systeme zur Trinkwasserbehandlung - Leichtbauelemente für Gebäude, Maschinen, Autos und Flugzeuge - Ersatz toxischer Substanzen durch Nanomaterialien
Konsumprodukte	- Selbstreinigende Oberflächen für Küchen und Möbel - Multifunktionstextilien - Lebensmittelverpackungen mit Sensoren zur Anzeige der Frische der Produkte - Hoch effektiver Sonnenschutz und andere Kosmetikartikel
Informations- und Kommunikationstechnologie	- Miniaturisierte Datenspeichereinheiten mit der Kapazität der Deutschen Nationalbibliothek - Laptops mit der Kapazität von heutigen Computercentern - Große, faltbare Flachbildschirme mit organischen LEDs

Einsatzes der sogenannten „Abwrackprämie" ist die Krise an den Unternehmen nicht spurlos vorübergegangen. Im letzten Quartal des Jahres 2008 ging die Zahl produzierter Fahrzeuge um 17 % zurück. Vereinzelt hatten Automobilzulieferer mit Produktionsrückgängen von 50 % zu kämpfen. Dies führte zu einem weiteren Rückgang des Umsatzes auch im ersten Halbjahr 2009. Im Schnitt lag der Umsatz um 35 % unter dem Vorjahreszeitraum. Der Cashflow der Automobilzulieferbranche wurde im ersten Quartal 2009 sogar negativ.

Von dieser Entwicklung wurde auch die Überlebensfähigkeit von Unternehmen der Automobilindustrie negativ beeinflusst. Dies zeigte sich im Vergleich zu anderen Branchen insbesondere in einer deutlich erhöhten Anzahl von Insolvenzen.

Auch für das Jahr 2009 und 2010 sind die Perspektiven negativ. Insgesamt wird für Deutschland mit einem Produktionsrückgang von 10 % gerechnet. Für die Einschätzung der Unternehmenssituation der NanoXcoating stehen Ihnen Vergleichsdaten der IKB zur Verfügung (siehe Tab. 6.6).

Tab. 6.6 Vergleichsdaten der Automobilzulieferer mit einem Umsatz von bis EUR 40 Mio. (Quelle: IKB 2009, S. 4)

	Branche	NanoXcoating
Gesamtleistung	100	100
Materialeinsatz	−50,9	−61,3
Rohertrag	49,1	38,7
Personalaufwand	−30,6	−24,41
Übrige betriebliche Aufwendungen	−10,9	−10,1
EBITDA	7,6	4,75
Afa auf Sachanlagen	−4,1	−4,2
Betriebsergebnis	3,5	0,5
Finanzergebnis	−1,4	−1,1
Betriebs- und Finanzergebnis	2,1	−0,6
Gesamtkapitalrendite	8	1,4

6.2   Unternehmensnachfolge

Im Reifeprozess laufen die Zyklen des Unternehmens und der Eigentümer zumeist auseinander. Gegen Ende des aktiven Arbeitslebens steht dementsprechend die Fragestellung der Sicherung des Unternehmensfortbestandes an. Diese Entscheidung ist für mittelständische Unternehmer von eminenter Bedeutung, da die Verbindung zwischen Familien- und Unternehmenssphäre sehr eng ist. Dementsprechend wird in der Folge die einzel- und gesamtwirtschaftliche Bedeutung dieser Herausforderung diskutiert, und es werden unterschiedliche Wege und Alternativen zur Lösung dieser Problematik aufgezeigt.

> **Lernziele**
> Wenn Sie diesen Abschnitt durchgearbeitet haben, können Sie
>
> - die Bedeutung der Unternehmensnachfolge erklären,
> - unterschiedliche Wege und Alternativen der Unternehmensübertragung abgrenzen sowie
> - Probleme im Nachfolgeprozess identifizieren.

6.2.1   Unternehmensnachfolge im Unternehmenslebenszyklus

Der Unternehmenslebenszyklus, der als konzeptionelle Grundlage dieses Lehrbuchs dient, thematisiert die Unternehmensnachfolge an verschiedenen Wegmarken der Unternehmensentwicklung. Bereits in der **Gründungsphase** kann die Nachfolge als eine Alternative der Unternehmensgründung in Erwägung gezogen werden. Hierbei handelt es sich um eine derivative Gründung, in der bestehende Faktorkombinationen übernommen werden. Während die originäre Gründung zu Beginn des Unternehmenslebenszyklus auftritt, kann die derivative Gründung beliebig oft im Lebenszyklus auftreten. Wenn im Folgenden verschiedene Aspekte der Unternehmensnachfolge thematisiert werden, dann wird die Verortung in der **Wendephase** aus der Perspektive des bestehenden Eigentümerunternehmers oder seiner Familie vorgenommen.

▶ Die Unternehmensnachfolge beschreibt den Übergang/die Übertragung des Eigentums an einem Unternehmen sowie der damit verbundenen Leitungsmacht. Hering sieht dieses Phänomen unabhängig davon, ob das Eigentum in der Hand einer Familie oder anderer Wirtschaftssubjekte liegt (vgl. Hering und Olbrich 2003, S. 4).

Im Hinblick auf das vorliegende Lehrbuch und auch in der Realität wird die Nachfolge im Familienunternehmen als prägende Alternative angesehen. Als **übergabereif** gilt ein Unternehmen, wenn sich der aktuelle Geschäftsführer innerhalb der nächsten fünf Jahre aus der Führung des Unternehmens zurückziehen wird. Als **übernahmewürdig** gilt ein Unternehmen, wenn die zu erwartenden Erträge höher sind als die potenziellen Einkünfte aus einer abhängigen Beschäftigung zuzüglich der Erträge aus einer alternativen Kapitalanlage (vgl. Kay und Suprinovic 2015, S. 4).

Unter betriebswirtschaftlichen Gesichtspunkten sind mit der Unternehmensnachfolge umfangreiche Themenkomplexe verbunden (vgl. Hering und Olbrich 2003, S. 17). Erstens ist zu untersuchen, aus welchen Gründen sich der bisherige Eigentümer für die Übertragung entscheidet. Angesprochen sind hiermit die **Ursachen der Nachfolge**. Zweitens ist die Frage nach dem **Weg der Unternehmensnachfolge** zu untersuchen. Als abschließende Frage ist zu klären, welche **Gestaltung der Nachfolge** umgesetzt wird. Hierbei geht es im Wesentlichen um die Maßnahmen, die im Gesamtprozess zu ergreifen sind.

6.2.1.1 Volkswirtschaftliche Bedeutung der Unternehmensnachfolge

Nach Berechnungen des IfM Bonn stehen im Zeitraum von 2018–2022 pro Jahr ca. 30.000 Unternehmensnachfolgen an (vgl. Kay et al. 2018). Von diesen Nachfolgefällen sind im gesamten Zeitraum ca. 2,4 Mio. Beschäftigte betroffen. Der Großteil der Unternehmensnachfolgen (ca. 61 %) betrifft Unternehmen mit einem Umsatz bis EUR 1 Mio. Aus diesen Daten wird deutlich, dass ein reibungsloser Übergang von Eigentum und Leitung von **gesamtgesellschaftlichem Interesse** ist.

Gemessen an den entsprechenden Anteilen an der Gesamtwirtschaft werden Unternehmen des Handels und des produzierenden Gewerbes stärker vor der Übergabe stehen. Die Anzahl der zur Übergabe anstehenden Unternehmen ist in den letzten Jahren gestiegen. Dieses Wachstum ist vor allem auf die sich im Zuge des demografischen Wandels beschleunigende Alterung der Unternehmer zurückzuführen (siehe Abb. 6.8). Dabei zeigen sich die Folgen der demografischen Entwicklung regional sehr unterschiedlich. In Bundesländern wie Schleswig-Holstein, Thüringen und Baden-Württemberg ist der Anteil älterer Inhaber mit über 40 % relativ hoch. Diese Bundesländer stehen damit vor großen Herausforderungen (vgl. Schwartz 2018, S. 5).

Aus volkswirtschaftlicher Sicht ist diese **Altersstruktur** problematisch, da der zeitnah bevorstehende Generationenwechsel zu Investitionszurückhaltung und geringerer Innovationstätigkeit führt (vgl. Gerstenberger et al. 2015). Ausgenommen von dieser Zurückhaltung

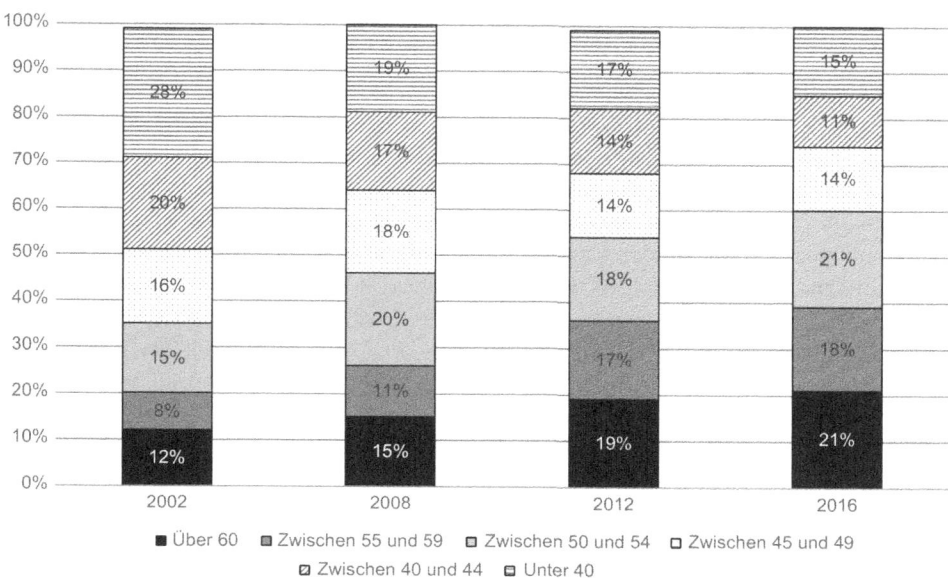

Abb. 6.8   Alter der Inhaber im Mittelstand. (Quelle: Schwartz 2018, S. 5)

sind Übergeber, deren Unternehmen im Rahmen einer familieninternen Lösung an einen Nachfolger oder eine Nachfolgerin übergeben werden.

6.2.1.2 Wege der Unternehmensübertragung

Vor dem Hintergrund klassischer betriebswirtschaftlicher Konzepte würde man ex ante vermuten, dass der gewählte Übertragungsweg einzig vom **Ziel der Gewinnmaximierung** des Eigentümers beherrscht wird. Allerdings wurde bereits in der Definition der mittelständischen Unternehmen angesprochen, dass einerseits eine enge Verbindung zwischen Unternehmer und Unternehmen besteht und andererseits eine enge Beziehung zwischen Unternehmer und Umfeld (vgl. Reinemann und Ludwig 2015).

Aus diesen und anderen Gründen wird die Entscheidung des Nachfolgeweges auch von anderen Zielsetzungen als der Gewinnmaximierung beeinflusst (vgl. hierzu und im Folgenden Hering und Olbrich 2003, S. 18). So wird bspw. ein hohes Interesse des Eigners an **Unternehmenskontinuität** in Familienunternehmen als wesentliche Bedingung bei der Wahl der Nachfolgealternative unterstellt. Unter Unternehmenskontinuität wird hierbei die Aufrechterhaltung der personellen, organisatorischen, strategischen und finanziellen Charakteristika eines Unternehmens verstanden.

In diesem Kontext kommt dem **Erhalt von Arbeitsplätzen** (vgl. Schlömer und Kay 2008, S. 47) und der Sicherstellung des Familieneinflusses eine besondere Bedeutung zu. Auch der als gerecht empfundene Ausgleich zwischen den Familienmitgliedern, die Sicherung der Altersversorgung des Übergebers und der Erhalt unternehmenskultureller Symbole können Entscheidungen im Nachfolgeprozess beeinflussen. Mit diesen – wenn auch nur angerissenen Zielsetzungen – ist zugleich auch die zentrale Bedeutung der Unternehmerpersönlichkeit und seiner Präferenzen angesprochen.

Darüber hinaus ist die Sonderstellung des Unternehmers als **nicht austauschbares Füh-rungspotenzial** von essenzieller Bedeutung. Als über Jahrzehnte hinweg präsente Person mit „paternalistischer Allzuständigkeit" verfügt der Unternehmer über erhebliches betriebs-spezifisches Wissen (vgl. Koch und Berg 2007, S. 345). Damit lassen sich Alleinstellungs-merkmale in KMU vielfach nicht von der Person des Eigentümers trennen, und es droht der Verlust von Wettbewerbsvorteilen beim Ausscheiden des zentralen Unternehmenslenkers.

Aus Sicht von Familienunternehmen ist zu untersuchen, inwiefern das Ziel der Unterneh-menskontinuität erreicht werden kann. Aus diesem Blickwinkel kann man **familieninterne und familienexterne Nachfolgelösungen** unterscheiden. Nach aktuellen Untersuchungen des IfM Bonn wird die familieninterne Unternehmensnachfolge bei 54 % der Unternehmen umgesetzt, während 17 % an interne Mitarbeiter oder Führungskräfte übertragen werden. Die unternehmensexterne Lösung wird in 29 % aller Nachfolgefälle realisiert (vgl. Abb. 6.9).

6.2.2 Alternativen der Nachfolgeregelung

Die zuvor genannten Wege der Nachfolgeregelungen können noch weiter differenziert werden (vgl. Mertens 2008, S. 89). Entsprechend der Definition der Unternehmensnachfolge können die Dimensionen der **Eigentums- und der Leitungsnachfolge** kombiniert werden (siehe Tab. 6.7).

Unter Beibehaltung der Leitungs- und Eigentumsverhältnisse erfolgt die traditionelle familieninterne Unternehmensnachfolge. Den Gegenpol dieser Alternative bildet der Ver-kauf an Familienfremde. An dieser Stelle ist a) an den Verkauf an Wettbewerber oder an-dere interessierte Unternehmen oder b) an einen Management-Buy-out (MBO) oder Management-Buy-in (MBI) zu denken. Zwischen diesen Extrempolen finden sich eine ganze Reihe von Zwischen- und Mischformen, die das Gesicht des Unternehmens in der Nachfolge mehr oder weniger verändern.

Abb. 6.9 Nachfolgelösungen im Mittelstand. (Quelle: Kay et al. 2018, S. 23)

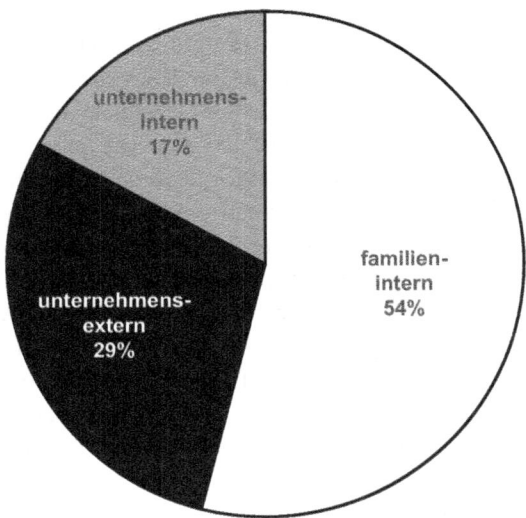

Tab. 6.7 Formen der Unternehmensnachfolge (Quelle: Mertens 2008, S. 89)

Eigentumsnachfolge durch:	Leitungsnachfolge durch:		
	Familienangehörige	Mischformen	Familienfremde
Familienangehörige	Traditionelle familieninterne Nachfolge	Gemischte Geschäftsführung	Eigentumsnachfolge mit Fremdgeschäftsführung
Mischformen	Partner, VC, Private Equity	Einbezug aktiver Partner	Stiftungslösungen
Familienfremde	Grenzfall: Weiterbeschäftigung von Familienangehörigen nach dem Verkauf		Verkauf: - Strategisch - Persönlich

Diese Nachfolgealternativen verdeutlichen zugleich noch einmal, wie es zur Vielfalt von Leitungsstrukturen in mittelständischen Unternehmen kommen kann. Spätestens mit dem Eintritt der zweiten Generation in die Unternehmensleitung kann bspw. durch die Einbeziehung eines Fremdmanagements die Einheit von Eigentum und Leitung nach der reinen Lehre des Mittelstandsbegriffs verloren gehen. Dies erschwert die Zuordnung zum Mittelstand erheblich.

Auch bei Mischformen und familienfremder Leitungsnachfolge kann der Einfluss der Familie auf das Unternehmen erhalten bleiben. In der Unternehmenspraxis haben sich vielfältige Formen der Kontroll- und Beratungsgremien etabliert, die trotz fehlender gesetzlicher Notwendigkeit eingerichtet werden.

Bei einer Stiftungserrichtung beschränkt sich der Familieneinfluss auf den in der Satzung festgeschriebenen Willen des Unternehmers. Für den Unternehmer ergibt sich mit diesem Modell die Möglichkeit, die zukünftige Unternehmenspolitik entsprechend seiner Philosophie festzuschreiben. Eine Beeinflussung durch den Willen der Nachfolger ist nur in Absprache mit der zuständigen Aufsichtsbehörde möglich (vgl. hierzu Koropp und Grichnik 2007, S. 301).

Praxisbeispiel: Der geschädigte Stifter

Obwohl die Stiftungslösung in Wissenschaft und Praxis vielfach als Königsweg für eine reibungslose Nachfolge angesehen wird, ist auch diese Alternative nicht ohne Tücken. Das Handelsblatt berichtet von einem Bremer Logistikpionier, der ein kleines Unternehmen in ein veritables mittelständisches Unternehmen entwickelt hatte. Seine Weitsicht bewies er, als er das Unternehmen in eine Stiftung verwandelte. Als er unerwartet starb, schien alles geregelt und das Lebenswerk bewahrt. Sein Wirtschaftsprüfer und Steuerberater wurde nicht nur Testamentsvollstrecker, sondern zugleich auch Vorsitzender des Stiftungsrats.

Doch das Unternehmen geriet in fremde Hände und wurde durch einen Wettbewerber übernommen. Es soll sich um einen Notverkauf zu einem niedrigen Verkaufspreis gehandelt haben. Mittlerweile klagen die Erben des Unternehmers gegen den Testamentsvollstrecker, der nicht unerhebliche Anteile am Käuferunternehmen gehalten haben soll.

Quelle: Handelsblatt vom 22.05.2018, S. 44

6.2.3 Erfolgsfaktorenmodell der Unternehmensnachfolge

In der Forschung zur Unternehmensnachfolge konnten in den vergangenen Jahren große Fortschritte erzielt werden. Hierbei konzentriert sich die Wissenschaft auf die Wahl des geeigneten Nachfolgers, den Verlauf des Übergabeprozesses sowie die Eigenschaften und Motivation des Nachfolgers (vgl. Sharma et al. 2004).

Das **Erfolgsfaktorenmodell** nach Le Breton-Miller et al. (2004) kann als eines der bekanntesten und zugleich umfassendsten Erfolgsfaktorenmodelle bezeichnet werden (siehe Abb. 6.10). Bei diesem Modell setzen die Autoren den Fokus auf die Übergabe der Führungsrolle. Hier werden zentrale Aspekte wie Unternehmer, Familie und Nachfolger betrachtet. Der **Unternehmer** stellt eine zentrale und zugleich wichtige Rolle im Unternehmen dar. Er trägt zur Summierung von Kompetenzen und Fähigkeiten im Unternehmen bei (vgl. Habbershon und Williams 1999). Die Familie und deren interne Beziehung zwischen den einzelnen Beteiligten im Unternehmen ist eine wesentliche Ressource für den Unternehmenserfolg, kann aber bei ausgeprägter Rivalität zum Misserfolg führen (vgl. Johnson et al. 2006).

Der **Nachfolger** ist ein weiterer essenzieller Akteur. Er sorgt für Kontinuität, aber zugleich auch Fortschritt im Unternehmen (vgl. Steier 2001). Das integrative Modell von Le-Breton-Miller et al. wird in eine Prozessstruktur eingebettet. **Zentrale Prozesse** sind die Vorbereitung, Ausbildung und Auswahl des Nachfolgers, die Übergabe der Führungsrolle und der Kapitaltransfer. Zusätzlich werden Kontextfaktoren mit in das Modell

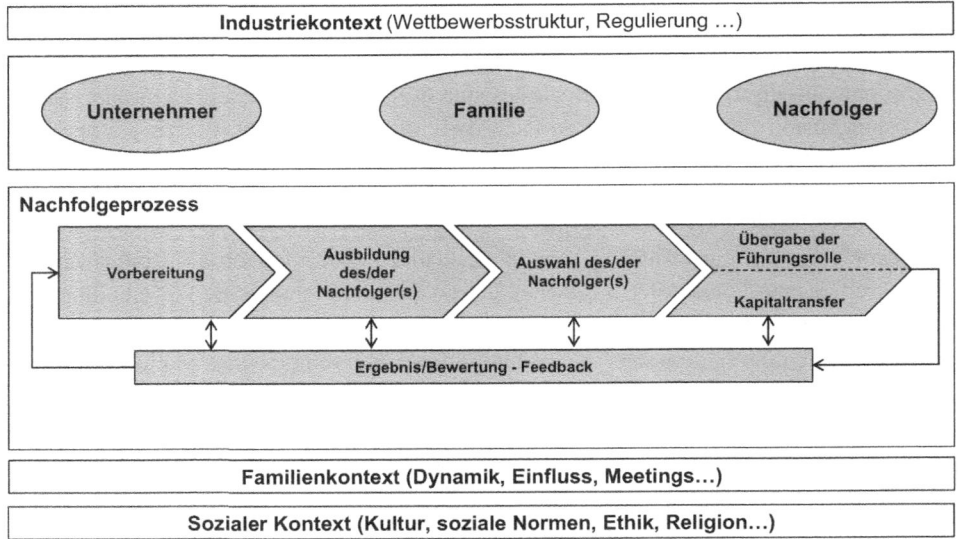

Abb. 6.10 Integratives Erfolgsfaktorenmodell nach Le-Breton-Miller. (Quelle: Übersetzung nach Wulf (2010), S. 8)

aufgenommen, die auf den Nachfolgeprozess wirken. Wesentlich sind **soziale Kontexte** wie Kultur, Normen, Ethik und Religion, die durch den Industriekontext ergänzt werden.

Die Überlappung der Sphären Familie, Eigentum und Unternehmen werden auch im Erfolgsfaktorenmodell der Nachfolge thematisiert. In diesen Kontext fallen Werte wie Dynamik und Einfluss. In den Erläuterungen des Modells werden in diesem Zusammenhang zusätzlich noch weitere Aspekte wie etwa die Anzahl der gelungenen Generationenübergänge, die Organisationskultur, die Unternehmensgröße sowie die Eigentumsverhältnisse genannt (vgl. Hacker 2011).

Zentrale Erkenntnis des Erfolgsfaktorenmodells ist, dass ein Gelingen des Generationenübergangs die Berücksichtigung einer Vielzahl von Faktoren voraussetzt, wobei ein **professioneller Übergabeprozess** ein zentraler Erfolgsfaktor ist. In einem weiteren Begriffsverständnis bezieht dieser Übergabeprozess auch die Qualifizierung des Nachfolgers ein.

6.2.4 Prozess der Unternehmensnachfolge

Dem Prozess der Unternehmensnachfolge wurde in den vergangenen Jahren besondere Beachtung geschenkt (vgl. hierzu und im Folgenden Schlömer und Kay 2008, S. 4 ff.). Dass die Entscheidung, diesen Prozess anzustoßen, vielfach zu spät getroffen wird, gehört fast schon zur Folklore der Auseinandersetzung mit dem Nachfolgethema. Gerne werden Beispiele wie das Unternehmen Haribo angeführt, in dem der Eigentümer im Alter von über 80 Jahren noch die Verantwortung in der Unternehmensführung getragen hat.

Nach empirischen Untersuchungen der KfW haben sich 42 % der Übergeber, deren Unternehmensnachfolge bis Jahresende 2019 ansteht, kaum oder überhaupt nicht konkret vorbereitet (siehe Abb. 6.11). In Anbetracht der notwendigen Vorbereitungen bei diesem komplexen Vorhaben droht bei vielen Unternehmen die Zeit knapp zu werden.

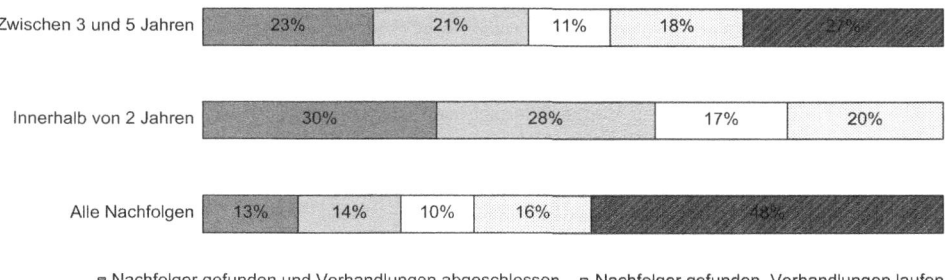

Abb. 6.11 Stand der Vorbereitungen nach geplantem Rückzugszeitraum. (Quelle: Schwartz 2018, S. 3)

Praxisbeispiel: Big Spielwarenfabrik

Es ist eine der typischen Erfolgsgeschichten des deutschen Mittelstands. Ernst A. Bettag, der im Jahre 1954 eine Spielwarenfabrik übernommen hatte, entwickelte die Metallwarenfabrik zu einem der Pioniere des Plastikspielzeugs. Er entwickelte das „Bobby Car", das einen Siegeszug über den ganzen Globus antrat. Kinder sollten bereits Auto fahren können, bevor sie das Gehen beherrschen. In Kooperation mit Automobilherstellern wie VW oder BMW wurden deren Fahrzeuge zu Spielzeugmodellen. Bis zum Jahr 2004 wurden über 16 Millionen Fahrzeuge verkauft. Das Unternehmen beschäftigte 170 Mitarbeiter. Ernst A. Bettag hat sich in seinem ganzen Leben nicht aus der Geschäftsführung zurückgezogen. Als er im Jahr 2003 starb, stand das Unternehmen vor einer ungeregelten Nachfolge. Das Unternehmen verfiel in einen Zustand der Paralyse, und die Frau des Gründers lehnte den Sohn als Nachfolger ab. Nach einem erbitterten Streit wurde Big an einen Wettbewerber verkauft.

Quelle: Berghoff 2006, S. 293.

6.2.4.1 Der Nachfolgeprozess bei familienexterner Lösung

Voraussetzung für den Nachfolgeprozess ist zunächst einmal, dass die Entscheidung zur Unternehmensübertragung getroffen wird (siehe Abb. 6.12). Hier sind zunächst die Alternativen der familieninternen und familienexternen Lösung zu prüfen. Während die Kandidaten bei der familieninternen Nachfolge bekannt sind, muss bei der familienexternen Nachfolge ein Suchprozess beginnen.

Wird in der **Suchphase** kein geeigneter Übernehmer gefunden, muss die Suche entweder erneut gestartet werden, oder das Unternehmen wird stillgelegt. Während diese

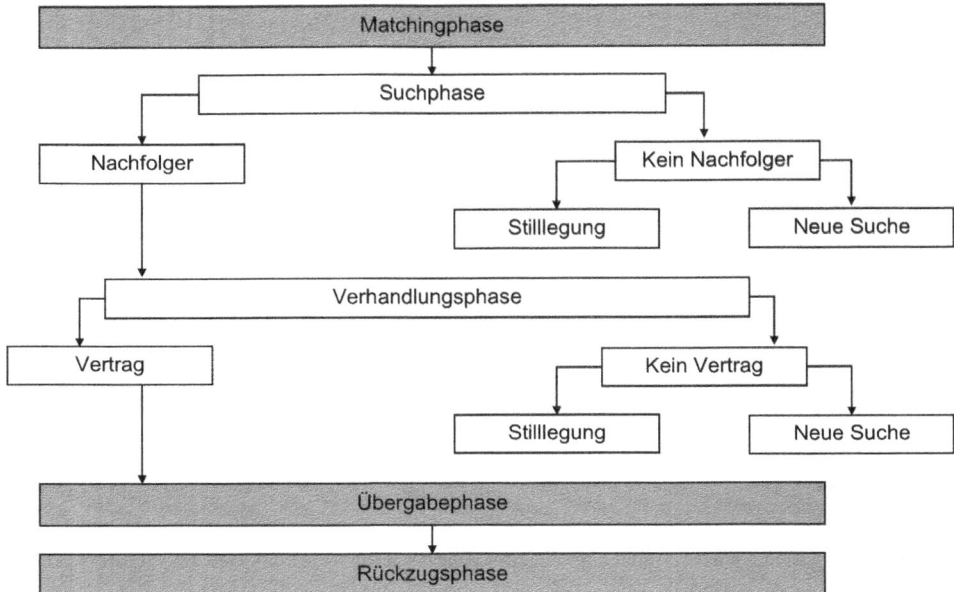

Abb. 6.12 Der Nachfolgeprozess unter besonderer Berücksichtigung des Matching. (Quelle: verkürzt nach Schlömer und Kay 2008, S. 7)

Problematik bei kleinen Unternehmen bspw. im Handwerk durchaus virulent ist, werden sich bei größeren Mittelständlern in der Mehrzahl der Fälle geeignete Nachfolger finden.

Nach einer Vorauswahl geeigneter Kandidaten wird die **Verhandlungsphase** gestartet. In dieser Phase werden die Details der Übergabe von der zeitlichen Gestaltung bis zur Kaufpreisfindung geregelt. Im Idealfall wird anschließend ein Vertrag abgeschlossen. Kommt es hingegen zu keiner Einigung, muss die Suchphase erneut gestartet werden, oder es muss die Entscheidung zur Stilllegung des Unternehmens getroffen werden.

Empirische Untersuchungen zeigen, dass nicht nur die **Intransparenz des Marktes** in der Suchphase die erfolgreiche Übergabe von Unternehmen behindert. Dies ist vor dem Hintergrund des Wunsches nach Diskretion seitens der Übergeber nachvollziehbar. Insbesondere in der Verhandlungsphase scheitern viele Übergabeprozesse insbesondere an **Finanzierungsproblemen** der Übernahmeinteressierten und an der fehlenden Einigung beider Parteien über einen Kaufpreis (vgl. Schlömer und Kay 2008, S. 101). Die schwierige Einigung über einen **Kaufpreis** kann vor allem durch die Erfahrungseigenschaften des „Gutes" Unternehmen begründet werden. Der Übernahmewillige mag ex ante eine gewisse Vorstellung über den Wert des Unternehmens haben, den tatsächlichen Wert kann er erst im Nachhinein feststellen (vgl. Wolter 2008, S. 13).

In der Übergabe-/Übernahmephase wird die Unternehmensleitung sukzessive auf den Nachfolger übertragen, bis sie schließlich in der Rückzugs-/Konsolidierungsphase zum Abschluss gelangt.

6.2.4.2 Der Nachfolgeprozess bei familieninterner Lösung

In der hier gewählten Darstellung des Nachfolgeprozesses wird auf die externe Alternative der Nachfolge und die entstehenden Matching-Probleme fokussiert. Der Weg der familieninternen Nachfolge wird weitgehend vernachlässigt. Auch wenn die Bedeutung der familieninternen Nachfolge in den letzten Jahren abgenommen hat (vgl. Mahnke 2005, S. 12), bestehen auch bei dieser Alternative Herausforderungen, die zu meistern sind.

Das Prozessmodell nach Halter (2009) ist ein abstrahierendes Modell, das die Perspektive von Übergeber und Übernehmer einbezieht. Der gesamte **Prozess der Unternehmensnachfolge** wird in diesem Modell in einen engeren und weiteren Sinn differenziert (siehe Abb. 6.13). Die Unternehmensnachfolge im engeren Sinn beinhaltet die Teilphasen der Vorbereitung auf die Nachfolge (II), der Suche des Nachfolgers (III), der Einarbeitung

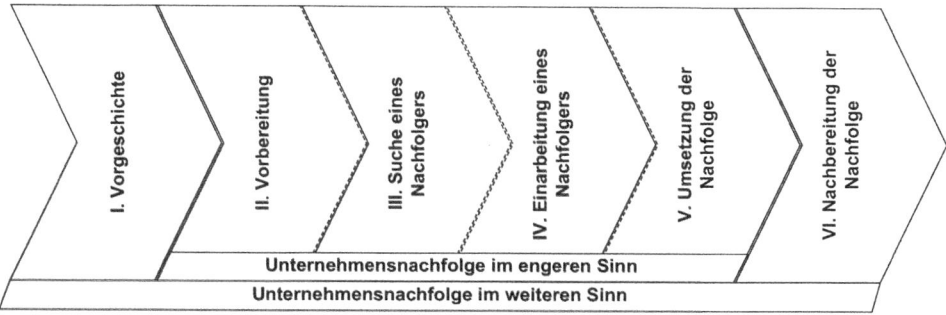

Abb. 6.13 Prozessmodell nach Halter. (Quelle: Halter 2009, S. 112)

des Nachfolgers (IV) und der Umsetzung der Nachfolge (V). Die Abbildung deutet durch gestrichelte Linien an, dass die Phasen nicht trennscharf sind und keine zwingende Abfolge der Prozessschritte besteht.

Beginnend mit der ersten Prozessphase im weiteren Sinn, der **Vorgeschichte**, gibt es je nach Status und Generation des Unternehmens verschiedene Vorgehensweisen, um den Prozess der Unternehmensnachfolge möglichst erfolgreich zu gestalten. Wurde das Unternehmen schon einmal übergeben, steht es also vor der dritten oder gar vierten Generation, so ist darauf zu achten, dass vorherige Übernahmen und deren Erfahrungen berücksichtigt werden (vgl. Janjuha 2002). Bei der **Vorbereitungsphase** kann auch von einer Art Initiierungsphase gesprochen werden. Den Übergeber muss das Gefühl der Veränderung erreichen. Er muss sich mit der Unternehmensnachfolge aktiv auseinandersetzen und dazu die innere Bereitschaft haben, das Unternehmen abzugeben. Auch in dieser Prozessphase wirken individuelle Faktoren. Besonders alternative Lebensinhalte können in diesem Prozessabschnitt Erfolg, aber auch Misserfolg hervorrufen. Der Prozess muss in der Familie thematisiert werden, in der die relationalen Faktoren wirken. Vorstellungen und Erwartungen müssen festgelegt werden, um eine gemeinsame Basis zu schaffen. Dies ist für die Ausgestaltung des ganzen Nachfolgeprozesses im engeren Sinne von hoher Bedeutung (vgl. Halter 2009).

Ist diese gemeinsame Basis geschaffen, muss in der **Suchphase** gezielt nach einem Nachfolger gesucht werden. Eine familieninterne Lösung kann nur dann zustande kommen, wenn es Mitglieder in der Familie gibt, die das Unternehmen übernehmen wollen und auch in der Lage dazu sind (vgl. Halter 2009).

Von essenzieller Bedeutung sind die qualifikatorischen und persönlichen Voraussetzungen des Nachfolgers. Neben fachlichen Kompetenzen und der Führungskompetenz ist auch die Motivation zur Übernahme der Unternehmerfunktion eine wesentliche Vorbedingung (vgl. Koropp und Grichnik 2007, S. 297). Unternehmensexterne, familienfremde Nachfolger weisen insbesondere bei größeren Unternehmen regelmäßig die beste Unternehmerqualifikation auf. Familienmitglieder haben aufgrund des zum Übernahmezeitpunkt tendenziell geringen Alters Defizite in der Führungskompetenz.

In der Literatur zu Familienunternehmen ist unstrittig, dass die Nachfolger in einem Familienunternehmen **spezifische Kompetenzen** benötigen, um den zuvor beschriebenen Nachfolgeprozess erfolgreich umzusetzen (siehe Abb. 6.14). Diese lassen sich zunächst einmal in soziales Kapital und Humankapital unterscheiden (vgl. DeNoble et al. 2007). Das soziale Kapital umfasst hierbei alle relationalen Beziehungen innerhalb und außerhalb des Unternehmens, die die Aktivitäten des Unternehmens beeinflussen können. Zu den angesprochenen Beziehungen gehört bspw. das Verhältnis zum Übergeber genauso wie die Kontakte innerhalb der Familie oder die Kundennetzwerke. Besonders betont wird in der Literatur die Fähigkeit des Nachfolgers, die Harmonie in der Familie, sowohl bei den aktiven wie auch bei den passiven Gesellschaftern, zu erhalten (bspw. Chrisman et al. 1998).

Bedeutsam sind insbesondere das Humankapital bzw. die personenbezogenen Kompetenzen des Nachfolgers und deren Einfluss auf den Übergabeprozess bzw. die Entwicklung des Unternehmens nach dem Generationenübergang. Das Humankapital kann differenziert

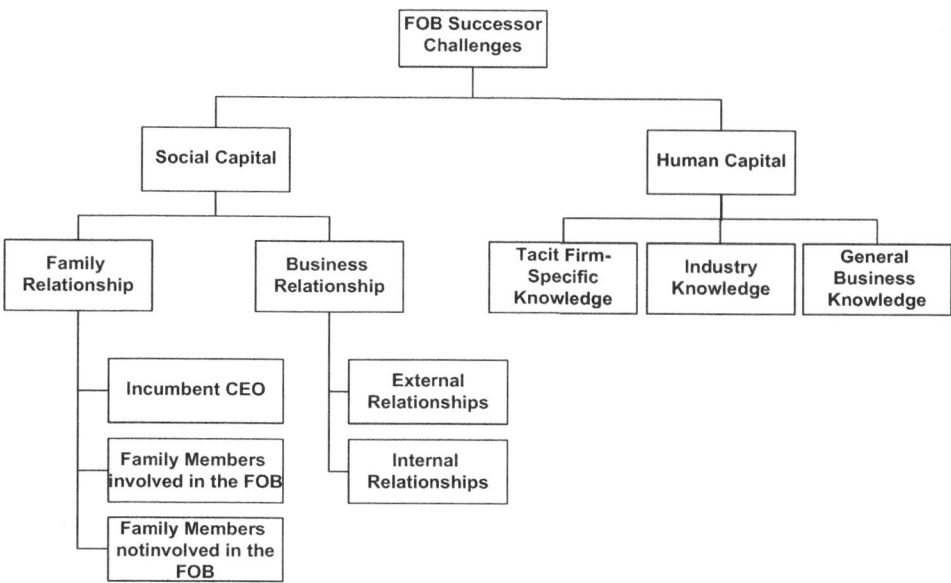

Abb. 6.14 Kritische Kompetenzen des Nachfolgers. (Quelle: DeNoble et al. 2007)

werden in implizites betriebsspezifisches Wissen („tacit knowledge"), Branchenwissen und generelles Managementwissen (vgl. DeNoble et al. 2007). Während das implizite betriebsspezifische Wissen und das Branchenwissen im Laufe der Berufserfahrung erworben werden können, kann das generelle Managementwissen auf der Basis von Qualifizierungsmaßnahmen vermittelt werden.

In empirischen Untersuchungen wurde gezeigt, dass die Auswahl von Führungskräften aus der Familie ohne Qualifikationsanforderungen zu **negativer Performanz des Unternehmens** beitragen kann (vgl. Dorgan et al. 2006). Geeignete Auswahlprozeduren unter potenziellen Nachfolgern sind somit eine wesentliche Anforderung an ein Corporate-Governance-System größerer Familiengesellschaften. Mittlerweile haben sich auf dem deutschen Markt Anbieter etabliert, die betriebswirtschaftliche Kenntnisse und die Motivation von Unternehmerkindern prüfen. Auch Beratungshäuser und Hochschulinstitute haben diesen Bedarf entdeckt und bieten individuelle Qualifizierung und Coaching für Familienunternehmen und deren Kinder an.

Wurde ein Familienmitglied erfolgreich ausgesucht, muss dieses in die Unternehmung eingewiesen werden. Besonders bei einem Mitglied aus der Familie ist die Einarbeitungsphase von großer Bedeutung, denn auch hier müssen die relationalen Faktoren berücksichtigt werden. Der Nachfolger muss sich Akzeptanz bei den Mitarbeitern, Kunden und Lieferanten erarbeiten und dem Unternehmen seinen eigenen Stempel aufdrücken. Zugleich muss der Übergeber sich langsam, aber kontinuierlich aus dem Unternehmen zurückziehen.

Wenn sich der Nachfolger eingearbeitet hat, kann mit der **Umsetzung der Nachfolge** begonnen werden. Die operative Umsetzung umfasst finanzielle, rechtliche und steuerliche

Aspekte. In diesem Teilprozess wirken finanzielle und Kontextfaktoren. Aber auch die Kommunikation an die von der Unternehmensnachfolge betroffenen Stakeholder ist hier maßgebend. Insbesondere Stakeholder wie Kunden, Lieferanten und Geldgeber müssen in diesem Teilprozess möglichst schnell das Gefühl von Sicherheit vermittelt bekommen. In einer **Nachbereitung** sollte der Prozess der Unternehmensnachfolge daher nochmal kritisch reflektiert werden, um Schwächen durch Stärken zu ersetzen. Die gewonnenen Erfahrungen können wie bei einem Kreislauf im nächsten Generationenübergang gewinnbringend eingesetzt werden.

Der Prozess der familieninternen Nachfolge birgt erhebliches **Konfliktpotenzial** in sich. Dieses entzündet sich vor allem an Vorgänger-Nachfolger- und innerfamiliären Konflikten. Zur Sicherung der Integration des Nachfolgers kommt es zumeist zu Übergangsphasen der Zusammenarbeit zwischen Nachfolger und Übergeber, die zu Auseinandersetzungen über Führungsstil, Risikoneigung oder mangelnde Rücktrittsbereitschaft des Seniors führen können. Diese Konflikte werden aufgrund der familiären Bande häufig sehr stark emotionalisiert ausgetragen. Weitere Spannungen können aus Erbauseinandersetzungen oder einer auftretenden Anteilsplitterung resultieren. Die emotionalen Aspekte überlagern hierbei häufig die sachliche Ebene (vgl. Koropp und Grichnik 2007, S. 298).

6.2.5   Finanzierung der Unternehmensnachfolge

Während die familieninterne Nachfolge aufgrund der gewählten Übertragungsstruktur der Erbschaft oder der Schenkung vorwiegend mit steuerlichen Fragestellungen verknüpft wird, ist der Unternehmensverkauf aus Sicht von Übernehmern zumeist mit Finanzierungsfragen verknüpft. Ein wesentlicher Bestimmungsfaktor für die Finanzierungsstruktur ist der Kaufpreis, dessen Höhe unter anderem von der gewählten Nachfolgealternative beeinflusst wird.

Ausgehend von einem **theoretischen Unternehmenswert** ergeben sich aus den unterschiedlichen Nachfolgealternativen Konsequenzen für den erzielbaren Verkaufserlös (vgl. Koropp und Grichnik 2007, S. 299). Auch wenn es den meisten Eigentümern widerstrebt, das eigene Unternehmen an einen Wettbewerber zu veräußern, lässt sich mit dieser Variante der höchste Verkaufserlös erzielen, da Wettbewerber bereit sind, eine **Synergieprämie** zu zahlen (s. Abb. 6.15).

Besonders gering wird der Erlös typischerweise bei einer familieninternen Lösung sein, da vertraglich vereinbarte Leistungen i. d. R. beträchtlich unterhalb des theoretischen Unternehmenswertes liegen (**Familiendiscount**). Zudem beeinflussen Ratenzahlungen den tatsächlichen Erlös negativ, da sie vom zukünftigen Unternehmenserfolg abhängen.

Der Unterschied zwischen MBO- und MBI-Lösungen ergibt sich aus **Informationsasymmetrien**. Bei einem MBO verfügt der Käufer über Insiderkenntnisse, die die Transparenz im Bewertungsprozess erhöhen. Mit Risikoabschlägen wird hingegen die Bewertung bei einem MBI versehen, da der Käufer den Unternehmenswert ex ante schwer abschätzen kann.

Aus Sicht des Übergebers/Verkäufers sind in der Folge insbesondere Fragestellungen der steuerlichen Optimierung der Verkaufsstruktur und der alternativen Mittelverwendung

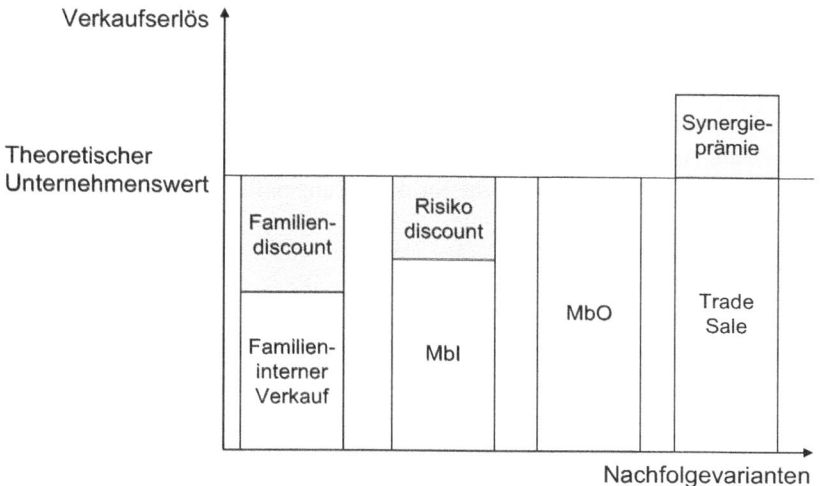

Abb. 6.15 Erlöse alternativer Nachfolgeregelungen. (Quelle: verkürzt aus Koropp und Grichnik 2007, S. 299)

des Kaufpreises von Relevanz. An dieser Stelle spielen die Zielsetzungen des bisherigen Eigentümers wie bspw. die Einkommenssicherung im Alter eine wesentliche Rolle.

Für den Übernehmer/Käufer ist die Finanzierung des Kaufpreises ein Thema mit höchster Priorität. Die Zahlung des Kaufpreises ist juristisch nicht nur eine Hauptleistungspflicht, sondern auch betriebswirtschaftlich entscheidet der Kaufpreis und seine Finanzierung über den Erfolg und Misserfolg einer Übernahme (vgl. Mahnke 2005, S. 52). Der Finanzierungsaufwand einer Unternehmensübernahme ist erheblich, denn neben den gewachsenen Strukturen werden auch der Kundenstamm und andere Werte übernommen, die den Kaufpreis bestimmen. So können sich bei einer Übernahme deutlich höhere Finanzierungserfordernisse ergeben als dies bspw. bei einer originären Gründung der Fall ist.

Bei einem Verkauf an eine natürliche Person (mehrere Personen) ergeben sich allerdings auch Vorteile gegenüber der Finanzierung in der Gründung. Aufgrund der vorhandenen Unternehmenshistorie ist die Informationsasymmetrie geringer ausgeprägt als bei Unternehmensneugründungen. Die Unsicherheit bzgl. der betrieblichen Leistungserstellung, der Beziehungen zu Lieferanten- und Absatzmärkten sind deutlich geringer. Auch die Planungsrechnungen sind aufgrund der Unternehmenshistorie leichter zu plausibilisieren. Allerdings bleibt die Unsicherheit über die Branchen- und Managementkenntnisse des Unternehmers zumindest teilweise erhalten.

Wesentlicher Aspekt der **Kaufpreisfinanzierung** ist damit die Bestimmung der Kapitalstruktur. Angesprochen sind damit die Verwendung von Finanzierungsinstrumenten mit ihren spezifischen Konditionen und die sinnvolle Kombination derselben. Grundsätzlich steht hierfür die gesamte Klaviatur der klassischen Finanzinstrumente der Mittelstandsfinanzierung zur Verfügung, die in ihrer Vielfalt auch Verwendung finden.

Zumeist wird eine Kombination von Eigen- und Fremdkapitalinstrumenten sowie der mezzaninen Finanzierung gewählt. Wegen der volkswirtschaftlichen Bedeutung der Unternehmensnachfolge haben auch alle Förderinstitutionen entsprechende Finanzierungsinstrumente entwickelt und bieten diese am Markt an. Aufgrund der Vielfalt von Instrumenten und Unternehmenssituationen kann kein Patentrezept für die Nachfolgefinanzierung präsentiert werden; vielmehr werden die Strukturierungen für jeden Fall maßgefertigt.

Wiederholungsfragen

1. Worin besteht die Ambivalenz des Krisenbegriffs?
2. In welchen Phasen laufen Krisenprozesse typischerweise ab?
3. Worin unterscheiden sich strategische Krise und Erfolgskrise?
4. Welche Insolvenzgründe unterscheidet das deutsche Recht?
5. Welche Zielsetzungen werden mit dem Insolvenzverfahren verfolgt?
6. Was sind die wesentlichen Krisenursachen?
7. An welchen Kernpunkten setzt ein Sanierungskonzept an?
8. Worin unterscheiden sich die Begriffe „sanierungsfähig" und „sanierungswürdig"?
9. Ist eine Sanierung in mittelständischen Unternehmen leichter oder schwerer umzusetzen als in einem Großunternehmen?
10. Welche Zielsetzungen werden in der ersten Phase einer Sanierung verfolgt?
11. Welchen Grundfragen folgt die strategische Neuorientierung?
12. Wie lassen sich finanzwirtschaftliche Sanierungsmaßnahmen klassifizieren?
13. Warum gelingt es nicht immer, Unternehmen dauerhaft zu sanieren?
14. Was wird unter dem Begriff der Unternehmensnachfolge verstanden?
15. Wie lässt sich die volkswirtschaftliche Bedeutung der Unternehmensnachfolge kennzeichnen?
16. Durch welche Zielsetzungen des Übergebers wird der Nachfolgeprozess beeinflusst?
17. Aus welchen Gründen kann die unternehmensinterne Nachfolge scheitern?
18. Welches sind die wesentlichen Erfolgsfaktoren des Nachfolgeprozesses?
19. Wie unterscheidet sich der Matching-Prozess bei familieninterner und -externer Lösung der Unternehmensnachfolge?
20. Warum unterscheiden sich die Verkaufserlöse bei einer familieninternen Übernahme und bei einem Trade Sale?
21. Welche Veränderungen lassen sich in Unternehmen feststellen, in denen eine Übergabe stattgefunden hat?
22. Kennzeichnen Sie Konfliktlinien, die im Prozess der familieninternen Übergabe beobachtbar sind!

Literatur

Berghoff, H. (2006): The end of family business? The Mittelstand and German capitalism in transition, 1949–2000, in: Business History Review, 80(2), 263–295.
Block, J. H. (2009): Long-term Orientation of Family Firms: An Investigation of R&D Investments, Downsizing Practices, and Executive Pay, Wiesbaden.

Block, J.; Wagner, M. (2013): The effect of family ownership on different dimensions of corporate social responsibility: Evidence from large US firms, in: Business Strategy and the Environment. http://doi.org/10.1002/bse.1798

BMBF (2007): Nano-Initiative – Action-Plan 2010, Berlin.

Chrisman, J. J.; Chua, J. H.; Sharma, P. (1998): Important attributes of successors in family businesses: An exploratory study, in: Family Business Review, 11(1), 19–34.

Creditreform (2017): Insolvenzen in Deutschland.

Creditreform (2018): Insolvenzen in Deutschland.

Crone, A.; Werner, H. (2017): Modernes Sanierungsmanagement: Sanierungskonzepte, Finanzinstrumente, Insolvenzverfahren, Haftungsrisiken, Arbeitsrecht und Verhandlungsführung, 5. Aufl., München

Crone, A. (2007): Das Sanierungskonzept, in: Crone, A.; Werner, H. (Hrsg.): Handbuch modernes Sanierungsmanagement, München.

D'Aurizio, L.; Oliviero, T.; Romano, L. (2015): Family firms, soft information and bank lending in a financial crisis. Journal of Corporate Finance, 33, 279–292.

DeNoble, A.; Ehrlich, S.; Singh, G. (2007): Toward the Development of a Family Business Self-Efficacy Scale: A Resource-Based Perspective, in: Family Business Review, 20(2), 127–140.

Dorgan, S. J.; Dowdy, J.J.; Rippin, T.M. (2006): Who should and shouldn't run the family business, in: The McKinsey Quarterly, H. 3, 13–15.

Fritsch, M. (2016): Entrepreneurship Theorie, Empirie, Politik, Wiesbaden.

Gerstenberger, J.; Leifels, A; Zeuner, J. (2015): Demografie im Mittelstand, KfW Economic Research Fokus Volkswirtschaft Nr. 92, Frankfurt a.M.

Habbershon, T. G.; Williams, M. L. (1999): A resource-based framework for assessing the strategic advantages of family firms, in: Family Business Review, 12(1), 1–25.

Hacker, J. (2011): Erfolgsfaktoren in der Unternehmensnachfolge in Familienunternehmen, Regensburg.

Halter, F. (2009): Familienunternehmen im Nachfolgeprozess, Lohmar.

Hauschildt, J. (1988): Krisendiagnose durch Bilanzanalyse, Köln.

Heitzer, B. (2015): Restrukturierung im Mittelstand, in: Fahrenschon, G.; Kirchhoff, A.G.; Simmert, D.H. (Hrsg.): Mittelstand – Motor und Zukunft der deutschen Wirtschaft, Wiesbaden, S. 75–86.

Hering, Th.; Olbrich, M. (2003): Unternehmensnachfolge, München.

IKB (2009 und 2010): IKB Information Automobilzulieferindustrie, Düsseldorf.

Janjuha, J. (2002): Issues within Asian Family Firms, in: International Small Business Journal, 20(1), 77–94.

Johnson, G.; Scholes, K.; Whittington, R. (2006): Exploring corporate strategy, 7th Ed., Essex.

Kay, R.; Suprinovic, O.; Schlömer-Laufen, N.; Rauch, A. (2018): Unternehmensnachfolgen in Deutschland 2018 bis 2022, IfM Bonn: Daten und Fakten Nr. 18, Bonn.

Kay, R.; Suprinovic, O. (2015): Entwicklung und volkswirtschaftliche Bedeutung der Unternehmensnachfolge in Deutschland, in: Wiegmann, Os J.; Lisa Hahn, A. (Hrsg.): Unternehmensnachfolge – Praxishandbuch für Familienunternehmen, Wiesbaden.

Kehrei, U.; Leker, J. (2009): Unternehmenskrisen, in: Zeitschrift Führung + Organisation, H. 4, S. 200 – 205.

Klingebiel, N. (2001): Sanierungsmanagement, in: Wisu, H. 1, S. 69 – 75.

Koch, L.; Berg, H. (2007): Die Bedeutung des Unternehmers bei der Unternehmensnachfolge, in: Wisu – Das Wirtschaftsstudium, 07(3), 344 – 348.

Kolb, S.; Welter, F. (2008): Turnaround-Management in KMU–Krisen erkennen, bewältigen und vorsorgen. Entrepreneurship, in: Kraus, S.; Fink, M. (Hrsg.). Theorie und Fallstudien zu Gründungs-, Wachstums-und KMU-Management, Wien, 219–232.

Koropp, Ch.; Grichnik, D. (2007): Nachfolgeentscheidung im Familienunternehmen, in: Wist- Wirtschaftswissenschaftliches Studium, H. 6, 295–302.

KPMG (2002): Kreditinstitute und Unternehmenskrisen, Berlin und Leipzig.

Lafrenz, K. (2004): Shareholder Value-orientierte Sanierung: Ansatzpunkte und Wertsteigerungspotenzial beim Management von Unternehmenskrisen, Wiesbaden.

Le Breton-Miller, I.; Miller, D.; Steier, L. (2004): Toward an integrative model of effective FOB succession, Entrepreneurship Theory & Practice, 28(4), 305–328

Lützenrath, Ch.; Keller, C. U. (2003): Den richtigen Weg finden, in: Bankmagazin, H. 3, S. 40 – 41.

Mahnke, Ch. (2005): Nachfolge durch Unternehmenskauf, Wismarer Diskussionspapiere Heft 16/2005, Wismar.

Mertens, Ch. (2008): Herausforderungen für Familienunternehmen im Zeitverlauf, Lohmar.

Reinemann, H.; Ludwig, D. (2015): Die qualitative Dimension des Mittelstandsbegriffs, in: Becker, W. und Ulrich, P. (Hrsg.): BWL im Mittelstand: Grundlagen – Besonderheiten – Entwicklungen, Stuttgart, 38–52.

Ringelspacher, E. (2017): Krisenmanagement aus Bankensicht, in: [368] Crone, A.; Werner, H. (Hrsg.): Modernes Sanierungsmanagement: Sanierungskonzepte, Finanzinstrumente, Insolvenzverfahren, Haftungsrisiken, Arbeitsrecht und Verhandlungsführung, 5. Aufl., München

Sasse, A.; Stein, H.-J. (2015): Restrukturierung im Mittelstand, in: Becker, W.; Ulrich, P. (Hrsg.): BWL im Mittelstand: Grundlagen – Besonderheiten – Entwicklungen, Stuttgart, 689–704

Schäfer, B.; Ringlstetter, M. (2009): Die Managementschwächen von KMU in Krisensituationen, in: Zeitschrift Führung + Organisation, H. 4, S. 206 – 212.

Schlömer, N.; Kay, R. (2008): Familienexterne Nachfolge – Das Zusammenfinden von Übergebern und Übernehmern, IfM-Materialien Nr. 182, Bonn.

Schwartz, M. (2018): Generationenwechsel im Mittelstand: bis 2019 werden 240.000 Nachfolger gesucht, in: KfW Focus Volkswirtschaft Nr. 197, Frankfurt a.M.

Sharma, P.; Chrisman, J. J.; Chua, J. H. (2004): Strategic management of the family business: Past research and future challenges, in: Family Business Review, 10(1), 1–35.

Steier, L. (2001): Next-generation entrepreneurs and succession: An exploratory study of modes and means of managing social capital, in: Family Business Review, 14(3), 259–276.

Wagner, S. (2016): Sanierungsinstrumente für insolvente Unternehmen,: ZEW – Junge Unternehmen, Nr. 6, S. 5–6.

Wolter, H.-J. (2008): Familienexterne Nachfolge – Informationsasymmetrien im Nachfolgeprozess und ihre Überwindung, Working Paper 06/08 des IfM Bonn, Bonn.

Wulf, T. (2010): Unternehmernachfolge in Familienunternehmen, ein Untersuchungsmodell zur Analyse von Problemfeldern bei der Übergabe der Führungsrolle, Handelshochschule Leipzig.

The manufacturer's authorised representative in the EU is Springer
Nature Customer Service Centre GmbH, Europaplatz 3, 69115 Heidelberg,
Germany. If you have any concerns regarding our products, please
contact ProductSafety@springernature.com

Printed and bound by CPI Group (UK) Ltd, Croydon, CR0 4YY
23/04/2026
02095641-0009